非诉讼
纠纷解决程序

ALTERNATIVE DISPUTE
RESOLUTION

周建华◎著

法律出版社
LAW PRESS · CHINA
北京

图书在版编目(CIP)数据

非诉讼纠纷解决程序 / 周建华著. -- 北京 : 法律出版社, 2023(2024.1 重印)
ISBN 978 - 7 - 5197 - 7923 - 8

Ⅰ. ①非… Ⅱ. ①周… Ⅲ. ①民事纠纷 – 处理 – 研究 – 中国 Ⅳ. ①D925.104

中国国家版本馆 CIP 数据核字(2023)第 082444 号

非诉讼纠纷解决程序
FEI SUSONG JIUFEN JIEJUE CHENGXU

周建华 著

策划编辑 李沂蔚
责任编辑 李沂蔚
装帧设计 鲍龙卉

出版发行 法律出版社
编辑统筹 法律应用出版分社
责任校对 晁明慧 王 皓
责任印制 刘晓伟
经 销 新华书店

开本 710 毫米×1000 毫米 1/16
印张 22.5 **字数** 363 千
版本 2023 年 6 月第 1 版
印次 2024 年 1 月第 2 次印刷
印刷 唐山玺诚印务有限公司

地址:北京市丰台区莲花池西里 7 号(100073)
网址:www.lawpress.com.cn
投稿邮箱:info@lawpress.com.cn
举报盗版邮箱:jbwq@lawpress.com.cn
销售电话:010 - 83938349
客服电话:010 - 83938350
咨询电话:010 - 63939796

书号:ISBN 978 - 7 - 5197 - 7923 - 8
定价:86.00 元

凡购买本社图书,如有印装错误,我社负责退换。电话:010 - 83938349

前 言

矛盾存于万物,纠纷始于人祖。

纠纷的解决,随着人类社会的发展,源远流长。公平正义、高效合理的纠纷解决机制,是人类社会从未停止,也永不会停止的追求。

诉讼与非诉讼纠纷解决机制,是当今社会文明解决纠纷的两类主要方法。包括协商、调解、仲裁等在内的非诉讼纠纷解决方法,更是贯穿整个人类历史。

对于刚刚走过工业化,进入后现代信息化的人类社会与人类文明而言,发达与繁荣的同时,也随着个体差异的越发明显,个体对自身权益与自我意愿的维护更是达到了前所未有的高度,社会整体与个体对公平正义、高效合理的纠纷解决方法要求也更高。

纠纷解决机制如何适应这些更高的需求,促进形成更加和谐的社会?为什么说非诉讼纠纷解决程序能更好地适应当今社会对于纠纷解决的期待?非诉讼纠纷解决程序所代表的法律精神与人文精神是什么?非诉讼纠纷解决程序的前世今生如何?未来又将如何随着人类社会的成长而发展?

让我们一起了解非诉讼纠纷解决程序的历史、发展与现状,研究非诉讼纠纷解决程序的本质、法律精神与人文精神,探索非诉讼纠纷解决程序的未来发展。

本书的配套慕课《非诉讼纠纷解决程序》已在"学堂在线"平台上线,读者可进入该平台学习。

周建华

2023 年 1 月于北京

目　录

第一章

非诉讼纠纷解决程序导论

本章概要

纠纷在人类社会中无所不在,它既能成为社会进步的变革动力,也是破坏社会秩序的重要根源。现代国家为处理纷繁复杂的纠纷而创造与设立了庞大的多元纠纷解决系统。在此系统中,依据解纷主体的性质差异可分为私力救济、社会救济与公力救济三个子系统。诉讼是一种典型的公力救济,由国家司法权力的行使者——法院主导。诉讼在解决纠纷中的局限性与司法资源的有限性,需要另一个主要依托于社会民间力量运作的子系统的辅助与补充,此即非诉讼纠纷解决程序(Alternative Dispute Resolution,ADR)。

关　键　词

纠纷;纠纷解决;多元化纠纷解决机制;私力救济;社会救济;公力救济;非诉讼纠纷解决程序(ADR)

第一节　多元化纠纷解决机制概述

在人类社会中充斥着纷繁复杂的各种纠纷,小至人与人之间的鸡毛蒜皮细故,大至国与国之间的武装对抗与冲突。纠纷的产生源于各主体之间利益需求与想法观念的差异与分歧。纠纷的解决有利于协同利益与追求共同目标的实现。在历史长河中,人类根据时代需求和资源条件而创造与设立了各种类型的纠纷解决手段,形成一个庞大且复杂的多元纠纷解决系统。

一、纠纷

(一)纠纷的概念和特征

"纠"的本义指多股线绞合在一起,可引申为依照一定的标准、法则去衡量、纠正,也可引申为纠集;[①]"纷"的基本义为众多,引申指纷乱。[②] 人类社会是由单个的人结合而成的群体性组织,基于生存需要而联合是维系社会稳定的凝聚力,但凡有人群所在之处,内部成员抑或相邻群体之间都可能产生利益纷争,人们所从事的一切行为或多或少都与自身的私利有关。因此,纠纷的存在是非常普遍的现象。

纠纷,也称为冲突、争端、争执,是指特定主体基于利益冲突而产生的一种双边或多边的对抗行为。[③] 纠纷是主体之间想法与需求产生分歧的外在化表现形式,也即人们"公开地坚持对某一价值物的互相冲突的主张或要求的状态"。[④] 纠纷的形成既是纠纷主体之间相互行为的过程,也是一种社会运动过程,同时具有主体行为性和过程社会性,在不同层面上对秩序产生影响。[⑤]

纠纷呈现下列三个特征:

1. 纠纷当事人的对立性

纠纷的形成是由纠纷当事人之间利益相互冲突所致。为维护各自利益,纠纷当事人势必站在对方利益的对立面,由此形成纠纷的对立局面。

2. 纠纷行为的对抗性

由于意见或想法的不一致,纠纷当事人在纠纷的过程中坚持各自立场与想法,

① 《新华大字典》(第 3 版),商务印书馆国际有限公司 2017 年版,第 459 页。

② 《新华大字典》(第 3 版),商务印书馆国际有限公司 2017 年版,第 241 页。

③ 范愉:《非诉讼程序(ADR)教程》(第 4 版),中国人民大学出版社 2020 年版,第 1 页。

④ 季卫东:《法治秩序的建构》,中国政法大学出版社 1999 年版,第 15 页。

⑤ 刘荣军:《程序保障的理论视角》,法律出版社 1999 年版,第 4 页。

驳斥对方意见。当事人之间针锋相对、来回拉锯，不同意见或想法的交锋产生摩擦、对抗，由此引发纠纷的产生以及后续升级。

3. 纠纷对象的特定性

纠纷当事人所争执的对象，或是一种相互冲突的利益，或是纠纷当事人之间形成的利害关系。这种利益或利害关系具有指向性，它联结着一场纠纷之中的所有纠纷当事人。

(二)纠纷的构成

纠纷的构成比较复杂，首先从其基本构成部分而言，包括三种基本因素，即纠纷的主体、客体和内容。

1. 纠纷的主体

纠纷的主体是指具有利害关系或者利益相互冲突的各方当事人。当事人外在的身份、能力、社会地位以及内在的性格、心理、价值观等诸多因素，都会对纠纷的性质、纠纷的对抗程度以及纠纷解决方式的选择产生重要影响。

2. 纠纷的客体

纠纷的客体是指在纠纷产生过程中一方当事人所实施的不利于对方当事人的对抗行为。纠纷行为是纠纷的直观外在表现形式，可能是积极的行为，如向纠纷另一方发起进攻；也有可能是一种消极的行为，如妨碍对方。纠纷行为的对抗程度也会直接影响纠纷的性质、纠纷的激烈程度、纠纷解决方式的选择以及纠纷解决的难易程度。

3. 纠纷的内容

纠纷的内容是指纠纷产生所指向的对象，即相互冲突的利益或者利害关系。由于社会规范和法律规范的双重制约，纠纷对象所指向的是社会权利和法律权利以及由此产生的利益。纠纷对象可以是与人身相关的，如个人的名誉、荣誉、身份、肖像等；也可以是与财产相关的，如土地、房屋、车、船等。纠纷对象的范围并没有严格局限。随着社会经济与生活的发展，财产种类增加，对人身权益保护的重视度不断提高，纠纷对象的涵盖范围也随之扩展。纠纷对象的范围远远大于法律所规定的诉讼范围。

此外，纠纷的构成还受诸多关联因素的作用，包括社会结构、纠纷的原因和纠纷的社会价值。

1. 社会结构

社会结构是指社会的基本生产方式、政治制度、组织结构等。这些因素决定着社会秩序的状况和社会成员的行为,也决定着社会在纠纷解决过程中采用的规范、方式和组织等。不同的社会结构有着不同的纠纷产生方式和解决方式。例如,乡村在进行产业结构调整后,会出现劳动力过剩的情况,并由此引发了城市化过程。这一系列的转变将直接导致乡村整体的社会组织、人际关系以及社会形态发生诸多变化。随着乡村"熟人社会"的社会形态分崩离析,基层自治运行面临困难,社会治理模式发生转变,乡村之中纠纷的产生及其解决也随之发生变化。

2. 纠纷的原因

纠纷的原因包括主观原因和客观原因。主观原因是指人是具有主体意识的独立个体。独立性意味着个人在产生想法与作出决定时会遵循自己的意愿,选择自己的行动方式,个人意志不会受他人左右。人同时具有社会性,在人际交往过程中,个人的行为习惯、意志想法难免会与他人的有所不同。基于主观意愿的差异,人们为保护自我利益而与他人的纠纷就在所难免。资源的有限与需求的无限,再加之个人能力的大小不一容易导致分配的不均衡,由此引发的利益冲突就是产生纠纷的客观原因。

3. 纠纷的社会价值

纠纷的社会价值是指纠纷对社会观念、社会关系所产生的影响。纠纷的产生对现有秩序的稳定会带来一定程度的冲击,但是纠纷所产生的影响不完全是消极、负面的。正如唯物辩证法所揭示的对立统一规律,任何事物都是作为矛盾统一体而存在。纠纷也具有两面性,既有正面效应,也有负面效应。

从微观而言,纠纷对个人会产生积极意义。正所谓"吃一堑,长一智",每遭受一次挫折,便会得到一次教训,增长一分才智。在纠纷的解决过程中,个人将分析与明白为何产生纠纷;在纠纷解决后,也能知晓以后如何预防和避免类似纠纷。甚至在纠纷的解决中,思想得到碰撞,当事人之间能达成一种新的共识,让彼此的关系进入一个新的阶段。

从宏观而言,纠纷是新的利益、观念和行为方式与既定秩序相冲突的体现,是社会多元性的反映。在一定条件下,纠纷可能成为权利与法律生成与发展的契机,甚至成为社会变革的先导或动力,如1789年的法国大革命和1911年中国的辛亥革命等人类历史中的伟大革命事件。

纠纷也有不容忽视的消极意义。对微观的个人而言,纠纷的长期存在或频繁出现会对其生活与工作等产生烦扰,影响正常生活的进行与和谐关系的持续。对宏观的社会而言,在一个既定的和平社会环境之下,纠纷作为利益或权利实现中的障碍,可能是对正常秩序的破坏或局部权利义务关系的重组。

"纠纷的本质是主体的行为与社会既定的秩序和制度以及主流道德的不协调或对之的反叛,与既定秩序和制度以及主流道德意识所不相容,具有反社会性。"[①]纠纷的多发和积聚对社会秩序肯定产生诸多消极影响,而大规模的社会冲突则会破坏社会的稳定和发展,如美国的种族冲突事件、我国香港特别行政区的骚乱事件、法国的黄马甲事件等。纠纷若不能及时妥善解决,在动态的社会环境之下还可能发生扩大和恶化倾向,"千里之堤,毁于蚁穴"。因此,面对不断涌出并且纷繁复杂的各种类型的纠纷,有必要寻求合适的纠纷解决之道。

二、纠纷解决

(一)纠纷解决的概念

纠纷是人类生活中的常见现象。如何抑制纠纷的产生以及如何及时高质高效地解决纠纷,成为社会重点关注的难题。为了缓冲冲突和争斗导致的社会离心力,维护群体生存的基本秩序,人们在长期生产生活事件中逐步摸索出一套社会规范。没有规范的社会是无法想象的,但若仅仅只有规范的社会也是万万不行的。因为规范本身无法自发地实现社会秩序控制,规范功能的发挥离不开纠纷解决机制的参与。纠纷解决机制是使法由"规则"走向"行动"的关键性因素。[②]

纠纷解决,是指在纠纷发生后,特定的解纷主体依据一定的规则、手段和程序,消除冲突状态,对损害进行救济,恢复秩序的活动和过程。[③] 纠纷当事人可以通过

---

① 何兵:《现代社会的纠纷解决》,法律出版社2003年版,第1页。

② 刘振宇:《初民社会法的图景——佤族习惯法的法人类学诠释》,中央民族大学2012年博士学位论文,第101页。

③ 范愉:《非诉讼程序(ADR)教程》(第4版),中国人民大学出版社2020年版,第4页。

协商、谈判自行达成和解,也可以邀请中立第三方介入纠纷,助力纠纷解决。纠纷解决的外延非常广泛,涵盖一切正式的法律解决方式和非正式的、非诉讼的解决手段。正式的法律解决方式包括诉讼与行政裁决,非正式的、非诉讼的解决手段则包括协商与调解等。

(二)纠纷解决的动态过程

纠纷的解决可能呈现为一个动态递进的"三阶段"过程。

1. 单向的不满或前冲突阶段

不满是冲突发生的前奏。当事人认为自己的权益受到侵害时,会产生不满的情绪,并可能选择采取一些单方面行动维护自身权益。例如,买家在网上下订单购物后,收到的货物与卖家的商品描述不完全一致时,买家会产生不满,但有时考虑到回寄成本或怕麻烦等因素,自动放弃了主张赔偿的权利,此即不满或前冲突阶段。在此阶段中,纠纷的控制者是当事人本人,其在经过理性判断后选择忍受或者回避的方式,使即将发生的纠纷归于消灭。如果买家选择释放不满情绪,向卖家主张退换货、退款、赔偿,让对方知晓即将产生的纠纷,并促使对方采取对抗行为。此时,纠纷解决进入第二阶段。

2. 双向的冲突阶段

纠纷解决进入双向的冲突阶段后,控制者由当事人本人发展为当事人双方。此时,纠纷已然形成,并且随着不满情绪叠加,当事人之间会产生一连串的对抗行为。不过,对抗行为尚停留在自行解决方面,未引入中立第三方的介入。前述例子中网购纠纷的买家和卖家双方共同协商,自行交涉试图解决纠纷。双方若是诚心秉持共同协商解决纠纷的目的出发,一般来说这个矛盾容易得以解决。有时卖家的沟通态度良好,就能平复买家的不满,矛盾即可就此消弭。即使和卖家沟通之后无实际弥补措施,但买家的不满得到了及时纾解,也能使冲突止步于此。但是,如果买家的期望和卖家的承诺产生太大的偏差,或者卖家的态度十分恶劣,都可能导致双方协商无果,使双方不满情绪增加。此时,进入纠纷解决的第三阶段。

3. 三方参与的纠纷处理阶段

在第三阶段,纠纷控制者将变为双方当事人加中立第三方。网购纠纷的买家会寻求购物平台客服的帮助,或求助于"315"热线、消费者协会的介入,或向市场监督管理行政部门投诉,也可能向法院提起诉讼。此时,纠纷的解决将不再局限于当事人之间的个人事情,而是会对他人和社会产生一定影响,需借助于公共社会资源促使纠纷的解决。

在递进式的纠纷解决过程中,呈现一个多样性的纠纷解决状况,由此引申出下面的概念:多元化纠纷解决机制。

三、多元化纠纷解决机制

(一)纠纷解决机制的构成要素

纠纷解决机制是指社会为解决纠纷而建立的由规则、制度、程序和机构(或组织)及活动构成的系统。其包括三个构成要素:解纷主体、解纷程序与解纷依据。

1. 解纷主体

现代社会的解纷主体涵盖国家公权力机关、社会组织和私人主体。代表着国家公权力的司法机关和行政机关介入纠纷解决时,乃公力救济;仲裁委员会、人民调解委员会等调解组织以及消费者协会等社会组织介入纠纷解决时,乃社会救济;行为人仅依靠自身或私人的力量解决纠纷时,乃私力救济。

公力救济是一种最耗费国家资源的纠纷解决手段,国家为限制资源的使用和分配而提出各种限制性条件,其产生结果因含有国家公权力的强制因素而最具有权威性。社会救济介于公力救济和私力救济之间,是国家允许并提倡的民间社会性纠纷解决方式,解纷主体既可以是公益性质的组织,也可以是营利性质的机构。它是动用广泛的社会资源介入纠纷解决中,法律对此有一定的引导和规范,但同时保留其灵活性和宽松性。私力救济是一种主要依靠私人力量实现自救的纠纷解决方式,自主性最强。“国家对私力救济所能采取的通常只是一种引导性政策——作为倡导性的事前激励规范,它引导私人实施合法行为,不从事非法行为。”①

2. 解纷程序

解纷程序是纠纷解决的主干,需要糅杂与整理各种主客观因素,寻求一个令人满意的结果。不同的解纷主体所对应的解纷程序,根据解纷主体的性质和职能、地

---

① 徐昕:《论私力救济》,中国政法大学出版社 2005 年版,第 273 页。

位与作用,呈现不同的程序机理设计以及层次化的差序法律效力。不同的纠纷解决机制呈现对不同程序利益的追求,当事人可以根据自身利益选择最有利于自身利益追求的解纷程序。当事人也可能根据自己的偏好和期望选择不同的解纷主体和程序,或选择非常讲究适用严苛规则的诉讼程序,或选择由当事人自由协商决定的和解、谈判程序,或选择一些中间程序,如半合意半强制的仲裁程序。

3. 解纷依据

解纷依据是纠纷解决的基础,内容广泛,渊源多样化,除国家法律外,还包括社会规范、民族习惯和行业惯例等。不同的解纷主体将适用不同的解决依据。公力救济中的司法机关和行政机关应遵循国家法律解决纠纷;社会救济中的社会组织则在国家法律和社会规范、习惯乃至公平原则中平衡和选择;私力救济中的当事人则可自我协商,按照双方的约定确定适合的解纷规则。

解纷主体、解纷程序与解纷依据,三者的自由组合促使了纠纷解决机制多元化发展格局的形成,追求不同的法律效果和社会效果的实现。

(二) 多元化纠纷解决机制的组成

"这个社会陷入了不可解决的自我矛盾,分裂为不可调和的对立面而又无力摆脱这些对立面。而为了使这些对立面,这些经济利益互相冲突的阶级,不致在无谓的斗争中把自己和秩序消灭,就需要一种表面上凌驾于社会之上的力量,这种力量应当缓和冲突,把冲突保持在'秩序'的范围以内;这种从社会中产生但又自居于社会之上并且日益同社会相异化的力量,就是国家。"①

国家对冲突的控制权力推动了纠纷解决从私力救济向公力救济的演变。在漫长而交错的演变历程中,私力救济与公力救济既对立冲突也交错互补,形成了你中有我、我中有你的交错局面,在两者之间还产生了一种融合两者特征的新型救济方式,即社会救济。

私力救济向公力救济的发展是一种历史的进步,因为公力救济的权威正是法律的权威,随公力救济而产生的是人们对法律的信仰。公力救济体现了国家公权力介入于市民社会的纠纷之中,是国家权力向市民社会的延伸,以其程序性、专门

---

① 《马克思恩格斯选集》(第4卷),人民出版社1995年版,第170页。

性、权威性、公正性，在当前纠纷解决中占据核心的地位。但是，公力救济存在保护范围狭窄、保护权利的滞后及运行成本过高等弊端，单靠公力救济难以建立起合法和谐有序的社会秩序。[①]

私力救济也存在弊端，其通常是针对他人的人身或财产实施，可能给他人造成一定的损害，如果滥用势必会带来不良的后果，故有必要对其进行合理限制。国家可考虑适当发挥私力救济的积极功能，限制和疏导其消极倾向，并通过立法使之逐步、部分纳入法治轨道，形成与公力救济、社会救济互相并存、衔接、配合和补充的多元化纠纷解决机制。[②]

多元化纠纷解决机制是指在一个社会中多种多样的纠纷解决方式以其特定的功能和特点相互协调而形成的一种互补的、满足社会主体的多样需求的程序体系和动态的运作调整系统。[③] 在此系统中，各种制度或程序既有其独立的运行空间，又能形成一种功能互补和相互衔接的体系。

构建多元化纠纷解决机制在人类社会治理中是必然的，因为人们的利益和冲突是多元的，社会主体的关系是多元的，文化传统与当事人选择是多元的，价值观与救济方式也是多元的。纠纷在演变，纠纷解决机制也应随之升级。如果沿用传统的、单一的解纷方式，根本无法应对复杂多变的社会问题。现今的社会是一个能够容忍多元化价值、利益、观点并存的宽容的社会，亟须构建多元化纠纷解决机制。

第二节　非诉讼纠纷解决程序概述

一、非诉讼纠纷解决程序的概念

非诉讼纠纷解决程序的发展早已成为一种全球化现象，在国际上的英文名为 Alternative Dispute Resolution，ADR。[④] 它原本是指 20 世纪以来逐步发展起来的各

---

① 刘宏宇：《构建私力救济的法律框架》，载《社会科学家》2011 年第 10 期。

② 徐昕：《为什么私力救济》，载《中国法学》2003 年第 6 期。

③ 范愉：《非诉讼纠纷解决机制研究》，中国人民大学出版社 2000 年版，第 17 页。

④ 为避免文中叙述的烦琐，本书在言及非诉讼纠纷解决程序时，有时会直接采用 ADR 指代。

种诉讼外纠纷解决方式，现已引申为对世界各国普遍存在着的、诉讼制度以外的非诉讼纠纷解决程序或机制的总称。

ADR 源于 20 世纪中期，首先集中于应对诉讼爆炸之下产生的司法危机；20 世纪 80 年代以后，ADR 进入了高速发展期，成为世界性的时代潮流。我国学者在对 ADR 翻译的过程中，曾有过多种译法，有直接根据字面意思将其翻译为“替代性纠纷解决方式”；也有根据实质意义将其翻译为“选择性纠纷解决方式”“审判外、诉讼外、法院外纠纷解决方式”“非诉讼纠纷解决程序”以及“非诉讼程序”等。

非诉讼纠纷解决程序是多元化纠纷解决机制的子概念，是相对于诉讼程序的一种存在。诉讼对纠纷的解决固然有不可替代的优势，但并不意味着诉讼程序在纠纷解决体系中具有绝对优先地位。“国家强制力保障的诉讼应当会定位于最终裁决权，而不是最先处理权，即国家不能垄断社会纠纷的解决权，而应当强化社会性或司法诉讼以后的纠纷解决方式，即非诉讼纠纷解决机制。”[①]

理解非诉讼纠纷解决程序（ADR）的概念，需从三个核心因素把握它与诉讼程序的联系与区别。

1. 替代性

替代性也即非诉讼性。ADR 中的 alternative 具有“可替代性”的意思，亦即 ADR 在于弥补与补充诉讼程序的弊端或劣势。ADR 得以蓬勃发展的原因之一是为了缓解诉讼爆炸背景之下司法系统面临的诉讼案件激增压力。由于各种 ADR 方式都是在承认既有审判制度作为解决纠纷的最高级别或最重要方式的前提下对其进行“补台”的方法，[②]因此它不会动摇与冲蚀诉讼程序的中心地位。ADR 和诉讼中将始终保留一种共存、协调与补充的关系，两者有着各自的活动空间和生存价值。

2. 选择性

Alternative 还具有“可选择性”的意思。ADR 是以纠纷当事人的自主合意和自愿选择为基础，以“自律”为理念，赋予当事人自主选择权，实现当事人的意思自治。通过为纠纷当事人提供更多纠纷解决方式，ADR 能够满足不同的纠纷解决需求。

---

① 王琦主编：《非诉讼纠纷解决机制原理与实务》，法律出版社 2014 年版，第 21 页。

② 杜闻：《论 ADR 对重塑我国非诉讼纠纷解决体系的意义》，载《政法论坛》2003 年第 3 期。

ADR不仅包括对程序和规则的选择,而且包括对纠纷解决结果的自治处分。从形式上,在众多的ADR方式中,具体适用哪种方式解决纠纷需由当事人自行选择;从实体而言,ADR不必拘泥于固定的实体法与程序法。

3. 解决纠纷

ADR旨在解决纠纷,与诉讼具有相同目的。只不过,ADR采取一种替代于诉讼的迥异方式解决纠纷,如促使纠纷当事人在平和状态下通过沟通、交流、劝说、协商等方式,互相妥协与让步,最终以和解的形式解决纠纷。ADR与诉讼程序相互衔接、互为补充,共同承担纠纷解决的社会功能。

ADR是一个总括性、综合性的概念,其本身跨越多个领域,尚处在不断发展中的纠纷解决机制,内涵和外延难以准确界定。各国法律对ADR的概念界定根据本国需求而采取不同的定义。

有的国家采取狭义说,将ADR严格限制在非诉讼、非仲裁的纠纷解决方式范围内。鉴于仲裁的裁判化、机构化和司法化,①法国学者倾向于将仲裁排除在ADR的范畴之外,认为ADR所涉及的应是以直接或间接的方式寻求当事人之间纠纷的协商解决,解决的结果既不是由一名国家法官(un juge institué par l'Etat)强加的,也不是由一名仲裁员或称为"私法官"(juge privé)所强加的。

有的国家采取广义说,认为ADR涵盖了一切非诉讼纠纷解决方式,既包括一般意义上的协商、调解和仲裁,也包括为解决特殊纠纷而专门设定的ADR。例如,美国于1998年颁布的《ADR法》(Alternative Dispute Resolution Act)将ADR定义为审判法官裁判之外,由中立第三方介入其中的纠纷解决方法,包括早期中立评估、调解、小型审判和仲裁。日本于2004年颁布的《关于促进利用审判外纠纷解决程序的法律》将ADR定义为不依赖诉讼程序解决民事纠纷的当事人在公正中立的第三方的参与下解决民事纠纷的程序。

我国也倾向于从广义予以界定,把非诉讼纠纷解决程序(ADR)作为一种开放性的概念体系,不仅包括一切现实存在的、具有纠纷解决功能的非诉讼方式和机

① 法国学者批评仲裁日趋等同于诉讼,如仲裁裁决形式和内容受到严格要求,仲裁员必须严格依法仲裁,仲裁规则对仲裁程序的形式和期间也有越来越多的限制,有时甚至组织对纠纷审查的二审机制。仲裁庭在仲裁程序中拥有越来越大的权力,如有权采用预防性强制手段,启动针对仲裁裁决的救济程序。仲裁已经失去其固有的灵活、快捷优势。随着仲裁逐渐机构化,仲裁成本日益增加,这已成为阻碍人们求助于仲裁的重要因素。

制,还涵盖之后可能产生的各种非诉讼纠纷解决方式。[①]

二、非诉讼纠纷解决程序的特征

对ADR特征的理解与把握,应从与诉讼审判相比较的视角入手,探寻各自的优势和劣势,了解两者之间的互补功能。

(一)程序的非正式性

比较于审判程序的正式性、复杂性、严苛性,ADR程序注重简易性和灵活性,一般不需要遵循固定模式,而是以一种相对随意、自由的方式推动当事人各方的沟通和协商。在ADR程序中,各方当事人拥有高度的自主性。只要不违背法律强制性规定,当事人可以根据个人利益选择最适合自己的纠纷解决方式。当事人互相协商、妥协让步与寻求中和点,不必拘泥于严格烦琐的程序。他们不必刻意去追求客观真实,而是更看重实质利益的衡量。ADR程序有着明显的程序利益,期间短、效率高,有助于实现当事人利益与效率的双赢。

(二)纠纷解决基准上的灵活性

比较于审判程序的刚性适法,ADR程序呈现为一种宽松的合法性。当事人根据纠纷的性质与内容自行协商。ADR程序在法律的基本框架内,有着较大的灵活变通和交易的空间,并非局限于严苛的法定规则,不必忍受复杂烦琐的程序拖累。对于规则的选择适用也不死板,可以根据当事人和特定纠纷的实际需要,尊重社会自治和当事人自主权,广泛依据各种社会规范灵活解决纠纷。

(三)解纷主体的非法律职业化

比较于审判程序的法官群体,ADR程序的解纷主体来自各行各业,除了法律职业人士,还包括许多非法律职业人士,如商业专家、心理专家、社区工作者、志愿者人士,甚至纠纷当事人本人也可以作为解纷主体自我解决。法律职业人士虽掌握着丰富的法律知识,但未必有足够的能力去解决纠纷中涉及的其他专业知识,即使有也常常是在概括性的想象与摸索中作出结论,对于当事人而言,未必能真正解决

---

① 范愉:《非诉讼程序(ADR)教程》(第4版),中国人民大学出版社2020年版,第17页。

争议。

ADR 程序中的某些领域虽开始呈现解纷主体职业化的发展趋向,如调解员和仲裁员,但从培训条件和资格选拔标准上,都并非以法律知识背景为必须条件。解纷主体的非法律职业化,一方面,能够促使纠纷解决脱离职业法律人士的垄断;另一方面,将专家优势和常识思维引进纠纷解决过程,避免职业法律人士的专业知识欠缺而可能产生的错误或偏颇,从而提高纠纷解决的准确性和满意度。

(四)程序性质和形式的多样化

比较于审判程序中由法官依据司法三段论推理方法做出裁判的单一过程,ADR 程序存在多样化的过程。ADR 可以发生于诉讼程序内外,由此产生司法 ADR、准司法 ADR 和司法外 ADR;依据解纷主体的差异性,又分为司法 ADR、行政 ADR 和民间 ADR。司法 ADR 虽以法院为解纷主体,但其程序明显区分于审判程序,法官参与解纷时也需强调其身份有别于审判人员。程序性质和形式的多样化使 ADR 构成功能互补的多元化系统。

(五)程序构造的平等性

比较于审判程序中法院相对于当事人的公权力主导地位,ADR 程序中的解纷主体为中立第三方,不具有国家权力的属性、地位和职权。ADR 程序中的解纷主体和当事人之间处于平等的地位,彼此之间是一种非权力式的水平构造。程序的启动、运作和处理结果取决于当事人的处分权和合意。ADR 程序体现了更为彻底的当事人主义和自治性。

(六)纠纷解决过程的非对抗性、非公开性与结果的互利性

比较于审判程序的对抗性,ADR 程序强调以妥协而非对抗的形式为宗旨,以圆满解决纠纷为价值取向,促成当事人达成合意,追求双赢或多赢的结果。这正是当代世界对 ADR 程序最为认同的优势。非对抗性的纠纷解决方式有助于纠纷当事人和谐交流、增进了解,通过交换双方意见,消除彼此的分歧,最终在平和状态中达成和解、解决纠纷;并且,可以促使当事人认可和自觉履行纠纷解决结果,有利于达成双赢的局面。

ADR 程序的过程和结果在不涉及国家秘密、商业秘密、个人隐私,不违反公序

良俗的情况下,除当事人同意公开外,均不得对社会公众公开。对保密原则的遵守,有利于保护当事人的个人隐私和商业秘密,避免因信息公开而带来的损失。

三、非诉讼纠纷解决程序的类型

为适应当代社会复杂多变的纠纷种类,ADR 经过不断的发展与优化,衍生出了多元化的类型。

(一)司法性、行政性和民间性 ADR

依据不同的解纷主体,分为司法性、行政性和民间性 ADR。

1. 司法性 ADR

司法性 ADR,也叫法院附设 ADR,是在法院主导下或者在法院委托、指派人员的主导下进行的以非诉讼方式解决纠纷的活动。它与诉讼程序相关联,是民事诉讼程序的重要补充。日本的民事和家事调停、德国的诉讼和解以及美国的各种法院附设 ADR 等都属于这种类型。

司法性 ADR 对法院纠纷解决功能的替代是最为直接和显著的,也是 ADR 扩大司法利用最重要的途径。司法性 ADR 具体包括法院附设仲裁、法院附设调解、早期中立评估、简易陪审团审理等。它可以是强制性的,即把 ADR 作为诉讼的必经阶段和前置程序;也可以是非强制性的,如果当事人拒绝则可以直接进入诉讼阶段。

2. 行政性 ADR

行政性 ADR 是国家行政机关或准行政机关所设或者附设的 ADR。行政性 ADR 的基本形式包括行政调解、行政申诉以及行政裁决等。20 世纪中叶以来,随着社会的发展、观念的变化、解纷实践以及社会治理理念的转变,协商理念被引进公权领域,行政性 ADR 得到西方各国的普遍支持,并获得迅速发展,如法国的调解专员制度、瑞典的申诉专员制度、英国的卫生行政监察专员制度、日本的行政性委员会等。

3. 民间性 ADR

民间性 ADR 是民间治理的一种具体方式,承担主体是民间组织或民间团体,包括民间自治性纠纷解决组织、非政府机构(non-governmental organization,NGO)

以及由政府或司法机关组织或援助的社会性纠纷解决机构等。由于民间性ADR具有解决民事纠纷、促进社会自立秩序形成以及弥补司法方式解决纠纷不足的功能，因而在世界各国得到了长足发展。

目前，世界许多国家和地区设置了各自的民间性ADR，如我国的人民调解与律师调解、日本的交通事故纷争处理中心、英国的全国律师ADR网络、美国的邻里司法中心。民间性ADR的主持机构是社会自发成立的民间组织、政府或司法机关组织或援助的民间纠纷解决机构，完全契合了民间治理自主成立、自律管理、自我发展的核心内涵。随着自治和共同体理念的确立，民间性ADR的地位和发展空间将进一步扩大。

（二）合意性、强制性和半强制性ADR

依据启动程序中的合意与强制因素成分，分为合意性、强制性和半强制性ADR。

1. 合意性ADR

合意性ADR强调当事人合意的全程贯彻，完全建立在纠纷当事人的自愿选择基础上，是ADR的最重要形式。日本学者棚濑孝雄以行为主体为分析中心，提出了合意的二重获得理论："纠纷处理的启动与最终解决方案的提出都必须获得纠纷当事人的合意，这是非诉讼纠纷解决程序发挥作用的最基本条件。"①

合意性ADR的启动完全基于纠纷当事人的意思表示，只要双方达成一致的意思表示则可进入ADR程序。达成合意的时间可以在纠纷发生之前，也可以在纠纷发生以后。当事人对纠纷解决的方式、主体、适用规范和解决结果均具有选择权。在实践中时常会出现解纷主体主动介入纠纷的情况，这种介入是否具有强制性要视纠纷当事人的态度而定。如果纠纷当事人对解纷主体主动介入没有明确表示反对或者持默认态度，这种主动介入就不具有强制性，仍然属于合意性ADR的范畴。

2. 强制性ADR

强制性ADR是根据法律规定或法院决定将ADR设置为特定纠纷解决的前置程序。例如我国的劳动仲裁、简易程序中的调解前置，要求当事人对纠纷的处理必

---

① ［日］棚濑孝雄：《纠纷的解决与审判制度》，王亚新译，中国政法大学出版社2004年版，第79页。

须先通过仲裁或调解程序予以解决，解决不成才能进入诉讼审判程序。强制性ADR是“适度”强制，仅要求纠纷当事人必须参加前置程序，并不强制其接受解决结果，也不会剥夺当事人的诉权。例如，许多国家或地区对一些特殊类型的纠纷规定了必须以调解作为纠纷解决的前置程序。①

3. 半强制性ADR

半强制性ADR是根据一方当事人的申请即可启动ADR程序，并不需要当事人双方达成合意。对于未开启程序的另一方，参与ADR程序是其义务所在，不得拒绝参与。例如，日本的法院附设调解，一方申请后，被申请人有参加调解的义务；还有消费者纠纷和产品责任纠纷，消费者选择ADR程序时，行业组织成员有参加的义务。半强制性还体现在，若是纠纷当事人对纠纷处理结果不服，仍可通过诉讼程序继续解决纠纷，并不会就此丧失诉权。

(三)终局性和非终局性ADR

依据纠纷处理的结果有无终结纠纷的效力，分为终局性和非终局性ADR，或称为有拘束力和无拘束力的ADR。

1. 终局性ADR(有拘束力的ADR)

终局性ADR意味着纠纷处理结果具有强制性法律效力，即当纠纷的一方当事人不能自觉履行时，对方当事人可以向法院申请强制执行，如仲裁裁决和法院调解书。ADR的种类中通常只有接近于诉讼程序的仲裁程序结果或由法院主导的ADR结果，才会具有终局效力。例如，我国对于诉外调解协议规定，须选择向公证机关申请制作公证债权文书或向法院申请司法确认获得民事裁定书后，才能取得终局效力。

2. 非终局性ADR(无拘束力的ADR)

非终局性ADR的处理结果不具有可强制执行的效力。纠纷当事人如果对纠

① 德国在2000年1月1日生效的《法院外争议解决促进法》为《民事诉讼法典施行法》增加了第15a条：针对相邻关系纠纷、非经广播或报刊传播的人身名誉权损害案件、《一般平等对待法》第三章规定的请求权，以及争议标的额低于750欧元的初级法院前的财产纠纷，各联邦州的司法部可制定法律引入强制诉前法院外调解程序。周翠：《调解在德国的兴起与发展——兼评我国的人民调解与委托调解》，载《北大法律评论》2012年第1期。

纷解决未达成合意，之后可以转入诉讼程序，或者在达成协议后的一定期限之内仍可向法院提起诉讼。20 世纪 50 年代，美国加利福尼亚州法院和宾夕法尼亚州东部地区的法院采用了附设强制性仲裁。此类仲裁裁决的效力不同于传统仲裁，传统仲裁的裁决具有终局的法律效力，当事人必须遵行；一方当事人不履行裁决所确定的义务时，另一方当事人有权申请法院强制执行。法院附设的强制性仲裁裁决则不具有终局性，当事人不服裁决的，可在法定期限内申请法院开庭审理，作出判决。

（四）公益性、非营利性和营利性 ADR

依据 ADR 运行主体的组织运作性质与结构，分为公益性、非营利性和营利性 ADR。

1. 公益性 ADR

公益性 ADR 是由国家、地方政府、司法机关或民间社会团体以公共财政、社会资助、基金等方式建立，其组织建立、人员选任或运作程序均需要依据一定的法律依据或授权。公益性 ADR 以服务公众为宗旨，以解决纠纷和维护社会和谐为目标。从事公益性 ADR 的专职人员或志愿者不从纠纷解决业务中获取收入，当事人原则上无须缴纳费用。例如，《中华人民共和国人民调解法》（以下简称《人民调解法》）第 4 条明确规定“人民调解委员会调解民间纠纷，不收取任何费用”。

2. 非营利性 ADR

非营利性 ADR 也带有公益性，但其机构和运作方式不依赖于公共财政或公益性基金等的支持，而是依靠市场化机制运作向当事人收取服务费用，自负盈亏。但不以营利为目的，其收入原则上不作为资本收益进行分配，而是用于扩大规模和日常运作。商事仲裁机构通常属于此类。

3. 营利性 ADR

营利性 ADR 则是通过提供纠纷解决服务获取一定收益，一般以企业或财团法人等形式成立，完全按照市场规律进行运作，自负盈亏，并可以获得营利。许多的民间鉴定、认证等中介机构，以及一些民间仲裁或者律师调解事务所等都属于营利性 ADR。例如，美国的 JAMS 公司已经成为一家提供司法仲裁和调解服务的跨国公司；日本的交通事故纷争处理中心也属于此类营利性 ADR。我国也开始探索非营利性 ADR 和营利性 ADR 的多元化运作模式。营利性 ADR 和非营利性 ADR 都需要接受法律和国家规则对准入标准和法定登记备案程序的约束,但主要是通过行业自律获得公信力和生存空间。

四、非诉讼纠纷解决程序的功能

ADR 和诉讼(具体指审判)是多元化纠纷解决机制的两大主要板块。两者在功能和价值方面存在差异,产生互补,服务于共同目的,即解决纠纷、实现正义和社会治理。

审判是国家强制解决纠纷的一种方式,是纠纷当事人凭借国家权力实现权利救济的司法程序。审判主要有三层功能,呈现为递进式关系。第一层是直接功能,指解决纠纷、调整利益冲突、保护社会主体的合法权益。审判成为国家权力解决和调整私人之间纠纷和利害冲突的重要机制。第二层是适用法律功能。审判是对纠纷进行法律解决的典型方式,具有确认、实现、发展法律规范,保证法律调整机制正常运行的功能。审判通过法律适用,提供一种法律上的标准答案,作为类似案件裁判的参照依据,起到示范效应,追求一般正义的实现。第三层是社会治理功能。审判中为确定或保护某一特定社会情况或关系,而作出以法律原则为根据的说明,维护着整个社会的政治秩序和国家权力的合法性。

ADR 作为纠纷与利益冲突的另一重要调节器,同样具有三层功能。

(一)解决纠纷

ADR 的第一层功能与审判程序相同,皆为解决纠纷。ADR 的解纷主体主要产生推动和促进的作用,帮助当事人通过平和、合理、非对抗性的方式解决纠纷。ADR 不受繁冗复杂的程序约束,可以实现快速高效地解决纠纷。ADR 考量纠纷当事人的长远利益,不只是简单地化解双方当事人之间的纠纷,还会着眼于缓和当事人的关系,维持社会的稳定和谐。

(二)实现特殊正义

正义是人类社会的美德和崇高理想,也是人们生生不息的追求。对正义内涵的探讨古已有之。古希腊哲学家亚里士多德将正义划分为普遍正义与特殊正义。普遍正义是指合法意义上的正义,特殊正义则是指均等意义上的正义。在社会成员与其他成员的关系上,正义就是“均等”。然而,这种“均等”不是指绝对意义上的平均,而是指同样的情况同样对待。由于社会成员之间关系的复杂性,亚里士多德又把特殊正义划分为两种类型:分配正义与平均正义。[①] 特殊正义是以分配正义和平均正义的形式对不同社会成员之间的关系进行调整,涉及的是社会关系的局部。

ADR 程序的第二层功能是追求特殊正义的实现。特殊正义作为一种均等意义上的正义,它体现的是一种"各取所需"的理念,代表的是社会赋予个人的权利。基于 ADR 程序非刚性适法的特征,它更多是一种个性化的输出产品,即针对特定的纠纷、特定的当事人,输出特定的纠纷解决结果。这个结果具有非常明显的特殊性和个性化。这种特殊性、个性化就是对特殊正义追求的一种体现。

在审判中,可以通过严格适用法律追求一种输出一般正义或普遍正义的裁判产品。但正义本身有着一张普罗透斯的面孔,变化无常,随时呈现不同形状,并具有极不相同的面貌。每个人对正义的需求也会产生各自的期待。ADR 具有非正式性的特点,能根据个案的特殊性以灵活的纠纷方式平衡当事人双方的利益,使纠纷中的每个人都能做该做的事情,得应得的东西,最终达成特殊正义的目标。这就是"各取所得"理念的体现,是均等意义上正义的实现。

(三)社会治理

ADR 程序的第三层功能也是社会治理功能。不同的时代和社会形态所产生的纠纷解决机制各有特色,不同社会的治理模式也会存有差异。一个科学的社会治理模式是社会发展的基础。当代社会治理是由包括正式和非正式的公共事务管理和调整机制所构成的一种综合机制。习近平总书记强调在法治中国的建设中,必须坚持依法治国和以德治国相结合,使法治和德治在国家治理中相互补充、相互促进、相得益彰,推进国家治理体系和治理能力现代化。

当代社会的纠纷解决方式从对立对抗走向对话协商,从一元化走向多元化。社会治理理念对交流与合作的重视度超越了过往的任何时期。纠纷解决机制作为社会治理中的一个环节,在寻求一种更显尊重、更具宽容的解纷方式。ADR 作为一种自主调整社会关系的基本方式,随着社会公共空间与个人自我空间交叉融合,关注度日渐提升。ADR 凸显当事人的合意、自主、协商、自治,更加重视当事人思想分

---

① [古希腊]亚里士多德:《政治学》,吴寿彭译,商务印书馆 1981 年版,第 234 页。

歧上的交流和沟通，在协商对话中消除分歧，从思想上达成一种共识。在解决纠纷的过程中，各种软性社会规范适用于其中，在主流社会价值观的影响之下，当事人会达成一种符合主流社会价值观的解决办法。

ADR 对解决纠纷具有开放性的特征，能够一次性解决多方面和多层次的纠纷和利益诉求，不是只局限于表面上的纠纷，而是挖掘到底，究其根源，从矛盾的根源去消除分歧，最终彻底消除纠纷，真正做到"事了"。ADR 的保密性也能很好保守个人隐私和商业保密，尽可能降低对双方关系的破坏与抑制影响扩大。

ADR 是现代社会治理的重要尝试，代表一种实现社会自治、贯彻法治和德治相结合的新型社会治理理念。它还进入公共权力领域推动着公共权力的社会化，既是公共权力社会化的结果，又是促进这一进程的动力，形成新的共同体规范和公共道德体系，增进共同体成员的认同感和凝聚力。

五、非诉讼纠纷解决程序的价值

（一）自由

"在人类追求的众多价值目标中，与人的主体性关系最为密切的就是自由，它是法的最高价值的体现，是做法律所许可的一切事情的权利。法是调整社会主体之间社会关系的规范，要保证每一社会主体的地位和价值，就首先要确保其自由的存在。公众的行为只要没有违反法律的强制性和禁止性规定就可以受到应有的保护。"①

在纠纷解决中，ADR 更能体现人们对自由价值的价值，因为当事人始终享有选择纠纷解决的方式和最终解决办法的自由。审判程序虽然具有高权威性，但是其程序的烦琐与规则的严苛给纠纷当事人设置种种限制，而 ADR 程序更加灵活简便，在解纷方式、适用程序、解决结果等事项上允许当事人自由选择。

（二）效益

"以最少的资源消耗取得同样多的效果，或以同样的资源消耗取得最大的效

① ［法］孟德斯鸠：《论法的精神》，许明龙译，商务印书馆 2012 年版，第 174 页。

果。”[①]成本经济分析法学把成本—效益分析应用到了法治的每一个领域，并得出以下结论：权利并非是绝对的和无价的，其实现必须权衡资源与社会成本；个人的权利可以由其主体根据利益的综合权衡放弃、交换和交易，在纠纷解决过程中，成本的计算与权利的主张同样合乎理性；社会和国家应该根据成本效益原则设计或改革诉讼程序，并通过价值规律和制度设计限制诉讼的无限增长；应该根据成本—效益原则建立和发展 ADR 机制，并以此作为对其功能价值的评价标准之一。[②]

采用审判程序解决纠纷，对当事人和社会而言都需耗费相当成本。当事人不仅花费包括诉讼费、律师费、保全费等直接经济成本，还包括参与审判程序所耗费的时间成本，特别是审判程序中的审级制度意味着可能需要经过两次或以上审理才能终结案件。同时，审判程序中国家司法资源也投入其中，审判程序的复杂规则与期间冗长，都使各方面资源的激增。

ADR 重视协商，充分尊重当事人的意思自由。程序的灵活性和通常一次终结纠纷的特征能有效降低各方面需投入的成本与资源，使当事人以较低的代价获得较大的利益。一些 ADR 程序，如人民调解，并不收取调解费用，可直接减轻当事人的直接经济成本。ADR 程序的处理结果是当事人合意解决纠纷，纠纷当事人对解决结果更能接受和履行，有利于彻底解决纠纷，达到“化干戈为玉帛”的效果。

（三）正义

古往今来，人类社会对纠纷解决方式的选择一直坚持以正义作为价值判断标准。ADR 程序同样将正义作为程序运行的基本理念。它追求的正义之理念不同于诉讼的价值取向，更能满足解决特定社会关系、特定主体之间的特定纠纷的需要。

起初，关于 ADR 程序的正义价值，在仅阐释“遵照法律解决纠纷即为正义”的背景之下，按照此逻辑很容易得出通过 ADR 程序实现的正义只是“二流正义”或“次正义”的结论。尤其是双方当事人不必严格遵守证据规则，纠纷的解决常常建立在纠纷当事人对彼此权利进行让步的基础之上。

对于 ADR 中正义价值的理解，不应按照既往评判标准，应当看到其在解纷过程中给当事人带来的程序的便利和结果的灵活之利益。ADR 的非形式化和非对抗

---

① 张文显主编：《法理学》（第 5 版），高等教育出版社 2018 年版，第 251 页。

② 范愉、李浩：《纠纷解决——理论、制度与技能》，清华大学出版社 2010 年版，第 42 页。

性使纠纷当事人在不违反双方自愿和公平的基础上，以适宜和灵活的方式积极促进双方和解，便捷、高效、低耗地解决纠纷，并且寻求满足各个纠纷特殊需求的产品结果，就是其实现的正义价值所在。

（四）多元

ADR的最突出价值是对多元化理念的贯彻。很长一段时间内，人们对于法治的阐释比较固化，认为法治社会的基本标志就是强调规则的统治，仅以法律规范作为社会调整的唯一权威性和正统的标准和尺度，仅有司法机关能够解决纠纷，法律体系和诉讼程序的设计必须以严格的形式理性为最高标准，确立正式的、公共性的法律体系在社会中的至上权威。

这种一元化的偏颇认识，对社会治理的复杂性以及司法资源与能力的局限缺乏客观认识，把"现代法律意识 = 审判利用"公式定为支配法学界的思维定式。在经典的法治模式中，诉讼作为正统的纠纷解决机制占据主导地位，调解等非正式的社会调整机制常被视作规避法律的、非正义的自力救济方式。

20世纪以来，ADR的发展归根结底是法治社会自身需要和发展的结果。随着当代社会对多元化理念的认同，ADR在处理社会冲突、协调利益、扶助弱势群体、促进各种文化传统及价值观共存以及社会治理中的积极作用越来越受到推崇。法治现代化道路不应是一条单一的路线，诉讼也并非纠纷解决的唯一路径。

法治社会需要国家法律体系、司法程序与ADR机制互动协调。传统纠纷解决机制可以通过现代化转型，将其融入到多元化纠纷解决机制范畴内，助益于沟通法与社会的联系。多元化纠纷解决机制通过协商、协调程序，有利于超越法律制度和诉讼的程序公正标准，追求实质公正的目标，兼顾多元文化和利益，探索合理的解决途径和结果。

（五）和谐

因全球化的推进和社会经济生活的发展变化，国家治理和社会管理的理念发生深刻的变化，从传统上单纯的统治（government）理念转向治理（governance）理念，从单纯依赖政府的管理转向多种社会治理方式的结合。

在当代，一种新型治理理念在法治理念的基础上得以发展。现代社会的纠纷解决和社会治理理念从对抗式走向非对抗式，从单一化走向多元化，尊重社会自治,重视合作交流,这种新型治理理念被称为"善治"。[①]

善治是社会共治,强调实现社会自治与社会管理的有序衔接,综合法治与其他治理机制的制度安排,是信息机制、决策机制、评价机制以及监督机制等各种机制的有机整体。[②] 针对法治的局限性和不足,善治强调法治与其他社会控制、法律与其他社会规范、国家执法系统与民间社会自治的协调互动。

构建和谐社会的理念正是善治理念的体现。和谐精神成为中国特色社会主义的核心价值,并成为主导法的精神的"中国元素",进而加速推进从以法而治和依法而治到良法善治、和谐法治的历史性、根本性转型。[③] 中国法治中的和谐元素推动着形式合法性和形式正义的法治转型,转向良法善治,更加注重法治的实体要件。

善治就是让法律止于至善,让社会臻于至善,既重视法律的政治性(法律的政治要素、政治基础、政治功能等),更注重法律的公理性(法律中的正义、平等、自由、人权、道德价值等)。法律要做到"三个善待",即善待个人、善待社会、善待自然,以此实现人与人的和谐、人与社会的和谐、人与自然的和谐。

构建多元化纠纷解决机制成为实现善治的社会政策目标。2006 年《中共中央关于构建社会主义和谐社会若干重大问题的决定》中指出,适应我国社会结构和利益格局的发展变化,形成科学有效的利益协调机制、诉求表达机制、矛盾调处机制、权益保障机制。在完善矛盾纠纷排查调处工作制度方面,建立党和政府主导的维护群众权益机制,实现人民调解、行政调解、司法调解有机结合,更多采用调解方法,综合运用法律、政策、经济、行政等手段和教育、协商、疏导等办法,把矛盾化解在基层、解决在萌芽状态。

2019 年,《中共中央关于坚持和完善中国特色社会主义制度、推进国家治理体系和治理能力现代化若干重大问题的决定》指出,继续"完善正确处理新形势下人

---

① 联合国亚太经济社会委员会在其发布的《什么是善治?》中,对于善治提出了八项标准,分别为共同参与(participation)、厉行法治(rule of law)、决策透明(transparency)、及时回应(rcsponsiveness)、达成共识(consensus oriented)、平等和包容(equity and inclusiveness)、实效和效率(effectiveness and efficiency)、问责(accountability)。United Nations Economic and Social Commission for Asia and the Pacific, "What is Good Governance?",www. unescap. org/resources/what-good-governance,12 - 01 - 2023 last visited.

② 王利明:《法治:良法与善治》,载《中国人民大学学报》2015 年第 2 期。

③ 张文显:《和谐精神的导入与中国法治的转型——从以法而治到良法善治》,载《吉林大学社会科学学报》2010 年第 3 期。

民内部矛盾有效机制”，建设人人有责、人人尽责、人人享有的社会治理共同体和健全充满活力的基层群众自治制度等社会治理理念，进一步在善治理念指导下贯彻与实施多元化纠纷解决机制。

思 考 题

1. 你在生活中遇到过什么纠纷？这些纠纷是如何产生的？你又是如何解决这些纠纷？这些纠纷是否得到了妥善的解决？

2. 纠纷对你的生活带来了什么坏的影响或不好的结果？或者，在纠纷的解决中，你是否又学到了什么好的方法、经验或心得？

3. 为何需要构建多元化纠纷解决机制？人们在选择不同的纠纷解决手段时会考量什么因素？

4. 诉讼与 ADR 的优势和劣势分别是什么？它们在多元化纠纷解决机制中分别占据着什么样的地位与作用？

5. ADR 在当代社会治理中贯彻着什么理念？

延伸阅读

肖某某等 322 户业主与重庆某商管公司租赁合同纠纷调解案①

【案情介绍】

2018 年，“忠州购物公园”建玛特购商区 700 余户业主将“忠州购物公园”建玛特购商区的商业运营、培育与经营管理工作整体委托给重庆某商管公司，双方签订《商业委托管理协议书》，协议书对商业运营模式、租赁期限、租金、违约责任等进行了约定。

2021 年年初，重庆某商管公司以疫情持续影响、同行业建材市场恶意竞争导致商户掉铺严重，市场开业率持续不足 60%，公司无力继续按照合同约定 6% ~7% 的

① 《点赞！忠县法院案例入选 2022 年重庆法院多元解纷优秀调解案例》，载澎湃网 2023 年 1 月 4 日，https://m.thepaper.cn/baijiahao_21428078。

年预期回报率向业主支付租金为由，单方面向"忠州购物公园"建玛特购商区业主发布告知书，将 2022 年 4 月 1 日起至 2023 年 9 月 30 日止的租金标准降低 50%。

之后，重庆某商管公司多次与业主进行协商，但"忠州购物公园"建玛特购商区仅有 54% 的业主同意变更租金标准，余下肖某某等 322 户业主仍然坚持要求按照原协议履行。同时，肖某某等 322 户业主多次要求重庆某商管公司按照原协议支付租金无果，导致双方矛盾激化。部分业主还建立了微信维权群，多次到重庆某商管公司办公室、建玛特购市场、县政府聚众维权，阻挠市场经营，影响社会稳定。

重庆市忠县人民法院（以下简称忠县法院）了解到该情况后，立即启动一站式多元纠纷调解机制，联合"人民法院老马工作室"、忠县信访办、商务委、市场监督局、司法局、街道办事处、社区等部门多次召开联席会，就前述纠纷进行实地调查、分析判研和纠纷调处。

【法律分析】

《中华人民共和国民法典》（以下简称《民法典》）第 543 条规定："当事人协商一致，可以变更合同。"第 577 条规定："当事人不履行合同义务或者履行合同义务不符合约定的，应当承担继续履行、采取补救措施或者赔偿损失等违约责任。"第 703 条规定："租赁合同是出租人将租赁物交付承租人使用、收益，承租人支付租金的合同。"最高人民法院《关于依法妥善审理涉新冠肺炎疫情民事案件若干问题的指导意见（一）》作出了关于各级人民法院应当充分发挥司法服务保障作用的规定。

本案中，合同明确约定业主将商铺、房屋交由重庆某商管公司管理、经营，经营收益和风险均由重庆某商管公司承担，重庆某商管公司支付固定标准的租金，双方形成商铺租赁合同关系，重庆某商管公司应当自负盈亏并按照合同约定支付租金。但法院在处理此类涉疫纠纷时，也应当立足统筹推进疫情防控和经济社会发展工作大局，充分发挥司法调节社会关系的作用，积极引导当事人协商和解，并根据案件实际情况，准确适用法律，平衡各方利益，服务经济社会发展。

【调解过程】

忠县法院诉调对接中心坚持问题导向，以解决纠纷背后的根本利益诉求为出发点和落脚点，通过"把脉会诊""部门会商""诉前会谈"等方式，精准掌握纠纷产生的前因后果，找准利益契合点，兼顾各方权益，提出合理调解方案，强力推进纠纷化解：

(1)把脉会诊,掌握纠纷焦点

收到前述案件后,为避免"民转群"案件风险,忠县法院第一时间向县政府、县委政法委通报案件情况,建议相关部门联合开展纠纷调处工作,并立即委派"人民法院老马工作室"特邀调解员先期进入市场对重庆某商管公司经营状况、商铺开业率等问题进行走访调查,登记业主基本信息和反映的具体问题,精确把握双方争议焦点,同时,积极引导情绪激动的业主依法维权,做好群体性事件的预防工作。

(2)部门会商,建立联调机制

通过先期排查情况,建立诉前统一报告、备案及风险评估机制,成立风险排查小组,由忠县法院诉调对接中心进行诉前调解摸底,清理涉纠纷人群底数,及时掌握风险、制定化解预案;由司法局、信访办做好群众维稳工作,提供法律援助;由各部门统一完善"诉调、警调、访调"对接机制,启动重点项目问题处置方案,针对新冠疫情等引发的市场行情等问题,由法院、司法局及时提供司法处置意见,协助各部门守好联防联控关键防线,努力控制纠纷影响。

(3)诉前会谈,商定调解方案

以诉调对接中心为平台,组织当事人展开诉前调解,告知法院诉前调解的性质及益处。同时,灵活运用"老马工作法",引导双方以心交心,互换立场。站在业主的角度上,大部分业主倾尽半生积蓄投资商铺,商管公司单方面大幅降低租金,侵害了业主的基本权益。站在公司的角度上,受新冠疫情持续影响以及忠县其他建材市场"三年免租"的市场竞争,导致"忠州购物公园"建玛特购商区开业率持续走低,商业运营成本不降反增,加之"忠州购物公园"正在努力引进万达广场,在此背景下,维持"忠州购物公园"建玛特购商区的持续稳定经营,有利于抓住"忠州购物公园"新的发展机遇,也有利于业主和重庆某商管公司的长久收益。

对此,调解员从情、理、法三个角度向双方当事人阐明诉前和解的好处,挖掘双方当事人之间的共同利益,避免成为"利益对抗体"。最终大部分业主选择诉前调解为纠纷化解平台,并形成重庆某商管公司在2022年10月1日前按照原合同租金标准向业主支付2022年第一季度的租金、按照原合同租金标准50%支付2022年第二季度的租金、其余租赁期限租金标准仍按照原合同执行的调解方案。

(4)司法确认,固化调解成果

达成调解协议后,调解员立即组织当事人向忠县法院申请司法确认。忠县法院根据当事人的申请当场立案，并指派速裁团队负责专项审查，受理后3日内即完成询问并制作、送达司法确认裁定书。确认程序完毕后，速裁团队进行电话回访，督促重庆某商管公司兑现案款，并及时支付未起诉业主的租金。最终，该群体性系列纠纷通过忠县法院一站式多元纠纷调解机制得以圆满化解。

【典型意义】

该案是群体性纠纷，当事人之间矛盾尖锐，且既涉及群体性民生权益，又关乎企业生存发展，更与忠县新城规划与发展息息相关。在处理此类“涉疫、涉访、涉民生”纠纷时，忠县法院立足司法职能，有效运用一站式多元纠纷调解机制，通过法院诉调对接中心与行政机关无缝对接，多方主体共同参与，对矛盾纠纷早发现、早预防、早处置，为群体性纠纷前端化解提供坚实保障，从而有效维护社会和谐稳定、促进城市发展。

同时，随着县级城市的不断发展，县级城市综合体应运而生，与之相伴而生的“商管模式”在县城中日渐增多，其中因矛盾纠纷无法调和而诉至法院的案件亦呈增长态势，但本质上，业主与商管公司的立场及立场背后所反映的利益却并非绝对矛盾。此次案例中，调解员能够及时厘清法律关系，有效疏导当事人情绪，找准矛盾纠纷背后的根本利益诉求，充分运用诉调对接中心平台联合当地行政机关启动纠纷化解联调机制，调集各方力量集中排查、快速响应、提前化解，最终将矛盾纠纷化解在前端，有效形成典型案例指引，对此类群体性纠纷诉源治理工作具有现实的参考价值。

最后，通过对已起诉案件及时对接诉前调解、司法确认、速裁快审等司法程序，为调解成果赋予法律强制力，积极运用“示范调解+院外化解”模式，充分发挥已起诉案件调解成果的示范引领作用，对已经涉诉或潜在的诉讼各方当事人加强引导，推动此类群体性纠纷案件院外化解、主动兑现，把大量矛盾纠纷化解在诉前，确保案件处理法律效果与社会效果的统一，实现司法服务保障职能。

| 第二章 |

非诉讼纠纷解决程序的发展脉络

本章概要

在人类历史发展进程中，法院与诉讼是相当晚近的事物，在此之前便已存在诸多非诉讼的纠纷解决手段。人类纠纷解决进化史呈现从简单到复杂、从愚昧到文明、从血腥到平和、从权威到规则、从涣散到组织的发展历程。法院与诉讼在纠纷解决中的主导地位在19世纪才逐渐得以形成。20世纪，世界格局与社会结构的急剧变化催生了诉讼案件的快速增长，法院越来越难以及时有效处理案件，"案多人少"引发的矛盾越发明显，由此引发更广泛的司法危机。现代ADR运动的兴起，先是冀望挽救各种司法危机，后逐渐发生蜕变，体现新型正义理念与适应社会治理新格局。ADR已成为与诉讼平行的重要纠纷解决机制，共同打造现代社会的多元纠纷解决格局。

关键词

自力救济；同态复仇；他力救济；神明裁判；司法决斗；调处；ADR运动；司法危机；特殊正义；和谐社会

第一节　非诉讼纠纷解决程序的历史渊源

综观人类历史,对纠纷解决方法的永恒探索,呈现从简单到复杂、从愚昧到文明、从血腥到平和、从权威到规则、从涣散到组织的发展进程。

诉讼作为人类社会解决纠纷的一种具有复杂、文明、平和、规则、组织等特征的高级形态,是人类文明进化到高级程度的产物。诉讼运作的前提,需要一个强大的国家权力作为后盾,也即国家这个庞大的组织体系要基本建构,需要有系统的法律作为适用依据,以及配备熟悉了解这些法律的专业人士群体。"如果能够将时间的范围拉伸得足够宽广,我们就会发现,即使在普通法国家,国家主导的司法裁判也属于新鲜事物。例如在英格兰,直到12世纪,皇室法院才开始真正出现。"①

在诉讼产生之前,人们之间的纠纷依靠着若干简单、愚昧、血腥、权威、涣散的非诉讼类纠纷解决手段,甚至在诉讼产生后,这些手段也在很长时间内与之共同存在与适用。

一、自力救济:温和与血腥

美国学者霍贝尔指出,在原始社会当中纠纷是如此之普遍,纠纷的解决如同"当汽车打火不着,齿轮摩擦或整个机械面临损坏的威胁时,车库里的修理工作"。②原始社会中人们之间的纠纷主要表现为财产纠纷和婚姻家庭纠纷。原始社会的财产关系虽主要为共有,但不排除随着社会分工的复杂程度提高,财产方面的分配也存在争执。原始群婚制中也可能产生各种摩擦。霍贝尔在谈到爱斯基摩人的社会状况时说:"追求异性的竞技场是爱斯基摩人产生纠纷和法律的温床。"人身伤害等方面的因素往往能引起摩擦甚至纠纷。

---

① [英]西蒙·罗伯茨、[英]彭文浩:《纠纷解决过程:ADR与形成决定的主要形式》(第2版),刘哲玮等译,傅郁林校,北京大学出版社2011年版,第15页。

② [美]E. A. 霍贝尔:《初民的法律:法的动态比较研究》,周勇译,中国社会科学出版社1993年版,第314页。

原始社会的规模小，人们聚居的单位也非常小，单个成员之间产生纠纷如没有及时解决，容易导致纠纷激化，影响扩大到亲属团体，进而引发恶劣后果——整个部落都陷入大规模的冲突甚至战争中，导致共同体分崩瓦解。

部落成员间的纠纷可能通过拳击、摔跤、斗歌等方式解决。拳击与摔跤比较暴力，斗歌则是一种比较温和的方式。当事人通过唱歌的方式将自己内心的不满、愤怒、鄙视等情绪发泄出来。①

尼斯(Nith)西部和东部爱斯基摩人的斗歌颇享盛誉，斗歌可以用来解决除杀人以外的一切正常秩序中所发生的怨恨和纠纷。歌唱的风格是高度规范化了的，成功的歌手运用传统的曲调格式，以赢得观众的热烈喝彩。被衷心鼓掌喝彩的就是胜利者。赢得斗歌的胜利，其结果并不带来任何经济上的补偿，唯一的得益是个人社会威望的增长。但在任何情况下，输赢两家都得重归于好，他们相互交换礼物，作为解决纷争的纪念。②

霍贝尔评论道，斗歌在其用来解决纷争和恢复该社区内冲突双方的正常关系时，是一种司法的手段。争执一方接受了一项有利于自己的"判决"，但它不能依据实体法所规定的权利来评判正义与否。诉讼当事人(斗歌双方)发泄了怨恨之情——怨屈的包袱卸了下来——心理上得到了满足，心理平衡重新恢复，这一切就足够了。如同爱斯基摩人所认为的，这就是爱斯基摩社会所需要的足够的正义。③

原始社会中部落间的纠纷解决通常比较血腥。如果甲部落今天把乙部落的一个成员杀死了，那么作为报复，乙部落明天就会把甲部落的一个成员杀死。最早开始出现的复仇往往是一种共同复仇的形式，即当某个氏族成员被伤害或杀死时，全体氏族成员都必须为其报仇；相反，当本氏族成员侵犯了其他氏族的人员时，本氏族的所有成员都有义务为其承担责任。

这种复仇被叫作血亲复仇。复仇在古老社会普遍是一项神圣的义务。"流一

---

① 这种斗歌的方式也存在我国的少数民族生活中，如拍成电影的《刘三姐》，其中就有经典的刘三姐与当地财主聘请的秀才之间的斗歌情景。

② [美]E. A. 霍贝尔：《初民的法律：法的动态比较研究》，周勇译，中国社会科学出版社 1993 年版，第 101 ~ 107 页。

③ [美]E. A. 霍贝尔：《初民的法律：法的动态比较研究》，周勇译，中国社会科学出版社 1993 年版，第 108 页。

个野蛮人的血等于流全氏族的血;氏族的所有成员都负有为被侮辱者复仇的责任;复仇带有像结婚和财产那样的集体的性质。”①

血亲复仇在历史进程中逐渐被规范,演变为同态复仇的形式,并被规定在古代法律中。例如,《汉谟拉比法典》规定:如果自由民损毁任何自由民之眼,则应毁其眼(第196条);如果他折断自由民之骨,则应折其骨(第197条);如果自由民击落与之同等之自由民之齿,则应击落其齿(第200条)。古日耳曼人中,亲属将被杀者尸体抬去下一家门口,下一家抬去再下一家,通知亲属团体,激起复仇情绪,往往由被害者近亲属召集会议,决定复仇和步骤,推选一人负责;复仇对象不一定限于杀手本人,会选择加害人亲属中最亲爱的人复仇;复仇须公开进行;合法复仇不得被复仇,如指责复仇不合法,需经审判机关裁决。②

同态复仇具有五个基本要素:(1)起因是要有被侵害的事实,即受害人遭受外来的凌辱或伤害;(2)目的只是泄愤而任意侵害他人甚至滥杀无辜;(3)复仇人可以是受害人自己,当受害人死亡或是不能实施复仇时也可由其亲属代其实施,该亲属的范围一般限定为近亲;(4)复仇的对象必是加害人本人,不能扩大到其亲属或是氏族;(5)复仇的方式应与其所遭受伤害的方式相当,复仇的程度也不得超出其所遭受伤害的程度。③

同态复仇依然太过血腥,极易导致社会不稳定,威胁社会安定。公元初,开始逐渐被赔偿金替代。起初两者并存,后来和解为法律所倡导,最终被确立为法律义务。和解成立后,如加害人拒绝支付赎罪金,被害人可提请审判机关判决强制执行;若仍不履行,宣布其丧失和平,任何人均可杀之。赎罪金数额由双方协商,后逐渐形成惯例,并从实物演化为货币。④

---

① [法]拉法格:《思想起源论》,王子野译,三联书店1963年版,第71页。

② 由嵘:《日耳曼法简介》,法律出版社1987年版,第76~77页。

③ 王龙飞、刘志:《试析同态复仇》,载《政治与法律》2011年第10期。

④ 古代两河流域的《乌尔纳木法典》第16条规定:如果某人在打斗过程中,用棍棒打断了他人之肢体,他应偿银一明那。第17条规定:如果某人用铜刀割断了另一人之鼻,则他应偿银三分之二明那。第18条规定:如果某人用[……]割断了[另一人]的[……],他应偿银……第19条规定:如果他用[……][敲掉]他的[牙],他应偿银二舍克勒。于殿利:《〈巴比伦法〉的人本观初探——兼与传统的“同态复仇”原始残余说商榷》,载《世界历史》1997年第6期。

二、他力救济：神的裁判

在初民、古代乃至近代社会中，由于人们对神灵的信仰，故经常借助神灵的力量判断或裁决各种疑难案件，这就是神明裁判，简称神判。[①]

先民因对大自然现象的未知，故确信一种超自然力主宰世界生息。神灵通过对当事人的特定行为做出某种反应来表达善恶是非，神灵不会使无辜的人蒙受冤屈，即便是身处险境也能安然无恙，同时不容为恶之徒逍遥法外，在神判仪式上直接处罚违犯者或通过传递某种信息让权威来制裁。

神判大体可以分为神誓盟诅和神意裁判。神誓盟诅是指当事人主动或者被要求向神宣誓表明自身陈述的真实性。誓言的可信度取决于宣誓人的身份。当原告、被告就案件的事实提出相互矛盾的陈述时，审判官或诉讼双方的调解人以及原告、被告一方提出向神宣誓，以保证其陈述的真实性。假如有另一方不敢对神宣誓盟诅，或者在宣誓后呈现某种灾异谴告或报应的现象，便判定其陈述虚假。

神意裁判是指通过让当事人经受肉体上的考验，以结果判断神的旨意，做出裁决。神意裁判是在诉讼过程中以某种方式请求神示意裁决的方式，原告、被告双方通常要经过肉体的考验来证明自己的"清白"。神意裁判又可分为单向裁判和双向裁判。单向审判是受审者或权利主张者接受神判。双向审判是双方当事人，甚至法官、证人、助讼人一同参加，主要指司法决斗。

世界各地的神判方法多种多样。古印度采用的神判就多达八种，包括水审法、火审法、圣水审法、圣谷审法、热油审法、秤审法、毒审法和抽签审法。不同民族的神判标准也有所不同。例如，古代巴比伦人的水审法标准就与古代日耳曼人不同。虽然法官都会下令把拒绝认罪的被告人投入河水中接受检验，但前者是沉入水中的被告人有罪，后者却是浮在水面上的被告人有罪。按照中世纪欧洲国家采用的火审法，当法官无法通过当事人陈述查明争议事实时，就会在祈祷神灵的仪式下，让诉讼双方当事人用手去拿烧红的铁器，然后根据双方手掌的伤情做出裁判。后来，有些地方的法官改用单方的磨难，即只让被告接受火的考验。

---

① 邓敏文：《神判论》，贵州人民出版社 1991 年版，第 70 页。

神判的基本特征包括：程序公开、审罚合一、野蛮与文明融为一体、无公诉与私诉之分、标准的不确定性与结果的确定性并存、原始宗教色彩浓厚。[①] 神判包含了解决社会冲突机制的必要因素：(1)它有一个迅速解决纠纷的公认的目的，比如闷水神判将当事人双方置于水中，浮上来的一方理赢，未浮出来的一方理输；(2)它有一个双方公认的规则——神灵，比如铁火神判中当事人双方公认的神灵是火神，而闷水神判中当事人信奉的神灵是水神；(3)它有一个可见性的公认仪式，一般需要首领或氏族长老在场亲自主持，按照一定的俗成的程序或仪式进行；(4)它有一个对当事人有强大心理压制力的公认结果。神判的结果是神的意志的体现和反映，违背或不遵循神的意志必然会受到更为严苛的惩罚，这种威慑力和恐惧感使神判的结果得以信服。[②]

决斗是神判的一种双向裁判方式。人们相信，正义的一方会得到上帝的庇佑，让他有强大的力量完胜对手；在决斗中退缩者必定是有罪之人，而表现英勇的人必定是清白无辜的；对决斗后的结果，谁也不能上诉。公元501年，勃艮第国王耿多巴德明令在审判中可以通过决斗来取“证”，意图克制诉讼中的伪证泛滥，由此掀开了司法决斗的历史。司法决斗，是由法庭命令或认可，依预定的法律规则和固定仪式，以武力方式证明案件事实和诉讼请求，旨在避免或结束暴力冲突的司法程序。

司法决斗如今看来似乎很荒谬，但在诬告成风、刑侦手段又极其不发达的时代，确实是有效对付诬告的唯一办法；相较于“热铁取证”“沸水取证”之类的神裁方法，司法决斗更能让人掌握自己的命运；并且，相较于依靠誓言取证的方法，太过主观随意性，造成伪证泛滥，司法决斗正是特定社会历史背景下克服事实真伪不明的重要手段和证据制度。[③] 它体现了暴力型私力救济——私人的武力争斗向公力救

---

① 叶英萍、李春光：《论神明裁判及其影响》，载《法学家》2007年第3期。

② 叶英萍、李春光：《论神明裁判及其影响》，载《法学家》2007年第3期。

③ 教会为反对决斗这种可使很多罪犯逃脱惩罚的做法，而支持消极取证制度，期望利用宗教的圣洁震慑罪犯。但消极取证却导致伪证泛滥，反而促使抑制伪证的决斗裁判逐渐在中世纪欧洲得到广泛运用。公元967年，神圣罗马帝国首任皇帝奥托一世对意大利作出一项法令，规定争议依赖于书面证据真实性的有关地产的抗辩，只能基于决斗而非宣誓来判定。公元988年，奥托二世皇帝立法规定，遗产继承发生争议，一方出示遗产证书，他方坚持认为证书为假的情形下，可采用决斗解决纠纷。该法也适用于解决封地问题。教会亦受此法管辖，但诉讼双方可另选高手代为决斗。采用决斗，一是由于教会介入导致司法取证产生弊病，二是针对当时盛行的立誓方式造成的流弊。正如奥托二世在该法的序言中指出，“如果某个继承遗产的证书被认为是假证书，而出示证书的人只要立誓此证书是真的，那么不需要经过任何预备审判，这个人就变成了遗产的主人。这样立伪誓也就产生了。”徐昕：《司法决斗考》，载《法制与社会发展》2007年第1期。

济司法框架下依法定规则的武力争斗的过渡，以及私力救济与公力救济的交错。

神判在欧洲中世纪曾普遍盛行，被称为“上帝的神判”。[①] 公元809年，查理曼大帝下令“让所有人毋庸置疑地信任神判”。9世纪开始进入全盛期，维持4个世纪。公元1215年，罗马教皇英诺森三世在第四次拉特兰宗教会议上，认为神判与基督教的教义相违背，禁止教士参与神明裁判。从此，神判的方法在欧洲大陆很快绝迹，再也没有复活。

神判衰落的原因是多方面的：国王、牧师、法官在神判中的弄虚作假，以及神判豁免权的广泛授予，使神判的可信度和效果日渐式微；教会法和神学的兴起，促使人们反思神判的合理性；反对者人数和观点的增加，改革团体的政治和宗教地位得以提升；既得利益者利益的剥夺；科学技术的发展和罗马法对理性的强调，使人们对神判的观点发生改变。

三、他力救济：调解与仲裁

原始社会早就存在第三方参与的纠纷解决方式。氏族内部的纠纷往往诉诸于氏族内部的权威，如德高望重的长者、氏族首领。纠纷解决依赖的规则是权威的个体经验，是一种个别的经验性知识，不具有普遍性的特征。在反复使用后，逐渐形成了习惯，具有相对的普遍性，但被遵循还是主要依赖于个体权威的作用，此即“权威型纠纷解决框架”。法律具有相对独立性，脱离权威束缚，是一种新的纠纷解决框架，以普遍且相对稳定的规则作为纠纷解决的关键因素，此即“规则型纠纷解决框架”。从“权威型纠纷解决框架”到“规则型纠纷解决框架”的发展过程漫长，直至宪法国家的出现才初步实现。[②]

古罗马《十二铜表法》中便有鼓励当事人自行和解的多次记载。第一表“传唤”中规定，如当事人双方能自行和解的，则讼争即视为已解决；如当事人不能和解，则双方应于午前到广场或会议厅进行诉讼，由长官（magistratus）审理。第二表“审理”中规定，即使是盗窃案件，亦可进行和解。第三表“执行”中规定，债权人得拘禁债

---

① 参见［英］罗伯特·巴特莱特：《中世纪神判》，徐昕等译，浙江人民出版社2007年版。

② 刘志松、于语和：《神·人·法：纠纷解决模式从权威到规则的演进》，载《山东大学学报（哲学社会科学版）》2010年第3期。

务人六十日。在此期内，债务人仍可谋求和解；如不获和解，则债权人应连续在三个集市日将债务人牵至广场，并高声宣布所判定的金额。

公元前6世纪，古希腊的城邦国家之间就已采用仲裁的方式解决公民之间的争议；在雅典，人们还常常任用私人仲裁员根据公平原则解决争议；在简单商品经济比较发达的古罗马，商事仲裁发展活跃，以仲裁方式解决经济纠纷的情形更加普遍。在罗马法《民法大全》"论告示"第2编中记载了古罗马五大法学家之一的保罗的论述："为解决争议，正如可以进行诉讼一样，也可以进行仲裁。"

《十二铜表法》可能是最早记载仲裁的成文法律。第七表规定，土地疆界发生争执时，由长官委任仲裁员三人解决之。在古罗马的仲裁中，仲裁者根据当事人的协议进行裁断，根据"善良和公平"的标准判定当事人进行清偿。早期的仲裁实际上是商品经济的衍生品，并且主要发生在民间的商事往来活动之中。此时期仲裁的形式和内容都比较简单，多是以道德舆论进行约束，还没有形成制度规定。

基督教曾广泛统治着欧洲大陆，其创始人耶稣提出的"博爱"思想①对欧洲人的纠纷解决有着重要的指引作用。博爱是西方道德伦理的支柱，渗透到西方文化的点点滴滴之中。博爱没有空间性与时空性，从东到西，从南到北，不管你是何种身份，在上帝的国里，无所谓种族国际的分际，基督教之爱为"神性之爱"。博爱的特点为一种信仰之爱，以信、望、爱一体而著称，与一神教的信仰结合在一起。爱作为上帝的恩赐，其中包含三层次的爱：上帝爱世人；世上基督徒之间的爱，主要指教友之间的爱；爱上帝，也就是回应上帝的恩赐。上帝、基督徒、教友三种关系之间的爱有机融为一体。以博爱为核心概念的基督教提出用爱来滋润人与人之间的关系。②

"博爱"也成为1789年法国大革命提出的三大口号——"自由、平等、博爱"之一。在现今的梵蒂冈《教会法典》第1713条中规定："为避免争讼，得应用调停与和解，或将争执托付一位或数位仲裁人处理之。"

---

① 《新约·哥林多前书》第十三章提道："爱是恒久忍耐，又有恩慈；爱是不嫉妒，爱是不自夸，不张狂，不作害羞的事，不求自己的益处，不轻易发怒，不计算人的恶，不喜欢不义，只喜欢真理；凡事包容，凡事相信，凡事盼望，凡事忍耐；爱是永不止息。"

② 张少恩、孙秀芳、田会轻：《仁爱、兼爱与博爱——儒、墨伦理文化与基督教伦理文化比较》，载《贵州社会科学》2014年第5期。

公元11世纪，在地中海北部沿岸，意大利各城邦国家之间的商事交易活动日益频繁，贸易往来增多刺激大批市场出现，交易过程中的纠纷也大量产生。为了解决贸易纠纷、满足商事交易活动的需要，商人们在各主要集市和港口自发设立了处理贸易纠纷的商事法院。商事活动中产生的纠纷通过这种方式交由商人自行解决。

这些商事法院并不是严格意义上的法院，它具有现代调解或仲裁庭的性质。这种方式作出的处理结果不具有强制执行力，而是带有自力救济的特点。商事法院的出现使商事仲裁得到了重要的发展，并且还出现了专门用以调整商事关系的商人习惯法。随着航海贸易的发展，商事仲裁又逐步扩展到大西洋沿岸各主要国家。

1075年，随着罗马天主教会势力的不断攀升，逐渐发展为西方社会的"统治者"，欧洲也由此进入中世纪的全盛时期。1075年，格列高利七世发动教皇改革，罗马法的复兴和教会法体系的形成使一度受挫的西欧法学开始走向复兴。这在一定程度上也带动了仲裁的重新繁荣。

14世纪，地中海沿岸各港口采用的《商事法典》中，有了以仲裁方式解决商事争议的相关规定。英国在1347年的一部年鉴中就有关于仲裁的记载。瑞典的一些地方法院也开始承认以仲裁的方式解决商事争议的合法性，甚至当时编纂的一部地方法典中有关于确认仲裁作为解决商事争议方式之一的成文条款。

在人类发展的历史长河中，诸多非诉讼的纠纷解决手段在社会中发挥着重要的作用，其势头在很长一段时间内超越与掩盖了诉讼审判。

第二节　非诉讼纠纷解决程序的现代发展——ADR运动

一、ADR运动的发展路径

随着工业社会的到来，诉讼审判这种纠纷解决的方式具有规模化产出的特点，适用统一的法律基准，而且强调同案同判。这些特征使诉讼审判更加适合于工业社会下规模化的经济模式，以及人口迁徙频繁所形成的陌生人社会。19世纪，诉讼审判的地位和作用逐渐增强，在20世纪上半期达到一个比较巅峰的状态。

事物的发展往往呈现一个曲线的路径。在发展到一个顶点之时,容易产生一些不利的影响和坏的结果。20 世纪中叶,诉讼案件的急剧增加,加上法律的某些局限性,法院人员的配置少,“案多人少”的矛盾逐渐凸显,诉讼变得越发冗长、昂贵、不合情理,并招致各种批评和质疑之声。各国的司法机制或多或少显示出危机的迹象。进入 20 世纪 70 年代,由于经济高速发展,产业复杂化也随之而来。全球许多国家都出现了“诉讼洪水”和“诉讼爆炸”现象,诉讼累积导致法院不堪重负,司法工作陷入了诉讼爆炸—拖延的恶性循环。

各国的法律工作者开始反思,现行司法制度的运作能否适应社会经济发展的需要。于是,一场以提升司法效率为目标、以简化诉讼程序为内容的司法改革逐渐掀起,并在世界范围内形成一股热潮。人们开始探讨采用一些替代性的纠纷解决方法。这些方法来源于传统纠纷解决方式的启发,但并非是对传统的简单回归,而是在传统的基础上,借鉴现代社会的一些特征和因素进行现代性改造而产生的新型纠纷解决方式。

(一)美国

美国作为一个移民国家,多元文化的融合与冲突构成了美国的文化特征。在最早期的移民群体中,“非法制化的纠纷解决反映了强烈的公有制社群的脉动力量……人们之间的关系越紧密,他们就越不需要律师或法庭。殖民者拒斥法律实际上是做出了一个自觉的决定……作为基督徒、空想主义者,在新阿姆斯特丹的荷兰定居者,或者商人,他们愿意生活在一个公共社群的框架之中,(这种生活秩序)使得正式的法律制度显得多余甚至危险。对于他们而言,法律是一种必要的恶,或者是最后的(不得已)手段,而不是优先的选择。”①

不过,这种早期的纠纷解决传统在美国革命战争后期,逐渐开始消退。首先,工业的发展,特别是全国铁路系统在 19 世纪四五十年代的大建设,导致了劳动力迁移和社会结构的剧变。那种传统紧密社区中存在的“好邻居”型的人际关系开始瓦解,社会陌生化程度加剧。传统互帮互助的公共社区无法继续存活。其次,这种急

---

① Jerome T. Barrett, *A History of Alternative Dispute Resolution: The Story of a Political, Cultural, and Social Movement*, San Francisco: Jossey-Bass, 2004, p. 19 - 20. 转引自熊浩:《知识社会学视野下的美国 ADR 运动——基于制度史与思想史的双重视角》,载《环球法律评论》2016 年第 1 期。

剧增加的社会流动性使传统社会制度,诸如教堂和家庭组织,在这个历史阶段消弭和溃散,使人们在遇到纠纷时不可避免地需要依赖法庭这种新的理性权威定分止争。在一个不断碎片化、分散化、陌生化、多元化的现实世界中,法律扮演了“最大公约数”以及“公共理性”的角色,以平衡各种利益、价值的冲突,维系基本的社会秩序。在美国的所有州和领地,法院被建立,建制化的诉讼快速地成为各种纠纷解决机制中的主导力量。①

从19世纪晚期开始的又一波显著的移民潮,再次导致了纠纷解决文化的变迁,倾向于彼此互助,以本族群的、根植于源生地域社群传统的方式解决纠纷。“新移民有很好的理由,至少在一定时间内,去抵触诉讼和正式法律程序。他们通常生活在人际关系稠密而持久的社区,而不是依托非人格化的契约与短时间的文化。他们没有共享美国人关于法官、对抗制诉讼和盎格鲁—撒克逊的法律程序,并认为是这些保障了正义。”②

新移民另类的纠纷解决文化偏好提供了ADR得以重生的历史契机,在美国司法制度与司法文化的历史流变过程中,又一次试图唤醒非诉讼纠纷解决的记忆和种子。从20世纪开始的大规模社会危机给ADR提供了真正的机会,使其重新回到法律的主流叙事逻辑中。

ADR在美国的发展,总体可分为四个时期:

1.摇篮期

美国的ADR发端于20世纪初的工人运动。为了解决工人和资本家的纠纷,使劳资双方能够展开有效的协商,也为了阻止代价高昂的罢工运动,美国联邦政府引入了工人调解员制度。1925年,美国颁布《联邦仲裁法案》,强调仲裁协议的适用效力。1926年,美国仲裁协会(American Arbitration Association,AAA)成立。

20世纪30年代,ADR正式应用于劳动争议中,引入中立第三方,劝说劳资双方为了更重要的社会利益进行协商解决。1935年,《国家劳动关系法》被通过,规定雇

---

① 熊浩:《知识社会学视野下的美国ADR运动——基于制度史与思想史的双重视角》,载《环球法律评论》2016年第1期。

② Jerold S. Auerbach, *Justice without Law: Resolving Dispute Without Lawyers*, New York: Oxford University Press, 1983, p. 69 - 70. 转引自熊浩:《知识社会学视野下的美国ADR运动——基于制度史与思想史的双重视角》,载《环球法律评论》2016年第1期。

员有自行组织的权利，可以组建、参与或协助劳工组织，以通过代表参与集体谈判决定他们的选择，或参与到其他协商活动中，以争取集体谈判或其他互助与保障。20 世纪 40 年代，在有关劳资谈判纠纷的场合中出现了职业调解员。

ADR 又推广至婚姻家事领域，1939 年加利福尼亚州设立了调解法院，对离婚案件采用调解结案。20 世纪 60 年代，各地在州政府、教会、慈善团体和其他地域组织的资助下大量设立社区调解中心，调解成为增强民间自治能力的一种重要手段。社区关系服务的建立就是为了帮助社区、学校、个人以及其他社会主体，能在种族与族群张力中友善地解决冲突。

2. 草创期

20 世纪 70 年代，开始奠定 ADR 的基本政策和实务基础。作为对发生在 20 世纪 60 年代和 70 年代的民权斗争的回应，ADR 被看成将不同的种族凝聚在一起的一种方法。[①] 同时，因为美国法院出现了诉讼高峰，在案件积压严重的压力之下，法院积极推动案件管理运动，大量创设和援用法院附设 ADR 的模式，以提高处理案件的效率。

1976 年，著名的"庞德会议"（Pound Conference）举办，为了纪念哈佛大学法学院的前院长庞德，由数百名法学专家、法官、律师参与，由美国联邦最高法院首席大法官沃伦·伯格主持。在会议上，达成了两项共识：一是加强法院管理，扩充法官权限，倡导法官对诉讼的管理义务；二是鼓励法院进行 ADR 实验。

哈佛大学法学院的弗兰克·桑德尔（Frank Sander）教授认为法院应当是一个纠纷解决中心，在书记官的辅助下当事人被引导至最适合其案件类型的纠纷解决方式的一种（或一系列），号召把现在的法院建设成为"多门法院"（multi-door courthouse），以多种渠道分流各种不同性质、类型的纠纷。庞德会议是美国联邦最高法院对 ADR 的态度发生巨大转变的一个象征。可以说，庞德会议是现代 ADR 的开启之门。

之后，ADR 机制不断被立法与司法机关接受，从一种游历于体制外的批判力量，逐渐被主流体制吸纳，成为国家纠纷解决制度性供给的一个部分。美国国会分

① [美]斯蒂芬·B. 戈尔德堡等：《纠纷解决——谈判、调解和其他机制》，蔡彦敏等译，中国政法大学出版社 2004 年版，第 7 页。

别于 1978 年和 1980 年通过《公务员制度改革法》和《纠纷解决法》，鼓励联邦政府和州的各级政府使用调解、仲裁等 ADR 手段解决其与职员之间的劳动纠纷。

当法院和诉讼当事人把注意力集中在运用 ADR 减少各自诉讼成本时，其他 ADR 的拥护者们把 ADR 看作一种为多种利益服务的手段，热心撰文宣扬非正式的宗教法庭或邻里街坊中由长老出面和解等纠纷的"暖处理"方式。评论者们对 ADR 的扩大适用寄予厚望，希望能创造出更符合当事人需要的解决方案，减少对法律和律师的依赖，促进当地社会的更新与发展，改造当事人之间的长期关系，并使受纠纷影响的非当事人如离婚夫妇的孩子的痛苦得到减轻或解除。

3. 警戒期

20 世纪 80 年代到 90 年代，是对 ADR 的质疑、批判比较活跃的阶段。学者批评 ADR 使得社会规范非法律化、律师非专业化、法律程序非正式化。耶鲁大学的费斯(Fiss)教授在 1984 年发表一篇题为《反对和解》(Against Settlement)的论文，提出："和解是对公众社会的妥协，而这绝对不应该被鼓励或者推崇。……和解是建立在利益交易的基础上，并把当事人在财富上的不平等作为其程序中必需的而且是合理的部分基础；判决则是对这种不平等的公然反对。判决是在资源分配不均的当事人之间力求保持一种中立的状态，正是这种态度，使得当事人更多地倾向于向法院寻求救济。"①

社会学家和法学家们对 ADR 运动提倡社会支持的每个前提，都提出质疑：是否真的发生了"诉讼危机"？ADR 仅仅是为当事人提供了更为友好的程序还是改变了纠纷处理的结果？所谓的社区调解项目是否真的对举办该项目的当地社区产生影响？哪些节约的开支和诉讼延迟的减少真的是 ADR 运动的结果吗？ADR 运动的批评者们认为说服的责任应当由 ADR 运动的支持者们承担，后者应当论证这种变化给法院、社区、当事人及生活的质量带来的好处，超过他们预先警告过的给司法系统带来的伤害。

反对之声并未阻却 ADR 的发展步伐，而是启发了人们制定关于适用 ADR 的法律规范。支持者们增加了法定条款确保 ADR 结果的公平性，并为某些类型的案件——包括那些涉及重大公共政策的案件排除适用纠纷解决项目提供指导，同时

① [美]欧文·M. 费斯：《反对和解制度》，吴蓉译，载《司法改革论评》第 9 辑。

还要求以对这些纠纷解决项目作出评估作为继续资助的先决条件。

随着营利性 ADR 组织的大规模出现，ADR 呈现产业化的发展趋势。1983 年，联邦最高法院作出决定，若当事人对争议是否可由仲裁解决存在争议，则法院应判决由仲裁解决争议。ADR 运动的实施，旨在实现以下目标：减轻法院案件负荷和开支；减少当事人耗费的开支和时间；迅速解决那些扰乱邻里关系和当事人家庭生活的纠纷；改善公众对司法系统的满意程度；恢复邻里和社区价值的影响及社会的凝聚力；为有纠纷的人们提供可以使用的用于公开讨论的场所；教导公众用比暴力和诉讼更有效的其他方法去解决纠纷。①

4. 制度化时期

20 世纪 90 年代，经历批评质疑之后，ADR 获得发展的正当性基础，并得以广泛认同，迅速发展。ADR 逐渐发展为世界性的潮流，其覆盖范围已扩展至更多更复杂更新型的纠纷领域，在一些大型工程项目和涉及公共利益的纠纷都可发现 ADR 的“身影”。

1990 年，美国国会制定《民事司法改革法》，要求各联邦地区法院在 1993 年年底以前完成在民事审判中减少费用和解决迟延的计划制订。大多数法院都把改革措施落实在利用 ADR 上，ADR 得到了更加广泛的支持。联邦法院开始大规模地推广法院附设 ADR，使 ADR 成为美国民事诉讼中不可缺少的部分。

同年，国会通过《行政纠纷解决法》与《谈判型立法法》，旨在增加联邦机构使用 ADR 的法规。前者明确授权和鼓励行政机构广泛使用各种 ADR；后者类似地授权和鼓励这些机制使用协商谈判的立法方式，以代替《行政程序法》中对抗式的传统立法方式。

1991 年，克林顿总统颁布第 12778 号执行令，指出 ADR 有助于对支持和反对政府的要求予以快捷、公平和高效地解决；1996 年，又颁布第 12988 号执行令，进一步督促政府律师在将案件提交审判之前先合理尝试使用 ADR 解决。美国律师协会（American Bar Association，ABA）也在 1996 年成立了纠纷解决处。

1998 年，克林顿总统又签署了《ADR 法》，授权联邦地区法院制定具体规则，并

① ［美］斯蒂芬·B. 戈尔德堡等：《纠纷解决——谈判、调解和其他机制》，蔡彦敏等译，中国政法大学出版社 2004 年版，第 8 页。

要求每个联邦地区法院在所有民事案件中使用ADR,依据当地规则建立各自的ADR计划并制定相应的保障程序,甚至要求诉讼当事人在每个案件中都应当考虑一个合适的诉讼阶段使用ADR项目。

《ADR法》是世界上第一部直接以ADR命名的法律,该法极大推动了美国ADR的理论深化和实践深入。《ADR法》的签署将《民事司法改革法》中提出的ADR行动计划具体化,进一步推动了ADR的利用,标志着ADR在美国的全盛时期彻底到来。此后,美国的许多州都制定了ADR法以及专门性的社区调解法案或推广项目,并将ADR的适用范围从民商事纠纷发展到行政争议和刑事案件。

美国提出的当代ADR理念和模式,很快传播开来。不同来源的非诉讼纠纷解决机制通过发展和创新,逐步融入到ADR运动中。20世纪80年代以后,ADR在全球的发展进入高速发展期,掀起一场全球性的纠纷解决改革运动浪潮。

(二)英国

在20世纪90年代的民事司法改革之前,ADR在英国并未获得足够重视,甚至还有人对ADR持怀疑态度,社会对于ADR的支持力度十分有限。长期以来,英国律师对ADR不屑一顾,认为它是美国社会特有的一种现象。与此同时,英国的立法者和法院似乎也不赞成ADR。但是,随着诉讼费用高昂、诉讼迟延等问题的日益突出,人们逐渐开始把视线转向了诉讼外,试图寻找一种替代性的纠纷解决方式。①

1994年,英国司法大臣任命沃尔夫勋爵(Lord Woolf)主持民事司法改革,改革的主要目标是消除当时英国民事司法制度中的弊端与缺陷:案件审理过分拖延;诉讼费用过高;不适当的复杂性;诉讼中对可能花费的时间与金钱的不确定性;不公正,即财力强的当事人可以利用现行制度的所有短处击败对手。②

沃尔夫勋爵于1995年6月发表了题为"接近正义"(Access to Justice)的关于英格兰及威尔士的民事司法制度改革中期报告,建议在案件管理会议及审前评估中法院对运用ADR加以考虑。报告指出,在诉诸法院前的任何时候,当事人针对他们之间的纠纷实行和解(无论是全部纠纷还是部分纠纷)都是合理的;如果存在与法院程序相比更为经济、有效、适当的解决纠纷的替代性纠纷解决机制,法院不应

---

① 齐树洁主编:《英国民事司法改革》,北京大学出版社2004年版,第174页。

② 参见[英]欧文勋爵:《向民事司法制度中的弊端开战》,蒋惠岭译,载《人民司法》1999年第1期。

鼓励当事人启动法院程序，除非当事人已经使用该机制；在启动法院程序之前以及法院程序进行中，当事人应该能够了解并且应该被充分告知可能的诉讼成本和诉讼结果，以及所有的诉讼外纠纷解决方式。

1996年，民事司法改革的最终报告中提出诸项与ADR有关的改革措施，包括：应当鼓励诉讼当事人只有在用尽其他可利用的、更为适合的纠纷解决方式后，才可诉诸法院以诉讼程序解决纠纷；所有民事法院都应提供有关ADR的方式的渠道；法律援助资金同样可以适用于诉前解决争议以及通过ADR解决争议；一方当事人在提起诉讼前可以就全部或部分争议提出和解要约，如另一方当事人不接受的，诉讼费用将适用特别规则，承担的利息适用更高的利率。[①]

1998年，英国颁布了《民事诉讼规则》，从基本原则到具体制度都对ADR给予有力的支持。在基本原则层面上，第1.1(2)条规定，公正审理案件应切实保障当事人平等；节省诉讼费用；应该根据案件金额、案件重要性、系争事项的复杂程度以及各方当事人的经济状况，采取相应的审理方式；保护便利、公平地审理案件；案件分配与法院资源配置保持平衡，并考虑其他案件资源配置之需要。

在具体制度层面上，法院有权通过案件管理制度促使当事人采取ADR。第1.4条规定，法院在认为适当时，可以鼓励当事人采取ADR，并促进有关程序的适用，以及协助当事人就案件实现全部或部分和解。第26.4条规定，当事人在提交案件分配调查表时可以书面请求法院中止诉讼程序，但法院也可以依职权中止诉讼程序，由当事人尝试通过ADR解决争议。特别是法院可以通过诉讼费用杠杆，根据当事人的不同行为给予诉讼费用补偿或惩罚。[②]

2001年，英国政府公布了一项旨在促进ADR运用的新举措，要求无论对方当事人是否同意，所有的政府部门及其管辖下的机构都应该考虑在适当的案件中运用ADR解决纠纷。为了鼓励国民采用ADR，英国设置了类型众多的ADR程序，包括调解、调停、行政裁判、"迷你"审判、专家决定、早期中立评估、司法评估和仲裁等。

---

① 蔡从燕：《英国民事司法改革架构中的ADR及其借鉴意义》，载《福建政法管理干部学院学报》2003年第2期。

② 蔡从燕：《英国民事司法改革架构中的ADR及其借鉴意义》，载《福建政法管理干部学院学报》2003年第2期。

一些法院开始引进 ADR,如伦敦商事法院鼓励当事人采用 ADR,并为当事人准备一份提供 ADR 服务的个人和机构的清单。一些 ADR 机构也在英国得到发展,如在家庭和社区调解领域建立了“全国家庭调解协会”(National Family Mediation Association,NFM)。引入诉前议定书,促进当事人双方诉前和解;所有的民事法庭都提供替代诉讼的纠纷解决机制的信息资源。

英国的 ADR 发展虽然晚于美国,但是民事司法改革给予了 ADR 植根于英国的莫大支撑。民事司法改革为英国的多元化纠纷解决机制的建构奠定了基础,也为其余各国的民事司法改革提供了建设性经验。

(三)法国

从 20 世纪 70 年代开始,诉讼爆炸引发法国司法危机的加剧,民事司法陷入严重的信任危机,被公众指责“太缓慢、太昂贵、太复杂、太遥远,且经常不确定”。① 程序缓慢是最严重的诟病:20 世纪 70 年代,民事案件审理期间平均为 22.7 个月,大审法院为 26.9 个月,小审法院为 18.4 个月,其他法院为 22.7 个月。

ADR 在法国兴起的初衷在于应对当时法国面临的司法危机。随着 ADR 的发展,法国学者对其的阐释逐渐发生质的改变:不仅仅将其限于司法危机解决的直观目的,而是开始探索 ADR 对传统司法、诉讼、社会调整,甚至法律的基本理念的挑战。

“近年来,民事司法的危机促使了国家司法程序之外的 ADR 的发展……然而,ADR 的发展不应当只从司法机构的危机层面来进行解释。在这些情景因素之外,我们应当进入到社会结构和法律制度层面探讨更深层次的原因。至少在大多数欧洲国家,法律调整正在面临从强制性法律秩序向协商性法律秩序,从独断性调整方式向契约性调整方式的转变。后者则是作为法律中心主义(légicentrisme)衰退和福利型国家(état-providence)产生危机的后果,日益成为契约社会的特征。”②

1997 年,法国司法部长在公共场合多次发表了以强调法律和司法机关的新社

---

① Y. BARAQUIN, *Les Français et la justice civile, enquête psychosociologique après des justiciables*, coll. Ministère de la justice, La documentation française, 1975.

② L. CADIET, T. CLAY, E. JEULAND (dir.), *Médiation et Arbitrage, Alternative dispute résolution, Alternative à la justice ou justice alternative? Perspectives comparatives*, Litec, 2005, p. 7.

会调整功能为主题的声明。从国家的角度宣称,面对法律和法官职权的演变,社会规则将不再是单方面制定的,而是偏重于协商结果的达成;纠纷也不再只由各种机构独断裁断,制作法律规则的讨论过程将会在一个更加透明、对抗、协商的环境下,由更多知情的公民参与。

在社会的未来发展中,法律调整将不再属于司法的专利,对法官的求助将是辅助的途径;相反,将在保障个人知情权和责任心的前提下给予谈判、合同、调解、调停、和解更多的发展空间;最后,则是要将司法程序中的基本保障机制(如对信息的知情权、对审、求助律师援助的权利,救济的权利)扩展到所有纠纷解决的方式。①

ADR 成为司法新理念——"多元化司法"和"亲民司法"的必要组成部分。通过鼓励 ADR 的政策,期望实现一种非形式化的、协商的、友好的、商定的、合意的、替代的司法。②

为应对司法危机呈现的多重特征,法国民事司法改革围绕着多重主题而展开。诉讼效率是法国民事司法改革的主题之一,要提高诉讼效率,不能只是把希望寄托在原有的司法资源系统内的改革,而应当把目光放到更广泛的领域。一方面,在法院系统外开创新的纠纷解决途径,由法官以外的人员采取裁判以外的手段解决当事人的纠纷;另一方面,即使在法院系统内,也可以由法官采取裁判之外的手段,或者由法官邀请或委托其他主体解决纠纷。ADR 因契合新的社会发展理念而在法国全面展开。

2008 年 8 月,法国司法部发布了题为《和谐司法的合理规划》的司法改革报告;随后,出台了一系列法令以落实其中的改革方案,其中之一便是落实其中的 ADR 提案。③

2012 年,立法者直接把 ADR 并入《民事诉讼法典》,在法典中单独增加一卷,即第五卷"协商解决纠纷",具体规定协商调解和协商和解、参与程序等 ADR 方式。现行法国《民事诉讼法典》共有六卷:第一卷,适合各级法院的一般规则;第二卷,适

---

① B. BRUNET, *Les modes alternatifs de règlements des litiges, quelques propos sur la réforme de la justice et la régulation par le droit*, Gaz. Pal, sept-déc. 1997, doct. p. 1674.

② G. CORNU, *Les modes alternatifs de règlement des conflits*, Rapport synthèse, RIDC, 1997, p. 311.

③ 周建华:《法国民事司法改革论纲》,载《北京理工大学学报(社会科学版)》2013 年第 6 期。

合各级法院的特殊规则;第三卷,特殊规定;第四卷,仲裁;第五卷,协商解决纠纷;第六卷,适合海外领土的规则。[①] ADR 已经在法国的程序法体系中成为不可缺少的部分。

(四)德国

“二战”以后,德国作为战败国,其社会经济曾一度发展缓慢,直至 20 世纪 70 年代才进入高速发展时期。在此时期,德国政府开始倡导发展 ADR。1977 年、1981 年和 1982 年,连续举行了三次有关 ADR 的大型研讨会,并提出了在现有的和解所、调解机关和仲裁所之外,再建立其他新制度的提案,并进行了一系列尝试。

20 世纪 90 年代“两德”统一后,德国也面临着诉讼量增多、法院压力过大的世界性问题。1991 年有 163 万件新案件,到 1993 年为止增加到了 208 万件,而 1994 年有 212 万件。这导致德国政府更加重视 ADR,并积极推动其在德国的发展。

为鼓励律师在庭外促成当事人和解,1994 年颁布的《费用修正法》特别规定:律师如能使当事人达成庭外和解,除了可向当事人收取法律规定范围内的全额律师费外,还可再多收取 50% 的和解费。此举通过规定较高的收费标准,调动了律师的庭外和解的积极性。

1990 年 10 月,组建了仲裁程序法革新委员会,经过 7 年的讨论和准备,于 1997 年颁布了《仲裁程序修正法》。

2000 年 1 月 1 日,德国《民事诉讼法施行法》第 15a 条生效,这是德国第一条具有较广泛效力、规范起诉前强制调解的法律。它的问世揭开了德国民事调解的新篇章,也标志着德国的 ADR 进入一个新的发展阶段。

之后,德国还颁布了 2011 年《调解法》与 2012 年《促进调解及其他诉讼外冲突解决程序法》。德国法官在诉讼的任何阶段都有促成和解的义务。法官倡导和解在德国是司空见惯的现象。调解与判决相互协调,当事人在诉讼中既不会因调解延迟诉讼,也并不会失去和解的机会。

不过,与美英相比,整体而言 ADR 在德国的推进比较缓慢。有学者比喻,如果说 ADR 在美国和英国是滔滔奔流的大江大河,那么在德国只能算是一条流水潺潺

① 《法国民事诉讼法典》,周建华译,厦门大学出版社 2022 年版。

的小溪。①

德国民事诉讼的职权主义色彩较重，从民事程序的设计和实际效果上看更符合效率、经济和便利原则，并且不断围绕提高效率和便利诉讼的目标进行程序法的改革。在德国，民事诉讼程序运作比较正常，当事人进行诉讼相对便利，没有形成司法 ADR 的热潮。

德国并未出现美国式的“诉讼爆炸”以及严重积案的后果。所有法院的诉讼都是在合理时间内结案。1996 年，地区法院的一审案件有 38.9% 在 3 个月内结案，26.5% 在 6 个月内结案，21.7% 在 12 个月内结案，9.6% 在 24 个月内结案。地区法院的案件，自起诉到最后和解或最后判决，平均审理期间为 6.5 个月。1996 年地方法院的一审案件有 48.2% 在 3 个月内结案，28.5% 在 6 个月内结案，17.5% 在 12 个月内结案。自起诉到最后和解或最后判决，平均审理期间为 4.6 个月。②

德国法院具有较强的能力应对不断增多的诉讼案件。当各国积极推进发展时，德国并没有一味地予以效仿，更多是从法制和社会“可持续发展”的需要出发，通过非诉讼方式缓和本土社会与现代化法律规则的冲突，使当事人的特定需求获得多元化的满足。③

德国的纠纷解决机制本身即为一个多元化的体系，民间调解等非诉讼机构遍布城乡和各行各业，法院及其程序的繁简分流使得案件审理和司法资源的利用相对井然有序，劳动纠纷等专门化纠纷解决机制运行正常，商事法院等特别法院可以满足当事人的特殊需要。特别是作为非讼特别程序的督促程序简便、经济而高效，利用率相当高。这种多元化机制的合理协调及其正常运作，使德国的制度构建更侧重于对传统的仲裁制度、法院调解制度以及民间制度等方面进行完善。④

（五）日本

日本是较早构筑起并拥有较为成熟的 ADR 体系的国家，已经形成由司法

① 骆永兴：《德国 ADR 的发展及其与英美的比较》，载《中南大学学报（社会科学版）》2013 年第 3 期。

② ［英］阿德里安·A. S. 朱克曼主编：《危机中的民事司法：民事诉讼程序的比较视角》，傅郁林等译，中国政法大学出版社 2005 年版，第 28 页。

③ 范愉：《非诉讼纠纷解决机制研究》，中国人民大学出版社 2000 年版，第 245 页。

④ 齐玎：《德国 ADR 制度发展述评》，载《司法改革论评》第 11 辑。

ADR、行政 ADR 与民间 ADR 组成的完整体系。

明治时期,日本通过移植西方法律体系急速建立起“现代化法治国家”。日本的近代民事纠纷解决机制深受德国的影响,诉讼法职权主义深厚。然而,西方现代化法制精神与本土社会现实之间呈现一种无法缓和的“对抗关系”,诉讼制度无法与“和为贵”思想主导的传统纠纷解决机制相协调,民众不喜采用诉讼解决纠纷。因此,急需寻求一种“过渡性措施”缓解现代诉讼制度与传统纠纷解决习惯之间脱节的冲突。

“一战”期间,众多农村人口涌向都市,东京地区出现大量的房屋纠纷。为此,1922 年颁布了《借地借家法》,引入现代意义上的裁判所调解制度。1951 年颁布了《民事调解法》,建立法院民事调停制度,率先确立司法 ADR 并作为 ADR 的先驱力量迎来了快速发展。

由于法院调停制度终归是一种由法院主导的,而并非是以当事人为中心的纠纷解决程序,因此调停结果可能与当事人自身真实想法相背离。为了克服法院调停制度的局限性,行政型 ADR 在“二战”后迅速发展起来。

为能够尽快且妥善解决“四大公害”所引发的环境污染问题,日本于 1967 年颁布《公害对策基本法》。其第 21 条规定:“政府应当设立在公害纠纷发生时可以通过斡旋、调停等手续处理纠纷的有关制度。”1970 年,颁布《公害纠纷处理法》,建立了以恰当解决环境污染纠纷为宗旨的公害纠纷处理制度,寻求作为公正第三方的公害纠纷处理制度介入被害者与加害者之间,以双方之间平等的协商与对话为前提,以专业与权威的调查与判断为基础,从而实质性地解决环境污染纠纷,维护受害者的合法权益。

随着现代法治社会发展进程加快与政府职能转变的深入,行政 ADR 成为政府积极转变职能、优化社会治理的重要方式:行政机关通过纠纷解决过程分析纠纷案件反映出的社会问题,使具体问题能够及时得到有关主管部门的关注,并通过优化政策制定或完善管理制度等方式,消除或降低同类问题在未来反复发生的可能性,同时有效地提升了政府的社会治理能力与水平。①

2000 年,日本开始进行司法改革,确立了三大基本目标:构建符合国民期待的

---

① 栾孟馨:《社会治理视角下日本行政型 ADR 之合理构建》,载《前沿》2018 年第 3 期。

司法制度;完善适应司法制度的法律职业制度;巩固国民参与司法的制度基础。[①]

为推动民间型 ADR 的发展,日本于 2004 年颁布《关于促进利用审判外纠纷解决程序的法律》(以下简称日本《ADR 促进法》),2007 年 4 月 1 日施行。日本《ADR 促进法》由两部分构成。

第一部分为总则,明确 ADR 定义、基本理念和国家责任义务。总则作为 ADR 的基本规定,不仅对民间型 ADR、司法型 ADR 与行政型 ADR,甚至对依据仲裁法所作出的仲裁也同样适用。第 3 条第 1 款明确阐述 ADR 的基本理念是"须尊重纠纷当事人自主性解决纠纷的努力,公正切实恰当地实施,并运用专业性知识,谋求按照纠纷实情迅速解决之"。

第二部分是关于民间 ADR 的业务认证的各项规定。设置认证制度的主要宗旨是对申请时承认时效中断等法律效果的 ADR 实施机构,要求其具有一定的公正,形成对个别 ADR 机构的信赖,促进国民对 ADR 机构的利用。

日本《ADR 促进法》中规定了接受认证的 ADR 机构要有以下的基本性规定:(1)规定纠纷对象的范围;(2)具体规定程序实施者的适合要件和选任程序;(3)对于各类通知规定一定的通知方法;(4)就标准的程序进行作出规定;(5)规定资料的使用方法;(6)规定保守的情形状态;(7)就报酬和费用作出规定;(8)就不满投诉的方式作出规定。以上规定都是公正程序最低限度的要件。[②]

2001 年,日本的司法制度改革审议会发表了题为《司法制度改革审议会意见书——支撑 21 世纪日本的司法制度》的报告,其中特别鼓励 ADR 机制在专业领域内的运用。日本国会在 2009 年通过《金融 ADR 法》创设行业型金融申诉专员服务(Financial Ombudsman Service,FOS)制度,目标是在提高各行业纠纷解决能力的基础之上,将指定纠纷解决机构进行合并,阶段式地推进,最终实现全面统合型 FOS 制度。

金融 ADR 制度的运作流程如下:(1)基于申请,由行政部门指定纠纷解决机构并予以监督;(2)金融机构与指定的纠纷解决机构之间事先缔结"同意实施程序基

---

① 戴璇璇:《日本 ADR 制度新发展述评》,载《东南司法评论》第 12 卷。

② 王闽南:《日本民间型 ADR 制度的完善》,载《郑州航空工业管理学院学报(社会科学版)》2012 年第 1 期。

本合同”;(3)与金融机构之间产生纠纷,利用者可向指定的纠纷解决机构提出解决纠纷的申请;(4)纠纷解决委员实施解决纠纷的程序,提出和解方案;(5)金融机构通过和解方式解决纠纷。①

二、ADR 运动的产生原因

ADR 的兴起与发展逐步改变着传统的纠纷解决方式,也促使人们改变对纠纷解决制度及某些法律观念的理解。ADR 这股改革运动浪潮在全球的兴起,有着由表及里的三个重要原因。

(一)直接原因:缓解司法危机

20 世纪下半叶在新法律至上主义的影响下,美国民众由过去对法律的真诚而深切的尊崇和热爱,变成了对法律诉讼的过度偏好和对法律的滥用,通常作为解决问题最后手段的司法手段也变成了第一甚至是唯一的手段。从普通百姓到公司法人、商业团体甚至政治集团,都成了诉讼制度积极而经常的使用者。诉讼不再被认为是一种“恶”,相反被描述成“权利的主张”而得到赞赏和支持,有时甚至被视为一种社会福利工程的实现方式。

“好讼”成为美国法律文化的特色,造成“诉讼爆炸”。《诉讼爆炸》一书的作者奥尔森指出:“尽管美国社会有许多成功之处,我们的民事诉讼制度却是一种可笑的失败,以其昂贵、恶毒和不合理取笑于世界。美国的诉讼爆炸已经浪费了大量的财富,使许多令人尊重的职业蒙受耻辱,它毁掉有价值的企业,并且给破碎的家庭带来无尽的痛苦。”②

案件激增也成为诸多国家司法系统中面临的主要难题。面对不断增长的案件数量,国家司法系统的法官人数往往不能发生相应的增长,“案多人少”的矛盾越发突出,案件积压严重,引发诉讼迟延问题。法谚云:“迟来的正义非正义”。“诉讼迟延不仅对法院是一个危机,对于要寻求公道的诉讼当事人而言,对人权的要求以及

① 杨东:《日本金融 ADR 制度的创新及其对我国的借鉴》,载《法律科学(西北政法大学学报)》2013 年第 3 期。

② 马雅清:《法律至上精神的嬗变与美国的“诉讼爆炸”》,载《内蒙古大学学报(人文社会科学版)》2000 年第 1 期。

对法治来说都是一个危机,因而它是对国家的一场危机。”①

诉讼迟延之时,时间成本的增长必然引发经济成本的增长。在所有纠纷解决方式中,诉讼的成本是最高的。诉讼成本包括私人成本、公共成本、错误成本、道德成本等。私人成本是当事人在诉讼中必须支出的费用,包括诉讼费、律师费以及其他用于诉讼的实际支出。公共成本是国家为维护司法的运作向公民解决纠纷提供的司法资源,包括法官薪金、法院装备成本等。错误成本是指法院作出错误判决的风险。道德成本包括因法院判决而致使的当事人之间关系的破裂、和谐的不继续以及对道德情感等方面的负面影响。

诉讼成本高昂,首先表现在私人成本上,诉讼期间长很容易导致当事人承担的成本急剧增加。在律师采取计时收费的情形中,期间延长无疑是律师费飙升的重要推力。诉讼中还存在再次救济的可能性,提起上诉和启动再审程序都使各方面的诉讼成本翻倍增加。庞大的公共成本支出同样会危及法律制度和司法的权威性。

在 1999 年出版的由英国牛津大学阿德里安 · A. S. 朱克曼教授主编的《危机中的民事司法:民事诉讼程序的比较视角》一书中,对欧美诸多国家的诉讼成本以丰富的数据予以说明。②

英国的诉讼成本非常高,而且不可预计和不成比例,甚至超过了各方当事人的争议金额。据沃尔夫报告中的调查统计,在价值低于 12,500 英镑的案件中,31% 案件的胜诉当事人一方的支出成本在 10,000 英镑至 20,000 英镑,9% 案件的成本超过 20,000 英镑。③ 自诉讼程序开始至高等法院作出判决的平均诉讼期间,在伦敦是 161 周,在伦敦以外是 195 周;县法院分别为 70 周至 90 周。

在美国,1991 年对 39 个城市的州初审法院进行的统计,12 个法院中 90% 案件在立案后 2 年内结案,其中一个法院 1% 的案件在两年内结案,而 3 个法院 50% 以

---

① 程燎原、王人博:《赢得神圣——权利及其救济通论》,山东人民出版社 1993 年版,第 431 页。

② [英]阿德里安 · A. S. 朱克曼主编:《危机中的民事司法:民事诉讼程序的比较视角》,傅郁林等译,中国政法大学出版社 2005 年版。

③ 当事人支出诉讼成本如此高的原因,包括:传统的诉讼当事人在决定诉讼活动的进度和长度中享有相当大的自由,特别是在审前准备阶段;败诉方当事人必须支付胜诉方的成本。假定胜诉不只是带来所请求的数额,而且带来为保障这一判决而支付的成本,当事人只要相信在诉讼中增加支付的数额能够增加其胜诉的机会,就有理由增加赌注的筹码;与支付法律服务费的方法有关。律师一般按小时收费,无论结论如何,没有上限。

上的案件超过2年。1940年至1995年，民事案件数量在联邦法院从34,734件增长到239,103件，联邦地区法官仅从191名增长到649名，联邦上诉法官从57名增长到167名。在联邦法院，审判案件数量占所有民事诉讼案件数量的比率，1950年为9.26%，1997年降至3.33%。

意大利的诉讼期间最为冗长，民事案件的期间是以年计算的，一审案件的平均期间为3.3年，上诉程序则将导致争议的最终解决延伸到几年之后，原告可能被迫等待10年才能拿到终审判决。1994年，1,080,933件终结的案件中，只有376,546件（约35%）作出了实质性判决。因为过分的迟延，许多当事人宁愿接受不利的和解。

荷兰的地方法院平均为133天，地区法院平均为626天，上诉案件中只有25%在9个月内结案，2/3在2年内结案。

诉讼虽被视为现代社会最文明的纠纷解决方式，但这是相对于前现代社会的暴力型司法救济和专制性、压制性处理而言。尽管诉讼的功能不可取代，但其固有局限性是无法回避的。诉讼规则复杂，程序严苛，从起诉受理到证据交换，从审前准备到开庭审判，每一环节都需要遵循严格的程序。当事人还要遵循严格的举证责任规则，采取针锋相对的辩论方式。这些裁判的形式合理性，程序正义的形式要求，以及国家中心的特性，容易让大家忽略纠纷解决中的和谐、实质正义等价值。

当诉讼技巧与庭审策略在诉讼中发挥越来越重要的作用时，律师便成为了当事人通过诉讼维护权利过程中不可或缺的角色，这便决定了当事人诉讼成本投入与诉讼结果的正比例关系，诉讼最终会演变各方律师炫技的舞台以及当事人之间的资源竞赛。在具有复杂因果关系的纠纷中，诉讼只能围绕当事人提出的诉讼请求进行解决，纷争之下深层次的原因不会涉及，诉讼解决纠纷只能限于表面，而无法实现彻底、一揽子解决纠纷。

基于秩序维护的需要，国家对公民进行自力救济的权利作出了很大程度的限制，个人纠纷解决权利的让渡意味着国家需要承担对应的义务，即提供公权力框架下的纠纷解决渠道。为确保公民让渡的权利与收获的利益具有相称性，公权力提供的纠纷解决服务还应当令公众满意。

当诉讼的渠道过于拥挤且诉讼程序过于烦琐时，提升公众满意度最有力的方式便是提供比诉讼更经济、更简便、更快捷的纠纷解决手段。通过建立具有实效性的、可持续的、便捷合理的 ADR 渠道,减轻法院负担,缓解诉讼爆炸产生的压力,分流案件,保障比较快地解决纠纷,避免过分迟延。各国为了缓解司法危机,保障民众利用司法制度的权利,都在努力发展 ADR 以改善司法和促进多元化纠纷解决机制。

（二）深远原因:更接近正义

法谚云:“无救济即无权利。”倘若公民的权利受到侵犯后得不到任何及时、有效的救济,也即救济无法接近或不能及时获得,他在法律上享有的一切权利也就毫无意义了。特别是对那些处于弱势地位的人,他们的权利更无法得到有效的保障,实现权利的过程中,弱势者往往会由于各种障碍而无法有效利用各种资源。因此,产生了有关“接近正义”(access to justice)的路径探讨。

20 世纪中期,基于“福利国家”理念,西方国家开始注重对社会上的弱者提供保障措施,如减免税负、提供基本的社会保障、进行公共援助。在法律权利救济方面,体现为政府对因经济、身份、法律水平等原因而不能及时进入司法救济渠道的特定群体提供法律援助制度。

20 世纪 60 年代,美国、加拿大、澳大利亚和欧洲国家先后建立了法律援助诊所或法律中心,目的是让穷人有效接近法律,得到法律咨询和法庭上的代理,得到法律信息、受到法律教育、进行法律改革以及确认穷人未满足的需要,达到实质性的平等。1978 年,欧洲部长会议发表《法律援助和咨询宣言》,将获得司法程序公正的权利视为任何民主社会的一个基本特征,并郑重宣布法律援助不应再被看作一种慈善行为,而应是整个社会的一项义务。

20 世纪 70 年代以来,由于经济滞胀带来财政恶化、失业人数激增导致失业津贴支出增大、人口老龄化导致政府公共支出增加以及不断涌进来的外籍工人增多而使国家必须提供更多的福利待遇等因素,加重了财政负担,西方国家普遍出现了财政危机,即福利国家产生了危机。为渡过危机,西方国家不得不削减福利开支,在法律援助方面就是提高法律援助的门槛和削减法律援助的开支。

20 世纪 70 年代末期,在意大利著名法学家莫诺·卡佩莱蒂教授牵头下,就“接近正义:当代社会纠纷解决的研究和提高”跨国界项目展开研究,研究成果呈现为著名的四卷本著作《接近正义》。[①] 在第二卷“有希望的制度”中提出通过一些制度或技术来消除接近正义的障碍，如推广审判的替代方式，调解与和解、仲裁等；改进常规的法院程序，引入非讼程序与小额程序等；保护公共利益的方法等。各国政府都有义务保护当事人的接受裁判权和为当事人在实质上实现接受裁判权提供应有保障及扫清障碍。

ADR 的出现与“接近正义”的第三次浪潮有关，是推动公民通过法律实现正义与取得权利保护的一种新路径、新方法和新手段。法律援助制度的建立与适用是“接近正义”的第一次浪潮。第二次浪潮是努力为少数民族、残疾人、妇女、老人、消费者、环境污染受害者等弱势群体提供一种利益，包括在涉及公益的领域以提供法律服务的方式帮助当事人提起集团诉讼。不同于传统的诉讼模式，众多个别当事人凝聚为集团的力量，目标直指政府的决策。每一个成功的公益性集团诉讼，都可能成为推动决策过程的重大事件。由于依赖个案的诉讼毕竟不可能从根本上改变资源分配和权力配置的格局，反而经常会引起权力之间的冲突和政策的混乱。因此，公益性集团诉讼所得到的政府资助和支持非常有限。[②]

第三次浪潮是将正义与司法(法院)区分开来，重新理解和解释正义(justice)的内涵，使公民有机会获得具体而符合实际的正义，即纠纷解决的权利。改变对法院在纠纷解决中的功能的狭隘认识：“不能把法院在解决纠纷中所做的贡献完全等同于根据判决来解决纠纷。法院的主要贡献是为了私人的、公共的场所中所产生的交涉和秩序提供规范的和程序的背景。”[③]“要从理论上将法院视为纠纷解决者转变为将它作为一种能够间接控制纠纷(及非纠纷)的全部线索的复杂体。与此相适应，争取正义的问题就将从纠纷当事人诉诸法院的问题，变为另一个问题，即在纠纷当事人所处的场合中如何给予正义。这是法院的功能在间接而小范围地

---

① 第一卷“世界概论”，包括该书总报告、接近正义的问卷设计以及接近正义的 23 个国家国别报告。第二卷“有希望的制度”，通过一些制度或技术来消除上述国家中出现的接近正义的障碍。第三卷“正在出现的问题和前景”，在实现接近正义过程中所存在的一些问题的背景下，为改革者在改革的过程中考虑问题时提供几种可供参考的视角。第四卷“接近正义的人类学视角”，介绍了一些解决纠纷的非司法方式。转引自郭辉：《为何要研究“接近正义”》，载《重庆工商大学学报(社会科学版)》2016 年第 1 期。

② 范愉：《浅谈当代“非诉讼纠纷解决”的发展及其趋势》，载《比较法研究》2003 年第 4 期。

③ [意]莫诺·卡佩莱蒂编：《福利国家与接近正义》，刘俊祥等译，法律出版社 2000 年版，第 132 页。

发挥。”[①]

通过对“justice”(“司法”或“正义”)的全新解释,使 ADR 具有了更高的正当性或合法性,把纠纷解决的功能从法院向社会化的 ADR 转移;通过 ADR 强化社会纠纷解决的能力,使更多的社会主体和当事人能及时、便捷、经济、平和地解决纠纷,扩大法律的作用范围;同时,由于法院承担起了对 ADR 的监督指导和制约功能,实际上也导致了司法功能的扩大。[②] ADR 提供给人们另外一种接近正义的途径,保证所有人都可以追求实现法律正义,获得平等的权利保护。

(三)根本原因:迈向社会自治

1973 年,美国社会学家丹尼尔·贝尔在《后工业社会的来临》[③]一书中提出,人类社会经历前工业社会(农业社会)与工业社会后,进入了后工业社会。后工业社会呈现为五个方面的特征:(1)经济方面:从产品生产经济转变为服务性经济;(2)职业分布:专业与技术人员阶级处于主导地位;(3)中轴原理:理论和知识处于中心地位,它是社会革新与制定政策的源泉;(4)未来的方向:控制技术发展,对技术进行鉴定;(5)制定决策:创造新的智能技术。

后工业社会的到来引发社会治理模式的转变,在历经农业社会的统治型模式和工业社会的管理型模式后,社会自治逐渐成为一种普遍的社会治理方式。社会自治是一种“人人为人人服务”的制度规范体系,[④]治理主体与治理客体之间会经常性易位,治理者同时也是被治理者,被治理者又是治理活动的积极参与者,治理者与被治理者之间的界限已经被打破。

社会自治权与国家公权之间要避免此消彼长的“博弈”关系。国家公权力趋于强大,社会自治的空间就会不断萎缩,导致社会创造的积极性窒息;而社会自治权的不断扩张,完全排挤出国家公权力,最终,社会自治权也不能自保。因此,社会自治权虽然可以制约国家公权,但其根本目的不是消弭国家公权,而是实现二者的良

① [意]莫诺·卡佩莱蒂编:《福利国家与接近正义》,刘俊祥等译,法律出版社 2000 年版,第 140 页。

② 范愉:《浅谈当代“非诉讼纠纷解决”的发展及其趋势》,载《比较法研究》2003 年第 4 期。

③ [美]丹尼尔·贝尔:《后工业社会的来临》,高铦等译,江西人民出版社 2018 年版。

④ 张康之:《论新型社会治理模式中的社会自治》,载《南京社会科学》2003 年第 9 期。

性互动。即国家公权保障社会自治的充分行使,社会自治制约国家公权的不法扩张。[①]

美国加利福尼亚大学伯克利分校教授、伯克利学派代表人物 P. 诺内特和 P. 塞尔兹尼克于 1978 年出版的著作《转变中的法律与社会——迈向回应型法》中,把社会中存在的法分为三种基本类型:(1)“压制型法”——作为压制性权力的工具的法律,其主要特征是政法合体和放纵裁量,表现为法对特权的保护、不安定和正当化程度低;(2)“自治型法”——作为能够控制压制并维护自己的完整性的一种特别制度的法律,以普遍性为准则、权力的分立和制衡和程序正义;(3)“回应型法”或适应性法——作为回应各种社会需要和愿望的一种便利工具的法律,强调目的对制度和法的引导,根据社会的需要和要求缓和或解决法治的形式主义以及规则与价值的矛盾。[②] 回应型法律秩序的建立意味着法律和政府关系的重新整合,可以通过更有效地开发社会秩序的资源去弥补压制型法律所遭受的损失,它依靠和维护一种包容性的、非少数人所有的政治共同体。

20 世纪 90 年代以来,各国在政府和非政府的部门间建立起了一种合作对话机制,各种非政府的、非营利的组织发展迅猛,它们以各种方式同政府部门进行协商、对话与合作,推动了社会治理模式适应经济全球化、市场化的变迁和发展,产生一种新的模式:合作治理。

合作治理在行为模式上超越了政府过程的公众参与,它以平等主体的自愿行为打破了公众参与政府过程的中心主义结构。在这个合作治理体系中,政府以及社会自治型组织之间在自主负责、合作分担治理责任的基础上,共同从事公共产品的生产和供给,形成灵活的、多元的公共利益实现途径。通过政府与社会自治型组织之间的合作,可以达到取长补短、优势互补的效果,以至于实现社会治理体系的优化。[③]

ADR 立足于在灵活便捷的纠纷解决过程中赋予当事人充分的自主权,避免过于僵化的解决方式,引导双方当事人由零和博弈转向合作共赢,转换当事人在纠纷

---

① 周安平:《社会自治与国家公权》,载《法学》2002 年第 10 期。

② [美]P. 诺内特、P. 塞尔兹尼克:《转变中的法律与社会——迈向回应型法》,张志铭译,中国政法大学出版社 1994 年版,第 18 页。

③ 张康之:《论参与治理、社会自治与合作治理》,载《行政论坛》2008 年第 6 期。

解决过程中的竞争意识和对抗意识,避免当事人形成纠纷解决中的“资源竞赛”。ADR 中充分引入国家司法权力机关——法院之外的社会力量进驻纠纷解决领域,贯彻合作、自治与自律的理念,将纠纷解决权还原于当事人,置于市民社会的手中。

ADR 在解决纠纷之余还拥有广泛的社会治理功能,包括:增加对解决方案的自觉遵守程度,恢复邻里和社区价值的影响及社会凝聚力,为有纠纷的人们提供可以用于公开讨论的场所,教导公众采用比暴力和诉讼更有效的其他方法去解决纠纷等。

ADR 也契合于全球化趋势之下的全球治理理念。由于全球化进程中存在各国文化的多样性和国家法律体系的差异性,各国对法治概念本身的理解也不尽相同;因此,强调主体平等和民主参与的“软法”①治理成为全球治理的重要模式与手段。ADR 适用的依据正好是“软法”。

20 世纪 80 年代以来,人类社会进入了一个高度不确定和高度复杂的“全球风险社会”时代,人类社会的价值理念、行为方式也被系统化地重构,全球治理演变为一种“全球风险社会治理”。② 不同国家和组织之间的利益差异,以及在承担全球风险义务上存在的不平衡及博弈导致的集体行动困境,使全球陷入风险的生产与再

① 软法虽然是法,但软法不是一般意义的法,软法是非典型意义的法(非严格的法)。首先,软法的制定主体一般不是国家正式立法机关,而是非国家的人类命运共同体(超国家的和次国家的共同体)。其次,软法不具有国家强制力,不由国家强制力保障实施,而是由人们的承诺、诚信、舆论或纪律保障实施。最后,软法的争议一般不是由法院裁决,而是由民间调解、仲裁机构处理或争议当事人自行协商解决。可以作为软法的研究范围的规则,包括:①行业协会、高等学校等社会自治组织规范其本身的组织和活动及组织成员行为的章程、规则、原则;②基层群众自治组织(如村委会、居民委员会)规范其本身的组织和活动及组织成员行为的章程、规则、原则;③人民政协、社会团体规范其本身的组织和活动及组织成员行为的章程、规则、原则以及人民政协在代行人民代表大会时制定的有外部效力的纲领、规则;④国际组织规范其本身的组织和活动及组织成员行为的章程、规则、原则;⑤法律、法规、规章中没有明确法律责任的条款(硬法中的软法);⑥执政党和参政党规范本党组织和活动及党员行为的章程、规则、原则(习惯上称为“党规”“党法”)。姜明安:《软法的兴起与软法之治》,载《中国法学》2006 年第 2 期。

② 所谓全球风险社会治理,是指全球多元治理主体通过全球治理机制,协同预防风险,科学有效监控、优化治理流程、降低风险不利后果,维持全球正常秩序的持续性集体努力及活动,包括风险治理理念、治理主体、治理机制、治理责任、治理文化等,其所考虑的是如何治理那些无可回避、一旦发生就可能给区域或全球带来巨大灾害的风险,目的是避免在没有世界性政府的情况下,由于“公地悲剧”和“集体行动困境”而引发的“全球治理失灵”,消除或缓解人与自然、社会和自我的矛盾与冲突,实现全球安全。范如国:《“全球风险社会”治理:复杂性范式与中国参与》,载《中国社会科学》2017 年第 2 期。

生产循环之中,治理上出现巨大的困境。

全球风险社会系统由多样化和异质性的要素所构成。全球风险超出了任何单个专家所能解释和控制的范畴,影响超出国界,使得风险治理的主体不能再仅仅由国家来承担,而应该包括国家、非国家、国际组织、公众等多元主体,即从单一的国家治理转向多元主体构成的复杂网络治理结构,通过多元、多层级网络"协同治理"范式来治理风险,同时使风险的价值最大化。

ADR 在全球风险社会治理中的应用正契合于这种协同治理范式的逻辑,有利于实现全球治理的最终目标,即"达到全球善治,保障人的生存、安全、和谐与发展"。[①]

第三节　我国非诉讼纠纷解决程序的沿革

非诉讼纠纷解决程序在我国的发展有着悠久的历史传统。古代中国对纠纷解决的总体策略是"无讼是求、教化为先,抓大放小、重刑轻民",[②]崇尚和谐中庸的世界观、无讼息讼的价值观、宗族社会与乡土社会的结构使得调处[③]成为传统社会的主要纠纷解决方式。

近代中国以革命根据地为中心开拓社会治理的新思路与新手段,逐步形成了传统资源、现实解纷功能和革命的政治理念相结合的人民司法模式和以调解为主的非诉讼纠纷解决机制。

现代中国历经从"前诉讼时代"到"诉讼时代"再到"后诉讼时代"[④]的发展进程,现代 ADR 理念的传入与调解传统相融合而形成大调解的新格局,同时仲裁等

---

① 刘兴华:《全球治理的国内拓展》,载《南开学报(哲学社会科学版)》2011 年第 3 期。

② 王静:《中国古代调处制度的变迁及历史意义》,载《人民法院报》2021 年 10 月 15 日,第 5 版。

③ 调解在中国是一个近代引入的词语,在古代法律中出现频率最多的是调处或调停。有学者对清代州县档案、官箴进行分析,与纠纷解决有关的词语有:排解、理剖、理处、理论、集理、理劝、剖处、调处、调和、调停、理讲、理解、邀理、劝剖、理说、处明。胡谦:《清代民事纠纷的民间调处研究》,中国政法大学 2007 年博士学位论文,第 34 ~ 35 页。

④ 韩波:《人民调解:后诉讼时代的回归》,载《法学》2002 年第 12 期。

新型手段的传入使得多元化纠纷解决机制成为实现良法善治的重要助力。

一、古代非诉讼纠纷解决程序

“贵和”与“尚和”观念是中华传统文化的重要组成部分。在古代中国的“礼法”社会中，“和为贵”成为人们基本价值准则，“和”是社会秩序的评判标准。《史记·周本纪》记载周文王治理周国时强调：“民和睦，颂声兴。”《论语·子路》中子曰：“君子和而不同，小人同而不和。”《论语·颜渊》中子曰：“礼之用，和为贵，先王之道，斯为美。”《论语·季氏》中子曰：“和无寡，安无倾。”老子“人法地，地法天，天法道，道法自然”的哲学思想也进一步推动“和”“和谐”的思想观念成为古代中国最基本的哲学世界观，即追求人与人之间关系的和谐、和睦，要求人们相互友爱、讲求谦让，实现共同生存。

但是，正如清朝崔述《无闻集·讼论》中所言，“自生民以来莫不有讼也。讼也者，事势所必趋也，人情之所断不能免也。”人与人之间再怎么追求和谐相处，但利益与需求的分歧总会产生矛盾纠纷，而且随着社会结构的复杂程度提升，矛盾纠纷的产生必然呈现激增趋势。如何迅速合理地化解社会纠纷是古人们，特别是统治阶级，需要努力思考与解决的问题。

《中庸》云：“中也者，天下之大本也；和也者，天下之大道也。致中和，天地位焉，万物育焉。”“中庸”要求在处理一切事务时应该做到不偏不倚，无过也无不及。在人际关系的处理中，中庸提倡人与人之间应该处于和谐、平衡的状态，每一方都不片面突出而压倒另一方，每一方的发展都应该有适当的限度而不致破坏均衡统一。这种妥协让步的中和方法也成为一种调和矛盾的准则，纠纷中的双方相互体谅，不要过分执着于自身的利益要求，在相互让步之下尽快恢复原有和谐的人际关系。致力于调和与折中矛盾便成为古代中国人最基本的纠纷解决理念。

在和谐和中庸的世界观影响与指引下，古代法律文化崇尚一种无讼的价值取向。[①]《论语·颜渊》中子曰：“听讼，吾犹人也，必也使无讼乎。”

《孔子世家·始诛》记载：“孔子为鲁大司寇，有父子讼者。夫子同狴执之，三月

① 于语和：《试论“无讼”法律传统产生的历史根源和消极影响》，载《法学家》2000年第1期。

不别,其父请止,夫子赦之焉。”有人对孔子的做法表示不满,认为对于不孝之子不应当赦免,而应当诛杀。孔子听后予以回复:“呜呼!上失其道而杀其下,非理也。不教以孝而听其狱,是杀不辜。三军打败,不可斩也;狱犴不治,不可刑也。何者?上教之不行,罪不在民故也。夫慢令谨诛,贼也;征敛无时,暴也;不试责成,虐也。政无此三者,然后刑可即也。书云:‘义刑义杀,勿庸以即汝心,惟曰未有慎事。’言必教而后刑也,既陈道德以先服之,而尤不可,尚贤以劝之;又不可,即废之;又不可,而后以威惮之。若是三年,而百姓正矣。其有邪民不从化者,然后待之以刑,则民咸知罪矣。诗云:‘天子是毗,俾民不迷。’是以威厉而不试,刑错而不用。”①

孔子认为先教后刑,强调道德感化的作用,提出对于老百姓要教育为先,为政者不仅要亲自讲解教育,还要以身作则,用圣贤榜样的力量来教育感化。只有在教育感化无能为力时,才能借助于刑罚,实施刑罚。“以教化促进和谐”促成了古代中国的调处中教化式特征的形成。调处人往往是“晓之以理,动之以情”,对当事人进行道德教化,劝谕当事人自觉、自省、自责、忍让、和息。

调处的盛行还与古代中国的宗族社会和乡土社会结构紧密相连。古代中国的基本社会结构是以血缘关系为纽带的宗法制度,家族组织构成社会的基层单元。由于农业自然经济的影响,古代中国人安土重迁,世世代代束缚于一定范围的土地之上,“聚族而居”而形成“田土相连、守望相依”的乡村社会结构,由此形成一个个以家族共同体为核心的熟人社会。熟人社会的成员必须和睦相处,因为冲突和矛盾会给个人和家族带来深远的伤害。“与宗族讼,则伤宗族之恩;与乡党讼,则损乡

---

① 译文:执政者没有道行而杀戮下层群众不合理,不教育百姓孝敬父母而任其争吵诉讼,无疑是杀害无辜。三军即使打了败仗,也不能将其全部斩杀。老百姓发生争议打官司,也不能不分青红皂白地用刑,为什么呢?因为统治者没有尽到教育之责,罪责并不在老百姓。政令散漫而诛杀严密,就等于伤害,应该称为贼。横征暴敛,永无尽头,就等于欺侮,应该称之为暴。不教化百姓,只要求成功,就等于过分,应该称为虐。执政没有贼、暴、虐这三点,才能考虑用刑。《尚书·康诰》中说,对于刑罚,特别是死刑,要严格依法适用,而不能随心所欲。面对不顺心如意的人,必须先进行教化,没有效果才能用刑。古代的贤明君主总是先阐释道德来教育百姓,自己不能说服,就用圣贤榜样的力量来感化他。没有效果,才停止教化,直到最后万不得已再施以刑罚,威慑犯罪。这样经过三年,老百姓就会走上正道。即使有刁民不接受教化,对其施以刑罚,百姓也都知道他们的罪责。《诗经》上说,作为大臣要辅佐君主,教育百姓不迷惑。因此,威严的制裁可以不用,严厉的刑罚可以搁置。刘文基:《孔子办案与德法并举》,载《人民法院报》2017年9月1日,第7版。

党之谊。幸而获胜,所损已多。”①

为稳定统治秩序,国家非常重视发挥宗族、乡约和行会等地方性组织系统的自我调节社会矛盾和解决纠纷的功能。轻微刑事案件及血缘民事案件会先在家族内由家庭长辈、宗族族长解决,超越家庭和宗族涉及地缘因素的民事案件则由乡里的里长、村中长老等解决,最终由官方解决的只有很少一部分民事纠纷。②

(一)民间调处

民间调处在古代社会中应用最为广泛,形式灵活多样,根据主持调处的人员划分为下列三种类型:

1. 乡邻调处

乡邻调处是指由当地有威望的长辈、贤士、邻居、亲友出面通过劝导说合的方式化解纠纷,此为“私和”。在传统社会中鸡犬相闻的固定地域里,人们形成了“低头不见抬头见”的邻里关系,一旦出现纠纷,更愿化干戈为玉帛,而非为一点蝇头小利就争执不休。

唐德宗时,“阳城家贫而好学,无所不通,既而隐于中条山。远近慕其德行,多从之学。闾里相讼者,不诣官府,诣(阳)城请决。”③古徽州的一份契约文书中记载到:“借一为末之小事,而伤兄弟之大伦,是以邻居邀集苦劝,但将前后之事一应说明,二各自愿遵劝,永无生端。”④

2. 乡治调处

乡治调处是指由基层组织和小吏对乡、里的民事纠纷和轻微刑事案件进行调处。周代设“调人”;秦设“三老”;汉除延续“三老”外,另设“激缴”“乡佐”“有秩”等;南北朝北魏设里长、里正;唐代为里正、乡长、坊长;宋代则有保甲长;至元代,乡里设社,由社长主持调解。

明代的每个里都订有乡约,明太祖颁布的《教民榜文》规定:“民间户婚、田土、

---

① 《名公书判清明集》卷之四,《户婚门·争业上·妄讼田业》。转引自俞荣根、魏顺光:《中国传统“调处”的非诉讼经验》,载《中国政法大学学报》2012 年第 1 期。

② 江国华、张浩:《中国传统多元纠纷解决机制及其现代价值》,载《广东行政学院学报》2014 年第 5 期。

③ 江国华、张浩:《中国传统多元纠纷解决机制及其现代价值》,载《广东行政学院学报》2014 年第 5 期。

④ 俞荣根、魏顺光:《中国传统“调处”的非诉讼经验》,载《中国政法大学学报》2012 年第 1 期。

斗殴、相争一切小事，须要经由本里老人、里甲断决。若系奸盗、诈伪、人命重事，方许赴官陈告。”明代还在州县及里社设立申明亭，“凡民间应有词状，许耆老里长准受于本亭剖理。”每当会日，里长甲首与里老集合里民，讲谕法令约规。通过乡治调处达成的协议对双方当事人有法律约束力，当事人不得以同样的理由和同一事实重新提起诉讼。

清代《至元新格・听讼》规定：“诸论诉婚姻、家财、田宅、债负，若不系违法重事，并听社长以理谕解，免使妨废农务，烦扰官司。”“今后凡告婚姻、地土、家财、债负，如原告被论人等自愿告拦休和者，准告之后，再兴讼端，照勘得别无违错事理，不许受状。”[①]法律允许纠纷当事人在案件审理过程中以调处等方式和解，但一经和解，除非是和解违法，否则不许再次起诉。

3. 宗族调处

宗族调处是指由宗族中的族长或长辈对宗族内部成员的纠纷进行调和与处理。中国传统社会以家庭为社会基本单位，国是大的家，家是小的国。传统中国的农业社会结构无法提供横暴型政治所需要的大量资源，因此传统中国帝王通常采用“无为而治”平天下，鼓励乡土社会自己用社区的契约和教化进行社会平衡，从而形成农村社会“长老统治”的局面。“家族被认为是政治、法律之基本单位，以家长或族长为每一单位之主权，而对国家负责。”[②]族长被赋予了包括宗教权、法律权、经济权在内的众多权力。

“宗法观念是在共同血缘关系的基础上形成的精神信条。家法族规则是族内成员必须遵守的行为规则的法律化，它是族长、家长用来调处、裁判族内民事纠纷的法律依据。族长和家长实质上是行使族内审判权的法官。官府既承认家法族规对于调整家族内部关系的法律效力，也认可族长对于族内民事纠纷的裁决。尤其是明清时期，州县官经常批令族长去调处族内民事纠纷。”[③]清代道光十年下诏宣布：凡遇族性大小事件，均听族长绅士判断。宗族一般都会规定本宗族的斗讼事件不得擅自告官，以免影响宗族权威。[④]

---

① 胡谦：《清代民事纠纷的民间调处研究》，中国政法大学2007年博士学位论文，第39～40页。

② 瞿同祖：《中国法律与中国社会》，中国政法大学出版社1998年版，第27页。

③ 张晋藩：《中国古代民事诉讼制度通论》，载《法制与社会发展》1996年第3期。

④ 江国华、张浩：《中国传统多元纠纷解决机制及其现代价值》，载《广东行政学院学报》2014年第5期。

官府也肯定宗族调处达成的和解协议的效力,并以国家强制力提供保障。《名公书判清明集》中记载,在宋代,朱司户与族人朱元德为司户早亡之弟诘僧立嗣发生争执。朱司户不愿争至讼庭,遂从族人和议,捐钱五百贯与朱元德。在族人的调处下,双方达成和解,并订立书面和议以及领钱文约,还规定对违反协议者处以二千贯的罚款。事后,朱元德反悔并到官府起诉,官府经审理后认为朱元德无理妄状,"今后朱元德再词,定照和议状,追入罚钱断罪。"①

(二)官府调处

官府调处是指州县地方官在诉讼中主持和参与的调处。官府调处虽不是法律规定的固定程序,但在宋代以后直至明清一直盛行不衰,尤其是在婚户田土之类的民间纠纷审判过程中,州县官通常以调处为主,调处不成才会进行判决。特别是在清朝,调处息讼成为考察地方官的重要指标。

与民间调处相比较,官府调处带有某种程度的强制性,官吏可以利用公权力对当事人施加影响。因此,在官府调处中,当事人并非完全自愿,有时候是不得不服从官府的意愿。达成和息后,双方都必须出具息讼"甘结",并且还要保证日后不再滋事。

由于官员以避讼息讼为潜在目标,官方调处但求"和稀泥"式息事宁人,并不完全以保护当事人的合法利益为目的。为私利而兴讼在传统社会被认为是道德败坏的表现,在纠纷到来时,政府官员考虑的往往不是查清是非,而是援引经纶对纠纷当事人申明情理,使其明晓利害,以达息讼之效。

唐朝开元年间,韦景骏为县令。县人有母子相讼者,景骏谓之曰:"吾少孤,每见人养亲,自恨终天无分,汝幸在温凊之地,何得如此?锡类不行,令之罪也。"因垂泣呜咽,仍取《孝经》付令习读之。于是母子感悟,各请改悔,遂称慈孝。

清代同治年间,蒯子范时任长州知州,有人状告婶母由于借贷未成而打人,蒯知州验得原告伤甚轻微,于是婉言相劝:你作为贫苦人家,婶母还来借贷,说明她更贫苦,一旦升堂审讯,不但你婶母受累,你也要在县城守候,衙门差役索钱是现在之急,田地荒芜是将来之苦,何必为一时之气而绝两家生计?!言罢便赏原告两千文

① 胡谦:《清代民事纠纷的民间调处研究》,中国政法大学2007年博士学位论文,第39页。

钱,让其回家,其人感泣而去。

(三)官批民调

官批民调是指官府接到诉状后,认为该案件的情节轻微或事关亲族伦理关系及风俗习惯,不便公开传讯,于是便以"批词"的形式指令族长、乡保等人进行调处。族长、乡保等人接到官府的"指令"后,应立即召集原、被告双方进行调处。官批民调是民间调解和官方调解的中间地带,是一种官民互动的连接机制。

《安吴四种》一书提道:"凡赴讼者……系田土界址、雀角短长、户婚牵制、气性斗争等事,(州县)批副用印,仰原告持批投该保长协同里正至公所,唤集被告及证应人,详加研迅,保贰录两造口词。察其是非,判割清楚,务令输服判定,录令长单粘连,官批之后,用戳骑缝,连名判后用戳记。……给被告持至,服词缴息。……而原告不服,长正公用戳粘单,给原告赴县重告;被告不服者,即给被告赴县跟诉词呈缴官,集讯如法。"①

官批民调具有半官方的性质,乡保如调处成功,上呈说明案件事实及处理意见,请求官府销案;调处不成,需说明理由,然后交予官府处理。

(四)行会调处

在明清时期,由于人口压力的不断增大,以及社会生产力的提高和劳动分工的细化,以交换为目的的生产现象愈加普遍,商品经济的发展水平得以超越以往历史时期,甚至出现了资本主义的萌芽。基于对秩序和利益的需求,明清时期的商人群体组织化程度亦在不断加强,行会、公所、会馆、同业公会等行业性商人团体蓬勃兴起。

商人团体有维护同帮同业利益的责任,当从业者触犯了行规时,行帮的领袖就会召集同业商人或同帮商人进行"公同议罚",其中经常依照行规、帮规的约定以及本行业中的商事习惯进行调处。各类行帮都有自己的行规,又称"条规"或"章程"。行规必须得到当地衙门的批准备案,否则将被视为"私立行规",被官府严厉禁止。

行规一经同行公同议定,并得到官府认可,在行内具有当然的效力,作为调整行业内部以及行业之间关系的基本准则。遇有不遵守行规的行为,大多是在行内

① 江国华、张浩:《中国传统多元纠纷解决机制及其现代价值》,载《广东行政学院学报》2014年第5期。

照章公同议罚，主要是罚酒、罚戏，或者处以罚金。嘉庆二十五年，邓宏升不遵行规，官府在处理案件中先是批示“各行贸易，各有行规可循，毋辄兴诉”，后又出示晓谕“自示之后，务遵照旧章，毋再抗违紊乱讼扰，致干查究”。地方官反复重申行规所具有的法律效力，并张贴告示给行规以极大支持。

由于商业纷争多发生在城市地区，故宗亲及民间基层组织的约束力相当有限，主要由商帮、行会、会馆等商人团体发挥作用。依托行业性商人团体调处行业内部商事纠纷的现象日益普遍，由此形成较为成熟的行业调处，并成为国家纠纷解决的有益补充。

商帮、行会、会馆等商人团体在当时是一种新的社会组织，它不同于聚族而居的家族、保甲之类的传统农村组织，其组织力也许带有同姓、同宗、同乡的因素，但更多的还是其同业性。这样的团体调处也具有不同于传统农业社会的乡里调处、邻里调处和宗族调处，以及官府调处、官批民调的特点，带有某种向近现代民间调解的过渡形式。①

二、近代非诉讼纠纷解决程序

（一）中华民国的调解与公断

1911 年辛亥革命后，国民政府初步建立了近代法律体系以及法院组织和诉讼程序，在继承传统调处制度的基础上引入近代因素，建立了法院调解制度。1930 年，《民事调解法》出台，规定原告和被告可以分别推举一名民事调解人，调解一旦成立，达成的调解笔录即可作为执行依据，通过通常的程序申请强制执行。

仲裁制度也于 20 世纪初引入，当时被称为“公断”。1912 年北洋政府颁布了《商事公断处章程》和《商事公断处办事细则》，又于 1921 年颁布了《民事公断暂行条例》，规定仲裁可适用于一般的民事争议。仲裁的发展处于初级阶段。商事公断处虽然是按照规定附设于其所在地的各商会，但实际上只相当于一个调解机构。其裁决必须经由双方当事人同意才具有法律效力，如若当事人不同意，可以再起诉至法院解决纠纷。

---

① 俞荣根、魏顺光：《中国传统“调处”的非诉讼经验》，载《中国政法大学学报》2012 年第 1 期。

(二)革命根据地的调解与仲裁

上述制度与新中国的法律制度没有直接继受关系。故探索我国现代非诉讼纠纷解决程序的近代基础,应从共产党领导下实施的纠纷解决机制中寻找起源。

在第一次国内革命战争期间的农民运动大潮中,农民组织下设的负责调解仲裁的机构以及乡民大会选出的乡村公断处都是以调解解决纠纷的机构。1922 年,海陆丰苏维埃政府领导人彭湃领导广东海丰县赤山约农民成立了广东省最早农会——“赤山约农会”,下设“仲裁部”,专门调解农会会员之间的婚姻、钱债、业佃、产业等纠纷。

1926 年,中共湖南区第六次代表大会制定的《农民政纲》规定:“由乡民大会选举人员组织乡村公断处,评判乡村中之争执”。乡村公断处就是当时调解民间纠纷的一种组织形式。在工农运动中产生的调解组织基本都是由工农劳动群众担任调解人员,并以体现人民意志的革命法律及乡规民约作为调处案件的依据,为新中国成立后人民调解制度的建立发展和完善打下了良好的基础。

土地革命战争时期,在中国共产党的领导下,反对封建土地制度的农会组织和在一些地区建立的局部政权组织设立了调解组织,调解农民之间的纠纷。劳动纠纷也得到关注。1931 年,中华苏维埃第一次全国代表大会通过了《中华苏维埃共和国劳动法》。1933 年又对该劳动法进行了修订。其中规定,因各种劳动条件的问题发生争执和冲突时,各级劳动部在得到当事人双方同意时,可进行调解和仲裁。

第二次国内革命战争时期,革命根据地的苏维埃政府要求苏维埃负责解决群众的纠纷,实行村、乡、区逐级调解制度。这一时期的调解主要是以基层政府调解为主,这种调解方式可以视作当今实行的村民委员会下设人民调解委员会群众自治组织的雏形。

在抗日战争时期的革命根据地,关于人民调解的组织、原则、内容以及程序都得到了更充分的发展。1938 年,晋察冀边区政府在吸取苏区经验的基础上开始着手调解工作,并自 1940 年起广泛设置调解委员会,为此后调解工作的法律化奠定了基础。

1941 年,调解工作进入制度化、法律化阶段,各根据地政府相继制定了一系列关于调解的法规条例,如 1941 年《山东省调解委员会暂行组织条例》、1942 年《晋察冀边区行政村调解工作条例》和《关于调解民间纠纷的决定》、1943 年《陕甘宁边区民刑事案件调解条例》。

调解工作发展出了三项基本原则:一是自愿原则,即调解必须双方自愿,调解委员会及其他人均不得强迫;二是合法原则,即调解必须遵守政策、法律、法令,尊重进步的风俗习惯;三是保护当事人诉讼权利原则,即调解不是诉讼的必经程序,不得因未经调解或调解不成而阻止当事人起诉。

解放战争时期,人民调解制度从农村向城市发展,并在已经解放的城市着手建立人民调解组织,并开展人民调解工作。1949 年,华北人民政府颁布了《调解民间纠纷的决定》,天津市人民政府颁布了《关于调解程序暂行章程》,对调解的适用范围、种类及其主体、基本原则、程序制度作出了明确规定,使调解工作的开展变得有章可循,标志着调解制度迈向了一个崭新的历史发展时期。

仲裁制度也在中国共产党领导的革命根据地生根发芽。苏维埃政府采用仲裁处理劳动争议。1933 年颁布的《中华苏维埃共和国劳动法》涉及仲裁的相关规定。1943 年,晋察冀边区行政委员会颁布了《晋察冀边区租佃债息条例》,就仲裁的相关事项作出了规定。1943 年,晋察冀边区行政委员会又颁布了《关于仲裁委员会的工作指示》,对仲裁及仲裁政府机构的性质、任务以及权限作出了较为明确的规定。

新中国成立后,1949 年,天津市人民政府制定了《天津市调解仲裁委员会暂行组织条例》,其中规定了仲裁委员会的设置、受案范围以及工作原则等内容。1949 年 8 月 19 日,上海市军事管制委员会颁布了《关于私营企业劳资争议调处程序的暂行办法》,其中规定有争议时先由劳资双方直接协商,协商无效时再依法仲裁,仲裁不服时再向法院起诉。

(三)马锡五审判方式

马锡五审判方式是以陕甘宁边区从事司法审判工作的马锡五命名的。1944 年 1 月 6 日,林伯渠在陕甘宁边区政府委员会第四次会议的《边区政府一年工作总结》中,第一次提出"诉讼手续必须力求简便,提倡马锡五同志的审判方式,以便教育群众"。同年 3 月 13 日,《解放日报》发表社论《马锡五同志的审判方式》,通过马锡五审判方式的三个典型案例总结了马锡五审判方式的经验。

马锡五审判方式不仅作为民事诉讼,而且作为整个边区司法工作的原则和经验加以推广。马锡五审判方式是"在当时的司法理念、制度和经验的基础上总结、提炼和发展出来的较系统的民事诉讼模式或其雏形"。[①]

马锡五审判方式的特点是"携案卷下乡，深入群众，调查研究，巡回审理，就地办案"以及"审调结合"。[②] 司法干部走出法庭，深入农村，调查研究，把调查和立案、法官断案和群众参与，审理、调解和判决融为一体，为群众解决纠纷。

谢觉哉在1944年6月的《边区政府关于普及调解、总结判例、清理监所的指示信》中指出："审判与调解结合，即马锡五同志的审判方式。""调解以自愿为原则，审判则带强制性，但审判得好，赢的输的都会自愿的服从。审判与调解是一件事的两面，马锡五同志的审判方式，是与调解结合的。这是一个大原则，为群众又依靠群众的大原则。"[③]此原则，主要适用于人民内部的讼争，包括一般民事案件和轻微的刑事案件。至于奸特反革命案件以及重大刑事犯罪，当然不适用调解的办法。

马锡五审判方式的产生也旨在调和当时国家法与民间法的间隙，有序高效推动社会改革与社会治理。由于现代法的精神与当地的社会生活状况和文化观念不相适应，导致了法律在执行过程中的困难和紧张。克服这种困难和紧张的办法，一是改变法律，放弃某些与乡村社会的民间习惯法相冲突的法律；二是改变现实，对乡村社会进行全面的总体化的革命和治理。在当时，尤其是在战争紧迫状态下，共产党的迫切任务是将人民动员起来，上述两种办法都无法正常实施。

于是，共产党在司法实践中找到了一种新的出路：法律调解。一方面，调解可以在实践中背离法律的某些原则，但并没有改变法律政策或整个政治意识形态，因此鼓励调解使法律实践适应当时当地的社会状况，但是不会构成对共产党的政治意识形态的合法性的破坏。另一方面，在调解中，法律又成为一个有效的工具渗透到乡村社会的治理当中，在解决法律问题的同时解决社会问题。法律正是通过调解的渠道参与到对社会的总体性的治理实践中，从而改变着乡村社会，使现实生活

① 范愉：《简论马锡五审判方式——一种民事诉讼模式的形成及其历史命运》，载《清华法律评论》第2辑。

② 有关马锡五审判方式的文献资料及研究详见：张希坡：《马锡五审判方式》，法律出版社1983年版；杨永华、方克勤：《陕甘宁边区法制史稿（诉讼狱政篇）》，法律出版社1987年版；张希坡主编：《革命根据地法制史》，法律出版社1994年版。

③ 张希坡：《马锡五审判方式》，法律出版社1983年版，第45页。

逐步符合现代法的规范和要求。[①]

《陕甘宁边区民刑事件调解条例》第11条规定，“系属法庭之案，得由法庭以职权依据本条例之规定进行调解，或指定双方当事人之邻居、亲友或民众团体在外从事调解。”马锡五审判方式成为之后发展起来的司法调解的雏形。

三、现代非诉讼纠纷解决程序

（一）现代调解制度的建立

自民主革命时期开始，在批判继承传统调处制度的基础上，不断赋予这一纠纷解决方式以新的内容和活力，逐步形成了现行的在基层群众自治组织的主持下，在自愿基础上公平合法地排解纠纷的人民调解制度。新中国成立初期，为适应纠纷解决和社会调整的需求，人民政府决定把解放区的经验应用于全国。

1950年，中央人民政府政务院在《关于加强人民司法工作的指示》中指出：人民司法工作必须处理人民间的纠纷，对这类民事案件亦须予以足够的重视，应尽量采取群众调解的办法以减少人民讼争。同年召开的全国司法工作会议也明确指出，人民法院必须始终重视调解工作，诉讼中的调解是我国审判制度的一个重要组成部分。1951年颁布了《人民法院暂行组织条例》，将“调解民事及轻微的刑事案件”“指导辖内域内调解工作”列为县级法院的任务。1953年，第二届全国司法工作会议指出，在全国城市和乡村中，有领导、有计划地建立和健全人民调解委员会，是司法建设中的一项重要工作。

1954年，中央人民政府政务院颁布了《人民调解委员会暂行组织通则》。这是新中国成立后首次以法律的形式在全国范围内统一了人民调解制度，标志着人民调解制度正式确立。该组织通则中明确规定了人民调解委员会的制度意义、机构性质、职责范围、组织架构、活动原则、工作制度和工作方法。人民调解委员会是我国基层群众性调解组织，它的任务为调解民间一般民事纠纷与轻微刑事案件，并通过调解向人民群众宣传政策法令。

人民调解工作得到迅速发展，并在城乡社会主义改造中发挥了应有的作用。

---

① 强世功：《权力的组织网络与法律的治理化——马锡五审判方式与中国法律的新传统》，载《北大法律评论》2000年第2期。

截至 1995 年年底,我国 70% 左右的乡村、城市街道设立了人民调解委员会,人民调解员的数量也达到了约 100 万名。

1956 年,为承续抗战后期陕甘宁边区的“马锡五审判方式”,最高人民法院提出了“调查研究,调解为主,就地解决”的十二字方针。这也是当时我国民事审判工作的基本方针。1962 年,民事审判的十二字方针进一步发展为:“依靠群众,调查研究,就地解决,调解为主”的十六字方针。新增加的“依靠群众”,使调解主体更为明确。在十六字方针的指导下,我国在其后的二十多年时间里将民事审判与调解深入结合,调解成为了处理民事纠纷的普遍方式。

1963 年以后,人民调解制度获得了较大的发展,对于解决“大跃进”年代和三年困难时期遗留下来的大量民间纠纷起到了重要作用。1966 年下半年到 1976 年的十年内乱期间,司法机关因被诬为资产阶级专政工具而被彻底砸烂,人民调解制度也被视为“阶级调和”路线的产物而被取消,纠纷解决机制遭到极大的破坏。

20 世纪 80 年代,随着改革开放和市场经济体制的建立,越来越多的社会关系进入法律调整范围,纠纷的数量和类型与日俱增。在社会全面转型过程中,社会关系与社会结构发生变化,利益和价值观出现分化,导致社会纠纷多发。纠纷和冲突的对抗性强,容易激化。

社会结构的变化,使熟人社会、单位人开始向陌生人社会、社会人转变,共同体凝聚力下降。由于社会结构逐渐陌生化,人与人之间的感情、关系也逐渐弱化,传统的“和为贵”的思想观念也发生转变,以情理、习惯、人际关系为依托的人民调解失去“用武之地”。社会结构的转型削弱了人民调解赖以维持的社会基础,导致人民调解的纠纷解决功能在现代社会逐渐式微。因此,司法部采取了加强人民调解制度化和法制化的路线。一方面,期待人民调解成为一种准司法程序;另一方面,则试图建立一种行政调处机制,作为人民调解和司法审判之间的纠纷解决程序。[①]

20 世纪 90 年代以后,纠纷解决机制所暴露出的问题愈加明显。一方面,人民调解的适用出现了明显的下降,通过调解解决纠纷的方式被不适当地置于法治的对立面。由于当时的中国正处于社会转型期和高速发展期,社会纠纷频发,社会自治程度却不高。相较于民间调解、私力救济等纠纷解决方式,社会公众更期待通过

---

① 范愉:《当代中国非诉讼纠纷解决机制的完善与发展》,载《学海》2003 年第 1 期。

确定的法律规范和具有强制力的国家规制进行社会调整,对公力救济的需求远远大于社会自治性调整。[①] 人民调解的式微与诉讼机制的高涨引发矛盾。另一方面,民间纠纷呈现指数式增长,司法资源难以负担如此庞杂的纠纷体系,司法供给的不足与纠纷解决的需求也构成了尖锐的矛盾。

按照诉讼制度在纠纷解决体系中的功能,可以分为"前诉讼时代"、"诉讼时代"与"后诉讼时代"。[②] 20 世纪 90 年代以前的中国可以被称为"前诉讼时代"。民事诉讼机制所能发挥的作用极为有限,社会公众主要依赖人民调解和行政方式解决各类纠纷,诉讼不是解决纠纷的主要方法。20 世纪 90 年代以后进入诉讼时代,民事诉讼机制上升为解决民事争议的主要方法和手段,争议解决方式的渐趋单一化、集中化是诉讼时代的主要特征。人民调解等非诉讼纠纷解决方式逐渐遇冷。前诉讼时代的"强调解,弱诉讼"与诉讼时代的"强诉讼,弱调解",都是纠纷解决机制结构失衡的表现。

我国正进入后诉讼时代,社会复杂性以及纠纷多样性的增强要求纠纷解决方式的多样化,这是一个民事纠纷可以被多种方式合理解决的时代。后诉讼时代是进一步高张权利保护旗帜的时代,调解有利于保障当事人程序选择权、缓减法院压力、提升司法质量,为权利而协商对话的心理共鸣使调解焕发出新的生机。

(二)现代仲裁制度的建立

我国现代仲裁的发展历史虽然已逾百年,但是由于特殊的历史环境导致仲裁制度并未能得到长足发展,直到 1994 年《中华人民共和国仲裁法》(以下简称《仲裁法》)颁布之后,仲裁制度才获得较为全面发展。回顾我国仲裁制度的发展历史,大致经历了四个阶段:

1. 只裁不审

新中国成立后至 1966 年,仲裁制度并不能算作现代意义上的仲裁,而是一种行政机关协调处理的制度。因为此时的仲裁制度是以前苏联的行政仲裁为模式,与计划经济体制相适应而建立的行政仲裁制度。在当时,对于经济合同纠纷,法院并

① 范愉:《社会转型中的人民调解制度——以上海市长宁区人民调解组织改革的经验为视点》,载《中国司法》2004 年第 10 期。

② 韩波:《人民调解:后诉讼时代的回归》,载《法学》2002 年第 12 期。

不受理,当事人只能通过经济仲裁委员会进行仲裁。当事人不服一审裁决的,可以申请上一级行政机关复审。

2. 两裁两审

两裁两审是指两级仲裁,两审终审。1978 年至 1982 年,《中华人民共和国经济合同法》(以下简称《经济合同法》)施行前,法院可以受理经济合同纠纷,但是法院只能受理不服仲裁裁决的案件,即设置仲裁程序为诉讼的前置程序。1979 年国家经济贸易委员会、工商行政管理总局、中国人民银行共同发布的《关于管理经济合同若干问题的联合通知》规定:合同纠纷的任何一方当事人,均可向对方所在地的县(市)和大中城市的区级经委(或相应机关)、工商局申请调解仲裁。如一方对仲裁不服,可在接到仲裁通知书的次日起 10 天内,向上一级合同管理机关申请复议。如对复议仍然不服,则可在接到复议仲裁通知书的次日起 10 天内,向法院起诉。

3. 一裁两审

1982 年至 1993 年,仲裁程序不再是诉讼的前置程序。《经济合同法》规定仲裁实行一裁两审制度,即经济合同发生纠纷时,当事人应及时协商解决,协商不成时,任何一方均可向国家规定的合同管理机关申请调解或仲裁,也可以直接向人民法院起诉。仲裁作出裁决后,当事人一方或双方对仲裁不服的,可以在收到仲裁裁决书之日起 15 日内,向法院起诉,期满不起诉的,裁决即具有法律效力。

国务院于 1983 年 8 月发布了《中华人民共和国经济合同仲裁条例》(以下简称《经济合同仲裁条例》),在各级工商行政管理局设立经济合同仲裁委员会处理经济合同纠纷案件,实行一次裁决制度,当事人不服仲裁裁决的,可以向法院起诉。1987 年《国营企业劳动争议处理暂行规定》和 1991 年《中华人民共和国著作权法》(以下简称《著作权法》)均有涉及仲裁事项的相关规定。

《经济合同法》和《经济合同仲裁条例》结束了我国多头分工仲裁的局面,改为由工商局设立的经济合同仲裁委员会统一仲裁,真正成立了经济合同仲裁机关,确立了经济合同仲裁制度,同时取消了仲裁是诉讼必经程序的规定。不过,在这一阶段我国的仲裁制度带有浓重的行政色彩,仲裁制度实际上是行政性仲裁。

4. 或裁或审

《经济合同法》于 1993 年修订时增设了仲裁协议具有排除法院管辖权的效力,仲裁裁决具有终局效力,实行一裁终局等基本制度。这些为 1995 年施行的《仲裁法》所继承，确立了或裁或审、一裁终局制度。当事人达成仲裁协议后，一方向法院起诉的，法院不能受理；仲裁裁决为终局裁决，一旦作出即发生法律效力，当事人不能再就同一纠纷申请仲裁或向法院起诉。《仲裁法》的施行，在我国仲裁制度的发展史上具有里程碑的意义，标志着我国现代仲裁制度正式确立。

(三)推进纠纷解决机制改革

在社会转型的过程中，国家对司法的作用期待过高，对非诉讼纠纷解决程序的重视和资源投入明显不足。法院在追求司法现代化和程序公正的过程中对公众、当事人的需求关照不够，导致诉讼成本与风险日益攀升，纠纷解决效果不佳。司法腐败现象和追求实质公正的传统，使当事人对法院和诉讼程序缺乏信任，事后不断上访寻求救济。纠纷多发、激烈对抗和积聚的状况，一度严重影响到社会的稳定与发展。

进入21世纪，我国的司法政策倾向发生了一些变化，国家开始调整社会治理战略，出台一系列政策和措施。

1. 强调综合治理

中共十八届三中全会正式将原先的“社会管理”改为“社会治理”。这不是简单的文字变动，而是重大的理念更新，即从强调政府单方面的社会管理，到政府的社会管理与社会自治的并重。

要完成从“社会管理”向“社会治理”的转变，需要处理好三个方面的关系：一是治理主体的一元与多元的关系，即社会治理不应是党政权力部门一元治理的格局，而应当形成党政部门和企事业单位、社会组织、社区居民多元治理的格局；二是政府的社会管理与公共服务的关系，即政府既要担负起管理社会事务的责任，也要担负起提供基本公共服务的责任；三是政府治理与社会自治的关系，即社会治理并不只是政府对社会事务的治理，还必须有社会自治。

综合治理是指从纠纷解决和社会治理的现实需要出发，将传统的执政方式与现代法律意识形态相融合，以此克服转型危机，并优先解决社会治安和各种社会矛盾。2000年《中央社会治安综合治理委员会关于进一步加强矛盾纠纷排查调处工作的意见》提出：“把矛盾纠纷排查调处工作摆在重要位置。从纠纷解决和社会治理的实际需要出发，将传统执政方式与现代法治理念相融合，调动各种国家权力和社会力量参与到纠纷的预防和处理中,维护社会稳定。”

高度重视矛盾纠纷排查调处工作的倡导使得调解方式以及人民调解组织的社会功能再次受到重视。司法部、民政部及其他相关部门积极响应,协同推动城市社区建设、社区法律服务工作以及农村的基层法律服务。社会开始重申调解在加强道德和精神文明建设、增强社会凝聚力方面的重要价值。

2. 司法观念与政策的转变

法院系统也开始反思此前的司法政策,转为推动多元化纠纷解决机制建构的核心力量。2002 年,最高人民法院联合司法部共同发布《关于进一步加强新时期人民调解工作的意见》,明确提出:“各级人民法院、司法行政机关和人民调解委员会要高度重视新时期人民调解工作,坚持以‘三个代表’重要思想为指导,坚持依法治国、以德治国,促进人民调解工作的改革与发展,使其成为新形势下解决民间纠纷的更加坚实可靠的‘第一道防线’。”《关于审理涉及人民调解协议的民事案件的若干规定》第 1 条首次明确规定人民调解协议具有民事合同性质。

2003 年《关于适用简易程序审理民事案件的若干规定》确立简易程序中的调解前置程序。2004 年《关于人民法院民事调解工作若干问题的规定》首次系统化对民事诉讼调解进行规范。2007 年《关于进一步发挥诉讼调解在构建社会主义和谐社会中积极作用的若干意见》贯彻实施国家的构建和谐社会方针。2009 年《关于建立健全诉讼与非诉讼相衔接的矛盾纠纷解决机制的若干意见》要求人民法院完善诉讼与人民调解、仲裁、行政调处等非诉讼纠纷解决方式的衔接机制,为社会群众提供更加多元的纠纷解决路径。2010 年《关于进一步贯彻“调解优先、调判结合”工作原则的若干意见》强调调解优先的政策。

3. 稳步构建多元化纠纷解决机制

全面深化多元化纠纷解决机制改革,是实现中央战略部署、提升社会治理水平、推进全社会多层次多领域依法治理的重大改革举措,是推进社会多层次多领域依法治理的强大动力,是便民利民、促进社会和谐的重要措施,是发挥司法资源最大效能的有效途径。

2004 年,《人民法院第二个五年改革纲要(2004—2008)》首次提出“建立多元化的纠纷解决机制”,多元化纠纷解决机制改革正式成为我国一项重大改革项目。2007 年,最高人民法院确定了第一批多元化纠纷解决机制改革试点,包括上海市浦东新区人民法院、重庆市渝中区人民法院在内的9家法院被定为第一批改革试点单位。在实践探索与经验累积过程中,产生了甘肃省定西市人民法院的"司法确认"、河北廊坊的"廊坊经验"以及福建莆田的"莆田模式"等经验,为之后的多元化纠纷解决机制改革奠定了坚实的基础。2009年,《人民法院第三个五年改革纲要(2009—2013)》提出建立健全诉讼与非诉之间的协调对接,建立健全多元化纠纷解决机制,按照"党委领导、政府支持、多方参与、司法推动"的多元纠纷解决机制的要求,配合有关部门大力发展替代性纠纷解决机制。

2010年颁布的《人民调解法》在总结我国人民调解工作实践经验的基础上,以立法的形式对人民调解协议的法律效力、人民调解员的任职条件、人民调解工作的指导和经费保障等问题作出了明确的规定。《人民调解法》是我国第一部系统全面地规定人民调解制度的法律,标志着我国人民调解工作走上了法治化道路,为依法调解矛盾纠纷提供了坚实的法律保障,全面提升了人民调解制度的法律地位。截至2021年年底,全国有70多万个人民调解组织,每年调解的各类矛盾纠纷多达900多万件。

2014年,中共十八届四中全会通过的《中共中央关于全面推进依法治国若干重大问题的决定》提出,健全社会矛盾纠纷预防化解机制,完善调解、仲裁、行政裁决、行政复议、诉讼等有机衔接、相互协调的多元化纠纷解决机制。2015年,中央办公厅和国务院办公厅印发了《关于完善矛盾纠纷多元化解机制的意见》,从制度层面对多元化纠纷解决机制改革作出顶层设计。

2019年,习近平总书记在中央政法工作会议上作出重要指示,明确提出要"坚持把非诉讼纠纷解决机制挺在前面"。这是适应新时代我国社会主要矛盾变化,推动社会治理创新的重要论断。坚持把非诉讼纠纷解决机制挺在前面,是国家治理体系和治理能力现代化的战略行动,实现良法善治的重要途径。在社会治理现代化的大局中推进多元化纠纷解决机制建设,统筹兼顾,准确把脉纠纷的发展与化解趋势,为推动多元化纠纷化解体系建设、促进国家治理体系和治理能力现代化指明方向。

2022年,习近平总书记在中国共产党第二十次全国代表大会上的报告中指出,完善社会治理体系。健全共建共治共享的社会治理制度,提升社会治理效能。在社会基层坚持和发展新时代"枫桥经验",完善正确处理新形势下人民内部矛盾机制,加强和改进人民信访工作,畅通和规范群众诉求表达、利益协调、权益保障通道,完善网格化管理、精细化服务、信息化支撑的基层治理平台,健全城乡社区治理体系,及时把矛盾纠纷化解在基层、化解在萌芽状态。加快推进市域社会治理现代化,提高市域社会治理能力。强化社会治安整体防控,推进扫黑除恶常态化,依法严惩群众反映强烈的各类违法犯罪活动。发展壮大群防群治力量,营造见义勇为社会氛围,建设人人有责、人人尽责、人人享有的社会治理共同体。

多元化纠纷解决机制正是完善社会治理体系的重要内容,必将长期运作与不断改革完善,致力于建设人人有责、人人尽责、人人享有的社会治理共同体。

思 考 题

1. 在人类历史中,纠纷解决的进化呈现什么发展历程?

2. 在古代社会中,同态复仇、神明裁判与司法决斗反映了什么纠纷解决理念与价值取向?

3. 20 世纪中后期,ADR 兴起的原因是什么?

4. 为何 ADR 从一种缓解司法危机的直接救济手段转化为一种适应现代社会治理理念的新型权利保障方式?

5. 我国的非诉讼纠纷解决手段在古代呈现出什么特征?

6. ADR 在我国的兴起与在西方国家的兴起存在什么差别? 为什么出现这些差别?

延伸阅读

1.《神·人·法:纠纷解决模式从权威到规则的演进》(节选)①

纠纷解决自古就是人类社会所面对的一项深刻主题。综观人类历史,纠纷解决大抵经历了一个从权威到规则的过程。神明裁判是几乎所有初民社会都曾广泛

① 刘志松、于语和:《神·人·法:纠纷解决模式从权威到规则的演进》,载《山东大学学报(哲学社会科学版)》2010 年第 3 期。

使用的纠纷解决手段,这也成为最早的纠纷解决的权威审判方式。随着社会的发展和生存经验的不断积累,神明的权威逐渐隐去,而代之以氏族首领这一新的权威,在纠纷解决过程中发挥着重要的作用,也进而成为最早的法官。在纠纷解决过程中所形成的习惯因其被普遍承认而固定下来,成为规则,规则也逐渐限制了权威的自由评断,成为纠纷解决的依据。

当然,这种现象乃至精神(神明裁判)都从未在人类生活中彻底消失,如"发誓""诅咒"等现象都在一定程度上表现出与之相关性。尤其是在一些少数民族当中,神明裁判现象仍普遍存在。在此我们举二例。

案例一:广西龙胜和平乡龙脊村平安寨神判书

立甘愿入庙社后字人毛呈、上寨众等,廖贵、廖照、杨冈、良铁、仁红等。尝思世人不平则鸣,圣人以无讼为贵。况吾等因与毛呈因寨为地争兢竞,土各枫木漕一共五漕、五埼,原系吾等公山,伊称伊地,请中理论,头甲人等亥豕难分。窃思官山府海,各有分别,土产山业,岂无其主。一比心甘祷神,何人者做亏心事,举头三尺,有神明瞒心昧己,一动一静,神明鉴察,毫发不爽。而我等各缘庚帖,甘愿入庙祈神。

各大神圣座前鉴察报应,谁是谁非,神明本是无私,分明纠治。倘若我等何人风云不测,命入黄泉,实是诈骗欺夺,其班牌钱项尽属田寨。而我等并於邻不得说长道短,倚命而让祸端。如有悔言,自甘其罪。恐口无凭,立甘愿字,付与地方执照为据。

甘愿立字人:上寨众等,廖杨冈、良铁福、胜仁贤

头甲执字人:廖金书、潘金旺、陈景章

地方证人:廖量荣、元华等。

依口代笔:潘廷范(笔五百文)

光绪六年(1880)二月初二立

案例二:四川阿坝羌族捞白石案

30 年代末,曲各西湖寨有一地主,虽家有万贯却时运不好,丢了许多财物,他便怀疑是陈某某等几人偷的,但口说无凭,手无铁证,这个地主便要求陈某某等几人与他一起在神灵前赌咒,之后又烧开了油锅,大家从油锅里抓白石,若抓出白石手并没有被烫伤便证明无罪,不然就是窃贼。结果,地主本人从油锅里抓白石时手没有烫伤,陈某某自己从油锅里抓白石时,手也没有烫伤,但他替其姨妈从锅里抓出

白石时,手却被烫伤了。陈某某的姨妈就被认定是偷盗者。

2.《从“刘巧儿案”看马锡五审判方式》①

1956年,评剧电影《刘巧儿》在全国放映引发巨大轰动。剧中,刘巧儿反对封建包办婚姻、争取婚姻自由的故事,感染和影响了一代人。“刘巧儿”的生活原型为封捧儿(后改名封芝琴)。“刘巧儿案”源自1943年陕甘宁边区陇东分区专员、边区高等法院陇东分庭庭长马锡五主审的“封捧儿婚姻案”,是推广和弘扬马锡五审判方式的活教材。

陕甘宁边区时期,一些县形成了“婚姻成立以交付彩礼为准”“交钱(彩礼)才有亲,无钱无亲事”的习惯,甚或“普遍实行买卖婚姻”。家住甘肃华池县的封彦贵,于1928年将其女封捧儿(5岁)与张金才的次子张柏定为“娃娃亲”。1942年5月,封彦贵将女儿换取高价彩礼许诺给张宪芝之子为妻,后经张金才告发被华池县政府撤销。1943年3月,封彦贵又将女儿换取高价彩礼许诺给朱寿昌为妻。长大了的封捧儿与张柏两相情愿,坚决反对父亲的包办买卖婚姻。

张金才急于让封捧儿与张柏成婚,便聚集户族亲戚,闯至封家暴力抢婚。1943年5月,华池县司法处以非法抢婚为由判决张金才徒刑6个月,宣告封捧儿与张柏婚姻无效、彩礼没收。封彦贵因一审判处张金才刑罚太轻,要求上诉。封捧儿坚决反对一审判决,主张婚姻自主,意欲告状。

据1944年3月13日的《解放日报》报道,马锡五在下基层检查工作途中路过华池县,发现当地群众批评华池县司法不公。群众认为,“封彦贵一女几卖,违反政府婚姻法,应受法律制裁”,“捧儿与张柏两相情愿,为何拆散”。马锡五主动调查此案,正好遇到要告状的封捧儿。马锡五认真倾听封捧儿陈诉,耐心细致作解释,后又深入附近村子仔细核实案件情况。

1943年7月,边区高等法院陇东分庭判决认为,“捧儿与张柏本质上双方早已同意,在尊重男女婚姻自主原则下,应予成立,而华池县初审判决,系极端看问题,只看现象,不看本质,对封姓过于放纵,对捧儿、张柏自主婚姻尚未真正顾到,所以该判决应予以撤销。”封捧儿与张柏的自主婚姻得到了保护,封彦贵和张金才等人

① 潘怀平:《从“刘巧儿案”看马锡五审判方式》,载《光明日报》2021年7月17日,第7版。

的违法犯罪行为也受到了惩罚。

“封捧儿案”以下乡办案、主动查案、就地审理、群众参与、依法判决的实践特点,集中体现了马锡五审判方式蕴含的实事求是的司法态度、依法办案的原则精神、群众路线的审案方式、民主的审判作风。从“封捧儿案”到“刘巧儿案”的转换和提升,充分彰显了马锡五审判方式深入人心、深得民心。1944 年,习仲勋同志在陕甘宁边区绥德分区司法会议上指出:“我们司法工作人员,必须有走出‘衙门’,深入乡村的决心。”

妇女自由意志与男女平等理念的彰显和倡导,社会正义通过现代法律制度的催生和建构,加速了民主、平等的法律文化在乡村社会的扎根和传承。“刘巧儿案”承载的马锡五审判方式,将法律所体现的公平正义输送到基层,契合了群众的司法需求,在当今仍有其旺盛的生命力。

第三章

非诉讼纠纷解决程序的基本种类

本章概要

非诉讼纠纷解决程序是一个包容性很强的概念，既有合意促进型的法律谈判、促进型调解，也有评价特征比较强的评估型调解、中立评估，还有准审判式、带有一些强制特征的仲裁。这些种类有各自的特点，也有各自适应的情形。它们既可以单独使用，也可以结合适用，适用的方式非常灵活且多元化。在具体的纠纷解决中，需要根据纠纷的产生、状况以及变化的因素，去调整和选择适合的纠纷解决方式。

关键词

谈判；法律谈判；调解；调解员；仲裁；仲裁权；机构仲裁；临时仲裁；中立评估；早期中立评估

第一节 法律谈判

一、法律谈判的概念和特征

（一）法律谈判的概念

谈判，也称为交涉、商谈、磋商，是指从别人那里寻求自己所需的基本途径，与谈判对方存在相同和不同利益时寻求解决方案的相互交流。在谈判中，各方当事人都力图在交流与对话中，试图说服对方接受自己提出的观点与方案。谈判作为一种只需当事人有所行动就能产生的行为，启动非常容易。

在生活中，子女为获得更多的娱乐时间与家长之间进行的谈判，消费者为低价购买心仪的商品和商家讨价还价。在国家之间，谈判既可以是若干国家之间就外交分歧进行的协商，也可以是百余个国家通过正式会议形式针对系列国际问题展开讨论。国家间的谈判可以通过非正式交易模式或公开的国际磋商，具体谈判程序受制于既定国际规则的约束，谈判结果在一定程度上会影响国际形势以及国际市场。

谈判在纠纷解决中因为经常涉及法律的适用，而且形成的过程与产生的结果也期待在法律框架内予以保障，故称之为法律谈判。法律谈判是在法律人士介入下，谈判者运用法律思维和法律知识，遵循交往有效性条件充分交涉达成合意，并自愿受谈判结果约束的解纷方式。①

法律谈判的本质是要求纠纷当事人为权利而沟通。法律谈判在纠纷产生的第二阶段，即双向阶段中经常使用，但不妨碍其在后续阶段中的继续使用。法律谈判在整个纠纷解决体系中，占有基础性地位。一方面，作为独立的解纷方式，活跃于纠纷解决机制的“舞台”；另一方面，作为其他纠纷解决机制的基础，穿插在其中，推动纠纷的及时有效化解。

（二）法律谈判的特征

1. 灵活程度很高

在法律谈判中，采取的方式非常灵活，没有什么条条框框，也没有任何一部法律对谈判的程序进行规定。其他纠纷解决程序中，特别是诉讼程序最为严苛与复杂，各国诉讼法律对起诉条件、开庭审理的主要程序、审结期限、撤诉条件等事项作出了详细的规定；仲裁程序也越发类似于诉讼程序，相较而言还是稍显灵活，但程序规则多规定在各仲裁机构的仲裁规则中；调解程序也颇为灵活，但因为有第三方调解员的介入，在程序指引方面多多少少会有些约束。谈判程序比之于前三种纠纷解决手段是最为灵活的，完全取决于参与者的决定，任意一方可以随时开始、中

---

① 陈文曲、常学敏：《法律谈判：现代民事纠纷解决机制的基础——由法律谈判的概念展开》，载《湖南大学学报（社会科学版）》2019年第4期。

止或者终止谈判。

2. 形式和程序很随意

法律谈判是一种极其非正式化的纠纷解决手段。除国家间的冲突谈判外,一般性的谈判呈现明显的随意性特点,可以随时发生在日常生活中的任意场合,通过多种形式进行。纠纷当事人在约定时间段内在线下地点或通过线上视频,集中进行沟通,陈述自己的立场,交换意见并就重大分歧问题进行集中讨论。谈判也可以通过非同步性方式进行,纠纷当事人可以合意约定通过社交软件、邮件等形式利用碎片化的时间完成交涉、协商。

3. 具有高度自主性

在法律谈判中,当事人的参与程度最高,对过程和结果拥有绝对的掌控权。谈判主要采取纠纷当事人直接接触模式,往往不需要第三人或者中介组织介入谈判,双方可以直接就程序问题进行协商,就分歧问题进行讨论。纠纷当事人会直接参与并积极主导谈判的全过程,以期获得更大的利益。然而在某种程度上,谈判的此特征有时也可能成为其局限性,由于过多依赖于双方的参与程度和诚意,遇到瓶颈之时则难以突破与继续下去。

纠纷当事人虽然有化解矛盾、达成某种协议或共识的愿望,但是同时也会积极运用谈判策略、技巧追求自身利益的最大化。任何一方可以对谈判结果进行否决,这会导致纠纷的分歧难以调和,谈判陷入进退两难的僵局。所以,在谈判中,有时也会引入第三方,发挥一个促进的作用,此谓第三方促成的谈判。第三方一般是专业的中介机构或是中介人,掌握一定的谈判策略与谈判技巧,在授权范围内进行谈判,通过缓和双方的对立情绪,减少直接冲突,尽可能避免谈判僵局的出现。

二、法律谈判的基本条件

要想促使法律谈判启动和取得成功,需要具备三个基本条件:

1. 当事人解决纠纷的愿望或诚意

这种愿望或诚意可以表现为:耐心听取对方的理由和主张;尊重对方的权利和尊严;对对方抱有最起码的信任;遵守谈判的规则;遵守协议和承诺等。由于谈判非常灵活,没有任何一部法律对谈判的程序进行规定,因此谈判活动的程序设置主要基于纠纷当事人的合意。法律谈判是基于哈贝马斯的交往理性指引,区别于传统的谈判方式,通过法律谈判激发谈判合作性内在约束,在当事方之间实现真正合意,防止合意贫困化(变质)。[①]

合意具有双向性,在主体双方之间形成的衡量标准,包括两点:一是在纠纷化解过程中当事人出于真实的意思表示,进行真实地陈述事实,真诚表达自己的需求和意见,而非在压力之下做出违背内心真意的行为;二是当事人之间进行真诚对话,本着真诚的态度就谈判事宜协商沟通,不应当为了实现己方利益模糊事实抑或虚假陈述事实,隐藏自己的要求。

法律谈判的双方在交涉时也可预设一套标准和要求:沟通时言语清晰明确、主观真诚、保证受言语约束、恪守法律关于规则和原则的规定,从约束自我到约束彼此。参与者历经理性交往,平等协商,形成双方都满意的结果。

2. 当事人需要具备判断和权衡的能力

法律谈判的当事人应以自己的核心利益为底线,合理判断自身面临的局势,全面分析对方的优势和弱点。首先需要判断对方当事人的预期目标、利益诉求、选择动向。这种判断的能力建立在了解对方信息的基础上,从数据分析的角度准确地判断对方的核心利益诉求和期望结果,合理推测对方当事人的让步空间。

当事人需要站在对方的角度进行思考,预测对方当事人的谈判策略选择,对事实真假进行甄别,考量所有因素后表达自己的意见。当事人也需要合理分析自己的处境,明确自己的弱势方面,并分析这种不利情况会对谈判结果产生什么样的负面影响,是否导致自己始终处于被动状态。值得强调的是,切忌在谈判过程中高估自己的优势,提出不切实际的要求。

3. 当事人有作出一定妥协的现实可能性

法律谈判本身是一个妥协和让步的过程。如果一味地坚持自己的主张,不做任何妥协和让步,只是想让对方听从自己、服从自己,这就不是谈判而是强迫,会给对方一种无形的压力,导致谈判快速破裂。谈判以合作共赢、互惠互利为预期目标,但是这不意味着谈判结果是绝对均等的。由于谈判能力的差距以及纠纷当事人在经济实力、社会地位上的区别,各方通过谈判获得的利益事实上存在差距。为

---

① 陈文曲、常学敏:《法律谈判:现代民事纠纷解决机制的基础——由法律谈判的概念展开》,载《湖南大学学报(社会科学版)》2019 年第 4 期。

了保障谈判的顺利进行、协议的最终达成，当事人需做出一定的妥协，调整自身需求，减少分歧，从而达成合意。

在谈判中，当事人积极运用谈判策略，尽可能地增加自己的谈判利益，但是如果一味地坚持自己的主张、希望己方获得全部利益，最终获得的结果只能是谈判破裂。因此，在谈判过程中一定要充分考虑对方当事人的需求，在制定谈判策略时罗列己方的首要利益以及可以妥协的事项，在把握核心利益的同时，根据对方的利益需求调整谈判策略，交换相关信息，推动谈判双方从对立分歧走向协调统一。

三、法律谈判的策略

上面介绍的只是法律谈判可能成功的基本条件。如果要想取得成功，当事人还需运用合适的法律谈判策略。

在谈判中，存在两个层次：第一层次是解决实质性问题；第二层次是往往比较含蓄，关注解决实质性问题的程序。哈佛大学法学院教授在哈佛谈判项目中发展了一种"原则谈判"方案，旨在通过有效和友好的方式取得最明智结果。原则谈判包括四个基本要素：(1)人：把人和事分开；(2)利益：着眼于利益，而不是立场；(3)选择：为共同利益创造选择方案；(4)标准：坚持使用客观标准。[①]

原则谈判作为一种客观的谈判方式，明显区分于包括温和型和强硬型立场的主观谈判方式(见表3－1)。

表3－1 温和型谈判、强硬型谈判与原则谈判的区别

温和型	强硬型	原则谈判
对方是朋友	对方是敌人	对方能解决问题
目标在于达成共识	目标在于胜利	目标在于有效、愉快地取得明智的结果
为了友谊做出让步	要求对方让步作为维持双方关系的条件	把人和事分开
对人对事采取温和态度	对人对事采取强硬态度	对人温和、对事强硬

① [美]罗杰·费希尔、威廉·尤里、布鲁斯·巴顿：《谈判力》(第2版)，王燕、罗昕译，中信出版社2012年版，第10页。

续表

温和型	强硬型	原则谈判
信任对方	不信任对方	谈判与信任无关
容易改变立场	固守立场不动摇	着眼于利益,而不是立场
给予对方实惠	威胁对方	探讨共同利益
亮出底牌	掩饰自己的底限	避免谈底限
为了达成协议愿意承受单方面损失	把单方面优惠作为达成协议的条件	为共同利益创造优选方案
寻找对方可以接受的单方面解决方案	寻找自己可以接受的单方面解决方案	寻找多种解决方案,以后再作决定
以达成共识为目的	以坚守自己的立场为目的	坚持使用客观标准
避免意志的较量	试图在意志的较量中取胜	争取基于客观标准而非主观意愿的结果
迫于压力而妥协	给对方施加压力	坚持并欢迎理性方法,只认道理,不屈服于压力

资料来源:[美]罗杰·费希尔、威廉·尤里、布鲁斯·巴顿:《谈判力》(第2版),王燕、罗昕译,中信出版社2012年版,第12页。

原则谈判注重基本利益、互惠方案和公平标准,通常导致更明智的谈判结果。因此,此方法适合引入至法律谈判的过程中,其客观立场有利于当事人梳理纠纷的冲突原因和探索解决方案。

在谈判开始之前,建议准备好一张清单(见表3-2),时刻提醒自己在谈判的每个阶段应注意的事项。

表3-2　谈判清单

类别	具体内容
谈判的准备	◇ 了解你自己 ◇ 了解你的对手 ◇ 斟酌在每个场合中适用哪些“谈判惯例” ◇ 考虑谈判中运用的“技巧” ◇ 谨记在准备你的谈判策略时,进行“模拟角色扮演”会很有价值 ◇ 反复设定你的“期望水平”
谈判的开局	◇ 谁应当首先提出一个具体的开价 ◇ 评估对首个极高开价的反应 ◇ 保持诚信

续表

类别	具体内容
谈判之舞	◇ 让步的模式 ◇ 重新评估你的判断
谈判的结尾	◇ 发出诺言 ◇ 得体地打破某项诺言 ◇ 帮助你的对手得体地打破某项诺言

资料来源：[美]斯蒂芬·B.戈尔德堡等：《纠纷解决——谈判、调解和其他机制》，蔡彦敏等译，中国政法大学出版社2004年版，第32～34页。

在具体方案的探索中，谈判者们可以从以下具体策略入手：

1.合理确定目标

谈判者们需要对谈判程序进行结构化梳理，第一步是对目标和问题进行思考。各方应合理规划时间、收集更多的信息，充分考虑各自的需求，制定短期目标以及长期目标，并且要罗列出可能导致目标无法实现的问题，模拟谈判可能出现的最坏情况以及谈判破裂的后果。梳理完毕后，综合考量各影响因素、制定目标，但应强调的是，必须要找到一个合适的目标，确定自己的努力方向。

目标过高，对方无法接受，希望己方利益全部实现的心态会导致谈判破裂的直接后果；目标过低，自己无法忍受，一味地妥协、退让会伤害己方的核心利益，这也与互利互惠的谈判预期目标相冲突。谈判是为了减少分歧、实现共同利益最大化、达成双方均较为满意的结果，合理的目标能够为法律谈判提供直接的驱动力。

2.分清主次，明确并坚持最主要的要求

由于谈判双方具有部分互相冲突的利益需求，因此在谈判的过程中，当事人需要不断收集信息资料、在考量对方的利益需求后调整自己的谈判策略，适时做出妥协。但是，在适当让步的同时，要坚持核心利益、最主要的利益，要清晰知晓自己最想要的是什么。丢失核心利益会给当事人带来严重的损失，造成互利互惠的预期谈判结果无法实现。谈判中各方当事人的需求肯定会发生碰撞和冲突，所以坚守住己方最期待的那部分。

3.不追求最好的结果，而是强调只要不突破下限的结果都是可接受的

明确自己的底线何在。要有底线思维，要估算可能出现的最坏情况，并且做好心理预期，要明白什么对于自己才是真正重要的。只有考虑到己方可能面临的最

差结果,才能摆脱内心的焦虑,对下一步的行动做到心中有数,对接踵而来的挑战保持平静心态,对各种替换方案保持开放态度,对各种解决方法保持尝试思维。具备底线思维,能够帮助调整心理预期,降低不切实际的期待,在谈判过程中主动收集尽可能多的信息,对可能出现的不利状况作出客观公正的评价。

4. 适时妥协,掌握应该作出妥协的时机

在最有利于自己利益之时,及时妥协。所谓机不可失,失不再来。谈判的过程,需要双方当事人调整利益诉求,减少分歧,修正双方之间的认知差距,创造性地扩大利益共同点。这个过程不是一帆风顺的,因为双方都期望实现自身利益最大化,都希望对方作出让步、作出妥协。如果双方都抱有一味期望对方让步的想法,只会导致谈判陷入困境,甚至快速破裂。只有适时让步才能让对方看到自己的真诚。

建立在诚意基础上的谈判才有可能取得"共赢"的结果。理智的谈判者都知道要选择适当的时机放弃自己的部分利益,做到有条件的妥协。当事人需要在谈判过程中随时洞察对方的态度和利益诉求,预测谈判的趋势走向,适时调整谈判策略,做出妥协,减少分歧,灵活使用谈判技巧促成合作,避免谈判直接破裂。

5. 认真倾听对方的意见,保持良好的态度,营造协商和解的氛围

这有助于让对方认识到我方的诚意,双方可以有效对话和沟通,取得满意的结果。有时候,态度能决定一切,懂得倾听、与人为善、谦虚谨慎的当事人通常情况下会给对方留下更好的印象。认真倾听对方的意见,可以修正彼此之间的认知差距,让双方在友好平和的气氛下进行后续交流,在宽松和信任的氛围中完成谈判。

就参与谈判的双方当事人而言,热情友善的态度、流畅的表达能力,对对方的尊重,对社交礼仪的注重,对谈判节奏的把控是谈判成功的前提。认真倾听对方的意见,可以使己方最快速地了解对方所追求的核心利益,减少谈判双方因利益冲突而产生的分歧,寻找到双方均能接受的利益分配方案。

谈判中能够运用的通常战术,包括:①

◇ 使用两位扮演不同角色的谈判者

◇ 援引法律或正义的理念

◇ 态度要强硬——特别是针对不太容易对付的人

---

① [美]斯蒂芬·B. 戈尔德堡等:《纠纷解决——谈判、调解和其他机制》,蔡彦敏等译,中国政法大学出版社 2004 年版,第 22 ~ 24 页。

◇ 在适当的时候不妨收起你的理性

◇ 随着谈判的进行逐步抬高你的一些要求

◇ 声称你不具有达成妥协的权力

◇ 在签署协议前与当事人一起仔细斟酌该协议

◇ 让你的对手觉得愉快

◇ 在达成协议后,请你的当事人出面拒绝该协议并抬高他的要求

◇ 迅速亲自撰写协议的书面文本

四、法律谈判的模式

法律谈判中的情形千差万别,如何在不同的形势之下获得最有利于自己的结果,需要根据不同的情形选择适合的谈判模式。法律谈判模式的选择并非一成不变,而是在情形发生变化之时应形势而改变。法律谈判的模式主要有五种:协作型、妥协型、调和型、竞争型和躲避型。

(一)协作型谈判

在协作型谈判中,谈判者采取合作的态度,不仅考虑自身的利益,而且兼顾对方的利益,争取一种互助、"双赢"的结果。这是纠纷解决中最为理想的目标状态。协作性谈判的实现需要当事人表明自己的态度,即在追求自身利益实现的同时兼顾对方的利益诉求和需求目标,尽最大努力实现"双赢"。

在协作型谈判中,当事人会花费相当的时间去了解对方当事人的需求、目的、预期实现的目标,在谈判过程中会适当照顾对方的情绪,倾听对方的陈述和理由。通过对话凝聚共识、化解分歧,尽最大努力找到解决问题的最佳方案,实现双方利益的最大化。在协作型谈判中,谈判者们都需要花费很多时间、精力,创造性地寻找到解决问题的办法。

(二)妥协型谈判

在妥协型谈判中,谈判者采取一种"赢利和损失参半"的方式,适当作出部分让步,去换取其他利益的补偿,各取所需。在一定意义上,这也是纠纷解决中一种理想的目标状态。在谈判过程中,一定会存在冲突矛盾,纠纷当事人为实现自身利益最大化,通常会充分利用自身优势,向对方施压。如果双方都只求己方利益最大化

而不顾及对方利益诉求的话，会导致谈判陷入僵局。

这时，作为谈判者最明智的做法就是调整自己的谈判策略，适时让步妥协，通过这种方式改变谈判的氛围，降低纠纷当事人之间的对抗性，减少谈判压力，推动谈判进程。沟通和说服是这种谈判模式最常见的方式。在妥协型谈判中，当事人需要提出具有说服力并且合理合法的理由，同时表达自己的诚意，适时做出让步，以此促使对方同意舍弃自己的部分利益。

（三）调和型谈判

在调和型谈判中，谈判者的让步空间会更大。当他处于一个非常不利的状态或者弱者的地位，或者他急切避免冲突的恶化，所以愿意采取一种牺牲比较大的妥协和让步，以息事宁人，或者在未来换取一种可能更大的、更长远的利益。调和型谈判的当事人为了谈判成功，毫不顾忌自己的目标是否能实现，他们处理冲突的方式就是完全让步，使对方当事人实现利益最大化。

（四）竞争型谈判

竞争型谈判与调和型谈判完全相反。当谈判者处于比较强势的地位时，实力碾压对方，所以他可以采取这种竞争型的谈判方式，主导谈判的进程，获取自己利益的最大化。竞争型谈判的进程完全由处于强势地位、拥有雄厚物质资源的一方当事人控制和主导。竞争型谈判的目标往往是通过强势地位或者优势资源尽可能地打压对方，完全掌握谈判的主导权，从而实现自身利益的最大化。

竞争型谈判中的强势方受“自我中心主义”的影响，一味强调谈判双方的利益对立，企图以优势资源和强势地位剥夺弱势方的话语权、迫使弱势方让步。这种模式的谈判过于强调竞争制胜，强势方只希望单方支配谈判过程，缺乏互利共赢的思维。弱势方即使一味屈服妥协，暂时与强势方达成谈判协议，也很有可能在执行过程中因严苛的条件而单方反悔、拒不履行。

（五）躲避型谈判

躲避型谈判是一种最消极的谈判方式，谈判者索性退出此类纠纷，完全离开，不想继续参与进去。谈判者不愿看到冲突，害怕冲突，逃避冲突，把冲突看成是无论如何都要避之不及的祸害一样，这样会导致谈判双方无法继续开展谈判，会让双方都陷入迷茫之中,找不到合作基础,从而导致谈判的目标根本无法实现。

在法律谈判的五种模式中,没有哪一种模式适用于所有环境,也没有哪一种方法在每种形势中都会比其他的方法要好一些。需要在不同的情况下会使用不同的技巧,而且需要经常改变方式以适应新形势的需求。职业谈判者通常会采用争取"双赢"的方式,但是他们同时还会为对抗做准备。在决定一种整体的策略时,要准备随时应形势的要求而改变原定的模式(见表3-3)。

表3-3 五种法律谈判模式最适合的情形

模式	具体内容
协作型模式	◇ 这个议题很重要,必须折中一下 ◇ 谈判的目的是整合不同的观点 ◇ 己方做出承诺,有义务去解决这个问题 ◇ 希望能够和对方建立一种重要良好的关系
妥协型模式	◇ 议题十分重要,但是你没有能力去控制局势 ◇ 相互关系很重要,但是你没有运用调和型方式的能力 ◇ 有相同实力的对手已经宣称要得到双方都想得到的利益 ◇ 你需要达成一个临时的协议以便解决一个复杂的问题 ◇ 在时间的压力下,你需要找到一个有利的解决方法 ◇ 这已经是唯一可以走的一条路了
调和型模式	◇ 你发现自己是错误的 ◇ 你希望自己能够显得很有道理 ◇ 这项议题对于对方来说更为重要 ◇ 你希望可以为下一项议题储备谈判的资本 ◇ 当你处于不利的位置时,你希望能够将损失降到最小 ◇ 融洽和稳定更重要时
竞争型模式	◇ 采取迅速的、决定性的行动显得至关重要,比方说在处理紧急事件中 ◇ 一件很重要的事,不能用常规的方法来处理 ◇ 你确定自己是正确的 ◇ 如果双方协商进行,对方就会获利
躲避型模式	◇ 议题不是很重要 ◇ 还有许多紧迫的议题需要处理 ◇ 已经没有机会可以达到你的目的了 ◇ 谈判形势如果恶化,会比争取到这么一点蝇头小利更加糟糕 ◇ 人们需要冷静一下,重新考虑自己的观点 ◇ 其他人可以更有效地解决这次冲突 ◇ 你需要时间去收集更多的资料

五、法律谈判课程的开设

法律谈判作为整个纠纷解决体系的基础，几乎贯穿于所有纠纷解决机制的实践中。目前，法律谈判课程在我国法学院中开设比较少，且基本只对法律硕士开设，很少对本科生开设。因此，我国法学院的课程设置中需考虑普及法律谈判课程的开设，培养学生从事法律谈判的职业能力。

英美法系国家非常重视法律谈判课程的开设，一般认为法律职业就是谈判。例如，美国哥伦比亚大学法学院开设的谈判课程包括基础课程和高级课程两种，均采取小班制的工作坊（Workshop）方式，一般不超过20人。谈判工作坊的基础课程为学生提供一个基于经验与模拟培训的谈判理论和实践入门，讲授的内容包括：合并和分配谈判；达成协议的障碍和克服这些障碍的方法；谈判技巧，如倾听、沟通和说服；议价能力的决定因素；客户关系；谈判伦理；以及文化、性别和种族在谈判中的作用等。

谈判工作坊的高级课程是在基础课程之上，为希望进一步发展其作为谈判人员的技能和专业知识的学生而开设。课程内容包括专注、情绪自我管理、与难相处的人打交道、强硬的谈判策略、高超的说服技巧、准备与即兴之间的紧张关系以及通过电子邮件等数字媒体进行谈判。作为课程的考核要求，学生们需要准备并参与角色扮演，每周写一份日志，分析他们的谈判经验，并参加一个最终的谈判考核项目。

哈佛大学法学院联合麻省理工学院等合作开办了一个交叉学科的研究中心——谈判项目（Program on Negotiation），致力于发展公共和私人领域中的谈判和纠纷解决的理论和实务，使命在于培养下一代教授研究谈判的老师和学者，帮助学生们成为优秀的谈判者。

我国法学院在法律谈判课程的定位上，可以借鉴英美法系国家的法律诊所式或工作坊教育模式，把法律谈判课程纳入法学院的教学计划中。教师在教学过程中围绕教学目标设计教学模式和教学内容，并指导学生进行模拟和真实法律谈判。教学和实践内容包括五个模块：法律应用基本技能培训、法律谈判理论研习、法律谈判成案教学、模拟法律谈判及法律谈判实践。[①]

在教学方法上，采取理论讲授与实际案例分析演练相辅相成，同时积极引入情景模拟教学法。法律谈判课程的案件范围包括仲裁、合同、诉讼、刑事自诉，涉及与当事人、对方当事人、司法机关沟通、谈判的多个环节，运用的法学理论复杂，依托于大量的法律术语，其背景性理论非常抽象，其中法律关系的错综复杂不能简单分析。

情景模拟教学法是由教师通过设定教学内容，模拟真实的场景，用逼真的环境创造氛围；学生模拟角色，通过角色扮演来进行实践的一种参与性很强的教学方法。[②] 而案例分析通常是一种举例说明，是用具体的实例来说明、解释抽象的法律规则，来证明法律的原理或理论。情景模拟教学法比传统意义的案例教学法更进一步，强调学生融入纠纷或法律事务处理过程中的现实角色，而不是作为事外第三人旁观和评价。

第二节　调　　解

一、调解的概念和特征

（一）调解的概念

调解是谈判的一种延伸，即在谈判的双向互动过程中，引入中立第三方（调解员）对纠纷解决的走向产生重要的引导和推动作用。尽管调解员缺乏“有效的权力”，但其介入改变了谈判的力度，因为其可以尝试：鼓励信息的交换；提供新的信息；帮助当事人理解彼此的观点；让他们明白他们的关注得到了理解；促进富有成效的情绪表达；处理谈判者与各要素（包括律师与当事人）之间在理解和利益上的分歧；帮助谈判者现实地评估和解的替代性选择；鼓励灵活性；把焦点从过去转向未来；激励各当事人提出富有创造力的解决方案；了解（通常在与每一方的独立会

① 孙占利：《“法律谈判”课程建设及存在的问题》，载《中国大学教学》2014 年第 3 期。

② 龚暄杰：《情景模拟教学法在法律谈判课程中的应用》，载《经济法论坛》2014 年第 2 期。

谈中进行)那些各当事人不愿意向对方披露的利益;创造符合所有当事人之根本利益的解决方案。①

在对调解进行概念界定前,先了解两个相对应的英文词语:“conciliation”和“mediation”。外国学者曾对这两个词语存在诸多争议,提出了不同的区分点。比如,第三方的作用不同,有的认为在“conciliation”中第三方的作用比较强,有的则认为在“mediation”中第三方的作用比较强。我国学者在翻译中也容易产生混乱,有的把“conciliation”翻译成为和解,有的把“mediation”翻译成为调解。实际上,对这两个词语的了解,需要从历史发展的角度去把握。

“conciliation”和“mediation”这两个词语虽就词源的发展并无先后之分,但是其作为指代一种现代调解制度在国际使用习惯上存在一个先后顺序。“conciliation”是最早用于指代通过自行协商或引入第三方帮助推动协商的纠纷解决方式,既指和解,也指调解。“mediation”则是一个比较新的词语,是在美国20世纪中期ADR运动中提出的指代由中立第三方推动协商解决纠纷的方法,只指调解,即必须有第三方的介入,而且这个第三方呈现中立性和民间自治性。

“conciliation”和“mediation”两个词语的先后顺序,在联合国的调解法律文件中也能找到变迁的思路。首先,在1980年联合国国际贸易法委员会(以下简称联合国贸法委)发布的《调解规则》中用的是“conciliation”;直到2002年联合国贸法委《国际商事调解示范法》也是采用“conciliation”。

但是,在2018年联合国大会通过的《联合国关于调解所产生的国际和解协议公约》(以下简称《新加坡调解公约》)中则是采用“mediation”;随后,联合国贸法委把《国际商事调解示范法》修改为《国际商事调解和关于调解所产生的国际和解协议示范法》(以下简称《调解示范法》),吸纳公约的用词,统统把“conciliation”改为“mediation”。2021年《调解规则》作出修订后,也改采用“mediation”。

虽然词语的采用方面有了改变,但是对于两者并不刻意苛求两者的差异。联合国贸法委网站特别写明:“‘conciliation’或‘mediation’这两个术语是为适应现实和实际使用场合而采用的互换术语(中译文不变,统一译为‘调解’),作为友好解决

① [美]斯蒂芬·B.戈尔德堡等:《纠纷解决——谈判、调解和其他机制》,蔡彦敏等译,中国政法大学出版社2004年版,第115页。

国际商事关系中产生的争端的一种方法。"[①]《调解示范法》第 1 条对"调解"(mediation)的定义是当事人请求一名或多名第三人(称为"调解人",mediator)协助他们设法友好解决他们由于合同引起的或与合同关系或其他法律关系有关的纠纷的过程;调解人无权将解决纠纷的办法强加于当事人。

2002 年,美国《统一调解法案》对调解(mediation)的定义是"调解员促进各方之间的沟通和谈判,以协助他们就其争议达成自愿协议的过程"。2008 年,《欧洲议会及欧盟理事会关于民商事调解若干问题的第 2008/52/EC 号指令》(以下简称《欧盟调解指令》)对调解(mediation)的定义是"两个或多个当事人在自愿的基础上,借助于调解员的帮助,就他们之间的纠纷达成协商结果的程序。此程序可以由当事人提出或由法院以命令、建议的方式提出,或者根据成员国的法律规定而进行。它包括当法官不涉及该纠纷有关的司法程序时进行的调解。因此,它排除法院或法官们在纠纷解决的司法程序过程中所可能提出的调解"。2010 年我国《人民调解法》第 2 条对人民调解的定义是"人民调解委员会通过说服、疏导等方法,促使当事人在平等协商基础上自愿达成调解协议,解决民间纠纷的活动"。

我国学术界对调解概念也提出了各种观点,如调解是"在第三方的居间主持下,以国家成文法规、政策乃至公序良俗为依据,对冲突当事人进行、劝说,增强互相的沟通理解,基于自愿签订协议,化解纠纷的活动";[②]调解是"双方当事人产生纠纷时,由第三方进行主持,根据权威性的规范,用引导、教育等方法进行劝解、说和,促使当事人互相体谅,互相妥协,协商解决方案,修复冲突破坏的人际关系,重新恢复和睦相处的状态";[③]调解是"在第三方介入协助下,由冲突当事人自主进行协商解决纠纷的活动";[④]调解是"由第三方在冲突当事人的请求下充当调和者,尽可能平衡各方的利益分歧,从而促成和解协议,化解纠纷的一种活动"。[⑤] 这些学说虽然各有其不同的侧重点,但要点是基本重合的,都点明第三方中立的调解立场以及冲

---

① 参见联合国贸法委网,https://uncitral.un.org/zh/texts/mediation,2023 年 1 月 12 日访问。

② 江伟、杨荣新:《人民调解学概论》,法律出版社 1994 年版,第 1 页。

③ 胡旭辰、夏新华:《中国调解传统研究——一种文化的透视》,载《河南政法管理干部学院学报》2000 年第 4 期。

④ 范愉:《非诉讼纠纷解决机制研究》,中国人民大学出版社 2000 年版,第 176 页。

⑤ 尹力:《调解含义界说》,载《贵州师范大学学报(社会科学版)》2004 年第 4 期。

突各方自主协商的特点。

综合上述定义,调解是指在中立第三方(调解员)的协助下,当事人在平等对话与沟通的基础上自主协商解决纠纷的活动,调解员不能对当事人的合意产生强制性影响,不能改变调解的契约特征或合意本质。

(二)调解的特征

1. 自愿性

自愿性是调解的最明显特征,始终贯彻于调解的全过程中。从启动到结束,从调解员的选择到调解协议的内容,均需要各方当事人同意后才能完成。居于第三方的调解员扮演促进纠纷当事人沟通交流,协助双方达成调解协议的作用,而不能直接决定调解的结果、干涉当事人的自主决定权;如此,才能确保调解协议最终是当事人合意的结果,不会侵蚀调解的契约本质。

2. 平等性

参与调解的各方当事人地位平等,享有平等的权利,在调解过程中能够获得相同的资料以及信息,平等地表达自己的利益需求、观点意见,最后达成的调解协议需各方一致认同。在调解程序选择方面享有平等的权利,在调解过程中均享有中止或者退出调解程序的权利。参与调解的各方当事人应平等地履行义务。

在调解程序启动后,当事人需按照法律法规的要求规范自己的行为,尊重对方当事人,在调解过程中秉持平等、诚信等原则。当事人与调解员也应保持平等的关系。"调解员与当事人之间应该是主体—主体的关系,而非主体—客体的关系。"①调解员以平等的身份引导当事人去理解彼此的利益诉求,引导当事人进行有效沟通,才能调动当事人参与调解的积极性,保障合意的稳定性。

3. 协商性

调解过程是双方当事人在调解员的主持下就如何解决争议进行协商并最终达成协议的过程。调解中的协商是以解决纠纷而不是寻求对抗为目的,因此妥协是相互的,需要纠纷当事人都做出让步。如果有一方固执己见,寸步不让,调解的目的就无法实现。纠纷当事人均能够平等自由地展现自己的诉求,真诚地表达自己

① 廖永安、侯元贞:《论我国调解模式的变迁——以调解员在调解中的地位作用为分析视角》,载《湘潭大学学报(哲学社会科学版)》2014 年第 6 期。

的意见,通过真诚对话达成合意,并最后得出纠纷化解的合理方案。在这一过程中,调解员发挥着重要作用,他帮助双方当事人寻找共同点,竭尽全力消解双方的怨气,促使双方换位思考、逐步靠拢,最终达成调解协议。协商性使双方当事人的意愿都受到充分尊重,促使解决纠纷。

4. 保密性

保密是调解有效进行的基础。调解程序启动后,当事人需要向调解员提供纠纷解决相关信息,可能包括涉密信息或者敏感信息。因此,当事人期望调解员不随意泄露其在调解程序中获知的信息。特别是在处理个人情感的纠纷时,当事人一般都不愿意第三人知晓自己的隐私,更不愿将这些涉及个人及家庭事务的事情公之于众。在处理商业秘密的纠纷时,当事人为了保护商业秘密,维护商誉,也倾向于淡化处理、悄然化解矛盾。

调解员如果期望找到问题的症结,必须依赖于双方提供的有效信息。只有得到纠纷当事人的信任,调解员才能获取与案件相关的真实信息,从而通过分析有关信息明确双方存在的问题、分歧,分析纠纷解决的阻力。得到真实信息后,保密就成为了调解员的基本素质。因此,从纠纷当事人以及调解员的角度,保密性都是调解制度必不可少的特性。

5. 高效性

在调解中,调解程序不像审判程序那么正规,当事人能充分地发挥其主观能动性,双方为寻求和解也愿意作出妥协。调解制度的核心是当事人的合意,调解程序也一再简化。调解者可以采用简便的、灵活多样的方式进行调解,可以根据案件的具体情况自由地选择和组合程序。调解在效率上也明显高于审判,高效性是其显著特征之一。

二、调解的模式

调解是一种非常古老的纠纷解决方式。现代调解在传统类型的基础上,加入一些新的特征和因素,使调解的模式更加复杂化。

日本学者棚濑孝雄对现代调解模式根据不同的功能定位进行分类。首先以是否与法律同向,区分了两种不同的价值取向,即与法律同向或与法律异向。与法律同向的调解模式,强调调解对于审判的补救或辅助功能;与法律异向的调解模式,强调调解作为一种独特的纠纷解决方式存在。又采取两个分化轴:横向和纵向的分化轴。横向的分化轴,表示调解的功能是降低成本还是恢复共同体秩序;纵向的分化轴,表示调解的基本目标是发现法律上正确的解决还是当事人选择自己喜欢的解决结果。以这两根轴构成一个坐标,根据调解具体所处的性质或位置,区分为判断型、交涉型、教化型和治疗型四种调解模式(见图3-1)。①

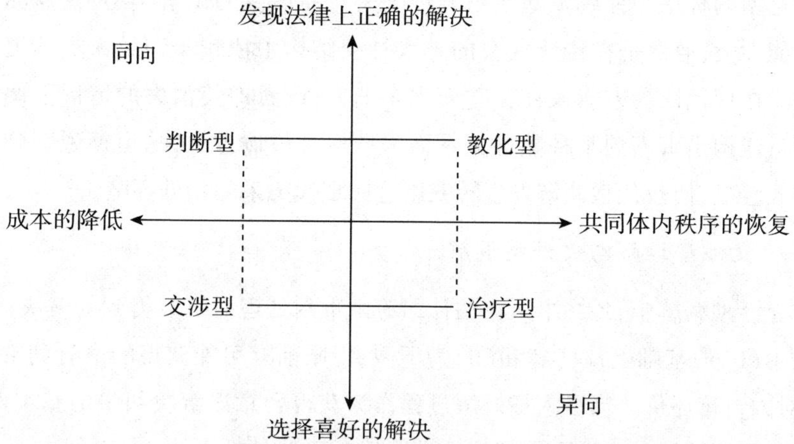

图3-1 四种调解模式的区分

在美国现代调解的发展中,存在一个递进式的、三种主要模式的发展进程,包括促进型或辅助型调解(facilitative mediation)、评估型调解(evaluative mediation)、改造型或转化型调解(transformative mediation)。②

起初,调解员主要是促进当事人的协商,起到一个穿针引线的效果,推动当事人进行对话交流,从而达成协议。随着越来越多的退休法官和律师等法律专业人士的加入,这些调解员对法律比较熟悉,在调解中喜欢从自己以往的法律实践经验出发,对纠纷进行法律方面的评估,提供给当事人一种比较调解和诉讼优劣势以及可能性结果的选择机会。此被称为评估型调解。之后,产生的改造型调解或称为转化型调解,则更重视发挥当事人的自主作用,加强当事人的自省和认同。要求各

① [日]棚濑孝雄:《纠纷的解决与审判制度》,王亚新译,中国政法大学出版社2004年版,第54页。

② [美]齐娜·祖米塔:《调解的模式:辅助型·评估型·转化型》,赵昕译,载《人民法院报》2010年8月6日,第6版。

方当事人清晰从对方角度考虑问题,调解员也会引导当事人去理解彼此的需求,如此当事人可以从更广阔视角去接近纠纷的原因。

美国现代调解的三种模式分别与日本学者棚濑孝雄提出的四种调解模式在某些方面存在重合:促进型调解与交涉型调解,评估型调解与判断型调解,改造型调解与治疗型调解。

教化型调解是一种更多基于东方传统文化而产生的调解类型,在亚洲国家的适用可能性大,通常是在传统社会的熟人社会结构中依赖于调解人员的道德权威而实施。在现代社会中熟人社会并未完全消失,或者即使消失的情形下调解人员依然通过建构当事人的某种熟悉关系而采取一种教谕方式,从道德说理到法律说理的方式转变,使教化型调解发生转变以适应现代关系的相处环境。

(一)交涉型调解与促进型调解

在交涉型调解中,各当事人在估计纠纷由审判处理时可以得到的解决(a)以及所需成本(b)的基础上,以(a)和(b)为下限,以眼前有可能获得的最有利解决为上限,与对方讨价还价。当事人把调解过程作为获得合意以解决纠纷的基本框架,旨于促进及保证这样的交涉更有效率地进行的调解类型。[①]

在事实和规则清晰、争议标的较小的情况下,这种交易比较容易实现;然而,在相对复杂的纠纷中,当事人的计算和选择往往不易实现。因为,对审判所需费用的计算和对审判结果的预测并不总是有把握的,特别是在复杂纠纷中,即使当事人在让步妥协上各有一定的幅度,但关于什么是合适的妥协点,就交涉谈判的逻辑来说却不存在合理的基准。这种解决的不确定性不仅可能使解决结果实质上很不公平,而且还会因为当事人"讨价到天,还价到地"而形成无法打开的僵局。

交涉型调解凸显当事人在调解过程中的主导地位,调解员的作用主要是促进与协助,对交易成本与效果的评估与判断主要在当事人身上。这点与促进型调解的特征相符。

促进型调解也称协助型调解,是指在解纷过程中,调解员主要承担程序建构与沟通协助的功能,而不对当事人的判断与决策施加实质性影响与干预,更多呈现一

---

① [日]棚濑孝雄:《纠纷的解决与审判制度》,王亚新译,中国政法大学出版社2004年版,第60页。

种“消极有效”的作为。[①] 在相当长的历史时期里,促进型调解是英美国家调解的主流范式,其基本理念对西方的调解规则与伦理规范之建构产生着深刻的影响。调解员甚至被要求不应该给当事人提供自己的主观意见。

从当事人视角,与法庭的权威式裁判不同,调解的核心是当事人的自治。从调解员视角,调解员需要恪守严格的中立性。调解员依据自身经验与知识为当事人提出建议,将可能侵蚀当事人的自治权,也会使得调解员偏离中立性的要求。

例如,澳大利亚国家调解标准(The Australian National Mediation Standard)要求:“调解员不建议、不评估、不决定纠纷。他们协助管控纠纷处理和冲突解决的过程,参与人受助于此,在合适的时候自主决定结果。调解在本质上是一个将参与人自己的决定最大化的过程。自治这一原则要求(调解员)在调解过程中对内容不直接指示或干预。”

我国香港特别行政区《调解条例》第 4 条规定:“调解是由一个或多于一个分节构成的有组织程序,在该等分节中,由一名或多于一名不偏不倚的人在不对该项争议或其任何部分作出判断的情况下,协助争议各方作出下述任何或所有事宜,包括找出争议点,探求和拟定解决方案,互相沟通,就解决争议的全部或部分,达成协议。”

为此,我国香港特别行政区《调解守则》对调解员的行为作出了“正面清单”与“负面清单”的双向指引:“调解员将保持中立和公正,并借下列方法协助调解各方尝试解决他们的争议:(a)有系统地把争议事项分开处理;(b)就这些争议促展解决方案;以及(c)探讨这些解决方案在符合调解各方的利益和需要方面是否有用。调解员可与调解各方共同或分开会面。调解员不会:(a)为任何一方提供法律或其他专业意见;或(b)把某个结果强加于任何一方之上;或(c)为任何一方作出决定。”

(二)判断型调解与评估型调解

判断型调解与评估型调解具有比较高度的重合性。评估型调解,是指调解员在解纷过程中以专家角色积极、主动地介入,运用自身的知识与经验,对解纷过程与结果施加实质性影响。在判断型调解中,调解员承担的专家角色更多是接近于审判者的角色,其从一种与审判程序相比对的角度,对纠纷的解决走向与结果进行

① 熊浩:《语境论视野下的〈新加坡调解公约〉与中国商事调解立法:以调解模式为中心》,载《法学家》2022 年第 6 期。

判断或评估,为当事人提供可选择的方案。

当事人信赖于调解员作为判断者或评估者的角色,会在选择方面予以很大程度的考量;这种信赖也可能容易导致调解员具有控制调解走向与结果的某种影响力。

在判断型调解或评估型调解的实施过程中,存在一种比较高度的审判模拟,需要当事人提供相应的证据与展开相应的辩论,让调解员了解事实和案件争议点后,才能做出比较准确的评估结果。特别是在诉讼程序中,由法官承担调解员时,调解即使不发挥自己特有的强制能力,只要以审判的强制性为后盾,在审判的利用可能性和审判结果的预测可能性这两个条件下,总存在使当事者接受与审判结果近似的解决方案的潜在力量。如此,这种审判模拟隐含着侵蚀调解自愿与灵活特征的危险可能性。

在审判中,正确判断的形成依赖于当事人的举证责任和能动的辩论以及保证判断者中立性、公正性的一系列严格程序。而在高度审判模拟的调解过程中,并不存在严苛的程序规则,可能产生萎缩当事人主动参加处理的意愿,使调解员和当事人之间的相互沟通,变质为调解员根据自己构想好了并认为是正确的判断,对当事人施加压力和从上而下地说服动员的危险。①

因此,在判断型调解或评估型调解中,应当坚守调解员的无权力特征,尽可能避免法官同时担任调解员与审判员的角色,也即"调审合一"模式。调解虽以尊重与保护当事人自治为先,但并非排除调解员的指引作用。调解员的作用根据各国的法律文化、纠纷类型与当事人喜好存在范围与程度上的差异。

在判断型调解或评估型调解中,调解员对纠纷解决实体以评估、判断方式介入,是一个赋能当事人的过程,即通过调解员的干预,让当事人知悉相关信息、了解选项优劣、预知法律风险、参考过往经验,从而更好地做出自主抉择。知道充分的信息、获得专业的帮助是当事人做出真实自治的前提。② 如果没有这些,所谓的"自治"其实只是空中楼阁。

---

① [日]棚濑孝雄:《纠纷的解决与审判制度》,王亚新译,中国政法大学出版社2004年版,第58页。

② 熊浩:《语境论视野下的〈新加坡调解公约〉与中国商事调解立法:以调解模式为中心》,载《法学家》2022年第6期。

(三)治疗型调解与改造型调解

治疗型调解是以调整、恢复人际关系为主要宗旨,以脱离与审判的关系为前提,将纠纷视为人际关系的病理现象,试图通过心理学的方法和技术来调整人际关系,使其恢复正常。通过治疗型调解的介入而使当事人获得相当的心理满足并改善导致冲突发生的深层次问题。在日本,调解医疗纠纷的过程中非常注重心理学知识的运用,治疗型调解是一种常态。在美国,担任婚姻家庭、劳动、医疗纠纷等解决的人员需要接受心理学方面的专业培训。

治疗型调解是从当事人的主观感受出发的,主要运用心理学的方法和技术,关注人们在主观上对调解的实体结果和调解程序的态度,说得通俗一些,就是既要"真的公平",又要让当事人"觉得公平",因此治疗型调解的基本特点是依循心理规律而调解,其冲突的解决模式倾向于合作。[①]

这种合作的理念与改造型或转化型调解不谋而合,因为后者的目的也是促使受协助的双方进行更有效的交流,进而解决双方争议并改善双方的关系。

改造型或转化型调解基于以下两种基本理念:一是赋予当事人最大限度权利的"授权"(empowerment)理念;二是一方当事人对另一方当事人的需求、利益、价值和观点加以承认的"认可"(recognition)理念。授权意味着调解员将与纠纷当事人合作,提高他们的技能,使之能够自行解决冲突,并使自己的解决方案比以前更好。认可意味着调解员将帮助纠纷当事人了解对方对冲突的看法,并更好地了解对方的观点。

改造型或转化型调解不涉及立即解决问题,而是致力于定义问题,让每一方从他人的角度看待冲突,并让各方提出自己的冲突解决方案。此调解模式的潜能就在于,各方当事人之间的关系可以在调解过程中得以转变和改善。通过帮助人们在冲突之中与困境作斗争,弥合人与人之间的分歧,调解方法的内部包含着一种能够改造人类的独特潜力——引发道德的升华,促进各当事人把冲突作为道德升华的机会加以利用。

---

① 王红梅、莫晓燕:《"治疗型调解"理论批判及其重塑》,载《浙江学刊》2019 年第 2 期。

(四)教化型调解

教化型调解是东方调解文化中的一种典型方式。古代中国的官府调解或宗族调解等都非常喜欢采用教化服人的方法进行调解。这种方式通常需要调解员具备比较高的道德权威,其目标是促进共同体成员的团结与和谐。现今的社区调解大多会采取此种方式。

教化型调解不是去谋求审判的再现,而以发现调解自身特有的正义或另一种正确的解决作为自己的任务。这意味着反对把多侧面的纠纷还原到一、两个侧面的解决方式,而谋求恢复在依法的解决中很容易失去的衡平,并进而以实现某种社会连带作为目标。在共同体及其连带性已经或正在消失的现代社会中,强调恢复连带性的调解很容易带上复古的色彩。

固执于自己的利益而争执不休的当事者,在某种意义上就是在违反共同体社会的理想,促使共同体解体;而调解者则是为了保护共同体的存在,作为体现那里的一般价值和道德的权威对当事者进行教化的共同体代表。从这一角度看,衡平性的追求和连带性的恢复这一目标设定实际上就意味着共同体价值从上至下的灌输和教育。①

教化型调解模式真正发挥作用的前提条件是共同体本身必须存在,以及那里的规范确实能够制约和支配人们的生活及思维方式。在对共同体的归属意识已经相当稀薄的场合,调解者越是强调衡平和连带的价值,就越有可能使当事人认为调解者是在说教空谈或强加于人。

有时,这种与其强调权利义务的有无,不如多谈伦理人情的倾向,许多时候对于当事人来说会是在要求一种无原则的和稀泥。在这种情况下,调解不仅费时费力且成功的可能性大大降低,引起缺乏实际效果的问题,而且还会使导致人们的反感,不再把调解视为能够带来正义的解决方式,并尽量加以回避。

调解模式的运用并不固定,需要结合不同的社会条件、不同的纠纷类型和当事人的不同喜好,乃至调解员的不同偏好做出选择。如日本学者棚濑孝雄所言:"调解,因种种困难而从判断型向交涉型、教化型移动,又因别的困难而不得不回到判

---

① [日]棚濑孝雄:《纠纷的解决与审判制度》,王亚新译,中国政法大学出版社2004年版,第63页。

断型,或者追求更为特殊的理念而转向治疗型。但是在那里也不能得到安定的位置,又开始重新向教化型或交涉型回归,从而呈现出一种在不同模式之间反复流动的不安定态势。"①

三、调解的基本原则

调解的运作中存在一个金字塔结构式的基本原则体系:自愿原则处于金字塔之首,统治着下属的次要原则——保密、对等、诚信原则;而这些次要原则的共同实施保障着自愿原则的真正贯彻落实。②

(一)自愿原则

意愿自由(或意思自治)在私法中是一项古老的原则。意愿的力量是主观权利的源泉和尺度。在合同法中,意愿是合同强制效力的理由和必要因素。在合同法领域中,意愿自由引申为契约自由:当事人自由决定是否签订合同,以及决定合同的形式和内容。意愿是义务的创造者。合同一旦成立便对当事人和法官产生与法律相同的效力。当事人不能单方改变合同;合同的修改需具备当事人双方的合意。当事人应当忠诚履行合同义务;作为当事人意愿的保护者——法官也应尊重合同的效力。

程序自由选择权是意思自治原则的另一个延伸:当事人在法律的框架内自由选择纠纷解决和终结诉讼的方式。合同渗透于诉讼之中:一方面,合同成为程序管理的补充手段;另一方面,它能取代判决成为纠纷解决的结果。调解是合同渗透于诉讼乃至纠纷解决中的一种表现形式。在调解协议形成的过程中,当事人有双重自由:自由决定是否签订调解协议和决定调解协议的内容。

自愿特征的凸显在调解发展的早期阶段容易成为阻却人们选择调解的主要原因。特别是在诉讼法律文化氛围重的国家,人们会因为难以扭转传统的理念和认识,以及对调解的不熟悉而不选择调解。故有些国家通过法律规定或授权法官们对当事人施加一种"强制调解"(mandatory mediation,compulsory mediation)的约束义务。伴随世界性ADR浪潮的发展,越来越多的国家要求在特定类型纠纷进入诉

---

① [日]棚濑孝雄:《纠纷的解决与审判制度》,王亚新译,中国政法大学出版社2004年版,第69页。

② 周建华:《司法调解的契约化》,载《清华法学》2008年第6期;周建华:《司法调解:合同还是判决?——从中法两国的比较视野出发》,中国法制出版社2012年版,第175~258页。

讼程序之前,必须先经过调解程序解决。①

强制调解曾引发其可能容易侵蚀调解中合意的担忧。但是支持者们为消除这种忧虑,都在强调强制调解和调解自愿的协调性和非冲突性,认为强制调解的启动虽是强制性的,但从持续地参与这一程序直至达成和解协议的过程则出于当事人的自愿。此可形象地被描述为,马可以被牵到水跟前,但不能被强迫去喝水。在调解文化尚未形成和培育的前提下,强制调解确实可以促使当事人进入调解程序,了解这个陌生的程序,知晓其优势和益处,改变对调解的理解和认识,从而接受和适用调解。

在实践中,当事人还可能签订选择调解协议,即对可能发生或已经发生的纠纷合意选择通过调解解决纠纷的协议,既可为单独的协议,也可为协议中的某个条款。选择调解协议作为当事人合意的一种表现,是当事人签订的一种特殊合同,其合同标的以选择纠纷解决的方式为对象。既然当事人表明此合意,从合同法律效力理论而言选择调解协议应对当事人产生拘束力。② 此拘束力并非要求当事人必

---

① 例如,2000 年德国《民事诉讼法施行法》第 15a 条授权各州可以规定,下列案件必须在州司法管理机构设置或认可的调解机构进行调解后,才会被受理:(1)地方法院受理的财产争议低于 1500 德国马克(后改为 750 欧元);(2)邻地争议,涉及经营活动的除外;(3)没有经过媒体、广播报道的个人名誉损害。法国 2002 年 3 月 4 日第 305 号法律第 5 条在《民法典》中插入新法条,即第 373 - 2 - 10 条,授权法官在家事诉讼中为促使父母当事人就监护权达成协议,可建议他们采取调解(médiation),征得同意后指定调解员进行调解;有时,法官有权命令当事人与家事调解员见面,以了解家事调解的方式和目的。法国法官的这项强制当事人与调解员见面的权力很快扩展至家事调解的所有情形。随后,又从家事诉讼扩展至小审法官和邻近法官审理的案件中。意大利因为诉讼迟延的现象极其严重,因此非常重视调解的运用,其中便包括比较大范围地适用强制调解前置程序。

② 在早期,有关选择调解协议是否存在拘束力,法院的判决存在分歧。20 世纪 80 年代,法国最高法院民一庭和民二庭作出截然不同的矛盾判决:民一庭认为法院应当受理当事人的起诉,因为调解条款不具备公共秩序性质,不附随任何惩罚措施;民二庭则认为调解条款产生当事人先就纠纷进行调解的权利,而此项权利的放弃必须是明显且非模棱两可的,不能从在传唤前被告人未曾采取调解等行为推论出当事人放弃调解前置程序的意愿。最终,2003 年法国最高法院的混合庭裁判承认了调解条款和其他合同条款一样,产生约定即强制的法律义务,认定此类起诉不予受理,作为对不遵守调解条款的惩罚措施。周建华:《司法调解:合同还是判决?——从中法两国的比较视野出发》,中国法制出版社 2012 年版,第 196 ~ 199 页。

相似案例,也存在于英美等判例法国家,如在美国 Houseboat 游艇店、LLC 诉克里斯—克拉夫特公司一案和英国 Cable & Wireless plc 诉 IBM United Kingdom Ltd. 一案中,当事人均事先在合同中约定,如果双方不能通过协商解决纠纷,“同意在进行任何法律行为之前将问题提交给佛罗里达州萨拉索塔市的非约束性调解解决”或“将善意地努力通过 CEDR 推荐的 ADR 程序解决”。纠纷发生后,一方当事人并未遵循此约定而径直起诉至法院,结果是起诉均未得到法院支持,前者是驳回诉讼,后者是裁定中止诉讼以等待调解结果。王阁:《强制调解释义考——兼评新〈民事诉讼法〉第 122 条之“先行调解”》,载《河南财经政法大学学报》2015 年第 3 期。

须达成解决纠纷的协议，而是拘束当事人采取调解的一种尝试与努力。选择调解协议的效力已在一些国家的调解法中明确规定，如葡萄牙《调解法》第12条。[①]

（二）保密原则

调解的保密原则包括形式保密和实质保密。形式保密要求调解程序的启动、进行以及结果的公开都应当采取不公开的方式。实质保密要求调解中的信息内容保密，不得披露给他人，特别是不得在之后的纠纷解决过程中被援引和使用。《调解示范法》指南把保密的信息范围定义为"与调解有关的信息"，包括调解程序中披露的信息，调解程序的进展和结果，在调解协议达成前的调解信息，如关于调解可能性的讨论、调解条款、调解员的选择、关于调解的邀请和接受或拒绝。

参与调解的所有人员，包括调解员、当事人和他们的代理人、鉴定人员、其他参与调解的人员，都应当遵守保密原则。在调解程序的开始或者邀请其他人员参与调解的开始，调解员都应当告知参与人员遵守保密的义务。为强调遵守保密义务，所有参与人都应被要求签署一项保密声明或协议，声明和协议中详细记载有关保密的权利和义务，甚至违反的后果。例如，有关人员将受到行业纪律的制裁；泄密者因其行为造成损失将承担损害赔偿的责任。

自愿原则可以决定保密原则的适用。当事人可以在保密声明或协议中协商约定保密原则适用的范围：对应当属于"保密"范畴的信息授予披露的权利，或将不属于保密范畴的信息纳入保密范畴（当然不得违反公序良俗原则），或对程序中信息的保存方式予以约定（如提出返还提交的文件，要求法院不得留以副本或销毁有关的文件），或约定免除调解员遵守保密义务的相关限制等。

（三）对等与诚信原则

调解中的对等原则是对审或辩论原则在诉讼之外领域的延伸。由于裁判第三

---

① 葡萄牙《调解法》第12条："当事人可以在合同范围内约定由该合同关系可能产生的纠纷应提交调解。

选择调解协议必须是书面的。此协议由双方签署的书面文件、书信往来、电报、传真或其他提供书面证明的电信手段（包括电子通信手段）组成，应满足书面形式要求。

选择调解协议违反上述条文的规定，则无效。

就选择调解协议中标的事项提起诉讼的州法院，应在被申请人提出请求后，不迟于提交其关于争议案情的第一份陈述时，暂停诉讼，并将案件提交调解。"

人的缺失,两方的行为是实现信息的互动沟通,在平等了解的基础上充分讨论以达成一个明智而清楚的结果。扩展之后的对审或辩论原则被归纳为“对等”原则,包含两个基本点,即保障信息知悉权和对等讨论权的充分实现。

以往调解注重道德理念的劝说,调解员权威的形成依赖于与当事人对当地道德风俗的认同;现代调解早已脱离原有的道德圈子,缺失了调解员的道德权威和当事人之间道德观念的认同,调解的成功需要寻求新的基点。调解是双方合意的结果,这种合意必须是真实的,否则“伪合意”的结果不是消除矛盾,而是激化矛盾。调解程序的灵活性使难以严格控制调解中的交流行为,因此期盼于诚信原则的运用提供一个向导,鼓励当事人真诚、自愿地进行协商、达成协议。

调解中应当结合对等原则和诚信原则,实现当事人的信息知悉权和对等讨论权。调解刚开始,当事人可能被要求提交一份简单的关于争议的基本内容和争点的陈述;或者,可能需要提交更详细的关于理由、事实和法律根据,有关优势证据的资料;之后,可能随时被要求提供相关的补充材料。这些材料提交之后将转发给另一方当事人一份副本;不过,如果材料提供方提出对对方当事人保密的特殊要求,应当准许。这些材料的交换可能在一个固定的场所当面进行,称为“调解前会议”。在会议上,调解员主持下列工作:整理调解中需待解决的争点,信息的披露内容,资料的交换,专家报告的交换,调解日程的安排。

调解日程的确立不是完全固定化调解程序,使之灵活性消失,因为日程随时可能被调整和修改。调解日程只是提供给当事人对话和信息交流一个指导。因为日程的确立是双方当事人合意的结果,所以之后的程序中,当事人应当遵守;关于日程的修改只能通过当事人的再次合意来进行。如果一方不遵守日程,另一方有权要求对方承担约定的责任。依靠于调解日程,调解信息交流的对等性和时间的控制将得到很好保障。

一览调解日程中的事项,当事人将对自己和对方应当实现的行为清晰了解;如果发现不对等的处理,可及时提出异议。调解日程详细确立有关义务履行的具体时间。当一方没有按时完成,另一方可以拒绝随后义务的履行,甚至立即终止调解程序,如此可以有效防止某些意图拖延程序的不诚信行为。不过,调解日程的不遵守不会带来严重的制裁后果,如行为的无效性,只能是导致调解程序的终止。

因为调解对等原则和诚信原则的不遵守难以带来严重的制裁后果,所以控制手段主要局限在行为的预防阶段。调解员必须履行好他的监督职能。一旦发现违反行为的萌芽,调解员立即对行为一方提出警告,提醒其马上停止这些行为。如果行为一方不听劝阻,执意进行,调解员应当及时通知另一方当事人。另一方当事人在充分了解的情况下可以作出选择:或者忽略行为一方的违反行为,继续进行调解;或者终止调解程序。然而,如果继续调解可能违反公序良俗原则的,调解员应当主动终止调解程序。

四、调解员

调解能否成功的关键在于调解员的作用。一个好的调解员能够引导当事人突破僵局,推进纠纷解决的进展,最终实现"双赢",促使纠纷当事人达成合意、签订调解协议,从而使得纠纷彻底终结。调解员通过对程序的合理掌控促进纠纷的合意解决。调解员为当事人提供了一个自主解决纠纷的平台,并通过对纠纷的主动介入改变谈判的力度,帮助当事人消除协商过程中的各种障碍。调解员要想取得和保持当事人的信任,需要承担多重角色且适时根据需求做出调整。

(一)调解员的多重角色

调解员需以中间人、咨询者、倾听者和穿梭外交者的身份为当事人提供多种服务,促使当事人正确评估自身处境、尊重并认真考虑对方利益和立场,从对抗走向合作。[①]

在调解的开始阶段,调解员需根据不同的当事人和纠纷类型准备适合的开场白。[②] 在孩子监护权的案件中,可能冗长而具体,为一系列可能长达数周或数月的调解会谈奠定基础;在保险和商业事宜中,可能是简短的,主要涉及调解的规则、保密和调解员的公正性;在集体谈判中,可能以一种非正式的方式甚至幽默的举措营造和睦友好的气氛。

调解员花费足够的必要时间使调解的整个程序变得清楚明了。调解员仔细地解释调解及其规则,强调该程序非正式及协商一致的本质、调解员的公正性以及当

---

① 李德恩:《现代调解员角色:转换与规制》,载《法学论坛》2010年第6期。

② [美]斯蒂芬·B.戈尔德堡等:《纠纷解决——谈判、调解和其他机制》,蔡彦敏等译,中国政法大学出版社2004年版,第119页。

事人负有寻找他们自己的解决方案的责任。各当事人被确保有充足的、不被打断的时间去讲述他们的故事。调解员可能会对保密的限制建议进行解释并告知当事人,为了促成和解,他可能希望与他们进行单独的秘密会议以及共同的会谈。各当事人被确保在秘密会议中有机会讨论那些在对方当事人在场时他们可能不希望提及的事情。

在调解程序中,调解员根据不同的追求目标和侧重对象而选择适宜的角色和合适的调解策略。有时,倾向于采取单独会谈获取案件信息和当事人立场,然后再以调解员为中介进行信息传递;有时,注重在双方当事人均在场的情况下,调解员以中立的立场提供一种有利于修补双方关系的、类似于咨询的服务。

调解员须具备一定的道德素质,与纠纷没有利害关系,在主持调解程序的过程中保持职业操守、恪守中立立场,避免偏袒一方当事人以及与一方当事人合谋的局面。调解员要始终保持中立的立场,给予双方当事人自由平等表达意见、陈述事实的机会,将所有可以公开的信息同步告知各方当事人。

调解员还应是一名"富于同情的倾听者"。纠纷发生时,当事人往往会互相猜忌,互不信任,各自都认为只有对方存在过错,自己是正确的,坚持自己的立场,决不退让。纠纷发生后,当事人是无法自主去解决的,唯有调解员的规劝才有机会促使纠纷当事人正确评估自身局势,尝试与对方进行平等对话,了解对方的基本诉求。

调解员在保持中立时,要善于倾听双方当事人的心声,要善于发掘当事人之间能够弥补关系消除隔阂的方面。调解员作为一个合格的倾听者,要恰如其分地对双方当事人提出的问题做出回答,为当事人提供发泄情绪的平台,同时要注意正确引导当事人了解自己的处境,站在对方的角度思考。

在当事人直接沟通存在障碍的情况下,调解员还要客串穿梭外交者的角色,以鼓励信息披露立场让步,避免直接对抗。在主持双方会谈时,如遇到当事人情绪激动,调解员适时暂停程序以控制局面,给当事人情绪宣泄一个缓冲的机会,然后再由调解员从中斡旋沟通。调解员经常会采用单独会谈的方式。

单独会谈的优势与作用有:当情绪过于激动时,为当事人提供宣泄和冷静的机会;鼓励开诚布公,接触纠纷产生的根源;澄清某个问题;花时间与一方当事人单独相处,建立信任;为仔细考虑存在的问题和替代性的方案提供时间;当一方当事人坚持不做让步时,鼓励让步的倾向;帮助一方当事人决定某种立场是否现实;提醒一方当事人达不成协议的后果;获取可能有助于产生或塑造新的替代性方案的信息;审核一方当事人是否考虑过某项很可能达成的协议有什么潜在的后果或使一方当事人脱离另一方的威胁或恐吓行为。[①]

达成协议是一个诸多方面逐步达成一致的过程,是一个不断调整的过程。这就要求作为穿梭外交者的调解员保持足够的耐心,并随时整理已经取得的共识以激励当事人达成最终的和解方案。

为承担上述多重角色,调解员需具备:营造协商气氛的技能;发现当事人立场背后利益追求的技能;提供多种纠纷解决方案的技能;评估谈判成果的技能。[②] 当事人能否接受一个纠纷解决方案往往取决于该方案是否反映了其核心利益;因此,发现当事人所持立场背后的利益追求非常重要。调解员应该设身处地站在当事人的角度思考问题,发现他们内心真正的追求。在为纠纷解决创设协商的氛围,并通过交流沟通发现当事人所追求的核心利益之后,调解员工作的重点将转向协助当事人发现或向当事人展示利益实现、纠纷解决的多种可能,并将这些可能与当事人的利益追求相联系,分析各种可能的利弊得失,引导当事人认真考虑对方利益,放弃不会为对方所接受的立场,寻找使纠纷解决的"零和游戏"向"双赢"格局转换的解决方式。

(二)调解员的职业化

调解虽为一种古老的纠纷解决方式,但一直未出现调解员职业群体,基本由各种人员兼任而为,如古代中国的宗族族长、基层官吏等。随着调解在工业化社会的广泛应用,熟人社会向陌生人社会的过渡,使调解员依赖的道德权威荡然无存。如何取得当事人的信任,需要调解员形成另一种权威,即在调解领域的知识权威。此知识权威的形成则依托于调解员职业群体的形成,也即调解员的职业化。

"职业化"意味着一个拥有和运用独特的知识、技能、方法、思维模式和语言文字的群体专门以从事某类工作为业,通过向社会提供特定的产品来参与社会资源

---

① [美]斯蒂芬·B.戈尔德堡等:《纠纷解决——谈判、调解和其他机制》,蔡彦敏等译,中国政法大学出版社2004年版,第121页。

② 李德恩:《现代调解员角色:转换与规制》,载《法学论坛》2010年第6期。

和利益的分配。调解是一种与调解者个人经验、能力、知识乃至人格魅力密切相关的实践活动。如何确定调解员职业化的资格条件和生成路径,是现今各国在努力探索的问题。

20 世纪后期,一些国家的法院等纠纷解决机构、律师协会等法律行业协会开始向调解员颁发资格证书。2000 年前后,通过立法(如奥地利)、行业标准(如澳大利亚、中国香港特别行政区)以及立法与行业标准混合(如德国、新加坡)的形式,很多国家和地区的调解员资格认证制度相继确立。一般而言,一国调解员资格认证制度基本包括三方面内容:调解员职业准入标准、评定规则和职业调解员必备培训要求。

各国对调解员资格的要求往往采取选择性标准与强制性标准相结合的办法。前者如成立某一专业的调解员协会,并规定协会成员的资格要求和标准。调解执业者自愿加入这些机构。但如果他们选择不加入,也不会被禁止执业。后者则对中立者个人设置强制性标准。

加拿大魁北克省家事调解对调解员资格就设置了严格的条件。为了得到调解员的资格证书,必须是一名律师、公证员、心理学家、职业顾问、社会工作者或青少年保护中心的从业人员。除了青少年保护中心的从业人员外,调解员必须是上述所列举的职业中的优秀人才,还必须经过家事调解的正规培训以及至少具有 3 年的职业经验。美国的佛罗里达州最高法院将处理法院转交的家事纠纷的调解员,限制在社会工作、精神健康、行为科学或社会科学领域获得硕士学位者、精神病医师、律师以及持有合格证书的公众会计师。

奥地利是第一个针对所有民事案件的调解员职业资格制定成文立法的欧洲大陆法系国家。2004 年 5 月 1 日生效的《民事案件调解员训练细则》规定了期望获得奥地利联邦司法部授权的调解员训练内容和知识储备标准。再如,澳大利亚调解员的资格认证,一般要求 38 小时以上的培训课程,参加 9 次以上的模拟调解,其中 3 次以上扮演调解员的角色;评估方面,通过模拟调解的方式,由专门的资深调解员进行独立评估。

调解员的资格规定并非越严格、越统一越好,而是需要与社会的发展保持协调,适应纠纷解决市场的多元需求,并遵循若干基本的准则。[①] 纠纷解决程序的消

① 李德恩:《现代调解员角色:转换与规制》,载《法学论坛》2010 年第 6 期。

费者会基于自身理性选择性价比较高的调解程序,当事人对调解程序和调解员拥有的选择性越高,对调解员的强制要求就应越小,对纠纷解决的"自由市场"进行严格规制没有太大必要,反而会损害调解的灵活性。在当事人无法选择或选择度较低的调解程序中,为调解员设置资格要求则是必要的,但是应避免某一机构垄断调解规制的话语权,为社会设立统一标准。

在国际调解实践中,调解员认证的国际化具体包括:

1. 单方认可(外国)调解员先前取得的资格和/或经验

大多数调解员资格认证组织都提供了以经验为基础的专业调解员认可途径,包括承认调解员以往取得的调解资格。不同机构对于调解员资格认证具体要求差别较大,但通常都会要求申请人提供之前的培训经历和调解经验,并附上原认证机构和当事人出具的证明及工作日志等材料,以证明其调解经验真实可靠。

2. 相互承认某国或某国际机构的调解员标准

国际调解协会(International Mediation Institute,IMI)与新加坡国际调解机构(Singapore International Mediation Institute,SIMI)就调解员互认达成协议;奥地利和德国也在机构层面相互认可的调解员标准,这些举措促进了专业调解员在欧洲这两个司法管辖区之间的相互流动。

3. 制定调解员资格认证的国际标准

IMI是第一个着手建立调解员资格认证国际标准的机构。一直致力于与世界各地的调解员资格认证机构合作,为经验丰富的专业调解员建立国际认证体系,调解员可通过IMI能力认证计划(IMI Certification Scheme)获得资格认证。

SIMI倡议将调解员资格认定标准、道德准则、持续专业发展制度化。SIMI建立了调解员四级晋升标准体系,预备调解员(accredited mediator)需要满足一定的调解培训以及调解时长要求才能晋升为认证调解员(certified mediator)。这套晋升标准体系不仅适用于本国调解员,也适用于外国调解员;不仅适用于国内调解,也适用于国际调解。①

① [新]娜嘉·亚历山大:《国际调解十大发展趋势》,赵蕾、樊文颖译,载《商事仲裁与调解》2021年第3期。

五、调解课程和学位的设置

调解员职业化的需求使得诸多国家开始重视调解课程与学位的设置。欧美的诸多国家早已把调解课程确立为法学院基本课程，甚至开设调解法律硕士学位。在美国大学 U. S. NEWS 排名中，法律专业类别包含一个单独的种类，为“纠纷解决”（dispute resolution），旨在培养法学院学生通过谈判、调解、仲裁和解决问题导向处理客户的纠纷。2022 年美国法学院中纠纷解决项目培养效果最好的前 3 名为俄亥俄州立大学、佩波代因大学与哈佛大学。[①]

我国的调解法学教育散落于少数法学院中。例如，上海政法学院于 2012 年在全国本科阶段首创法学专业的人民调解方向，培养人民调解专门人才；[②]湘潭大学法学院依托于其在多元纠纷解决机制的研究优势，开发了全国首套调解系列教材，开设了全国首个“调解谈判方向班”，构建了全国首套调解人才培训体系，出版了《中国调解研究文丛》《如何当好调解员丛书》等著作教材；[③]北京理工大学法学院依托国际争端预防与解决研究院的设立，在法律硕士阶段开设国际谈判理论与实务、国际商事调解等课程。[④] 调解在我国法学院中大多停留在民事诉讼法或仲裁法的夹叙讲义中，鲜少作为一门独立的课程而存在，而离设立单独的硕士学位点就更加遥远了。[⑤]

为巩固与发挥调解在多元纠纷解决机制中的地位与作用，有必要思考如何在法学院开设调解这门课程，培养学生对调解的理论知识和实务能力。调解是一项

---

① U. S. NEWS 网，https://www.usnews.com/best-graduate-schools/top-law-schools/dispute-resolution-rankings，2023 年 5 月 26 日访问。

② 2012 年，首届招生 27 名学生；2013 年，招生 30 人；2014 年，招生 36 人；2015 年，招生 50 人。目前，法学人民调解方向在校学生共计 143 人。参见上海政法学院网，https://www.shupl.edu.cn/flxy/418/list.htm，2023 年 5 月 26 日访问。

③ 《学院简介》，载湘潭大学法学院网，https://law.xtu.edu.cn/xygkl/xyjj.htm，2023 年 5 月 26 日访问。

④ 《法律硕士培养方案》，载国际争端预防与解决研究院网站 2019 年 5 月 23 日，https://iidps.bit.edu.cn/hzbx/ssxw/b148459.htm。

⑤ 调解方面的教材非常少，据笔者查询到的，如廖永安主编：《中国调解学教程》，湘潭大学出版社 2016 年版；廖永安主编：《调解学教程》，中国人民大学出版社 2019 年版；邱星美、王秋兰：《调解法学》（第 3 版），厦门大学出版社 2022 年版（第 1 版于 2008 年出版）。

复杂且综合性强的工作,调解员在掌握法律知识的同时,还需要涉足心理学、社会学等领域。在处理不同类型的纠纷时需掌握不同专业领域的知识。在课程设置方面,注重调解人才的知识结构多元化,强化法学与社会学、伦理学、经济学、心理学等学科的协同,开发多学科交叉、多元知识结构的课程体系。同时,要凸显对调解人才职业伦理道德以及行为规范的培养。

在课程的设置上,可以借鉴采取美国法学院的调解诊所式课程方式。哥伦比亚大学法学院的调解诊所课程中,法学院和纽约的一些法院、调解组织建立合作关系,授课中采取多样的方式,包括调解理论的授课、调解角色扮演、调解实践和交流等,旨在培养学生们发展解决问题和纠纷的能力,学习如何判断适用调解,了解作为一位律师在调解中的作用,以及如何从客户的角度去思考是否接受和如何参与调解。

俄亥俄州立大学莫瑞茨法学院的"多方当事人调解诊所课程"(Multiparty Mediation Practicum)是诊所教育、替代性纠纷解决机制研究以及"纠纷解决证书"培训三个方面结合的产物,兼备了教学、研究、技能培训的功能。课程分为三部分进行:(1)课堂讲授。学生在教师的引导下从事与调解相关的法律、伦理、政策等问题的研究,多偏重于理论探讨;也有对所从事调解工作中遇到的实践性问题的讨论。(2)技能培训。在课堂时间之外,专门集中设置技能培训环节。通过观看教学录像、现场观摩、参与模拟等方式,实际培养和锻炼学生调解的技能。(3)实案调解。在教师的指导下,参与真实案件的调解工作。在课程进展中,以上三个部分呈现出互相支持、互相渗透、共同发展的面貌。①

我国法学院加强与法律实务部门的联系,共同搭建调解人才实践基地,促进理论与实践的结合,在教学模式上强调基础理论学习与模拟实训并重的方式。联合法院、司法部等实务部门研发调解谈判课程实训课程,邀请有多年调解实务经验的专家学者开展讲座,致力于培养复合应用型调解人才。

正如廖永安教授所言:"仅从调解的历史和我国调解员队伍的规模来看,我国是毫无疑问的'调解大国',但如果从我国在国际调解领域的话语影响力和调解职业标准化建设方面来看,我国尚不属于'调解强国'。令人深思的是,《新加

---

① 翁洁:《"多方当事人调解诊所课程"的调研报告》,载《新疆教育学院学报》2012 年第 1 期。

坡调解公约》选择在新加坡命名签署而不是在拥有古老调解文化传统的中国签署折射出的正是这种窘境。我国要从‘调解大国’迈向‘调解强国’，必须加快调解学建设，构建中国自主的调解学知识体系，让调解真正成为一张耀眼的‘国家名片’。”

他进而提出从学科体系、学术体系和话语体系三个方面，着手构建中国自主的调解学知识体系。第一，学科体系。一方面，要在传统法学之外发展出一套调解学的独立范畴体系，形成一套完整的理论基础，把调解学作为“新文科”建设的重要内容，加强对调解学重要概念、基本范畴的研究，筑牢调解学学科体系建设的基石。另一方面，要加强调解学与其他社会科学学科的交叉与融合研究。调解本质上是处理人与人之间的利益冲突关系，是一门人际沟通艺术，社会学、心理学、经济学、人类学、管理学等领域的研究成果在调解领域的广泛运用，可以大大提升调解学的研究水平。第二，学术体系。至少应当包括：调解范畴论、调解本质论、调解价值论、调解思维论、调解依据论、调解程序论、调解技术论、调解文化论、调解职业论。第三，话语体系。注重中西方文明互鉴。我们既需要不断增强中国调解话语的传播输出能力，也需要在比较、对照、批判、吸收、升华的基础上吸收西方调解话语中的可取之处，使民族性的调解话语更加符合当代中国和世界的社会解纷需求，越是民族的越是世界的。只有加强中西方调解话语的碰撞与对话，在求同存异中凝聚共识，才有更强能力向世界贡献调解的中国智慧。[①]

第三节　仲　　裁

一、仲裁的概念

仲裁由两个字组成：仲 = 人 + 中，意指一个人居于中间；裁，意指衡量、评断、作出结论。组合起来，就是说这个居中的人对纠纷进行衡量与判断，作出一个解决的结果。《现代汉语词典》对“仲裁”的解释是“争执双方同意的第三者对争执事项作

① 廖永安：《论构建中国自主的调解学知识体系》，载《商事仲裁与调解》2023 年第 1 期。

出决定”。[①]

在法律层面对仲裁进行定义，应包括以下四个要件：

1. 当事人签订选择仲裁解决纠纷的协议

仲裁是一个基于当事人协议的合意性程序。仲裁是完全依赖于当事人的意愿而存在的产物。仲裁具有合同属性，未经一方当事人同意，不能强求其将争议交付仲裁。

2. 当事人选择非政府性质的仲裁组织作为裁决机构

仲裁的一个最典型特征是选择特定的仲裁员解决争议。仲裁员由当事人自行选择，但在当事人未能达成合意之时，可由当事人选定的仲裁机构做出选择。

3. 仲裁者运用审裁程序

仲裁者须运用公正的审裁程序，并给予当事人陈述案情的机会。不给予当事人陈述案情机会的争议解决方式，如评估程序中裁决方仅自行进行调查，通常不构成仲裁。同样，给予当事人对特定问题单方面决定权的约定也不构成仲裁。

4. 仲裁者做出终局具有约束力的裁决

仲裁最终会形成一个具有约束力的裁决，终局性地解决当事人的争议，并且能由主管执行机关负责执行。只有在极有限的情形下可在国内法院对其效力提出异议，此为仲裁司法审查。仲裁不会产生当事人可任意接受或拒绝的、不具约束力的咨询性建议；仲裁的过程也不是一个当事人可以任意选择接受或不接受的，用以促进争议的和解的谈判过程。

因此，仲裁是指发生纠纷的各方当事人，根据在纠纷发生前或纠纷发生后达成的仲裁协议或仲裁条款，合意选择将纠纷提交给第三方即非政府性质的仲裁组织，遵循中立的、给予任一方陈述案情机会的审裁程序，做出具有约束力的仲裁裁决的程序。

二、仲裁与调解、诉讼的异同

仲裁是兼具调解和审判的部分特征的混合体，既包含调解中的自愿特征，也包

---

① 中国社会科学院语言研究所词典编辑室编：《现代汉语词典》（第7版），商务印书馆2016年版，第1701页。

含审判中的强制特征。仲裁与调解、诉讼各自拥有的正当资源有所不同,各有其内在逻辑和机理。

在调解、仲裁与诉讼这三种纠纷解决方式中,当事人的控制权呈现从大到小的迁移变化路线:在调解中,当事人对于调解程序的启动、过程和结果几乎都具有控制权,公权力的干预非常少;在仲裁中,当事人享有对仲裁程序启动的初始控制权,但是结果的控制权则是给予了自己选定的仲裁员;在诉讼中,当事人的初始控制权和结果控制权都非常小,公权力的作用范围和强度则很大。

调解、仲裁与诉讼三者解决纠纷中的正当性和权威性都有一个共同的基础和前提,就是解决平等对抗的双方当事人之间纠纷的第三方必须公平和公正。

(一)仲裁与调解的异同

仲裁和调解都是以当事人的自愿为基础的争议解决方式;而且,解决纠纷的第三方——仲裁者与调解者基本都是非官方的民间组织或民间人士。

当事人自愿原则是仲裁制度的基本原则之一。如果想通过仲裁方式解决纠纷,需要当事人之间达成合意,有明确的提请仲裁的意思表示。否则,如果只有一方当事人申请仲裁或者双方未就仲裁事宜达成合意,仲裁机构将不予受理。自愿原则的适用,还包括协商决定具体向哪个仲裁机构提请仲裁,直接或者间接决定仲裁员名单以及仲裁解决的纠纷范围。当事人可以协商决定仲裁庭的人数和组成形式,通过考量名册中仲裁员的专业能力和实务经验,直接选定仲裁庭的组成人员。当事人可以在缔结仲裁协议时对仲裁审理方式予以约定。一般情况下,仲裁不公开审理并且应当开庭进行,但是当事人可以协议要求仲裁机构通过审查申请书、答辩书等书面材料作出裁决。除国家秘密外,当事人可以协商同意公开进行仲裁。当事人对仲裁的实体依据也有决定权,可以共同约定适用其他国家的法律,或者选择法律之外的其他依据,如商业习惯,甚至公平原则来解决纠纷。这些环节的合意部分体现出当事人对仲裁的控制权,当事人的意愿在其中发挥着比较大的作用。这些因素正是把仲裁能够纳入 ADR 的重要原因。

仲裁与调解也存在许多差异之处。

1. 仲裁中的自愿相对性

当事人必须订立仲裁协议,才能作为启动仲裁程序的基础。仲裁协议签订后便对当事人产生约束力，倘若一方拒绝参加仲裁程序，仲裁庭有权缺席审理直至作出缺席裁决。在调解中并不要求订立事先的选择调解协议，而且目前来看就算存在此协议，也几乎不具有约束力。当事人可以直接跳过此协议选择诉讼等其他方式，不承担任何负面后果。即使被约束进入调解程序中，当事人可以随时中断或退出调解程序，因此调解中的自愿性更为彻底与绝对。

2. 仲裁过程中的约束性

尽管当事人在仲裁过程中享有广泛的自由，但在现代仲裁制度采用机构仲裁的较普遍，各国常设仲裁机构都制定了详细的仲裁规则指导仲裁程序。仲裁庭必须严格遵循仲裁规则审理案件并作出裁决，否则影响仲裁裁决的效力。调解程序通常没有严格的程序，更加灵活和自由。

3. 仲裁结果的强制性

仲裁庭最终作出的仲裁裁决，败诉方若不自动履行，胜诉方可以依据各国法律或国际公约请求法院予以强制执行。调解程序的结果，即调解协议，目前通常依赖当事人的自觉履行，在法律上并无强制执行的效力。

（二）仲裁与诉讼的异同

仲裁与诉讼的相同性主要体现于结果的强制特征上，因为仲裁裁决与法院判决一样，对当事人具有法律上的拘束力。仲裁程序的一裁终局特点及其受到国际公约支持的域外执行可能性，更显示其对当事人的强制力。

然而，仲裁与诉讼相比较，其区别是本质性的。

1. 自愿与强制的对立

当事人意思自治原则是各国仲裁制度的基本原则，也是整个仲裁制度赖以存在的基石。仲裁庭作为独立的第三方审理当事人纠纷的权力，并非给予强制的法定管辖，而是来自争议双方自愿的授权。诉讼则不以当事人的自愿为基础，除非有仲裁协议排除法院的管辖权，否则，一方当事人向法院起诉时，无须事先征得另一方当事人的同意，法院可以通过正当的司法程序传唤对方当事人到法庭，接受法院对案件的审理和裁判。

2. 民间与官方的对立

仲裁组织属于非官方的民间机构，通常附设于各国的商会组织或者其他民间社会团体,或者由律师协会、法学会等民间机构组建。仲裁员大多数是律师、法学教授或工商界专家等民间人士,即使某些仲裁组织吸收少量政府官员,甚至现任法官担任仲裁员,但他们在履行仲裁员职责时并不代表官方。诉讼的主管机关——法院属于国家的司法机关,是审判权的行使者,法官属于国家的公职人员,审判活动代表了国家的权力。

3. 自主与约束的对立

当事人在仲裁程序中享有广泛的自主权,可以自行选择仲裁地点、仲裁组织、仲裁员、适用法律,乃至程序规则。当事人自由选择的仲裁地点与仲裁组织,无须受束缚于实体法律关系中与争议有密切联系的地点。例如,在有关的不动产纠纷中,仲裁组织的所在地可以完全与不动产所在地不一致,它所作出的仲裁裁决不会因此而影响其效力。诉讼要遵循严苛规则,当事人无权选择法官,无权选择诉讼的程序法,法院必须严格依据本国的诉讼法进行审判活动。

4. 保密与公开的对立

当事人申请仲裁、程序开展情况、仲裁庭开庭审理案件,均不得在新闻媒介予以披露,裁决结果也不公布,因此能保护当事人的商业秘密和声誉。在诉讼程序中除非涉及国家机密以及个人隐私,否则必须公开审理。这对于不愿将商业纠纷公布于众的公司或企业而言,显然有不利之处。

仲裁与诉讼在处理纠纷的范围上也存在差异。尽管现代仲裁制度的发展趋势是扩大仲裁庭审理的案件范围,但是各国法律均对可交付仲裁解决的纠纷范围做出限制,如涉及刑事案件、涉及政府与自然人或法人间行政管理产生的争议、涉及人身权的争议不可交付仲裁。仲裁可解决的争议是有限的。而诉讼的主管纠纷范围原则上不受限制,任何争议通过其他方法无法解决的,均可诉诸于法院,此乃“司法最终解决原则”。

仲裁与诉讼在结果的国际影响效力方面也存在差异。在涉及外国当事人的国际商事仲裁中,胜诉方希望在国外获得对仲裁裁决的承认与执行,由于世界上绝大多数的国家参加了旨在承认和执行外国仲裁裁决的国际公约,所以,仲裁更具备了国际性。而因为各国诉讼制度的巨大差异性以及审判体现国家权力的缘故,至今尚未形成能为大多数国家所认可的承认与执行外国法院判决的国际公约。(见表3-4)

表 3-4　谈判、调解、仲裁与审判的联系与区别

特征	审判	仲裁[1]	调解	谈判
自愿/非自愿	非自愿	自愿	自愿[2]	自愿
有拘束力/无拘束力	有拘束力,可以上诉	有拘束力,符合一定条件可以进行司法审查	如果达成协议,就产生类似合同的强制执行力;有时达成的协议会体现在法庭的判决中	如果达成协议,就产生类似合同的强制执行力
有无第三方介入及第三方介入的程度	强制性地由中立的第三方作出裁决,裁决者对争议内容通常不具备专业知识	由争议双方选择某一第三方作出裁决,裁决者通常具备有关的专业知识	由争议双方选择外部的协调人	没有第三方担任协调人的角色
是否有正式的程序	由预先设定、严格的规则形成的正规化、高度体系化的程序	程序上并不那么正规;程序性规则和实体性规则都可以由当事人设定	通常没有正规的体系化的程序	通常没有正规的体系化的程序
程序的性质	当事方拥有提交证据、阐述观点的机会	每一当事方拥有提交证据、阐述观点的机会	可以提交证据、阐述观点和利害关系,但不具法律约束力	可以提交证据、阐述观点和利害关系,但不具法律约束力
结果的形式	由经缜密思考的意见支持的原则性决定	有时是由经缜密思考的意见支持的原则性决定;有时是无须意见的妥协	达成双方都能接受的协议	达成双方都能接受的协议
公开进行/不公开进行	公开进行	除非司法审查介入,否则不公开进行	不公开进行	不公开进行

资料来源:[美]斯蒂芬·B.戈尔德堡等:《纠纷解决——谈判、调解和其他机制》,蔡彦敏等译,中国政法大学出版社2004年版,第3~4页。

[1] 附加法院的仲裁是非自愿、拘束力和公开的。

[2] 有些国家会针对特定类型的案件制定法律或者由法院直接命令,要求当事人必须强制参与调解。

三、仲裁的性质

19世纪以来,对仲裁的法律性质有过持续的讨论,主要产生了四种理论:契约论、司法论、折中论和自治论。[①]

(一)契约论

契约论是一种最早产生的理论,于19世纪由法国学者提出,后为当时的法国和其他欧洲国家普遍接受。早期的契约论认为,仲裁裁决以及与它构成一体的仲裁协议都符合合同的性质,而仲裁裁决也是由作为双方当事人共同委托代理人的仲裁员所缔结的。

但是,这种将仲裁裁决归类于合同、将仲裁员视为当事人的代理人的观点,之后受到批判,因为仲裁员的任务并不是为了双方当事人达成一份有法律强制力的协议,而是对争议作出裁决;有关仲裁裁决的撤销也无法用传统的合同法理论来解释;仲裁员也不是双方当事人的代理人,并不受当事人指示的约束,而是要保持其中立性准则。

20世纪初,在对早期契约论观点调整的基础上,出现了一种改革理论。为予以区分,前者称为经典契约论,后者称为现代契约论。现代契约论认为,仲裁裁决不是合同,仲裁员也不是当事人的代理人,但仲裁的本质依然是建立在合同效力的基础之上。仲裁具备两个最主要的合同特征,一是体现在当事人之间达成的仲裁协议,二是当事人与仲裁员达成的仲裁庭组成协议。

与法院判决不同,仲裁裁决仅是仲裁协议约定的直接后果,也只能成为一个实体法意义上的合同。契约论主要强调仲裁是一种合同自由的结果,在仲裁程序中应当遵循尽可能不加限制的私法自治。不过,此理论无法圆满解释仲裁裁决的强制执行效力,导致其日益与现代各国仲裁法以及国际公约等立法的实践不吻合。

(二)司法论

20世纪早期,随着仲裁裁决强制属性的逐渐凸显,法国学者从一种把仲裁与诉

---

① 张志:《仲裁立法的自由化、国际化和本土化——以贸法会仲裁示范法为比较》,中国社会科学出版社2016年版,第5页。

讼相类比的角度进行分析，提出了一种新的理论，即司法论。这种理论在法国和德国的立法中获得认可并得到贯彻执行，至今依然在法国《民事诉讼法典》有关仲裁的法条中得到体现。

司法论强调国家对仲裁的控制权和调整功能。司法论认为，仲裁员与法官一样承担着作出裁决的职能，其源于国家向仲裁员让渡了对争议进行裁决的权力。审判通常是由国家设立的国家法院实施的一种主权职能，当事人只能在仲裁地法明示允许或默许接受的范围内提交仲裁，如果没有法律的授权，仲裁员就没有进行仲裁的权力。仲裁裁决实际上是国家司法权力的一种表现。仲裁法律制度的主要功能是保障民间管理的司法系统，而对这种在国家主权范围内建立的非官方司法体制，国家予以容忍甚至积极推动。

但是批评者认为，仲裁裁决和法院判决在效力上存在显著差异，如仲裁裁决的既判力并不被官方直接认可，其法律效力也不及于第三人；而且，仲裁裁决有被撤销的可能，其存续力小于生效的法院判决。

(三)折中论

折中论也称混合论、交叉论，在20世纪中叶被提出，试图综合契约论和司法论中对仲裁双重性——契约性和司法性的观点。折中论认为，片面强调仲裁的司法性或契约性，对于认识仲裁的本质都是无益的，只有将两者结合起来，才能正确阐明仲裁的性质。

仲裁首先基于当事人的契约，仲裁庭的组成、仲裁规则、仲裁审理时适用的实体法均主要取决于当事人的意思表示，此为契约论的部分内涵。尽管仲裁源自仲裁协议，但是它主要适用程序法规则，涉及仲裁协议效力之认定以及仲裁裁决的执行均需要法律调整，并最终需要一国法院的认定。离开了法律的调整和规范以及法院的协助，则整个仲裁程序无法独立存在。因此仲裁含有司法性的法律本质。鉴于这两方面考虑，仲裁制度具有契约性和司法性的双重性质，这两种因素是相互联系、不可分割的两方面。

仲裁是“当事人的意愿与仲裁地法的一种协调”。[①] 仲裁应在仲裁地法允许的

---

① 江伟、肖建国主编：《仲裁法》(第3版)，中国人民大学出版社2016年版，第16页。

范围内,按照双方当事人的协议进行。只有在当事人没有明示的情况下,仲裁庭才可以直接根据仲裁地法的规则进行。如果仲裁裁决违反法院地法的公共政策,或者仲裁审理的事项属于国家法院的专属管辖范围之内,法院则有权拒绝执行仲裁裁决。

(四)自治论

自治论是晚近发展起来的一种新学说。自治论是从一个全新的角度审视仲裁,强调仲裁的自治与独立,承认当事人具有控制仲裁的绝对自由,肯定当事人无限的意思自治。

自治论认为,将仲裁视为纯的司法性抑或契约型,甚至将其视为两者的混合体均未指出仲裁的本质。仲裁的性质应通过它的目的和功能来确定,而非通过其在法律结构中的地位来确定。仲裁是一种从顺利处理事实关系的基本需要出发,基于当事人的授权而对争议进行裁决的权力。仲裁的目的是实现当事人对仲裁的期待(如灵活、公正和可强制执行性),功能是促进商人法的发展。

仲裁作为一种适应社会需要而发展起来的解决争议的独立体系,超越了契约和司法权的领域。① 就契约性而言,仲裁的当事人缔结仲裁协议并非为了缔结一项契约,而是为了解决一项争议;就司法性而言,从仲裁的发展轨迹而言,它是因商人们在商业交往中为解决商业纠纷的实际需要而发展起来的一种解决纠纷的方式,其发展的初期纯粹是商人们的自发行为,毫无法律的支持或确认;仲裁协议和仲裁裁决之所以得到遵守和履行,并非基于国家法院的强制力,而是源于商人之间的道德和行业惯例的约束。仲裁制度是一种独创的制度,摆脱了契约和司法权的观念,因此是一种超国家的自治体系。

上述四种理论中,第三种理论目前居于主要学说。仲裁的契约性和司法性均存在于各国的仲裁制度中,不过在结合上存在差异,有的国家侧重于契约性,有的国家侧重于司法性。例如,我国学者提出仲裁的准司法权论,认为仲裁是一种准司法手段,仲裁程序是准司法程序,但依然区别于仲裁混合理论,混合论(折中论)侧重于契约性,而准司法论更突出仲裁的司法性。②

---

① 沈伟、陈治东:《商事仲裁法:国际视野和中国实践》(上卷),上海交通大学出版社 2020 年版,第 8 页。

② 江伟、肖建国主编:《仲裁法》(第 3 版),中国人民大学出版社 2016 年版,第 17 页。

不过,从我国仲裁制度的改革发展而言,仲裁的性质正呈现对契约性的一种越发重视,契约性与司法性的比重也正发生变化。有学者提出,仲裁是“建立在私法自治基础上的民间司法”;[①]或者“以民间性为基础,融入了一定的国家司法权性质的混合性纠纷解决方式”。[②] 自治论则因倡导脱离于各国仲裁法律的约束,在国内仲裁中尚未渗透,主要停留在国际仲裁的实践发展中,与近期的“非国家化(本土化)”理论一脉相承。

四、仲裁权

(一)仲裁权的定义

仲裁权是双方当事人在协商一致的基础上赋予仲裁庭,也为国家法律所认可,被认为是当事人和国家的双重授权。但仲裁权是“权利”还是“权力”,存在权利说与权力说之争。

支持权利说者,认为仲裁权是“仲裁机关依法享有的对某些案件进行裁决的权利”;[③]或者“仲裁主体对争议双方当事人决定由其裁决的某些民商事纠纷,以第三者的身份依法作出公断的权利”。[④]

支持权力说者,认为仲裁权是“在法律授权的范围内,经双方当事人协议授权的仲裁庭,对所提交仲裁的当事人之间的争议做出公正裁决的权力”;[⑤]或者,“从形式上看是仲裁机构对一定争议的裁决权,而实质上是发生纠纷的当事人事前或者事后,在协商一致的基础上,赋予仲裁机构对其争议的公正裁决权”。[⑥]

目前,权力说相对占据优势,即仲裁权是一种在法律授权的范围内,经双方当事人授权的仲裁庭或仲裁员,对当事人提交仲裁的争议作出裁决的权力。“权利是一种自由和资格,它无法直接影响他人;权力则是一种力量,其意旨在于不同主体

---

① 张志:《仲裁立法的自由化、国际化和本土化——以贸法会仲裁示范法为比较》,中国社会科学出版社2016年版,第9页。

② 江伟、肖建国主编:《仲裁法》(第3版),中国人民大学出版社2016年版,第18页。

③ 谭兵主编:《中国仲裁制度研究》,法律出版社1995年版,第140页。

④ 朱克鹏:《国际商事仲裁的法律适用》,法律出版社1999年版,第201页。

⑤ 乔欣:《仲裁权论》,法律出版社2009年版,第17页。

⑥ 刘家兴:《论仲裁权》,载《中外法学》1994年第2期。

之间的命令服从关系。仲裁权并非仲裁庭的自由，它的产生源于国家授权和当事人授权的双重肯定，法律和契约在设定仲裁权相应权限的时候也赋予了其必须履行的、不容许擅自放弃的职责，这恰好是权利内涵无法包容的维度。在相对的视角下，仲裁权却具有了权力的本色，即仲裁权可以影响他人的权利义务，在这一意义上，仲裁权与司法权并无本质之差异。”①

(二)仲裁权的特征

1. 意思自治是根本原则

当事人的仲裁意愿是取得和行使仲裁权的基础。当事人的意思自治是产生仲裁关系的基础。如果想通过仲裁方式解决纠纷，需要当事人之间达成合意，有明确的提请仲裁的意思表示。如果只有一方当事人申请仲裁或者双方未就仲裁事宜达成合意，仲裁机构将不予受理。仲裁机构的选择、仲裁员的选任以及审理方式的决定也完全依靠当事人的合意。

2. 当事人授权与法律授权共同构成实现基础

当事人授权是仲裁权的根本来源。仲裁协议与仲裁授权是当事人授权的两种主要形式。当事人之间一旦签订了仲裁协议，就排除了司法管辖，争议发生后当事人不得向法院诉讼。仲裁授权，是指“当事人有权直接地或间接地授予仲裁员或仲裁机构实施某些为解决纠纷所必需的权力的一种权利。”②只有当事人将解决纠纷、处分争议的权利转移给仲裁庭后，仲裁庭才能按照特定的程序，遵循一定的规则行使仲裁权。法律授权也是仲裁权来源的重要组成部分，为仲裁权的行使提供了法律依据以及法律保障，仲裁庭取得案件受理权、调解权、调查取证权、最终裁决权。

3. 公正性是必然要求

公正性是出发点，也是归宿。仲裁权的行使需要依靠高素质的专家仲裁员，保持独立性与中立性的仲裁庭。仲裁庭由专家仲裁员组成，仲裁员的选任由仲裁当事人决定，但仲裁员与仲裁庭均处于中立地位，不会因为当事人的选择改变。作为仲裁权行使的主体，仲裁庭居中评判，给予当事人双方平等陈述的机会，要求当事人提供证明材料，并按照规定的程序进行调查取证。在公正审查证明材料、平等地

---

① 汪祖兴：《中国仲裁制度的境遇及改革要略》，法律出版社2010年版，第244页。

② 乔欣：《论仲裁权的实现》，载《中国人民大学学报》1998年第2期。

听取双方的意见及理由的基础上,作为独立第三方对当事人之间的争议事项进行审理裁决,以期最大限度地维护当事人的正当权益。

4. 民间性是本质特征

不同于法院,接受当事人授权对纠纷进行裁决的仲裁机构是民间组织,与国家权力机构没有隶属关系。仲裁机构之间也没有隶属关系,彼此是独立的。仲裁机构的发展依赖于自身在仲裁领域的口碑,即当事人对仲裁程序的效率和公正以及仲裁裁决的公正的信服程度。仲裁领域呈现为一种相对自由竞争的市场运作环境,在优胜劣汰机制之下自由生长,迫使各仲裁机构不断改进自己的纠纷解决服务,致力于提供更优质的纠纷解决产品。

5. 司法性是内在特征

仲裁的司法性体现在:法律授权为仲裁权的行使提供法律依据,当事人授权必须在法律允许的范围内;国家司法权为仲裁权的实现,提供了必不可少的支持与监督。为保障仲裁裁决的公正性,维护当事人合法权益,国家对仲裁进行司法监督,明确规定了仲裁司法审查程序。在仲裁裁决无瑕疵的情形下,国家承认其法律效力,并赋予仲裁裁决强制执行力,使仲裁权的行使带有比较强的司法色彩。

五、仲裁的种类

(一)国内仲裁和国际仲裁

国内仲裁是指专门解决一国国内纠纷的仲裁,纠纷不具有涉外因素。简言之,仲裁的当事人、争议标的以及导致产生争议的法律关系均在一国境内。国内仲裁制度根据纠纷的类型与程序的差异,可分为商事仲裁、劳动仲裁等。

国际仲裁是指包含国际因素的仲裁,可以是国家与国家之间、国家与国际组织之间、不同国家的国民之间发生的各种纠纷而引起的仲裁。例如,为解决国家之间的领土纠纷或因国家侵权行为产生的国际赔偿,而引起的对国家与国际组织之间以及国际组织之间涉及国际公法问题的争议所进行的仲裁。

国际投资仲裁是一种特殊的仲裁制度,参与的当事人包括国家与外国的公司企业,争议通常产生于国际投资及自然资源的勘探和开发,或者投资的东道国对外国资本实行国有化或征收所产生的赔偿问题。因为一方当事人是国家,具有国际公法主体的特征,但处理的纠纷又源于商业活动,故可能同时适用国际公法的原则制度和投资东道国的国内法。

国际商事仲裁是指解决法人及(或)自然人之间产生于国际商业交易过程中的争议所进行的仲裁。其特点在于仲裁的当事人均为法人或自然人,属于私法上的主体;而且争议双方当事人通常分属不同的国家,争议的性质为商业交易中所产生的法律争议。

(二)临时仲裁和机构仲裁

临时仲裁,也称特别仲裁、随意仲裁,是指根据当事人的仲裁协议由临时选择的仲裁员组成仲裁庭进行的仲裁,仲裁结束后仲裁庭即自行解散。机构仲裁,也称制度仲裁、常设仲裁,是指根据国内法、国际组织和国际公约而设立的专门解决争议的常设性仲裁机构,通过仲裁方式解决当事人之间争议的仲裁。

在19世纪中叶机构仲裁出现以前,临时仲裁是唯一的国际商事仲裁组织形式。[①] 如今,在常设仲裁机构发展迅速,数量激增的情况下,临时仲裁仍有很强的生命力,得到很多国家的承认,特别在国际海事纠纷处理方面。

临时仲裁不依赖于固定的仲裁机构,随着争议产生由当事人授权成立仲裁庭,一旦争议解决仲裁庭即解散。也就是说,在临时仲裁的情况下,仲裁庭和仲裁机构的概念是一致的。临时仲裁无仲裁规则,可选择用某国家仲裁机构的仲裁规则。同时,仲裁员、仲裁庭组成也不同于机构仲裁。

临时仲裁的主要优势在于:程序上比较灵活,允许当事人自主选定现有的仲裁规则,直接参与纠纷解决规则的设计环节,允许当事人协议决定包括审理特定争议的专设机构的成立、仲裁庭组成方式、仲裁程序、法律适用在内的几乎所有仲裁事项,更加符合双方当事人的意愿及实际情况,做到“量体裁衣”。

但临时仲裁也有缺点:当事人不可能对仲裁涉及的全部问题作出约定,如程序

---

① 早期的商事仲裁多发生在同行业之内,商人之间发生纠纷后为了节省金钱和时间,不愿去法院诉讼,而愿在同行中选择他们信任的、有威信的人居间调解或裁断。这些被选作仲裁员的人,往往与指定他们的当事人是商业上的伙伴,或是有长期的生意往来。在很多情况下,纠纷的双方难以推举出共同的人选,只能各自选择他们信任的人作仲裁员,由两名仲裁员合作仲裁。如果两个仲裁员意见分歧,无法达成一致裁决,则须由他们共同推选一位“公断人”(umpire),独立作出裁决。

出现问题,当事人需重新作出约定,如仲裁员在审理过程中不幸身亡或成为无行为能力人;临时仲裁缺乏必要的监督管理,其有效性及其优势的发挥取决于双方一致,如一方当事人延迟时间不愿合作,另一方当事人必须寻求仲裁地的法院的司法救济,否则会陷入僵局;在费用方面,当事人在协商过程中往往缺乏讨价还价的经验。

机构仲裁依托于常设性仲裁机构运行,这些机构有着固定的场地、配备了日常工作人员、设置了详细的组织章程、制定了系统的仲裁规则,并且能够通过严格科学的考核程序选任仲裁员。在机构仲裁的情况下,仲裁庭和仲裁机构是两个不同的概念,两者的功能是不同的。仲裁庭只对特定仲裁案件的审理,其使命随着仲裁裁决的作出而结束;而常设仲裁机构的主要任务是负责对整个机构的日常运作工作的管理,并不参与对特定案件的审理,只是对此提供某些服务。

机构仲裁的优势是:由专家制定的仲裁规则,并在实践中检验修正,具有相当的科学性、使用性、普遍性;选择专业的仲裁员,管理水准值得信赖;仲裁机构可帮助指定仲裁员;仲裁机构为仲裁员提供工作便利,保证仲裁顺利进行;在缺乏具有拘束力的仲裁协议情况下,仲裁申请一经提出,仲裁机构有权就其效力作出初步或最终决定,可以在较早阶段终止仲裁程序以减少当事人无谓支出,问题可得到及时解决;仲裁机构的费用有明文规定,具有明确性;机构仲裁比临时仲裁更能得到司法机关的信任,对于缺席裁决及承认执行时,法院较为认可。

机构仲裁的缺点是:机构仲裁正规、程序规则缺乏弹性;仲裁员的人选限定在名册中,可能并不具备处理特定纠纷的能力;程序复杂,手续繁多,提供服务的过程拖延,导致费用增加。

从世界范围内来看,机构仲裁和临时仲裁是仲裁的两种基本形式,两者相辅相成,在纠纷的解决中各自发挥着作用。

(三)依法仲裁和友好仲裁

依法仲裁是指仲裁庭在查明案件事实的前提下,适用明示的法律法规对当事人之间的争议作出具有约束力的裁决。这是世界各国普遍使用的仲裁方式。依法仲裁要有明确的法律依据,也必须严格遵守由法律认可的仲裁规则所确定的仲裁程序。

友好仲裁,又称友谊仲裁、衡平仲裁,是指仲裁庭经双方当事人授权,在认为适用严格的法律规则会导致不公平结果的情况下，不依据严格的法律规则，而是依据他们所认为的公平标准作出对双方当事人有约束力的裁决。友好仲裁的设立是意思自治原则的体现。当事人可以合意决定仲裁庭不根据确定的现实法律，而是根据公平合理的原则对争议进行处理，从而使当事人双方的争议摆脱特定国家的国内法的约束和制约。

友好仲裁也能克服和弥补依法仲裁的缺陷。依法仲裁的主要缺陷有：以当事人选择或仲裁庭依据法律冲突规则所确定的某一国家的国内法作为裁决依据，往往会产生法律冲突问题；法律规则与灵活的实践相比具有滞后性。而友好仲裁以抽象的公平合理原则以及社会正义的准则来裁断争议，便可以避免实体法律自身的缺陷给争议解决所带来的影响和危害，从而使仲裁庭能够依据仲裁案件的特殊情况作出更加合理的裁断。

由于友好仲裁不依据现实的法律规则进行裁断，而是依据公平合理的原则进行审理，即使在友好仲裁中处于败诉的地位，也不会背负违反法律规定的"罪名"。友好仲裁的"友好性"有利于在仲裁当事人之间营造一种宽松的气氛，仲裁当事人既解决了纠纷又在很大程度上保持了原来的商业关系，为双方未来的商业合作创造了可能。

但是，友好仲裁中公平合理的内涵过于抽象，在仲裁审理过程中它完全依靠仲裁员进行主观的解释和应用。所以，缺乏统一的标准和参照物，使仲裁当事人对争议解决的结果难以预见，使友好仲裁员的自由裁量权过大。如果出现仲裁员违反职业道德的行为，不仅将产生严重的后果，而且难以对其违规行为举证。

因此，确立"友好仲裁"的国家或仲裁机构均对友好仲裁的适用进行了约束和管理。例如，联合国贸法委《国际商事仲裁示范法》（以下简称《仲裁示范法》）第 28 条第 3 款规定："仲裁庭只有在各方当事人明示授权的情况下，才应当依照公平善意原则或作为友好仲裁员作出决定"。《法国民事诉讼法典》第 1478 条规定："仲裁庭依据法律规定解决纠纷，但当事人授予仲裁庭进行衡平裁决的除外。"①《德国民事诉讼法》第 1051 条第 3 款规定："仲裁庭仅在当事人明示授权时，才按照公平善良原则裁决争议或进行友好调解。直至仲裁庭作出裁决前，当事人可以作此授权。"②

---

① 《法国民事诉讼法典》，周建华译，厦门大学出版社 2022 年版，第 337 页。

② 《德国民事诉讼法》，丁启明译，厦门大学出版社 2016 年版，第 233 页。

六、仲裁的制度化进程

从中世纪的统一商人习惯法，到各主权国家的单独立法，再到国际社会的统一国际仲裁立法，仲裁制度发展的总趋势正摆脱国内法的限制，朝着普遍性和国际性的概念发展。

16～17世纪，一些从事对外贸易的公司，如英国东印度公司，在其公司章程中作出了通过仲裁方式解决公司成员之间发生的纠纷的规定。1697年，英国国会通过了第一个仲裁法案，正式承认了仲裁制度。法国国民议会于1790年，将仲裁定性为“解决国民之间的争议的最为合理的方法”，并在法令中确定仲裁的适用。

19世纪中期以后，现代意义上的仲裁制度普遍确立。西方各国的商人习惯法纷纷被纳入国内法，关于商事纠纷的解决制度——仲裁制度开始成为国内法规范和调整的一部分。美国、法国、德国、瑞典、英国等国都相继通过在民事诉讼法典中专章规定或单独立法的方式，制定了仲裁法规。

1854年，美国最高法院承认了仲裁员可以作出有拘束力的裁决。1877年，法国修订了《民事诉讼法典》，对仲裁作出比较明确的规定；同年，德国也在制定《民事诉讼法》时，以专章的形式规定了仲裁制度。1887年，瑞典制定了第一部仲裁法令。1889年，英国制定了第一部专门的《仲裁法》。1890年，日本《民事诉讼法典》中设专章规定了仲裁程序。

20世纪中期以后，仲裁法律制度再次得到迅速发展。很多国家先后建立了本国的仲裁制度，并多次修改或者重新制定国内仲裁法律，使仲裁法律制度日趋完善和成熟。我国也于1995年颁布了《仲裁法》。

随着近现代国际贸易的发展和全球化进程的加快，仲裁的作用开始广泛适用于国际纠纷的解决。各国开始组建专门从事国际商事仲裁的常设仲裁机构。1892年，英国成立了伦敦仲裁会（1903年改为伦敦国际仲裁院）；1911年，瑞士成立了苏黎世商会仲裁院；1923年，国际商会在法国巴黎成立了国际商会仲裁院；1926年，美国成立了美国仲裁协会。常设性仲裁机构的主要职能包括协助仲裁庭的组成，撤销对仲裁员的指定和指定替代仲裁员。如果当事人就其约定的仲裁员不能达成一致，或者在仲裁规则规定的期限内未能指定仲裁员，按照许多仲裁机构的规则，由仲裁机构指定仲裁员。

1927 年,43 个国家签订了《关于执行外国仲裁裁决的日内瓦公约》(以下简称《日内瓦公约》),首次确立国际商事仲裁的跨境执行制度。1958 年,联合国大会通过著名的《承认和执行外国仲裁裁决的公约》(以下简称《纽约公约》)。各缔约国有义务承认和执行在其他缔约国内作出的仲裁裁决。为了推动各国仲裁立法的统一,1985 年联合国贸法委主持制定了《仲裁示范法》,被诸多国家或地区采纳为本国或本地区的法律。

近代以来,仲裁从内容到形式都产生了极大变化并趋近成熟:(1)仲裁范围,由一国国内的民商事仲裁逐步扩展到国际经济贸易仲裁、海事仲裁和解决国家间争端的仲裁。(2)仲裁执行,从单纯依靠当事人自动履行发展到各国通过仲裁立法对仲裁裁决提供强制执行保障。(3)仲裁形式,从单纯的临时仲裁发展到机构仲裁,再到机构仲裁与临时仲裁并存。(4)仲裁机构,从纯粹的国内仲裁机构发展为具有世界影响力的国际仲裁中心。(5)仲裁规则,由最初的依原则、依惯例、依道德提升为依据现有的实体法和程序规则进行仲裁。

仲裁的制度化和规范化发展,较早地推动了仲裁在法学院课程中的开设。仲裁法学也已经成为一门单独的学科。我国许多法学院也单独开设了这门课程。

但是,在最近的发展中,仲裁的司法性质逐渐加重,隐隐已有盖过民间性质的苗头。仲裁呈现一种偏向于诉讼审判的发展趋势,对抗性越发加强,仲裁程序越发接近于审判程序,变得冗长和复杂,同时收费成本也越来越高。一裁终局的优势性又带来无法救济的风险。仲裁的发展正面临着各种挑战和难题,处于一个十字路口的选择。仲裁往何处而去,是当前需要思考的重要问题。

第四节　中立评估

一、中立评估的概念和特征

(一)中立评估的概念

中立评估是一种相对新型的 ADR 方式,由于它经常发生在程序的早期阶段,故也称为早期中立评估(Early Neutral Evaluation, ENE)。早期中立评估最早产生于

1985年,由美国加利福尼亚州北部地区联邦法院创建。[①]

依据《美国加利福尼亚州北部地区联邦法院ADR地方规则》(以下简称《北加州法院ADR地方法规》)第5条,早期中立评估是指当事人和他们的律师,通过一个秘密的会议,简短地陈述请求与抗辩,其中包括到会议阶段为止所收集到的关键性证据,在会议之后当事人将收到一份由具有相关专业知识的、富有经验的中立律师所作出的无拘束力的评估报告,会议期间评估人可以帮助确认没有争议的事项、提供案件计划的建议,如果当事人要求,还可以帮助当事人双方促成和解的一项ADR机制。[②]

从解析制度名称中的三个关键词——"早期""中立""评估",便可了解此程序的基本特征。从时间看,其发生在纠纷解决的早期;从主体看,需要一个中立第三方主持;从内容看,这种机制是对纠纷进行评估。

1."早期"是前提

这种程序强调早期介入,目的是推动代理人和当事人尽早进行调查、沟通,选择合适的纠纷解决方式。

2."中立"是基础

早期中立评估有明确的程序规范,以确保结果的中立性,如不允许单方面的沟通;当事人本人必须出席评估会议等。程序的规范可以最大限度地提高评估报告的可靠性和信任度。评估员必须具有中立性,与案件没有任何利害关系。

---

① 由时任美国加州北部地区联邦法院的首席法官罗伯特组建了主要由律师构成的特别小组,分析了美国民事诉讼成本高以及拖延的原因所在。他们总结了如下因素:首先,为降低犯罪率,美国承诺刑事案件相较于民事案件具有优先权,司法资源往往优先分配给刑事案件。这也导致了美国民事案件所能获得的司法资源相对匮乏,处理民事案件的法官数量总体较少,不利于民事诉讼的快速解决。此外,当事人以及律师无法冷静客观地评估可能出现的诉讼结果,往往低估了完成实质性审判程序所付出的经济成本。为完善民事纠纷解决机制,解决美国民事诉讼成本高昂、耗时长等问题,特别小组从诉讼形成阶段入手,设计了早期中立评估程序。《北加州法院ADR地方规则》以及《北加州纠纷解决程序》对早期中立评估制度的基本含义、程序规则进行了规制。之后,美国各州均引入了早期中立评估制度,该制度的相关规则也得到了进一步完善,美国仲裁协会纠纷解决机制服务指南亦对早期中立评估制度进行了系统、详细的介绍。江和平、黄琪:《民商事纠纷中立评估机制的中国发展之路》,载《法律适用》2015年第7期。

② United States Northern District Court of California, ADR Local Rules, https://cand.uscourts.gov/about/court-programs/alternative-dispute-resolution-adr/adr-local-rules/, 26-05-2023 last visited.

3.“评估”是关键

评估的内容既包括程序性问题,也包括实体性问题,但以实体性问题为主。评估的案件类型既包括专业性的案件,也包括一般类型的案件。评估的问题既包括事实问题,也包括法律问题。

因此,早期中立评估是指在案件生命周期的较早时期,由符合一定资质且和本案无利害关系的第三方主持评估会议,公平、公正、不偏向任何一方地对双方当事人的案件进行评估,并在当事人同意开示报告的前提下,向当事人适时作出包含分析当事人优势劣势、指明未来走向的无拘束力的评估报告,以帮助当事人认清案件本质、纠正自己的认知、辨清自己的局势,进而使当事人作出正确的行为决策,选择和解、调解、诉讼、仲裁等其他程序或者制度的间接性的、导向性的纠纷解决机制。①

中立评估已不再局限于法院的诉讼程序,也为许多民间、自治的纠纷解决服务组织所提供。例如,美国仲裁协会(AAA)和司法仲裁与调解服务公司(Judicial Arbitration and Mediation Services,Inc. ,JAMS)在其官网列举的主要业务范围中,就包括中立评估这项服务内容。中立评估就是通过无利害关系的第三方就案件可能的处理结果进行评估预测。当事人通过中立评估,可以对案件的走向形成合理预期;以此作为参考,将有助于当事人理性解决争议、促进纠纷的早期解决。中立评估被认为是调解和裁决的中间点,可以独立存在,也可以与调解或其他争端解决机制结合运用;当域外法的理解和适用成为争议问题时,中立评估也可以成为衔接法律查明与商事调解的桥梁。

(二)中立评估的特征

1.评估主体的中立性

中立评估对负责主持程序的评估员有着极大的依赖性,程序的成功与否与评估员的专业能力、信誉、可靠性联系密切。评估员需要具有丰富的法律知识或相关领域的专业知识,同时与当事人及其争议事实没有任何关系。美国联邦法院一般从有丰富从业经验的律师或者退休法官群体中选任评估员,要求评估员有良好的

① 林轲亮:《早期中立评估制度研究——多元化纠纷解决机制的另一维度》,西南政法大学2012年博士学位论文,第42页。

职业信誉、丰富的实体法知识和法律服务经验、完成中立评估培训。为体现评估主体的中立性，中立评估制度通过程序性规定明确禁止当事人与评估员单方面进行沟通交流。

2. 评估时间的早期性

评估主体在纠纷解决的早期阶段介入，尽早确定争议焦点，尽早分析诉讼风险，尽早提供有效的化解方案。在纠纷解决的形成阶段解决纠纷，能够最大限度地节约诉讼成本。评估员在实质性阶段开始前，组织当事人面对面沟通，陈述自己的意见、请求以及抗辩事由，交换证据，并且基于上述材料独立撰写专业评估意见。这有利于提前实现纠纷分流，帮助双方当事人厘清争点、全面了解案件事实，合理评估案件价值，选择恰当的纠纷解决方式。

3. 评估程序的严谨性

中立评估程序必须遵守下列五个原则：

（1）当事人同意原则

中立评估制度具有灵活性和非正式性的特点，只要不违反法律的强制性规定，当事人的行为均受到法律的认可和保护。中立评估程序的推进需要当事人的同意，当事人的意思自治在中立评估程序中处于主导地位。中立评估程序的启动必须经各方当事人同意。评估员提交的评估报告并无法律上的拘束力，主要是为了帮助当事人了解自身的优势以及劣势、厘清争点、全面了解案件事实，预测案件的未来走向。因此，是否采纳评估报告意见、是否与对方当事人达成和解完全由当事人自己决定。

（2）禁止单方联系原则

评估员与当事人沟通，必须所有当事人到场。这主要是因为评估员往往有良好的职业信誉、丰富的实体法知识和法律服务经验，在中立评估程序中扮演着重要的角色，一般情况下当事人会对评估员产生依赖和信任，会将评估报告作为重要的参考资源。为了最大限度地保证评估员的中立性，保障评估报告的可靠程度，需要通过程序性规则对评估员的行为进行规制，如禁止单方联系原则的确立。

（3）当事人本人出席原则

当事人本人原则上要出席中立评估会议。中立评估制度存在的意义是为当事人提供调查、对话、沟通的渠道，帮助当事人了解自身的优势以及劣势、厘清争点、全面了解案件事实,纠正当事人的认知偏差,在案件程序性与实体性方面为当事人提供建议。中立评估制度功能的实现需要当事人积极参与,因此要求当事人本人出席。

(4)评估流程的准诉讼化原则

评估流程比较接近于民事诉讼程序,包括召开预备会议、正式会议和出具评估报告等。中立评估制度明确了双方当事人提交证据的时限、评估员提交仲裁报告的时限。评估流程的准诉讼化能够有效规制中立评估程序,约束评估员以及双方当事人的行为。公正合理的程序能够最大限度地保护当事人的合法权益、确保评估报告的中立性、促进纠纷的解决。

(5)保密原则

评估员应当对当事人提供的信息进行保密,未经一方当事人许可不得向另一方当事人透露,并要求所有参与者签订保密协议。中立评估会议的过程原则上应当保密,不公开进行。在中立评估程序中所公开的证据、信息以及评估员完成的评估报告,都不会对未来纠纷解决机制中的法官、仲裁员等予以披露,与未来可能选择的其他纠纷解决方式产生“绝缘性”。评估员不得参与任何与本案有关的其他纠纷解决程序。

4. 评估目的的单一性

中立评估的目的就是通过分析案件适用的法律和证据,明确案件的优势和劣势,让当事人获得对可能出现的诉讼结果作出可靠判断的足够信息,发挥引导与分流的作用。其直接效果是提高当事人鉴别和理解法律问题和专业问题的准确性,缩小双方争议,增强预测判决结果的可靠性,协助当事人选择理性的解纷方式。

二、中立评估与评估型调解的区别

在评估型调解模式中,调解员以促成双方当事人和解为目的,帮助当事人双方梳理案件信息、整理争点,在评估预测法院或者陪审团判决结果的基础上,为当事人提供专家建议供其参考。通常情况下,调解员采用分别会见方式,帮助各方当事人分析其优势、劣势,评估诉讼结果,促进双方当事人的协商和解。可见,评估型调解与中立评估存在相似之处,均强调为纠纷当事人提供和平解决争议的渠道,削弱双方当事人的对抗性,均需要中立第三方对诉讼结果进行预测评估。

但是,中立评估的核心要义之一是为和解创造机会,而非和解本身,其与评估型调解在目的、关键点、方式等方面有所不同。

1. 目的不同

评估型调解要求调解员向当事人阐述案件情况,预测法院或陪审团判决结果,提出建议,其根本目的是促进双方的沟通和交流,最终提出当事人双方均能接受的"双赢"方案,帮助双方当事人达成调解协议。中立评估的主要目的是从中立第三方的角度评估民事案件的程序性问题以及实体性问题,对当事人提供证据的证明力以及提出观点的合理性进行评析,为纠纷当事人提供专业的法律意见,帮助当事人获取更多案件事实以及法律适用相关的信息。

2. 关键点存在差异

评估是中立评估制度的关键点所在,评估人需对当事人的局势以及案件判决结果进行全面、客观、系统的分析,进而提供行为建议。调解的关键点在于促使纠纷当事人进行沟通、交流,协商一致达成正式的调解结果。调解是评估型调解的侧重点。虽然也要求调解员向当事人说明案件情况,提出建议;但是不要求评估的内容覆盖全部的程序性问题以及实体性问题,甚至允许调解员直接预测判决结果的胜负,而不加以分析。

3. 选择的方式不同

中立评估为最大限度地保证评估员的中立性,保障评估报告的可靠程度,明确禁止评估员与当事人进行单方面沟通。同时,中立评估强调当事人本人原则上要出席中立评估会议。评估型调解则允许调解员与当事人进行单方面沟通。当事人的自主性和能动性更强,当事人有权选择采用面对面或者背对背的方式进行调解。

4. 对中立第三方的选择标准存在差异

中立评估制度对评估员提出了更高的要求,评估员需要具有丰富的法律知识或相关领域的专业知识。美国联邦法院一般从有丰富从业经验的律师或者退休法官群体中选任评估员,同时要求评估员有良好的职业信誉、丰富的实体法知识和法律服务经验、完成中立评估培训。评估型调解对调解员专业领域知识方面的要求并不严格,更重视调解员的沟通交流能力、语言表达能力、提供多种纠纷解决方案的技能以及发现当事人核心利益的技能。

三、中立评估的程序

下面以美国加利福尼亚州圣马蒂奥县高等法院 2010 年 10 月制定的关于中立评估的工作指南为样本,介绍中立评估的具体流程和程序开展。①

(一)中立评估的启动

当事人应当向法院提交申请,包括相关的 ADR 协议,告知法院他们将要进行中立评估,以及评估员的姓名以及中立评估的日期。所有中立评估活动进行完毕之后,必须接着召开一次和解会议。法院收到中立评估的协议之后,将发布一份移交评估的命令,命令应包括指南的内容。

法院提供给当事人选择的中立评估员要有 10 年以上的法律工作经验,并且必须参加过相关的中立评估培训。当事人有权利调查中立评估员的背景、专业以及委托权限。根据当事人的申请,项目组的人员将提供关于案件涉及专业领域方面的知识,以帮助当事人作出选择。评估员的选定需各方当事人达成合意。如果任意一方当事人认为评估员与纠纷结果有利害关系,可以提出反对意见,要求评估员回避。

一般情况下,评估员免费提供两小时的中立评估准备时间、四小时的中立评估会议时间,超过相应的时间,当事人可以结束中立评估程序或选择支付一定的费用,继续推进程序。当事人可以直接与评估员协商中立评估的费用。如果当事人因支付评估费确需经济方面的帮助,还可以与法院的 ADR 协调员进行联系。

(二)中立评估的准备

当评估员被选定后,应当及时安排评估前的电话会议,确定评估活动的日期和地点。原则上中立评估会议应在确立适用该程序的 90 日内举行,但如果有特殊情况,如案件过于复杂,需要整理的证据材料过多,双方当事人可以协商一致向法官申请延长期限,并抄送中立评估员。

当事人及其律师和评估员之间除了讨论日程安排之外,不得进行单方接触,但

① 张运环编译:《美国法院多元纠纷解决机制中的中立评估》,载《人民法院报》2011 年 6 月 24 日,第 6 版。

双方当事人均同意的除外。此外,评估员必须将所有可公开的信息、案件材料以书面或电子形式同步发给当事人,不得单独为任何一方当事人提供案件信息或法律建议。

中立评估进行之前,评估员应当与双方当事人的律师举行简短的电话会议,确定评估时间、程序规则、案件性质、参加人员等事项。

在首次进行中立评估前5个工作日内,双方当事人应当向评估员提交一份声明书,并且抄送其他各方当事人。但这份声明书,法院不可以获得。在声明书中,当事人需要如实回答有关案件事实的一系列问题,如载明原被告为获得有利结果而确需阐述或证明的事项,以及如何阐述或证明等。书面评估声明的提交时间应不迟于第一次中立评估会议召开前7日。

(三)中立评估的进行

双方当事人及其律师应当参加评估活动,但评估前双方当事人和评估员特别明确同意可不参加的除外。出席的律师应当是该案件的主办律师。如果是非主办律师代理出席,则须经评估员同意。

中立评估应遵守保密原则。评估员、各方当事人及其代理人以及其他参与中立评估会议的相关人员应将书面评估声明、各方当事人在中立评估会议中所作出的陈述、表达的观点视为"机密信息"。"机密信息"不得向未涉案人员以及承办法官披露,也不得用于未来法院的任何程序、处理任何未决事项,包括弹劾。评估员将要求当事人以及参加评估活动的所有人签署保密协议。中立评估制度的保密性原则也有例外情形,如各方当事人或者中立评估人签订了披露协议或者法律另有规定允许披露的情形。

因为中立评估是非正式的活动,因此不适用证据规则。各方当事人及其代理人可以提交所有与案件相关的证据,包括间接证据以及传闻证据;对证人不进行正式的交叉询问;不允许对证人证言进行记录并加以传播。

评估员的职责主要包括:

1. 进行评估

确定当事人陈述的论点与证据的相对优势与弱势,并向当事人说明理由;适当情况下,估计承担责任的可能性以及赔偿数量的范围;还帮助当事人估算实际的诉讼成本。评估原则上以书面方式作出。

2. 拟定案件管理方案

如果当事人同意，评估员可以帮助当事人拟定案件管理方案，协助当事人双方互通重要信息，发现关键问题，帮助当事人尽可能快地进入实质性的和解讨论阶段，或者为通过其他方法解决案件提供前期准备。

3. 促进和解商谈

如果双方当事人都愿意在中立评估期间或者之后进行和解商谈，则可以随时进行。

4. 提交汇报证明

在中立评估会议结束后的 14 日内，评估员应向法院提交会议证明表格，并向 ADR 部门汇报。评估员必须报告的信息包括：评估会议的日期；是否对评估会议后续行为进行安排；案件是否全部或部分和解。

四、中立评估在我国的萌芽与发展

(一)法院的早期中立评估实践

2016 年，最高人民法院《关于人民法院进一步深化多元化纠纷解决机制改革的意见》指出，在法院系统中探索民商事纠纷中立评估机制；鼓励有条件的法院在医疗卫生、不动产、建筑工程、知识产权、环境保护等领域探索建立中立评估机制，聘请相关专业领域的专家担任中立评估员；对当事人提起的民商事纠纷，法院可以建议当事人选择中立评估员，协助出具评估报告，对判决结果进行预测，供当事人参考；当事人可以根据评估意见自行和解，或者由特邀调解员进行调解。

一些法院制定出台了自己的中立评估程序规则。下面以东莞市第二人民法院的《早期中立评估程序规则》①为例予以说明。

1. 早期中立评估的定义

早期中立评估，是指由当事人或其律师向具有专业领域知识的专家(评估员)简述案件情况、提出各自观点；评估员依照公平公正原则，从专业角度分析案情，帮助当事人了解案涉专业领域的相关问题，分析利弊，提供专业评估意见。评估意见

---

① 东莞市第二人民法院：《早期中立评估程序规则》，载东莞市第二人民法院网 2020 年 2 月 26 日，http://defy.dg.gov.cn/web/content?gid=320062712&lmdm=2008。

不具有法律约束力,不作为任何程序的证据。

2. 评估员的选任

评估员的选任范围仅限于东莞市第二人民法院选任的人民陪审员。其选任标准为:(1)具有诚信公正之品格,其生活经验和工作阅历适合从事评估工作;(2)有一定的专业知识水平,获得相关专业教育资格认证;(3)受过专门的评估教育培训,经考察达到合格要求;(4)出于自愿,具有专业能力,并热心于评估工作。[①]

3. 评估原则

评估员在早期中立评估过程中要遵守高效性、保密性、回避与禁止单方联系四项原则。评估员应当在约定的时间内参加早期中立评估程序,不得无故缺席或中途退出。评估员应当对双方当事人提供的信息进行保密,未经双方当事人许可不得向一方当事人透露另一方当事人的任何信息。必要时可进行单方会谈。评估员不得担任任何一方当事人的代理人,或者为随后进行的任何程序担任证人或是专家。评估员在早期中立评估前或者评估过程中有法定回避情形的,应当自行回避,或者依当事人的申请进行回避。评估员禁止与任何一方当事人或者其律师进行单方联系,提供任何建议或意见。

4. 评估程序

评估程序分为四个阶段:启动;确定评估时间及评估员;早期准备工作;进行中立评估。评估程序的启动,或由当事人申请,或由法院决定。程序启动后,由书记员征求双方当事人意见,确定早期中立评估时间,告知评估地点。书记员在早期中立评估前整理案件的简要情况、归纳案件争议焦点、列明双方当事人观点等内容,提前5日告知评估员。评估员必须提前了解案件情况,掌握争议焦点以及各方当事人观点。案件承办法官不参加早期中立评估程序,由法官助理(书记员)参与早期中立评估过程并主持随后进行的调解工作。评估员在评估过程中可采取共同会谈和单方会谈。[②]

评估员为各方当事人分析案涉专业领域问题,估计过错方、责任承担大小及赔

---

① 显然,这个范围的限定有些窄,不能充分发挥评估员的专业特色,需要探索扩大评估员的范围,把更多的法律专业人士纳入其中。

② 需要注意的是,单方会谈方式可能与第3条中的禁止单方联系原则产生冲突。

偿范围、估算诉讼风险。评估员为当事人口头出具评估意见，即为早期中立评估程序终结，不须出具书面评估意见。评估过程可由书记员做好笔录。程序结束之后，如果双方当事人自愿以调解的方式解决纠纷，由法官或是法官助理进行下一步的调解工作。调解达成一致意见的，出具民事调解书，经当事人申请由法院进行司法确认后产生法律效力；如果调解时间过长，或者双方当事人未能达成一致意见的，应立即交由法官审理，做出裁判。

5. 评估费用

法院对所有进行中立评估的案件均不收取费用。评估员报酬应依照法院规定的人民陪审员报酬标准实行。评估员不得另外收取当事人费用，否则给予相应处罚。

中立评估正在得到更多的应用，总体分为专业评估型与法律评估型。专业评估型是对涉及专业领域知识的案件邀请此领域经验丰富的专家。例如，厦门市沧海区人民法院创建了离婚诉讼心理咨询师第三方中立评估制度，在离婚案件中引入心理评估，由专业心理医生作为中立第三方，对夫妻两人“感情是否破裂”“沟通能否改善”“婚姻是否能够维持”等婚姻心理问题作出科学、系统地评估。[①] 东莞市第二人民法院创制了“涉五金模具产品争议中立评估机制”，与国家模具产品质量监督检验中心（广东）开展合作。[②] 再如，福建省莆田市涵江区人民法院的交通事故中立评估机制[③]与安徽省含山县人民法院的劳动纠纷中立评估机制[④]。法律评估型则如广州市越秀区人民法院的民商事纠纷诉前中立评估。[⑤] 中立评估员主要由高等院校法学专业教师、法学领域的专家学者担任；评估的目的是向当事人介绍与其纠纷相关的法律信息，调整当事人对于诉讼结果的主观预期，促进民商事纠纷的

---

① 刘吟秋、郭静：《跨国老少配，劳燕各分飞——厦门法官引进心理评估巧调一起涉外离婚案》，载《人民法院报》2011 年 4 月 24 日，第 3 版。

② 东莞市第二人民法院：《东莞第二法院涉五金模具产品争议中立评估及调解绿色机制介绍》，载东莞市第二人民法院网 2021 年 8 月 12 日，http://www.dgdefy.cn/web/content?gid=320099418&lmdm=2008。

③ 林珊：《涵江法院：巧引“第三方中立评估”正义不迟到》，载中国法院网 2013 年 4 月 7 日，https://www.chinacourt.org/article/detail/2013/04/id/937857.shtml。

④ 马中法、陈良庆：《含山法院健全五项机制妥善处理劳动纠纷》，载中国法院网 2015 年 1 月 16 日，https://www.chinacourt.org/article/detail/2015/01/id/1535107.shtml。

⑤ 江和平、黄琪：《民商事纠纷中立评估机制的中国发展之路》，载《法律适用》2015 年第 7 期。

分流。

(二)仲裁组织的建设工程争议评审实践

中立评估也出现于我国一些仲裁组织的纠纷解决服务业务中,特别是建设工程争议方面。例如,中国国际经济贸易仲裁委员会(以下简称中国贸仲)自2010年5月1日起施行的《建设工程争议评审规则》(2014年11月4日修订并批准,自2015年1月1日起施行)、[①]北京仲裁委员会自2009年3月1日起施行的《建设工程争议评审规则》作出了相关规定。[②] 建设工程争议评审是当事人在履行建设工程合同发生争议时,根据约定,将有关争议提交争议评审组进行评审,由评审组作出评审意见的一种争议解决方式。建设工程合同包括工程勘察合同、设计合同、施工合同以及其他与建设工程有关的合同。

中国贸仲《建设工程争议评审规则》的规定非常详细,总计有52条,包括六章:总则;评审组;评审程序;临时评审组的特别规定;报酬和费用;附则。下面结合中国贸仲《建设工程争议评审规则》予以说明实践操作。

1. 争议评审组

建设工程争议的评审组分为常设评审组和临时评审组。当事人可以在签订合同时或者在约定的期限内确定评审组成员,成立常设评审组,以跟踪了解合同履行的情况,协助预防争议;常设评审组可以根据当事人的申请,评审有关争议。当事人也可以在争议发生后,成立临时评审组,评审特定争议。除非当事人另有约定,评审组由一名或三名评审专家组成。当事人没有约定评审组组成人数的,评审组由三名评审专家组成。评审专家应当具有合同管理、合同解释和建设工程行业的专业知识和实践经验。当事人对评审组成员的资格有其他特殊约定的,从其约定。

评审组的每一位成员应当分别与全体当事人签订《评审组成员协议》,对必要的事项作出约定,包括但不限于评审组解决争议的范围、评审组的工作内容、

① 中国贸仲:《建设工程争议评审规则》,载中国贸仲网,http://www.cietac.org/index.php?m=Article&a=show&id=2750,2023年5月26日访问。

② 北京仲裁委员会:《建设工程争议评审规则》,载北京仲裁委员会网,http://www.bjac.org.cn/page/zyps/psgz_cn.html,2023年5月26日访问。

评审组成员与当事人的一般义务、评审组成员的报酬和费用、协议的生效和终止等。

除非当事人另有约定，评审组的权力包括但不限于：(1)决定评审组对所涉争议的管辖权及评审争议的范围；(2)决定评审程序的安排；(3)召集会晤、进行现场考察和召开调查会，并决定与此有关的任何程序事宜；(4)询问当事人、当事人的代理人和证人；(5)要求当事人提交补充材料和书面意见；(6)根据评审争议的需要，决定进行鉴定或者聘请专家就某一具体的法律或技术问题出具意见；(7)在一方当事人缺席的情况下继续评审程序并出具评审意见；(8)采取其他必要措施保证评审程序顺利进行和评审组正常履行职责。

2. 评审程序

任何一方当事人作为申请人，申请评审组通过评审程序解决争议时，应当向评审组提交书面的评审申请，并同时将评审申请转交被申请人。评审申请应当包括：(1)当事人关于将争议提交评审解决的约定；(2)争议的相关情况和争议要点；(3)申请人提交评审解决的争议事项和具体的评审请求；(4)申请人对争议的处理意见及所依据的文件、图纸及其他证明材料。

除非当事人另有约定或者评审组另有决定，被申请人应当在收到申请人的评审申请之日起 28 日内，向评审组提交书面答辩，并同时将答辩转交申请人。答辩应当包括被申请人对争议的处理意见及所依据的文件、图纸及其他证明材料。被申请人未提交书面答辩的，不影响评审程序的继续进行。

评审组评审争议时应当召开调查会，当事人另有约定的除外。评审组可以根据评审的需要，召开多次调查会。除非当事人另有约定或者评审组另有决定，被申请人在答辩期限内提交书面答辩的，第一次调查会应当在评审组收到答辩后 14 日内召开；被申请人未在答辩期限内提交书面答辩的，第一次调查会应当在答辩期限届满后 14 日内召开。根据当事人的请求并经双方同意，仲裁委员会可以为调查会提供场所、设备以及必要的支持与协助。

除非当事人另有约定，调查会不公开进行。当事人可以委托代理人参加调查会。当事人有正当理由不能参加调查会的，可以申请延期，但必须提前以书面方式向评审组提出。是否同意延期，由评审组决定。任何一方当事人未出席调查会的，评审组在确信其已收到调查会通知的情况下，有权决定调查会继续进行。除非各方当事人同意,评审组的所有成员均应当参加调查会。

除非当事人另有约定,评审组除召开调查会外,还可以按照其认为适当的其他方式评审争议,但应当避免不必要的程序拖延和费用开支。在任何情形下,评审组均应公平和公正地行事,给予各方当事人陈述与辩论的合理机会。

3. 评审意见的作出

除非当事人另有约定,评审组应当在评审程序开始之日起 84 日内出具评审意见。评审组在征得各方当事人同意的前提下,可以适当延长作出评审意见的期限。

除非当事人另有约定,评审组应当依据合同的条款和合同项目所在地或者其他与合同有最密切关系地法律的规定,参考相关的国内外行业惯例和技术标准规范,公平合理、独立公正地作出评审意见。

评审意见应当以书面形式作出。评审意见的内容应当包括但不限于:(1)申请人的评审请求、争议事项和双方当事人的意见;(2)评审组对争议的评审结果和所依据的事实及理由;(3)评审意见的效力;(4)评审意见作出的日期。

由三人评审组评审争议的,评审意见依全体或者多数评审专家的意见作出;不能形成多数意见的,依首席评审专家的意见作出。评审意见应当由评审专家签署。持不同意见的评审专家可以在评审意见上署名,也可以不署名,但应当出具单独的书面意见,随评审意见转给各方当事人。该书面意见不构成评审意见的一部分。不附具不同意见的,不影响评审意见的作出和效力。

4. 仲裁委员会对评审意见草案的核阅

根据当事人的约定,仲裁委员会可以对评审意见草案进行核阅。当事人约定由仲裁委员会对评审意见草案进行核阅的,评审组应当在签署评审意见前将评审意见草案提交仲裁委员会。在不影响评审组独立评审的前提下,仲裁委员会可以就评审意见的有关问题提请评审组注意。

仲裁委员会应当在收到评审意见草案和当事人缴纳的核阅费用后 14 日(以较晚的时间为准)内核阅完毕。特殊情况下需要延长核阅期限的,仲裁委员会应当提前书面通知评审组和各方当事人。

由仲裁委员会核阅评审意见草案的,评审组可视具体情形,对评审意见作出的期限予以延长。

5. 评审意见的效力

当事人可以对评审意见的效力做出约定，评审意见依约定对当事人产生约束力；当事人对评审意见的效力未作约定但同意适用本规则的，在满足本规则规定的条件后，评审意见即对当事人具有约束力。

当事人对评审意见的结果有异议的，应当自收到评审意见之日起 14 日内向评审组和对方当事人书面提出，并说明理由。当事人在上述期限内未提出异议的，评审意见自上述期限届满之日起对各方当事人具有约束力，当事人应当遵照评审意见执行。当事人在上述期限内提出书面异议的，评审意见对当事人不产生约束力。评审意见的结果可以拆分成可独立执行的若干项而当事人只针对其中的一项或几项提出书面异议的，不影响其他各项评审结果的约束力。

评审意见产生约束力的，在当事人通过将争议提交诉讼或者根据仲裁协议提交仲裁获得与评审意见不同的判决或裁决之前，或者在各方当事人就评审争议的解决另行作出不同于评审意见的约定之前，评审意见仍对当事人具有约束力。

除非当事人另有约定，评审意见可以在当事人之间就相关争议进行的诉讼或者仲裁程序中作为证据使用。

当事人可以根据已经产生约束力的评审意见签订和解协议，并依据和解协议中的仲裁条款，请求仲裁委员会组成仲裁庭，根据和解协议的内容作出仲裁裁决。

评审意见对当事人未产生约束力，或者评审组未在规定的期限内作出评审意见，或者评审组已经终止工作或被解散的，当事人可以直接将有关争议提交诉讼或者根据仲裁协议提交仲裁，当事人另有约定的除外。

6. 报酬与费用

除非当事人另有约定或者评审组另有决定，评审专家担任评审组成员的所有报酬和因履行评审专家职责而发生的所有交通、食宿等实际费用，应当由各方当事人平均分担。评审专家应当避免不必要的费用支出。

当事人应当按照《评审组成员协议》的约定，向评审组成员支付报酬和费用。当事人未按约定向评审组成员支付报酬和费用的，评审组可以中止工作，直至当事人全额支付相关款项。一方当事人不支付上述款项的，可以由其他当事人先行垫付。

仲裁委员会按照《建设工程争议评审收费办法》的规定，就下列事项收取相应费用:(1)代为指定评审专家;(2)决定评审专家回避事宜;(3)为《评审组成员协议》的达成提供辅助性秘书服务;(4)为评审组和当事人之间的会晤及评审调查会提供场所、设备以及必要的支持与协助;(5)核阅评审意见草案。

评审组履行职责的过程中发生的其他费用,包括但不限于仲裁委员会收取的前条费用以及评审程序中进行鉴定或者聘请法律或技术专家的费用等,由各方当事人平均分担,当事人另有约定的或者仲裁委员会《建设工程争议评审收费办法》另有规定的除外。

中立评估作为一种晚近的纠纷解决手段,尚处于不断完善和推广适用的阶段。目前,我国中立评估制度未对评估主体的范围和选拔标准进行严格的限定,评估员的选任主要由推行该制度的法院、仲裁委员会、商事调解中心等机构自主决定。这也导致了评估员的个人能力以及专业素养存在一定的差距,评估报告的专业性以及可接受性有待进一步增强。我国也未明确规定中立评估制度的程序性规范。在未来,需结合我国实践经验,积极探索中立评估制度的构建和完善路径,明确中立评估制度的目标定位;确定该制度的适用案件类型;突出强调该制度的程序性规则(保密性原则、回避制度、禁止单方面联系、中立评估人的豁免);设计中立评估制度的具体程序,构建中立评估会议的整体流程。

思　考　题

1. ADR的四种基本种类之间的联系与区别是什么?各自的优势与劣势是什么?你会如何具体选择哪种纠纷解决手段?

2. 法律谈判的五种模式适合于什么情形?你会如何选择这五种模式?

3. 你是否认同在法学院开设法律谈判与调解课程?在课程的具体开设方面,有什么建议和期望?

4. 调解的四种模式适合于什么情形?从调解员的角度进行思考,你将如何选择这四种模式?

5. 如何理解在调解的金字塔式基本原则体系中,自愿、保密、对等与诚信这四项原则之间的相互关系?

6. 调解员、仲裁员是否应当实现职业化?如何实现职业化?是否应当更多倾向于专职调解员与专职仲裁员的发展？

7. 我国是否应当引入临时仲裁？临时仲裁包含的优势与劣势是什么？

8. 我国法院在推广中立评估中应当如何具体实施？对现有的做法如何进行改革？

延伸阅读

1.《商业谈判和交易的案例研究：让谈判代表远离谈判桌——谈判桌背后的考虑应包括谈判之外的谈判者的投入》(节选)[①]

一项协议看起来可能是双赢的，但为了避免可能的道德和法律影响，在谈判过程中需要花时间考虑，此协议将如何影响谈判当事人之外的其他各方。

在谈判中，如果不考虑协议对那些不在谈判桌上的人的影响，那么对所有参与方来说，这份看似很重要的协议可能会产生适得其反的后果。这正是从苹果(Apple)公司和美国一些最大的图书出版商的谈判协议中获取的宝贵经验。

2007年，为了提高其初出茅庐的Kindle(市场上第一款电子书阅读器)的销量，亚马逊(Amazon)开始以9.99美元的最低价格销售电子书。五家出版商西蒙&舒斯特(Simon & Schuster)、哈切特图书集团(Hachette Book Group)、美国企鹅集团(Penguin Group USA)、麦克米伦(Macmillan)和哈珀·柯林斯(Harper Collins)都不喜欢亚马逊的低价电子书业务，认为这会削弱新发行的精装书的销量，精装书的平均售价为26美元。

而且，随着电子书的流行，巴勒斯-罗伯尔(Barnes & Noble)等零售商也面临着被亚马逊定价的可能性。这是在出版业的传统批发模式下所无法想象的，因为依据传统模式，出版商以大约一半的封面价格向零售商出售图书，零售商可以自由设定他们喜欢的任何价格。

2010年1月，当苹果准备推出iPad时，出版商们觉得是一个很好的机会并抓住

---

① PON staff, Case Study of Business Negotiations and Deal Making: Giving Voice to Negotiators Away from the Bargaining Table, Behind the table concerns should include the input of negotiators outside of the negotiations, https://www.pon.harvard.edu/daily/dealmaking-daily/business-negotiations-and-dealmaking-giving-outsiders-a-voice-in-your-negotiation/, 26-05-2023 last visited.

了它。他们与苹果就电子书定价的新商业模式进行了谈判：作为30%销售佣金的交换，苹果将让出版商自行定价。对于出版商来说，这种代理模式将苹果公司变成了出版商的销售代理，可以视为对与亚马逊之间批发协议的巨大改进，正如我们在2010年5月的《谈判》杂志上的“电子书定价之战：传奇的展开”中所报道的那样。出版商也很好利用了与苹果公司的交易，作为与亚马逊的谈判筹码。在多家出版商威胁要推迟其数字版发行后，亚马逊勉强用代理模式取代了9.99美元的电子书定价，整个行业的平均价格上涨至14.99美元左右。

时隔两年，出版商与苹果公司的交易又出现新的转机。2012年4月12日，美国司法部（Department of Justice，DOJ）起诉苹果公司和出版商在秘密的反竞争谈判中串通提高电子书价格。三家出版商与司法部达成和解，同意了一项预计推翻代理定价的协议。在撰写本文时，苹果、麦克米伦和企鹅都不愿意和解。而亚马逊准备将电子书价格降至9.99美元。

出版商与苹果公司的交易在当时听起来很划算。双方还表示，他们之所以这样做，部分原因是增加而非减少电子书市场的竞争。然而，参与谈判的谈判者和律师可能忽视了彻底分析他们的协议是否会真正为消费者创造价值，以及是否属于美国反托拉斯法的范围。

在敲定一项似乎能为所有参与方创造协同效应的协议的过程中，谈判者有时会忽略考虑他们的协议会对外界产生怎样的影响。这是一种具有道德和法律影响的监督。

2.《首例适用贸仲建设工程争议评审规则案件成功解决》（节选）[①]

近日，首例适用中国贸仲《建设工程争议评审规则》的案件得到成功解决。

本案涉及政府PPP项目，发包方和承包方就施工过程中，工程进度款支付比例相关条款的有效履行发生争议，如不及时解决，将会严重制约工程项目整体建设的正常推进。双方经协商一致，采取合同约定的争议评审方式解决，并共同协商适用中国贸仲《建设工程争议评审规则》。双方从中国贸仲推荐性的《建设工程争议评审专家名册》中指定评审专家，组成评审组。因涉案工程所在地位于江苏南京，应

---

① 《首例适用贸仲建设工程争议评审规则案件成功解决》，载中国贸仲网2021年4月28日，http://www.cietacjs.org.cn/index.php?m = Article&a = show&id = 17574。

双方当事人的申请,中国贸仲授权其江苏仲裁中心(以下简称贸仲江苏中心)为当事人及评审组之间的评审调查会提供场所,同时提供程序上的辅助性秘书服务。该案从当事方申请贸仲提供协助服务到评审组最终出具评审意见,仅用时28天。双方当事人对争议评审的高效一致肯定,并表示会按照评审意见执行。

建设工程纠纷一般所涉金额较大、项目参与方众多、法律关系复杂、争议解决的专业性强。建设工程争议评审就是针对建设工程纠纷的特殊性而产生的一种争议解决机制,有利于早期预防、及时化解建设工程纠纷,近年来在建设工程领域受到广泛关注。

……中国贸仲现行有效的建设工程评审专家名册中共聘任国内外一流建设工程评审专家107名,在国内外设有17个分会/仲裁中心,可以充分发挥贸仲的专家资源优势和国内外网络布局优势,为建设工程行业的企业提供优质高效的争议评审服务。

……江苏作为建筑大省,建筑业规模和总产值长期位于全国前列,势必会产生众多建设工程争议,争议评审制度在江苏也将会有更为广阔的发展和使用空间。中国贸仲作为专业纠纷解决机构,于2018年1月18日在南京设立贸仲江苏中心作为贸仲派出机构,贸仲江苏中心也将通过贸仲专业化平台及时协助江苏及周边地区当事人化解建设工程中的争议,防止争议扩大造成工程拖延、损失和浪费,提高工程建设管理水平,保证工程质量和投资效益,为我国建设工程行业的健康发展保驾护航。

第四章

非诉讼纠纷解决程序在我国的发展现状

本章概要

伴随理论与实践的共同推进,我国的多元化纠纷解决机制框架基本形成,ADR程序的形式多元、范围广阔。从程序性质来看,既有民间性程序、行政性程序,也有以法院为依托的司法性程序和准司法性程序;从程序功能来看,既有能够吸纳各类纠纷的普适性程序,也有致力于化解特定纠纷的专门性程序;从涉及的纠纷领域来看,实现了从民商事领域向行政领域乃至刑事领域的拓展。调解与仲裁构成了我国ADR的主体部分。调解细分为人民调解、行政调解与司法调解。信访是一种具有中国特色的ADR手段。在一些特定的纠纷类型中,契合于此类纠纷的独特特征和解决需求,制定与开创了相应的多元纠纷解决体系。

关 键 词

大调解;人民调解;行政调解;司法调解;商事仲裁;信访;劳动争议;家事纠纷;消费纠纷;医疗纠纷;交通事故

第一节 大 调 解

调解一直是我国社会中解决纠纷的主要手段，源于儒家的和谐思想，贯彻革命根据地的团结人民群众路线，适合现代中国以人民为中心的依法治国理念。2006年《中共中央关于构建社会主义和谐社会若干重大问题的决定》指出，健全社会舆情汇集和分析机制，完善矛盾纠纷排查调处工作制度，建立党和政府主导的维护群众权益机制，实现人民调解、行政调解、司法调解有机结合，更多采用调解方法，综合运用法律、政策、经济、行政等手段和教育、协商、疏导等办法，把矛盾化解在基层、解决在萌芽状态。

人民调解、行政调解、司法调解有机结合的机制，被称为“大调解”工作机制。人民调解是指由人民调解委员会主持的调解，由于其主要发生在司法和行政领域之外，故也称为民间调解。行政调解是由行政主体主持的调解，可以是民间纠纷，也可以是行政争议。司法调解则是由法院主持的调解，发生在诉讼领域内，故也称为法院调解、诉讼调解。三大调解之间有时产生交融和交叉，如司法调解借助于特邀调解和协助调解把人民调解和法院相连，建立诉调对接机制。

一、人民调解

人民调解是我国一项非常具有本土特色的民间调解制度，作为传统民间调解的延续和发展形态，在纠纷化解方面起到了重要作用，也被誉为“东方经验”。人民调解是指人民调解委员会通过说服、疏导等方法，促使当事人在平等协商基础上自愿达成调解协议，解决民间纠纷的活动。

（一）人民调解的性质与功能

人民调解制度具有三重性质：

1. 群众性

人民调解组织属于群众自治性质组织，不隶属于行政和司法机关。它的委员们源于人民群众，由人民群众选举产生，需要对人民群众负责并接受其监督。《中华人民共和国宪法》(以下简称《宪法》)第111条第2款明确人民调解委员会是下设在居民委员会、村民委员会的群众性组织。人民调解委员会是依法设立的调解民间纠纷的群众性组织;企事业单位、乡镇、街道以及社会团体或者其他组织根据需要设立人民调解委员会。人民调解是运用基层力量化解纠纷、联系群众、服务群众进行基层社会治理的制度。

2. 自治性

自治就是自己管理自己,自己的问题自己处理。社会自治与国家管理相对,是国家管理之外的部分或者说是国家放权的领域。人民调解活动是基于群众的自我管理、自我教育和自我约束;调解组织之间不存在行政层级关系。司法行政部门对人民调解是指导关系;基层法院对人民调解委员会是业务指导关系。对人民调解制度而言,自治是出发点,也是落脚点;既是理论基础,又是实践归依。①

3. 公益性

人民调解委员会调解民间纠纷,不收取任何费用。人民调解就地解决纠纷,既免除了当事人来往于法院居所的费用,更免除了当事人的诉讼费、律师费,调解协议还能快速履行,又免除了当事人的执行费。人民调解制度是以解决全体社会成员矛盾冲突、维护社会秩序为根本目标,以政府公共财政为基本的经济后盾,由政府司法行政机构监管的人民调解组织免费承担实施任务,属于社会化行为,而非供给者与受益方的直接对应行为。人民调解属于一种公共服务,不以营利为目的。它的财政来源于政府和企事业单位的支持。

人民调解属于基层群众民主自治的重要组成部分,一直强调"调防结合、以防为主",承载着三种相互关联的社会功能。

1. 社会治理功能

"人民调解从诞生之日起,就不仅限于一种单纯的纠纷解决制度,而是一种重要的基层治理机制。"②依托于居民委员会、村民委员会,人民调解组织是社会治理系统的基本组成部分,也是基层民主的实现方式。人民调解具有群众性和自治性,

① 王俊娥:《论人民调解的自治性》,载《甘肃政法学院学报》2012年第3期。

② 范愉、李泽:《人民调解的中国道路——范愉教授学术访谈》,载《上海政法学院学报(法治论丛)》2018年第4期。

在完成社会自治功能的同时,还承担着重要的政治和行政以及意识形态功能。人民调解也是公民自治理念的践行。人民调解委员会作为群众性自治组织,国家和政府对其进行了大力的培育和推动,实施社会化、自治化的工作理念和工作方法。

坚持和完善共建共治共享的社会治理制度是中国特色社会主义制度的优势,重视调解是中国特色社会主义纠纷解决机制的制度优势。人民调解委员会不仅是解决纠纷的机构,也是承担社会治安综合治理职责的组织,是维护社会和谐稳定的第一道防线。[①] 我国现阶段"纵向到底、横向到边"的调解组织网络,除了给民众提供经济便捷的纠纷解决方式外,也具有了解社情民意、采集治理信息的职能,通过群防群治,对纠纷进行预防、排查和化解。调解是国家改进社会治理方式,实现综合治理和源头治理的一种手段。从"国家—社会"的二元视角来看,虽然人民调解的浓重政治色彩逐渐减弱,社会意义从边缘走向中心,整体上呈现半官方属性,已经成为党委、政府化解矛盾纠纷、维护社会稳定的参谋助手,形成了纠纷解决的第三领域和国家权力的简约治理。[②]

2. 传承文化、道德和社会组织的功能

人民调解在解决纠纷的过程中,不仅宣传法律与政策,而且大量依据公共道德、习俗、道理等社会规范发挥传承与维系传统文化及和谐价值观的积极作用。传统人民调解制度的基本理念是息事宁人、追求平衡、和谐为本、教化优先和顺应人情等。[③] 中华传统法律文化依然是当今社会主义法治思想的重要力量源泉。"我国法律传统的内涵极为丰富,尽管菁芜并存,但富有跨越时空的优秀内容。如人本主义的法律倾斜、法致中平的价值取向、天人合一的和谐诉求、德礼为本的道德支撑、援法断罪的司法责任、法为治具的政治方略等,都彰显了我国法律传统的巨大价值。"[④]人民调解制度的成功充分证明了,在过于注重"洋为中用""依法裁判"而社会效果不彰的今天,我们必须重新审视并加倍重视中华传统法律文化中的德育观。[⑤]

---

① 李德恩:《论新时代人民调解的发展路径》,载《北方工业大学学报》2022 年第 1 期。

② 廖永安等:《中国调解的理念创新与机制重塑》,中国人民大学出版社 2019 年版,第 113 页。

③ 廖永安主编:《中国调解学教程》,湘潭大学出版社 2016 年版,第 53 ~ 55 页。

④ 张晋藩:《撷取法律传统的精华》,载《人民日报》2015 年 10 月 8 日,第 7 版。

⑤ 孙迎春:《中国古代法律智慧的当代价值》,载《人民论坛》2017 年第 4 期。

3. 纠纷预防和解决功能

1989 年《人民调解委员会组织条例》第 5 条规定,人民调解委员会的任务为调解民间纠纷,并通过调解工作宣传法律、法规、规章和政策,教育公民遵纪守法,尊重社会公德;人民调解委员会应当向村民委员会或者居民委员会反映民间纠纷和调解工作的情况。每一个调解事件本身就是一个法制教育的过程,从引导、说理、争论、妥协到最后达成协议。人民调解有时候是完全主动介入纠纷的,人民调解员本身就生活在人民群众之中,察觉和发现矛盾后,主动上门调解,劝说双方互让互谅、和睦相处,避免纠纷发生。人民调解组织和人民调解员是沟通民众与政府的桥梁,把发现的问题及时报告政府或把群众的意见和要求反映给政府,希望政府采取措施改革管理、修正政策、预防纠纷,协助政府全心全意为民众服务。

纠纷解决是人民调解制度最基本和重要的功能。人民调解员由推选的方式产生,拥有较高的道德水准与相对丰富的人生阅历,由这样的人主持的调解更容易为当事人所信服。调解的依据具有灵活性。法律并不是进行调解的唯一依据,宗族习惯、村规民约以及道德规范都可以作为调解的依据。人民调解员完全有权结合当地的实际情况、考虑当事人的特殊情况,在向当事人讲述法理与情理的同时,为当事人"量身打造"纠纷解决方案。

(二)人民调解委员会与人民调解员

人民调解委员会是依法设立的调解民间纠纷的群众性组织。其设立包括强制设立与非强制设立两种形式:村民委员会、居民委员会设立人民调解委员会属于人民调解委员会的强制设立;企业事业单位根据需要设立人民调解委员会则属于人民调解委员会的非强制设立。乡镇、街道、社会团体以及其他组织也可以根据自身需要依法设立人民调解委员会。

人民调解委员会在人数方面,由 3 ~ 9 名委员组成。设主任 1 名,必要时,还可以设置若干名副主任。应当要有妇女成员,多民族居住的地区的人民调解委员会,也应当有少数民族的成员,尽可能地体现最广泛的民主。村民会议或者村民代表会议、居民会议推选产生村民委员会、居民委员会的人民调解委员会委员;职工大会、职工代表大会或者工会组织推选产生企业事业单位设立的人民调解委员会委员。人民调解委员会委员每届任期 3 年,可以连选连任。

人民调解委员会的工作由司法行政部门和法院指导,受到人民群众的监督;当人民调解委员会委员存在严重失职或者违法乱纪行为时,原选举单位应当对该委员进行撤换。设立人民调解委员会的村委会、居委会以及企事业单位应当为人民调解委员会开展工作提供物质上的保障。

人民调解员是具体承担人民调解工作的主体,由两类人员组成:一是人民调解委员会委员,二是人民调解委员会聘任的人员。担任人民调解员的法定条件为"公道正派、热心人民调解工作,并具有一定文化水平、政策水平和法律知识的成年公民",其条件明显非常宽松,特别是比较于《中华人民共和国法官法》(以下简称《法官法》)①和《仲裁法》②中担任法官或仲裁员的条件。较为宽松的条件有利于鼓励更多热心的公民加入人民调解员的队伍,提高人民调解化解社会纠纷的容量。如果将文化水平作为担任人民调解员的一项强制性标准,则会导致一些调解经验丰富、深受公众尊敬的公民无法继续从事人民调解工作。这无疑会削弱目前人民调解工作解决纠纷的功能。灵活的处理方式与丰富的生活经验对民间纠纷的处理可能扮演着更为重要的作用。③

人民调解员呈现出职业化与专业化的发展趋势。2018 年司法部《关于加强人

---

① 《法官法》第 12 条规定:"担任法官必须具备下列条件:(一)具有中华人民共和国国籍;(二)拥护中华人民共和国宪法,拥护中国共产党领导和社会主义制度;(三)具有良好的政治、业务素质和道德品行;(四)具有正常履行职责的身体条件;(五)具备普通高等学校法学类本科学历并获得学士及以上学位;或者普通高等学校非法学类本科及以上学历并获得法律硕士、法学硕士及以上学位;或者普通高等学校非法学类本科及以上学历,获得其他相应学位,并具有法律专业知识;(六)从事法律工作满五年。其中获得法律硕士、法学硕士学位,或者获得法学博士学位的,从事法律工作的年限可以分别放宽至四年、三年;(七)初任法官应当通过国家统一法律职业资格考试取得法律职业资格。适用前款第五项规定的学历条件确有困难的地方,经最高人民法院审核确定,在一定期限内,可以将担任法官的学历条件放宽为高等学校本科毕业。"

② 《仲裁法》第 13 条规定:"仲裁委员会应当从公道正派的人员中聘任仲裁员。仲裁员应当符合下列条件之一:(一)通过国家统一法律职业资格考试取得法律职业资格,从事仲裁工作满八年的;(二)从事律师工作满八年的;(三)曾任法官满八年的;(四)从事法律研究、教学工作并具有高级职称的;(五)具有法律知识、从事经济贸易等专业工作并具有高级职称或者具有同等专业水平的。仲裁委员会按照不同专业设仲裁员名册。"

③ 例如,在一件关于家禽(鸭子)的所有权的纠纷中,A 与 B 饲养鸭子,A 主张 B 将属于 A 的鸭子关在 B 的院子里据为己有,B 对此表示否认。如果通过法律方法解决该问题,A 便需要对 B 侵占自己鸭子的事实承担举证责任,因为鸭子的外观基本上大同小异,A 进行举证显然十分困难。但如果跳脱出法律的思维,也可以处理甚至更为灵活地处理纠纷:利用家禽识路的特点,将 B 的鸭子赶到院外,让鸭子自行选择回巢的道路。参见何兵:《现代社会的纠纷解决》,法律出版社 2003 年版,第 176 页。

民调解员队伍建设的意见》提出，乡镇（街道）人民调解委员会的调解员一般应具有高中以上学历，行业性、专业性人民调解委员会的调解员一般应具有大专以上学历，并具有相关行业、专业知识或工作经验；行业性、专业性人民调解委员会，乡镇（街道）人民调解委员会，有条件的村委会、居委会和企事业单位人民调解委员会以及派驻有关单位和部门的人民调解工作室均应配备相应数额的专职人民调解员。

人民调解员的职业化，是让人民调解员成为一种职业，由具备这一职业所需要的业务素质的人从事，得到与这一职业的工作量和社会贡献相适应的报酬，并按照这一职业的内在规律进行考核和监督。① 人民调解员职业化的制度体系主要由职业准入制度、职业培训制度、职业薪酬制度、绩效考核制度、职业监管制度、职业伦理制度以及职业认同环境构成。②

我国在21世纪初开始引入专职的调解员。2006年，北京市海淀区司法局面向社会公开招录40名专职司法调解员，充实到全区20多家司法所中，负责人民调解工作。这标志着北京市人民调解员从兼职走向职业化。③ 2014年上海市33,866名人民调解员中，专职人民调解员8875人。市级层面设定首席人民调解员；黄浦区划分首席、一级、二级、初任四个级别；浦东分为首席、一级、二级、三级四个级别。④ 2017年广东省珠海市全市2534名人民调解员中，专职人民调解员241人，以不足1成的调解员，调解全市近8成的案件。⑤

（三）人民调解的原则与程序

人民调解委员会调解民间纠纷应当遵循以下原则：

1. 自愿和平等原则

调解必须在当事人自愿的基础上进行，不得强迫。自愿是调解的首要原则，也

---

① 参见李玉华、杨军生：《论人民调解员的职业化》，载《中国司法》2006年第6期。

② 参见何阳、孙萍：《有序推进人民调解员职业化——兼评昆山市人民调解员职业化制度》，载《中国劳动关系学院学报》2017年第3期。

③ 杨军、李舒：《北京：司法调解员走向职业化》，载《新华每日电讯》2006年7月9日，第2版。

④ 上海市司法局基层工作处、上海市松江区司法局联合课题组：《人民调解员职业化发展路径探索》，载《人民调解》2016年第1期。

⑤ 广东省珠海市司法局：《创新发展“枫桥经验”，人民调解员队伍职业化专业化效果显著》，载《人民调解》2018年第6期。

是调解正当性的保障。自愿原则包含程序自愿和实体自愿双重意蕴，既包括当事人能够自主地表达自己的主张，也包括当事人能够自觉地接受所达成的调解协议。人民调解委员会在调解纠纷的过程中，只有平等地对待双方当事人，双方都能够充分地表达各自的理由和主张，不带偏见地听取各方当事人的意见，才能保证调解方案不违背任何一方的意愿。当事人和人民调解员的地位也是平等的。人民调解员虽然主持调解的进行，但必须尊重当事人，不得以一种居高临下的态度对待当事人。人民调解员只有说服、引导当事人达成调解协议的权力，没有任何强制当事人服从的权力。

2. 合法与合理原则

合法原则乃是根据现行的成文法律法规以及有关政策开展人民调解工作，无相关规定的，则依照社会公德、秩序以及道德准则进行调解，只要不违反法律的强制性或禁止性规定。合理原则是指调解工作的开展要以冲突双方当事人的具体实际情况为基础，最后达成的调解协议应当体现并兼顾双方当事人的不同利益和诉求，避免因为追求调解的成功率而导致纠纷双方当事人利益受到损害的情况，并由此从根本上丧失调解协议的合理性基础。

3. 不妨碍当事人诉权的原则

当事人向法院提起诉讼的权利不会因人民调解程序的启动而丧失。提起诉讼不以申请调解为前提条件，当事人可以随时提起诉讼。在纠纷产生时，当事人可以直接提起诉讼，法院不得以纠纷未经调解组织调解而拒绝受理案件。在调解进行的过程中，当事人可以要求终止调解并选择向法院起诉的方式来解决纠纷，人民调解委员会不得以案件处于调解程序而阻止当事人向法院起诉。在达成调解协议后，当事人亦可以向法院提起诉讼，未经司法确认的人民调解协议不具有强制执行的效力。

人民调解受理案件的范围为民事纠纷，即平等主体之间有关人身和财产权益的争议。[①] 对调解组织的选择，民间纠纷一般应由当事人所在地（所在单位）或者纠

---

① 《全国人民调解工作规范》对人民调解委员会可受理的民事纠纷的类型进行了不完全式列举，主要包括：婚姻家庭、邻里、房屋宅基地、合同、生产经营、损害赔偿、山林土地草场和征地拆迁等常见多发的纠纷；医疗、道路交通、劳动争议、物业管理、消费、旅游、环保、金融、保险、互联网和知识产权等领域的纠纷；其他可通过人民调解方式解决的纠纷。

纷发生地的人民调解委员会受理调解。行业、专业领域的矛盾纠纷一般应由相关的行业性、专业性人民调解委员会受理调解。

人民调解委员会对调解的受理，主要包括三种形式：(1)依当事人的申请而受理。纠纷的当事人可以将纠纷提交调解委员会申请调解，这种申请可以是口头的，也可以是书面的。(2)人民调解委员会主动受理纠纷。主动发现纠纷是人民调解员的重要职责，对于人民调解员在社会走访中发现的纠纷，人民调解委员会可以主动受理。(3)依据党委政府、有关部门移送委托而受理。对于当事人向党政机关反映的纠纷，党政机关可以将纠纷移送并委托人民调解委员会进行调解。在受理调解后，人民调解委员会应当及时通知各方当事人并征得各方当事人的同意，只要有任何一方当事人不同意调解的，人民调解都不能实质性地进行。

当事人申请调解需要满足下列条件：(1)有明确的被申请人。一方面，纠纷的构造为至少两方的对立，只有一方显然构不成纠纷；另一方面，抽象的、假想的对立主体显然也不能构成现实的纠纷。(2)有具体的调解要求。纠纷当事人只有提出具体的调解要求，才能使调解委员会明确调解的目标，“对症下药”。(3)有提出调解申请的事实理由。调解的进行需要以事实为依据，人民调解员只有了解相应的事实才能实质性地介入纠纷的解决。(4)属于人民调解的受理范围。人民调解委员会应当依据当事人的申请审查当事人提交解决的纠纷是否属于民事纠纷，若纠纷不属于人民调解的受理范围，人民调解委员会还应引导当事人选择适当的纠纷解决途径。

调解前的准备工作包括：安排人民调解员；调查核实；拟定调解方案；调解前告知。人民调解员的产生既可以由人民调解委员会指定，也可以由当事人选择。当存在数名人民调解员进行调解的，应当从中确定一名调解主持人。当人民调解员存在回避事由时，当事人有权要求更换。在征得当事人同意的基础上，人民调解委员会(或人民调解员)可以邀请有助于促成当事人解决纠纷的主体参与调解。

为有效地进行调解，人民调解员有必要对纠纷的事实进行调查核实，并在此基础上拟定调解方案。进行调查核实的方式主要包括：对纠纷当事人进行询问、要求纠纷当事人提供相应的证据、到纠纷发生地进行考察、询问纠纷知情人和有关单位等。调解方案的拟定，既要以事实与法律为依据，也要注重结合当事人的具体情况，在兼顾法理与情理的基础上，尽可能提高调解方案的可接受性。调解开始前，人民调解员应提前告知当事人调解时间、地点等确保当事人及时参加调解的信息，并告知当事人在调解过程中享有的权利与义务。

人民调解的过程展现为当事人意见的交互以及人民调解员的居中协调。当事人意见的交互通过行使权利和履行义务的方式完成。当事人在调解过程中享有的权利主要有：(1)选择或者接受人民调解员的权利；(2)接受调解、拒绝调解或者要求终止调解的权利；(3)要求调解公开进行或者不公开进行的权利；(4)自主表达意愿的权利；(5)自愿达成调解协议的权利。当事人在调解过程中需要履行的义务主要有：(1)如实陈述纠纷事实的义务；(2)遵守调解现场秩序的义务；(3)尊重人民调解员和对方当事人的义务。

人民调解员居中协调的要点主要包括：(1)防止纠纷激化。面对面调解，既有可能开展心平气和的交流，也有可能爆发更加激烈的冲突。当人民调解员发现纠纷可能激化的，应当控制调解节奏、及时地分离对抗的当事人、平复当事人的情绪，避免冲突进一步升级；对有可能引起治安案件或者刑事案件的，应及时向当地公安机关和其他有关部门报告。(2)明法析理。随着当事人意见的交换，人民调解员应当结合纠纷的情况，向当事人讲解相关的法律与政策，阐释道德与情理，通过摆事实、讲道理的方式，帮助当事人分清是非、明确责任。(3)帮助达成调解协议。相较于纠纷一方提出的调解方案，与纠纷没有利害关系的第三方提出的调解方案更容易被双方接受。因此，人民调解员有必要积极地提出纠纷解决的方案，并根据纠纷当事人的意见与反映进行调整。对于在一定期限内不能达成调解协议或者当事人要求终止调解的纠纷，则应当终止调解，并依据有关法律、法规的规定，告知当事人可以依法通过仲裁、行政、司法等途径维护自己的权利。

(四)人民调解协议的效力

人民调解协议是纠纷当事人经人民调解对纠纷解决方案形成的合意。调解协议的形式包括书面形式与口头形式。书面调解协议载明的内容包括：当事人的基本情况、纠纷的主要事实；争议事项以及各方当事人的责任；当事人达成调解协议的内容，履行的方式、期限等。关于人民调解协议的生效，书面调解协议自各方当事人签名、盖章或者按指印，人民调解员签名并加盖人民调解委员会印章之日起生效；口头调解协议自各方当事人达成协议之日起生效。

2002 年最高人民法院《关于审理涉及人民调解协议的民事案件的若干规定》第 1 条(已失效)首次明确规定:经人民调解委员会调解达成的、有民事权利义务内容,并由双方当事人签字或者盖章的调解协议,具有民事合同性质;当事人应当按照约定履行自己的义务,不得擅自变更或者解除调解协议。对于人民调解协议合同属性的定位,也被《人民调解法》第 31 条第 1 款继承"经人民调解委员会调解达成的调解协议,具有法律约束力,当事人应当按照约定履行。"当事人之间就调解协议的履行或者内容发生争议的,一方当事人可以就此协议向法院提起诉讼。

为加强人民调解协议的法律效力,《人民调解法》第 33 条首次设立了调解协议的司法确认程序。双方当事人可以自调解协议生效之日起 30 日内共同向法院申请司法确认,法院经过审查依法确认其效力。如果确认协议有效,一方当事人拒绝履行或者未全部履行的,对方当事人可以向法院申请强制执行。如果确认协议无效,当事人可以通过人民调解方式变更原调解协议或者达成新的调解协议,也可以向法院提起诉讼。

2012 年修改的《中华人民共和国民事诉讼法》(以下简称《民事诉讼法》)在"特别程序"一编中单独增加"确认调解协议案件"一节,采用两个条文对上述具体程序操作予以明确。申请司法确认调解协议,由双方当事人依照《人民调解法》等法律,自调解协议生效之日起 30 日内,共同向调解组织所在地基层法院提出。法院受理申请后,经审查,符合法律规定的,裁定调解协议有效,一方当事人拒绝履行或者未全部履行的,对方当事人可以向法院申请执行;不符合法律规定的,裁定驳回申请,当事人可以通过调解方式变更原调解协议或者达成新的调解协议,也可以向法院提起诉讼。

调解协议的司法确认对于民间调解的发展起到重要的推动作用。依据最高人民法院 2021 年全国法院司法统计数据,调解协议司法确认的当年收案、结案数量达到 38 万余件。[①] 这个数字逐年增长很快,2017 年 19 万余件,2018 年 25 万余件,2019 年 35 万余件,2020 年 56 万余件。[②]

---

① 《2021 年全国法院司法统计公报》,载最高人民法院公报网,http://gongbao.court.gov.cn/Details/a6c42e26948d3545aea5419fa2beaa.html,2023 年 5 月 26 日访问。

② 《全国法院司法统计公报》,载最高人民法院公报网,http://gongbao.court.gov.cn/ArticleList.html?serial_no=sftj,2023 年 5 月 26 日访问。

2021年修改的《民事诉讼法》第201条再度扩展了司法确认程序的适用范围，不再局限于人民调解协议，而是包括经依法设立的调解组织调解达成的调解协议。管辖法院的规则也做了调整：法院邀请调解组织开展先行调解的，向作出邀请的法院提出；调解组织自行开展调解的，向当事人住所地、标的物所在地、调解组织所在地的基层法院提出；调解协议所涉纠纷应当由中级法院管辖的，向相应的中级法院提出。

（五）《人民调解法》的修改探讨

《人民调解法》自2010年颁布以来，实践中产生的一些新民间调解类型对该法确立的人民调解框架提出挑战，特别是商事调解要求突破现行《人民调解法》的公益性特征，寻求一种适合于市场化运作的调解发展思路。《人民调解法》没有针对不同类型纠纷的特点而建立起多元化的社会调解体系，而是突破传统人民调解地域性、自治性的原有制度定位，试图以一元化的人民调解统合各类民间社会性调解。

这种把人民调解概念"泛化"倾向的做法，即把商事调解、行业调解、律师调解等新型调解组织全都装入人民调解的"百纳袋"，[①]其实掩盖了这些多元社会调解方式的制度特色，使法律定位不清。现行调解立法明显滞后于新型调解实践，严重制约了多元调解形式的协调发展。一部《人民调解法》不足以构建起合理完善的民间社会纠纷解决机制。[②] 因此，很有必要在《人民调解法》的基础上整合新型调解类型的规定而制定出一部综合性"调解法"。

这部综合性"调解法"既有总则，又有分则；[③]既有全面概括，又有具体规定；并体现我国特色。"调解法"将涵盖广泛意义上的民间调解类型。在总则中，规定调解的一般性规定，包括调解的基本原则和基本程序、调解员和当事人的权利义务、调解协议的效力和执行。在分则中，归纳实践中的调解类型。

"人民调解"作为特定概念和专门组织在我国已经有半个多世纪的历史，早已

---

① 廖永安等：《中国调解的理念创新与机制重塑》，中国人民大学出版社2019年版，第113页。

② 范愉：《〈人民调解法〉的历史使命与人民调解的创新发展》，载《中国司法》2021年第1期。

③ "调解法应有总则和分则，从不同角度规范调解的原则、制度和程序，建立大调解的社会格局，使调解形成有机的网络，发挥更大作用。"杨荣馨：《构建和谐社会呼唤调解法》，载《法制日报》2005年3月4日，第3版。

经特定化，应保持其既有的结构，因而在分则中应把《人民调解法》中的特殊内容放入“调解法”分则中的单独一章。不仅人民调解是习近平总书记提出的“坚持把非诉讼纠纷解决机制挺在前面”社会治理战略的重要内容，而且人民调解组织的基层性和人民调解服务的无偿性是调解多元化格局中的重要组成部分，故应规定在分则的首章中。

二、行政调解

行政调解，是指在行政主体的主持下，以当事人双方自愿为基础，以国家法律、法规及政策为依据，以自愿为原则，通过对争议双方的说服与劝导，促使双方当事人互让互谅、平等协商、达成协议，以解决有关争议的活动。

(一)行政调解的兴起与发展

行政调解的兴起源于政府治理理念的转变。行政机关的传统职能包括行政执法与行政管理。依据分权原则，定分止争的职能由司法机关行使，行政机关不能越权。随着社会发展，公众对政府的期待发生变化。20 世纪 90 年代，西方发达国家开始重新审视行政权的功能及其行使方式，行政权从“管理型”向“服务型”的公共行政理念转变，私人有权要求行政机关介入民事纠纷，行政机关对民事纠纷由“行政不介入”转向对“行政介入请求权”的确认，行政性纠纷解决机制成为政府的服务功能和责任。行政调解、行政裁决等行政司法化行为，作为对私人之间、公私之间以及市场主体之间纠纷的一种非强制性介入方式，打破了原有的“命令—服从”式行政管制一统天下的局面，并与追求公平正义的司法产生价值共鸣。①

20 世纪 80 年代开始，在我国市场经济建立的过程中，行政权的发展经历了从行政万能到权力受限的历程。学术界开始呼吁限制行政权，强调公民的权利意识，提倡通过诉讼解决民事纠纷，政府也强调法治政府的建设，行政机关通常不愿进行调解，往往以行政限权、资源匮乏、执法能力低等种种理由极力推诿。随着经济社会的快速发展，各种新型矛盾、纠纷与冲突接踵而来，呈现日益激化的危险，大量诉讼案件使法官不堪重负，社会矛盾增多以及诉讼爆炸的趋势迫使重新审视矛盾纠

① 耿玉基：《超越权力分工：行政司法化的证成与规制》，载《法制与社会发展》2015 年第 3 期。

纷解决制度。

现代“服务行政”理念的逐渐兴起，“善治”成为社会治理的新理念，行政机关不再采取以命令和压制为特点的刚性管制方式，而是注重公共主体与私人主体之间对话协商的柔性之治或“软法之治”。① 行政领域逐渐弱化对行政强制和行政处罚的依赖，加强对行政指导和行政调解的运用，注重和解、调解在纠纷解决中的作用，减少双方的对抗与分歧，促使行政机关与人民群众共同合作以建设行政合法性的国家行政秩序，节省社会治理成本，以实现各方利益的最大化，这种对话协商式的行政法理念也被称为“合作行政”理念。②

“行政权不得处分”原则受到挑战，行政调解不再被视为对行政权的处分，而是“在服务与合作、信任与沟通理念下，行政机关放弃强制手段、采用协商手段处理纠纷的形式”，③是基于公众参与发展起来的纠纷解决方式。通过将行政与调解相结合的柔性方式，摆脱以前将行政相对人客体化的思想，使“行政主体与相对方的关系也由之前的权力本位转向权利本位，进而增强了行政主体与广大民众之间的亲和力”。④ 行政调解正是实现柔性社会治理的重要方式。

2004 年，国务院《全面推进依法行政实施纲要》提出，充分发挥调解在解决社会矛盾中的作用，对民事纠纷，经行政机关调解达成协议的，行政机关应当制作调解书；调解不能达成协议的，行政机关应当及时告知当事人救济权利和渠道。2006 年，《中共中央关于构建社会主义和谐社会若干重大问题的决定》首次将“三大调解”有机结合作为基本政策确定下来，行政调解作为“大调解”体系组成部分的国家战略正式形成并延续至今。

2010 年，国务院《关于加强法治政府建设的意见》提出，要把行政调解作为地方各级人民政府和有关部门的重要职责，建立由地方各级人民政府负总责、政府法制机构牵头、各职能部门为主体的行政调解工作体制，充分发挥行政机关在化解行政争议和民事纠纷中的作用。完善行政调解制度，科学界定调解范围，规范调解程序。对资源开发、环境污染、公共安全事故等方面的民事纠纷，以及涉及人数较多、

① 姜明安：《完善软法机制，推进社会公共治理创新》，载《中国法学》2010 年第 5 期。

② 陈新民：《和为贵——论行政协调的法制改革》，载《行政法学研究》2007 年第 3 期。

③ 叶必丰：《行政和解和调解：基于公众参与和诚实信用》，载《政治与法律》2008 年第 5 期。

④ 张海燕：《大调解视野下的我国行政调解制度再思考》，载《中国行政管理》2012 年第 1 期。

影响较大、可能影响社会稳定的纠纷,要主动进行调解。2015 年,《法治政府建设实施纲要(2015—2020 年)》进一步提出完善行政调解。

各地已将行政调解作为政府的重要任务,并推动行政调解的法治化进程,如 2012 年,《贵阳市行政调解暂行规定》《无锡市行政调解实施办法》;2013 年,《云南省行政调解规定(试行)》《深圳市行政调解实施办法(试行)》;2015 年,《广州市行政调解规定》《辽宁省行政调解规定》《北京市行政调解办法》;2017 年,《浙江省行政调解办法》《邯郸市行政调解办法》《中山市行政调解办法》;2018 年,《遵义市行政调解办法》《武汉市行政调解暂行办法》;2019 年,《江苏省行政调解办法》;2021 年,《天津市行政调解规定》《海口市行政调解办法》《长沙市行政调解办法》《湘潭市行政调解办法》;2022 年,《四川省行政调解工作暂行办法》;2023 年,《重庆市行政调解办法(试行)》;等等。

(二)行政调解的范围

行政调解的范围一直存在争议。有观点认为,行政调解限于民事纠纷的范围,即"行政调解是政府及其职能部门对与自身行政管理职权密切相关的民事纠纷,通过说服、协商等方式在纠纷当事人自愿前提下化解民事纠纷的一种纠纷解决机制"。[①] 有观点认为,也应将行政纠纷纳入行政调解的范围,即"行政调解是指由国家行政主体主持的,以国家法律和政策为依据,以自愿为原则,通过说服教育等方法,解决与其行政管理职能相关的民事纠纷和行政纠纷的诉讼外调解活动"。[②] 还有观点持更宽泛的范围界定,甚至拓展至刑事纠纷领域,即"行政调解,是指由我国行政机关主持,通过说服教育的方式,民事纠纷或轻微刑事案件的当事人自愿达成协议,解决纠纷的一种调解制度,通常称为政府调解"。[③]

有关行政调解的地方性法规通常界定行政调解的范围包括民事纠纷和行政争议。2015 年《北京市行政调解办法》第 3 条详细列举了十类民事纠纷:可以进行治安调解的民间纠纷;交通事故损害赔偿纠纷;合同纠纷;医疗事故赔偿纠纷;消费者权益保护纠纷、产品质量纠纷;土地承包经营纠纷;侵犯商标专用权、专利权等知识

---

① 张显伟、杜承秀:《行政调解范围立法存在的问题及完善建议》,载《行政管理改革》2019 年第 8 期。

② 张海燕:《大调解视野下的我国行政调解制度再思考》,载《中国行政管理》2012 年第 1 期。

③ 左卫民主编:《中国司法制度》,中国政法大学出版社 2012 年版,第 305～306 页。

产权的赔偿纠纷;环境污染赔偿纠纷;电力纠纷、水事纠纷;其他依法可以调解的民事纠纷。行政争议是指公民、法人或者其他组织与行政机关之间关于行政赔偿、补偿以及行政机关行使法律、法规、规章规定的自由裁量权产生的争议。

2016 年《浙江省行政调解办法》第 2 条采取概括的方式规定,行政调解是指"行政机关依照法定职责和规定程序,以自愿平等为基础,以事实为依据,通过解释、沟通、说服、疏导、协商等方法,促使公民、法人或者其他组织之间以及行政机关与行政相对人之间,依法化解有关民事纠纷和行政争议的活动"。

2021 年《天津市行政调解规定》第 2 条有关行政调解的定义中虽未具体言及纠纷类型,但依据该规定的章节安排——第二章"民事纠纷调解"和第三章"行政争议调解",也能确定纠纷类型同时包含民事纠纷和行政争议。

部分地方性法规还规定,行政调解中对行政争议的调解包括行政复议与行政诉讼中的调解部分。例如,《北京市行政调解办法》第 25 条规定,当事人因行政争议申请行政复议或者提起行政诉讼的,在行政复议机关作出复议决定或者法院作出判决、裁定之前,作出行政行为的行政机关征得当事人同意后,可以在行政复议机关或者法院的指导下进行调解。《天津市行政调解规定》第 29 条也有相同规定。

部分地方性法规则对行政调解的禁止范围作出规定。例如,《浙江省行政调解办法》第 5 条规定,下列情形不适用行政调解:法院、行政复议机关、行政裁决机关、仲裁机构等有权处理机关已经依法作出处理,或者已经经过信访复查、复核的;无明确另一方当事人的;已经超出行政复议、行政裁决、仲裁、诉讼期限的;当事人就同一事实以类似理由重复提出行政调解申请的;法律、法规、规章规定不适用行政调解的其他情形。《江苏省行政调解办法》第 4 条、《四川省行政调解工作暂行办法》第 10 条与《重庆市行政调解办法(试行)》第 6 条也有类似规定。

(三)行政调解的性质

行政调解的性质是针对行政机关的行为而言,即行政调解行为的性质,而非行政调解协议的性质。行政调解的性质定位是决定其发展方向的逻辑起点,对行政调解性质的不同认识,必然影响着立法者设计和构建行政调解制度的价值取向和立法宗旨。

目前学界对行政调解行为的性质争议较大,存在多种观点:有的认为行政调解是一种民事行为;有的认为行政调解是一种不产生直接行政法效果的行政事实行为;有的认为行政调解属于以解决纠纷为目的,类似于人民调解、司法调解的行政司法行为或者行政准司法行为;有的认为行政调解是一种非强制性的行政指导行为;有的认为行政调解仅是一种与行政管理职能相关的行为;有的认为行政调解是一种具有行政属性的准司法行为,兼具"行政"与"司法"两种属性。①

行政调解并非是一种强制性的行为,而是当事人主动就其民事纠纷寻求行政机关帮助解决的行为;行政机关并非对民事纠纷作出一定具有法律效力的裁决,而是根据当事人的意愿,当事人之间达成一种行政调解协议;因此,行政调解只是一种事实行为,并非是一种行政法律行为。② 因此,在《中华人民共和国行政复议法》(以下简称《行政复议法》)和《中华人民共和国行政诉讼法》(以下简称《行政诉讼法》)中,均规定行政调解不属于受理范围。

(四)行政调解协议的效力

2009 年,最高人民法院《关于建立健全诉讼与非诉讼相衔接的矛盾纠纷解决机制的若干意见》首次明确,行政机关依法对民事纠纷进行调处后达成的调解协议具有民事合同性质,当事人可以申请法院确认其效力。当事人请求履行调解协议、请求变更、撤销调解协议或者请求确认调解协议无效的,可以向法院提起民事诉讼。

各地积极探索建立了行政调解协议的司法确认制度。在达成行政调解协议之后,当事人共同向法院提出申请,确认行政调解协议效力,法院依法作出确认裁定后,一方当事人拒绝履行或者未全部履行的,对方当事人有权向法院申请强制执行。

地方很多政府规章都规定了类似的内容,例如,《苏州市行政调解办法》第 22 条规定,"经行政调解达成具有民事合同性质的协议,由主持调解的行政机关和调解员盖章后,双方当事人可以共同向有管辖权的人民法院提出确认申请。"有的规

---

① 行政调解之"行政"属性是强调其源自行政职能的延伸和行政权力的运用,"司法"属性是强调其本质上是在行政主体的主持下,以国家法律法规为依据,通过说服、疏导、教育等方法,促使纠纷当事人自愿达成协议的纠纷解决方式。王聪:《作为诉源治理机制的行政调解:价值重塑与路径优化》,载《行政法学研究》2021 年第 5 期。

② 罗智敏:《改革开放以来的行政调解:适用瓶颈与解决路径》,载《中国行政管理》2018 年第 10 期。

定除了向法院申请确认协议效力之外，还可以向公证机关申请，如《北京市行政调解办法》第 23 条规定："对调解协议书，当事人可以依法申请公证机关公证，或者申请人民法院确认效力。"在各地实践中，很多行政机关与法院建立"诉调对接"机制。2021 年《民事诉讼法》的修改进一步扫清了对调解民事纠纷的行政调解协议进行司法确认的障碍，即凡经依法设立的调解组织调解达成调解协议，均可以申请司法确认。

但是，司法确认目前主要适用民事纠纷，不包括行政争议。例如，依据《北京市行政调解办法》第 30 条规定，行政机关与当事人达成协议的，行政机关应当记录协议内容。当事人认可原行政行为或者行政机关按照协议改变原行政行为的，当事人撤回行政复议申请或者撤回起诉；行政机关改变原行政行为的，应当撤销原行政行为，重新作出行政行为，并告知行政复议机关或者法院。《江苏省行政调解办法》第 33 条明确了解决民事纠纷的行政调解协议，可以申请司法确认、公证或支付令；但是，对于解决行政争议的行政调解协议的效力及其加强途径，没有明确。《浙江省行政调解办法》亦存在同样问题。

在解决民事纠纷的行政调解协议中，有时会因为是否存在行政权力的让步，而导致调解协议的不同效力。有些行政调解协议被明文规定不可以作为起诉的基础，如《中华人民共和国治安管理处罚法》（以下简称《治安管理处罚法》）第 9 条规定的治安调解协议。经公安机关调解、当事人达成协议的，不予处罚。经调解未达成协议或者达成协议后不履行的，公安机关应当依照《治安管理处罚法》的规定对违反治安管理行为人给予处罚，并告知当事人可以就民事争议依法向法院提起民事诉讼。所以，对于治安调解协议，在不履行之时，当事人不能就此协议向法院起诉，而是只能就基础纠纷即"民间纠纷"提起民事诉讼。同时，公安机关应该重新对违反治安管理者进行处罚。

为何如此规定？是因为治安调解中具有"公私交易"的性质。一方以调解过程中的妥协换取了免于治安处罚，存在"公私交易"，不属于完全的民事处分行为，其中包含公权处分。或者说，并非完全是平等主体之间的权利义务约定，因此不能适用合同法的规定。但是，在交通事故中，交警主持调解达成的和解协议，一方不履行的，另一方则是可以据此协议向法院起诉，要求按协议履行。此时的协议，不含公私交易。因为交通事故的当事方即使达成了和解协议，但对于违反交通法律法规的行为，当事人依然要接受交警作出的行政处罚，该扣分还得扣分，该罚款还得罚款。这其中没有基于公权的妥协，也没有公权力的处分，仅为完全的平等主体之间的权利义务约定。

有学者提出，基于行政机关的公权力属性，其调解具有较高的合法性和规范性，所主持达成的调解协议应当高于人民调解。[①] 尤其是在行政裁决、行政复议等准司法程序中达成的行政调解协议，具有与行政裁决书或复议决定书相同的效力，属于"裁断型"调解，应当赋予其强制执行力。[②] 在我国的非诉执行根据中，仲裁调解书、合意仲裁裁决书、公证债权文书中的调解书等都具有强制执行力，其正当性根据在于仲裁员或公证员在调解过程中或者调解结束后对调解的自愿性及调解协议的合法性已经进行了准司法审查。行政执法机关所主持的调解也应遵循同样的正当性原理，对行政调解协议没有另行启动司法确认程序才能赋予强制执行力之必要。同时，为了防止手握强权的行政机关在行政调解过程中违背自愿原则、以行政执法监管权强迫调解而侵害当事人合法权益，应当赋予当事人司法救济权。针对已经发生法律效力的行政调解书，可以为当事人设置附期限的异议程序或者撤销程序。当事人可以在法定起诉期限请求法院对调解协议进行司法审查，以撤销该调解协议或者宣告其无效，超过法定起诉期限，双方当事人都可以申请强制执行。[③]

三、司法调解

司法调解，也称为诉讼调解、法院调解，是指纠纷起诉至法院后，在法院的组织下，当事人协商解决纠纷的一种重要方式。因为这种调解方式，是在法院的组织下进行，故称为法院调解。因为它是在诉讼程序中进行，故又称为诉讼调解。又因为它在法院组织之下，以及在诉讼程序中，使此类调解的协议效力，区别于前面提及的人民调解协议和行政调解协议的效力，不再只是民间合同属性，而是附加上一定

① 范愉：《行政调解问题刍议》，载《广东社会科学》2008 年第 6 期。

② 赵银翠：《论行政调解协议的效力——以构建统一调解制度为视角》，载《山西大学学报(哲学社会科学版)》2011 年第 5 期。

③ 王聪：《作为诉源治理机制的行政调解：价值重塑与路径优化》，载《行政法学研究》2021 年第 5 期。

的司法属性，故又称为司法调解。司法调解的适用范围起初主要是在民事诉讼中，如今随着行政法和刑法中相关理念的转变，也扩展至行政诉讼和刑事诉讼中。

（一）民事司法调解

调解一直是民事诉讼的基本原则。2021 年《民事诉讼法》第 9 条规定："人民法院审理民事案件，应当根据自愿和合法的原则进行调解；调解不成的，应当及时判决。"第 96 条规定："人民法院审理民事案件，根据当事人自愿的原则，在事实清楚的基础上，分清是非，进行调解。"第 99 条规定："调解达成协议，必须双方自愿，不得强迫。调解协议的内容不得违反法律规定。"在民事诉讼的各阶段，都可以进行调解。调解工作与审判工作相结合，寓调解于审判之中。

1. 民事司法调解的发展

调解作为法院审理民商事案件的重要方式，在新中国成立后传承下来，其发展经历了三个阶段。

第一阶段（1949～1981 年）：调解为主，审判为辅。

1950 年，最高人民法院在全国司法工作会议中指出："人民法院必须始终重视调解工作，诉讼中的调解是我国审判制度的一个必要组成部分。"1956 年，最高人民法院提出"调查研究，就地解决，调解为主"的民事审判工作方针，于 1964 年发展为"依靠群众，调查研究，就地解决，调解为主"十六字方针。1979 年，最高人民法院在《人民法院审判民事案件程序制度的规定（试行）》中再次强调了十六字方针，并指出，处理民事案件应坚持调解为主，凡可以调解解决的，就不要用判决，需要判决的，一般也要先经过调解。处理离婚案件，必须经过调解。调解要尽量地进行。调解要坚持自愿的原则，对当事人只能说服教育，以理服人，不得强迫。调解必须按政策、法律办事，遵循"团结—批评—团结"的方式，充分依靠基层组织和群众，对当事人进行政治思想教育、政策法律教育，分清是非，深入细致地做好当事人的思想工作，在提高觉悟的基础上，互相协商，解决问题。

第二阶段（1982～1990 年）：着重调解。

20 世纪 80 年代，属于法制现代化建设的初期阶段。调解为主的局面，导致法院审理案件的非规范化现象比较严重。在当时，迫切需要强化审判功能，提高司法审判在诉讼活动中的地位，避免审判与调解对立，塑造准确适用法律，沿用司法三段论原理实施法律条文的情景。1982 年《民事诉讼法(试行)》第 6 条规定:“法院审理民事案件,应着重进行调解,调解无效的,应当及时判决。”

第三阶段(1991 年至 21 世纪初):自愿和合法的调解。

虽然 1982 年《民事诉讼法》将“调解为主”改为了“着重调解”,但在司法实践中,“着重调解”并没呈现出和“调解为主”之间的太多区别,法官们也经常混同审判和调解这两种方式,甚至把两者融合在一起,产生了一种“调解型审判方式”。调解是审判,审判是调解,调解变成了法院的一项职权行为、一种审理活动,具有裁判性质,表现为诉讼程序的调解化和调解程序的诉讼化。然而,强化审判功能和作用依然是司法改革的基本思路,对调解地位的强调需继续下降。1991 年《民事诉讼法》彻底取消“着重调解”的说法,改为“自愿和合法的调解”,第 9 条规定:“法院审理民事案件,应当根据自愿和合法的原则进行调解;调解不成的,应当及时判决。”

在司法实践中,调解结案率也出现了大幅度的回落。2001 年,法院审理案件的判决率终于超过了调解结案率,全国法院民事一审案件调解结案率从 1989 年的 69.33% 下降到了 2002 年的 30.32%。法院调解在我国衰退的原因是多方面的,包括:第一,社会的转型。熟人社会向陌生人社会的变迁,带来纠纷解决观念的转变。第二,法官知识结构的变化。西方式法律知识和经验的比例增加,使新法官群体更加偏向于审判的功能。第三,学术支持的减少。法学界对调解的批判之声也使得调解失去支持的理论基础。第四,实践中当事人在法律维权意识驱使下拒绝调解的心理,以及律师不配合的行为,都是造成调解衰退的重要因素。①

但是,调解的衰退是短暂的。很快,在 21 世纪初,中央发布有关构建社会主义和谐社会的决定,调解的发展获得“自上而下”的强劲推动力,进入“复兴”时期。2004 年,最高人民法院通过了《关于人民法院民事调解工作若干问题的规定》。2007 年,最高人民法院《关于进一步发挥诉讼调解在构建社会主义和谐社会中积极作用的若干意见》提出要高度重视、充分运用诉讼调解,承担起促进和发展和谐社会的重大历史使命和政治责任,并提出了“能调则调,当判则判,调判结合,案结事了”的口号。诉讼调解是我国诉讼制度的重要组成部分,是人民法院行使审判权的

① 周建华:《司法调解:合同还是判决?——从中法两国的比较视野出发》,中国法制出版社 2012 年版,第 82~86 页。

重要方式,是和谐司法的重要内容。它是根植于我国历史文化传统并经过长期司法实践证明有效的纠纷解决方式,不仅符合当前社会大众的价值观念和诉讼意识,也体现了中华民族追求自然秩序、社会秩序和谐的理想。2010 年,最高人民法院《关于进一步贯彻"调解优先、调判结合"工作原则的若干意见》提出,"调解优先、调判结合"既是推动矛盾纠纷化解的重要原则,也是社会管理创新的重要内容,又是对法官司法能力的实际考验。要进一步强化民事案件调解工作,积极探索刑事自诉案件调解、轻微刑事案件当事人和解、刑事附带民事诉讼案件调解工作,做好诉前调解、立案调解、庭前调解、委托调解和协助调解工作,注重发挥律师和法律援助机构在调解工作中的积极作用。2011 年,全国法院民事一审案件调解结案率由 2003 年的 30% 上升至 67.3%。

2012 年修改的《民事诉讼法》引入了先行调解的条文,即第 122 条,当事人起诉到法院的民事纠纷,适宜调解的,先行调解,但当事人拒绝调解的除外。第 133 条第 2 款规定,人民法院对受理的案件,开庭前可以调解的,采取调解方式及时解决纠纷。

复兴之后的法院调解,其发展是一个螺旋上升的过程,针对之前备受诟病的"调审合一"模式运行之下的弊端进行了重要改革。2004 年最高人民法院《关于人民法院民事调解工作若干问题的规定》第 3 条第 2 款引入现代调解(mediation)制度中的特征和因素。诉讼程序中的调解,不再只限于法官,而是更多由法官之外的中立第三方——调解员主持;达成调解协议后,法院依法予以确认;由此形成了一种"托出去"的调解方式。正是从这点而言,法院调解的说法也逐渐被摒弃,改采"司法调解"的称呼。

2. 民事司法调解的适用范围

调解的适用范围非常广泛,在一审、二审、再审等各阶段、各审级中均可进行。依据最高人民法院《关于适用简易程序审理民事案件的若干规定》第 14 条,法院在开庭审理下列民事案件时应当先行调解:婚姻家庭纠纷和继承纠纷;劳务合同纠纷;交通事故和工伤事故引起的权利义务关系较为明确的损害赔偿纠纷;宅基地和相邻关系纠纷;合伙合同纠纷;诉讼标的额较小的纠纷。但是根据案件的性质和当事人的实际情况不能调解或者显然没有调解必要的除外。

调解在下列案件中被明确予以排除:(1)当事人不同意进行调解的案件,法院不得强迫调解。因为当事人有程序选择的自由。(2)适用特别程序、督促程序、公示催告程序的案件。因为此类案件中不存在双方对立的当事人,因而不存在调解适用的空间。(3)涉及婚姻等身份关系确认性质的案件。因为确认身份关系的案件,如确认婚姻效力、亲子关系等,虽然是争讼案件,但是不属于私权处分的范围,即身份关系的确认不能处分。(4)其他根据案件性质不能进行调解的案件。执行程序不适用司法调解,因为执行程序的目的是执行已经固定下来的权利义务,使当事人的权益得以实现,不再涉及双方当事人实体权利义务的处分。但是执行案件中可以适用和解,双方当事人经过平等协商,就变更执行依据所确定的权利义务关系达成协议,从而终结执行。

3. 民事司法调解的程序

法院受理案件后,经审查认为法律关系明确、事实清楚,在征得当事人双方同意后,可以调解。调解可以由审判员一人主持,也可以由合议庭主持,并尽可能就地进行。法院可以用简便方式通知当事人、证人到庭,也可以邀请有关单位和个人协助。被邀请的单位和个人,应当协助法院进行调解。如果经各方当事人同意,法院可以委托上述单位或者个人对案件进行调解,达成调解协议后,法院再对调解协议依法予以确认。

法院应当在调解前告知当事人主持调解人员和书记员姓名,以及是否申请回避等有关诉讼权利和诉讼义务。当事人可以自行提出调解方案,主持调解的人员也可以提出调解方案供当事人协商时参考。当事人申请不公开进行调解的,法院应当准许。调解时当事人各方应当同时在场,根据需要也可以对当事人分别做调解工作。当事人不能出庭的,经其特别授权,可由其委托代理人参加调解,达成的调解协议,可由委托代理人签名。离婚案件当事人确因特殊情况无法出庭参加调解的,除本人不能表达意志的以外,应当出具书面意见。

法院在答辩期满前对案件进行调解,适用普通程序的案件在当事人同意调解之日起 15 日内,适用简易程序的案件在当事人同意调解之日起 7 日内未达成调解协议的,经各方当事人同意,可以继续调解。延长的调解期间不计入审限。

调解达成协议,必须双方自愿,不得强迫。调解协议的内容不得违反法律规定。调解达成协议,由法院制作调解书。调解书是由法院制作的、以调解协议为主要内容的法律文书。调解书应当写明诉讼请求、案件的事实和调解结果。调解书由审判人员、书记员署名,加盖法院印章,送达双方当事人。经双方当事人签收后,即具有法律效力。

调解书应当直接送达当事人本人,不适用留置送达。当事人本人因故不能签收的,可由其指定的代收人签收。调解书是一种重要的结案文书,它能够终结诉讼程序,当事人不得以同一事实和理由重复起诉。调解书可以成为申请强制执行的依据。一审调解书发生效力后,当事人不得上诉,但违反自愿原则时可以申请再审。

对于调解和好的离婚案件、调解维持收养关系的案件、能够即时履行的案件等,法院可以不制作调解书。对不需要制作调解书的协议,应当记入笔录,由双方当事人、审判人员、书记员签名或者盖章后,即具有法律效力。当事人请求制作调解书的,法院应当制作调解书送交当事人。当事人拒收调解书的,不影响调解协议的效力。调解未达成协议或者调解书送达前一方反悔的,法院应当及时判决。当事人对已经发生法律效力的调解书,提出证据证明调解违反自愿原则或者调解协议的内容违反法律的,可以申请再审。经法院审查属实的,应当再审。但是,当事人对已经发生法律效力的解除婚姻关系的判决、调解书,不得申请再审。

调解协议内容超出诉讼请求的,法院可以准许。对于调解协议约定一方不履行协议应当承担民事责任的,法院应予准许。调解协议约定一方不履行协议,另一方可以请求法院对案件作出裁判的条款,法院不予准许。调解协议约定一方提供担保或者案外人同意为当事人提供担保的,法院应当准许。案外人提供担保的,法院制作调解书应当列明担保人,并将调解书送交担保人。担保人不签收调解书的,不影响调解书生效。

当事人不能对诉讼费用如何承担达成协议的,不影响调解协议的效力。法院可以直接决定当事人承担诉讼费用的比例,并将决定记入调解书。对调解书的内容既不享有权利又不承担义务的当事人不签收调解书的,不影响调解书的效力。当事人以民事调解书与调解协议的原意不一致为由提出异议,法院审查后认为异议成立的,应当根据调解协议裁定补正民事调解书的相关内容。当事人就部分诉讼请求达成调解协议的,法院可以就此先行确认并制作调解书。当事人就主要诉讼请求达成调解协议,请求法院对未达成协议的诉讼请求提出处理意见并表示接受该处理结果的,法院的处理意见是调解协议的一部分内容,制作调解书的记入调解书。

4. 特邀调解:实现调审分离

2016 年,最高人民法院《关于人民法院特邀调解的规定》对"托出去"的调解方式进行了比较系统化的规定,概括为特邀调解。具体而言,特邀调解是指法院吸纳符合条件的人民调解、行政调解、商事调解、行业调解等调解组织,吸纳人大代表、政协委员、人民陪审员、专家学者、律师、仲裁员、退休法律工作者等具备条件的个人成为特邀调解组织或者特邀调解员,接受法院立案前的委派或者立案后的委托,依法进行调解,促使当事人在平等协商基础上达成调解协议、解决纠纷的一种调解活动。

特邀调解分为委派调解和委托调解。委派调解发生在立案前,因为法院尚未受理案件,所以在定性上接近于司法外的民间调解。委派调解达成的调解协议,当事人可以申请司法确认,由作出委派调解邀请的法院管辖。[①] 委派调解未达成调解协议的,特邀调解员应当将当事人的起诉状等材料移送法院;当事人坚持诉讼的,法院应当依法登记立案。委派调解达成调解协议后,当事人就调解协议的履行或者调解协议的内容发生争议的,可以向法院提起诉讼。

委托调解发生在立案后,此时法院已经受理案件,诉讼程序已经启动,因此,定性属于司法调解。委托调解达成调解协议,特邀调解员应当向法院提交调解协议,由法院审查并制作调解书结案。达成调解协议后,当事人申请撤诉的,法院应当依法作出裁定。调解失败的,则转入审判程序审理。

法院应当建立特邀调解组织和特邀调解员名册。建立名册的法院应当为入册的特邀调解组织或者特邀调解员颁发证书,并对名册进行管理。依法成立的人民调解、行政调解、商事调解、行业调解及其他具有调解职能的组织,可以申请加入特邀调解组织名册。品行良好、公道正派、热心调解工作并具有一定沟通协调能力的个人可以申请加入特邀调解员名册。法院可以邀请符合条件的调解组织加入特邀调解组织名册,可以邀请人大代表、政协委员、人民陪审员、专家学者、律师、仲裁

① 依据《最高人民法院关于人民法院特邀调解的规定》第 19 条第 2 款,委派调解达成的调解协议,当事人申请司法确认的,由调解组织所在地或者委派调解的基层人民法院管辖。

但依据 2021 年《民事诉讼法》修订后的第 201 条第 1 项,法院邀请调解组织开展先行调解的,向作出邀请的法院提出。

故而,委派调解所达成的调解协议,应当向作出委派调解邀请的法院提出司法确认申请。

员、退休法律工作者等符合条件的个人加入特邀调解员名册。

特邀调解员在入册前和任职期间,应当接受法院组织的业务培训。法院在诉讼服务中心等场所提供特邀调解组织和特邀调解员名册,并在法院公示栏、官方网站等平台公开名册信息,方便当事人查询。特邀调解员不得有强迫调解、违法调解、接受当事人请托或收受财物、泄露调解过程或调解协议内容和其他违反调解员职业道德的行为。如果当事人发现存在上述情形,可以向法院投诉。经审查属实的,法院应当予以纠正并作出警告、通报、除名等相应处理。

法院可以设立家事、交通事故、医疗纠纷等专业调解委员会,并根据特定专业领域的纠纷特点,设定专业调解委员会的入册条件,规范专业领域特邀调解程序。法院应当建立特邀调解组织和特邀调解员业绩档案,定期组织开展特邀调解评估工作,并及时更新名册信息。对适宜调解的纠纷,法院指导当事人选择名册中的调解组织或者调解员先行调解,指导特邀调解组织和特邀调解员开展工作,管理特邀调解案件流程并统计相关数据。

2016 年,最高人民法院《关于人民法院进一步深化多元化纠纷解决机制改革的意见》中提出建立法院专职调解员制度。法院可以在诉讼服务中心等部门配备专职调解员,由擅长调解的法官或者司法辅助人员担任,从事调解指导工作和登记立案后的委托调解工作。法官主持达成调解协议的,依法出具调解书;司法辅助人员主持达成调解协议的,应当经法官审查后依法出具调解书。

双方当事人应当在名册中协商确定特邀调解员;协商不成的,由特邀调解组织或者法院指定。当事人不同意指定的,视为不同意调解。特邀调解一般由一名调解员进行。对于重大、疑难、复杂或者当事人要求由两名以上调解员共同调解的案件,可以由两名以上调解员调解,并由特邀调解组织或者法院指定一名调解员主持。

当事人有正当理由的,可以申请更换特邀调解员。如果特邀调解员是一方当事人或者其代理人近亲属或者与纠纷有利害关系,以及与纠纷当事人、代理人有其他关系,可能影响公正调解的,当事人有权申请回避。同时,特邀调解员不得在后续的诉讼程序中担任该案的人民陪审员、诉讼代理人、证人、鉴定人及翻译人员等。如果发现双方当事人存在虚假调解的可能,特邀调解员应当中止调解,并向法院或者特邀调解组织报告。

在调解过程中,当事人为达成调解协议作出妥协而认可的事实,不得在诉讼程序中作为对其不利的根据,但是当事人均同意的除外。经特邀调解组织或者特邀调解员调解达成调解协议的,可以制作调解协议书。当事人认为无须制作调解协议书的,可以采取口头协议方式,特邀调解员应当记录协议内容。

2021 年,最高人民法院《关于进一步健全完善民事诉讼程序繁简分流改革试点法院特邀调解名册制度的通知》对特邀调解员的名册制作和管理提出改革:针对调解组织、调解员的不同特点,区分特邀调解组织名册和特邀调解员名册,分别管理、统筹使用;改进名册建立模式;明确特邀调解组织、特邀调解员的入册标准;探索优化入册程序;健全完善名册运行机制;推动名册统建共享;提升名册管理信息化水平;优化司法确认案件管辖规则;健全违规行为处理机制等。名册实行"统建共享"。推动由上级法院统一建立辖区内各试点法院共享的特邀调解名册,健全完善上下级法院和各试点法院之间的名册信息交流机制,实现上级法院统一建立、统一管理,各试点法院共同使用、共同维护。

(二)行政司法调解

行政司法调解,是指在行政诉讼程序中,在法院主持引导下,以终结行政法律争议事项之一部或全部的合意型纠纷解决活动。行政司法调解属于诉讼行为,调解达成的协议属于公法契约,称为"行政协议",除有实体法上的效力外,又具有终结诉讼之程序效力。行政司法调解,既具有"行政性",又具有"合意性",还具有"诉讼性"。

1. 从和解撤诉实践到呼吁调解

传统观点认为,行政主体的公权力不允许通过妥协交易的方法进行处理。最高人民法院在 1985 年《关于人民法院审理经济行政案件不应进行调解的通知》中,确立了行政诉讼中不适用调解的原则;在 1987 年《关于审理经济纠纷案件具体适用〈民事诉讼法(试行)〉的若干问题的解答》中,再次强调经济行政案件不适用调解。1989 年颁布的《行政诉讼法》第 50 条重申:"人民法院审理行政案件,不适用调解。"不过,依据该法第 67 条第 3 款的规定,行政赔偿案件可以适用调解。

自 21 世纪初以来,法院在实践中广泛运用"协调和解"的手段促成原告撤诉,实为一种异化或隐形的调解。最高人民法院于 2005 年在地方法院开展行政诉讼和解推行的试点。广东、上海、天津等地的高级人民法院陆续制定实施了《关于加强行政案件协调和解工作的若干意见》,规范了协调和解的适用范围、原则、程序等。[①] 2007 年,最高人民法院《关于为构建社会主义和谐社会提供司法保障的若干意见》提出探索行政诉讼和解制度,要求尽可能地促使以原告撤诉的方式结案,以达到协调和解的目标。2008 年,最高人民法院《关于行政诉讼撤诉若干问题的规定》试图为行政诉讼中当事人和解提供法律依据。

在行政诉讼中,作为协商和解的结果,因为缺乏调解的实定法依据,故最终通过由原告向法院申请撤诉来实现,于是导致撤诉率不断攀升:2011 年为 48% ,2012 年为 49. 8% ,2013 年为 41. 9% 。[②] 畸高的撤诉率中,有时存在胁迫撤诉、动员撤诉之情况,引发了社会各界对行政司法公正的质疑;有时,出于"维稳"的工作要求,行政机关为了减轻信访压力,不惜"花钱买平安",可能引发更多的行政争议。

有些行政案件,如因土地征收、房屋拆迁、企业改制、社会保障、环境保护等问题引发的行政争议,涉及多元的利益主体、多重的法律关系,错综复杂的矛盾纠纷,单纯用刚性的判决可能会导致"官了民不了,案结事未结"。在不损害国家、社会和他人利益的前提下,用调解的方式,能更好地化解矛盾,彻底解决纠纷。这对原告、被告、司法机关来说是一种"三赢"的纠纷解决机制,尤其是对理性的当事人来说,则多了一种可供其自主选择的实现利益、解决纠纷的途径。现行的单一、刚性的判决模式满足不了当事人对于纠纷解决机制的多元化需求。

于是,学者寻求把调解从隐形转为显形,从异化转为正常的路径。调解作为能够正确、及时化解某些特定种类行政争议的一种方式,符合行政诉讼法保护相对人的合法权益和监督行政机关依法行政的双重目的。[③] 依据 2000 年最高人民法院

---

① 上海市高级人民法院《关于加强行政案件协调和解工作的若干意见》(2007 年)第 8 条规定了实施协调和解的 8 种情形:(1)被诉具体行政行为违法,但撤销该具体行政行为将会给国家利益、公共利益或者他人合法权益造成重大损失的;(2)被诉行政行为合法,但存在合理性问题的;(3)法律规定不明确或者法律规定与相关政策不统一的;(4)涉及行政机关对平等主体之间民事争议所作的裁决,或者其他以当事人生活、生存权益为基本内容的行政行为;(5)涉及农村土地征用、城市房屋拆迁、劳动和社会保障、企业改制、资源环保等矛盾容易激化,可能引起群体性利益冲突,或者对国家利益、公共利益和社会稳定可能造成影响的;(6)不履行法定职责的;(7)行政相对人的诉讼请求难以得到法院支持,但又确实存在亟待解决的实际困难的;(8)其他依法可以进行协调处理的情形。

② 谷骞:《论行政诉讼调解的适用范围》,载《行政法学研究》2021 年第 3 期。

③ 姜明安:《"协调和解":还需完善法律依据》,载《法制日报》2007 年 4 月 4 日,第 3 版。

《关于执行〈中华人民共和国行政诉讼法〉若干问题的解释》第 97 条,法院审理行政案件,除依照行政诉讼法和本解释外,可以参照民事诉讼的有关规定。在《行政诉讼法》未明确禁止行政诉讼和解的前提下,可以参照民事诉讼法关于和解制度的规定,在行政诉讼中建立和解制度,以满足行政诉讼的需要。① 修改现行法律的禁止性规定,确立行政诉讼调解的合法地位,是解决行政诉讼调解所处窘境的必要途径。②

不过,也有反对在行政诉讼中确立调解制度的。在我国行政审判的现实环境下,一旦在实定法上规定调解原则,调解本身所具有的弊端极可能彰显无遗。从策略上考虑,在撤诉制度实践事实上已起到调解作用的情况下,不宜再在立法上确立行政诉讼调解原则。③ 公权力能否自由处分,与国家的法治环境、公民的法治意识以及行政诉讼的立法目的相关联,在法治国家可以,而在我国这样法制不健全、不完善,行政诉讼承载解决争议以及监督行政权等多重目的的国家,不能让行政机关自由处分公权力。④

2. 有限调解原则的确立

大陆法系国家的行政诉讼目标模式大致经历了“权利保护”“公法秩序维护”“纠纷解决”“程序保护”四个阶段。⑤ 在后两个阶段中,诉讼模式向“当事人主义”回归,诉讼的主动权交还给当事人。法院除了以裁判解决争讼外,尚可作为行政处理、记录保存、变更地位仪式、和解、调解、仲裁以及争议解决的机关。行政诉讼的直接目的是解决行政争议,间接目的是监督行政行为,根本目的是保护相对人的合法权益。⑥

行政争议可能既涉及权利争端,也涉及利益冲突。在行政诉讼中,法院的判决只是对争议行政行为作“合法/违法”的二元判断,但如果争议背后隐藏的利益冲突

---

① 章剑生:《寻求行政诉讼和解在法律规范上的可能性——法律解释方法之视角》,载《当代法学》2009 年第 2 期。

② 喻文光:《行政诉讼调解的理论基础与制度建构》,载《华东政法大学学报》2013 年第 1 期。

③ 朱新力、高春燕:《行政诉讼应该确立调解原则吗?》,载《行政法学研究》2004 年第 4 期。

④ 林莉红:《论行政诉讼中的协调——兼评诉讼调解》,载《法学论坛》2010 年第 5 期。

⑤ 江必新、梁凤云:《行政诉讼法理论与实务》,北京大学出版社 2011 年版,第 50 ~ 54 页。

⑥ 喻文光:《行政诉讼调解的理论基础与制度建构》,载《华东政法大学学报》2013 年第 1 期。

没有得到真正解决，就会导致“案结事不了”或循环诉讼。例如，土地征用或房屋拆迁案件，如果只对行政决定的合法性作出撤销或维持决定，而不解决争议涉及的安置计划、补偿形式及标准等重要利益问题，那么只能是把矛盾又推回给了当事人，可能引发新的矛盾纠纷，甚至触发群体性利益冲突。调解注重通过对话交流找到争议背后的争议，即隐藏在权利主张后的利益冲突，针对当事人冲突的根本利益诉求，寻求共识，努力平衡各方的实际利益，最后实现双赢或多赢。调解机制的引入能够增强司法对当事人利益的救济功能，弥补裁判功能的不足。

在国家治理和社会管理中，政府不再唱独角戏，不再单纯运用单方的、命令的方式，而是更多通过理性商谈、公众参与、公私合作、指导和激励等协商治理的形式。国家与社会、公民的关系发生了深刻变化，互相之间承担着合作的职责。公民的主体地位凸显，不再是被动的被管理者和消极的服务接受者，而是合作者、决策参与者。完成行政任务的责任也在国家、社会和个人之间进行合理分配，社会的自我规制被强化，个体的自我责任被强调。在合作国家中，国家除了保留必须由其负责的领域外，其他的领域都交由社会去自我规制、自我管理。既然国家和社会、公民形成了一种合作关系来共同合作完成行政任务，在出现矛盾和纠纷时也要共同承担解决问题的责任。行政调解就是国家和公民、社会之间形成的责任共同体的产物，是一种社会自我规制形式的解决纠纷的工具。

行政法也随着合作国家的发展而转变为合作行政法，很多行政管理规范的表达方式也从条件式命题转变为目标式，即不作具体的规定，只为行政机关设定任务和目标。行政机关为了实现这些任务和目标，可以有多种选择，裁量的余地随之增大。例如，其可以与相对人签订目标协议或通过协商对话实现设定的行政管理目标。行政活动方式的变化与行政法的发展变迁，都迫使行政诉讼法与时俱进，拓展行政诉讼解决纠纷的模式。因为行政诉讼的审查对象——行政行为发生了深刻的变化，行政诉讼对其审查监督的方式也必须适当调整，如要审查行政机关与相对人订立的目标协议的合法性、合理性。行政诉讼的功能不仅限于对争议进行合法或违法的二元裁判，而是要定分止争，做到案结事了。

2014 年，《行政诉讼法》修改时在第 60 条引入了有限的调解原则，“人民法院审理行政案件，不适用调解。但是，行政赔偿、补偿以及行政机关行使法律、法规规定的自由裁量权的案件可以调解。调解应当遵循自愿、合法原则，不得损害国家利益、社会公共利益和他人合法权益”。

行政诉讼分为主观诉讼与客观诉讼,主观诉讼是以保护主观之个人权益为目的的诉讼类型,客观诉讼是以行政适法性控制、客观法秩序维护为目的的诉讼类型。我国行政诉讼在结构上呈现“内错裂”状态,将德国式主观诉讼的原告资格、法国式客观诉讼的合法性审查杂糅在一起,形成“雌雄难辨”的“中国特色”行政诉讼构造,既不是完整意义上的主观诉讼,也不是完整意义上的客观诉讼。[①] 监督行政机关依法行使职权是我国《行政诉讼法》的立法目的之一,其实质是为了实现客观法秩序之维护,至于保护公民、法人和其他组织的合法权益这一立法目的,应当通过法院对行政行为进行合法性审查予以实现。因此,立法规定行政诉讼只能“有限”调解是立足于行政诉讼客观法秩序维护功能之考虑。[②]

行政争议实质性解决蕴含着对纠纷解决“妥善性、一次性和迅速性”的回应——以调解、和解等合意型机制为手段,在纠纷解决过程中实现权利救济和权力监督,以“定分止争”完成纠纷终结的目标。《人民法院第五个五年改革纲要(2019—2023)》提出:“推进行政诉讼制度改革”,“推动行政争议实质性化解,监督和支持行政机关依法行政”。在未来实践中,行政司法调解将进一步深化。

(三)刑事司法调解

传统观点认为,在刑事诉讼中,刑事犯罪作为严重违反社会秩序的行为,是对公共利益和公权力的侵犯,不应当被允许协商处理,当事人不能自行和解或者由法院进行调解。2012 年《中华人民共和国刑事诉讼法》(以下简称《刑事诉讼法》)修改之前,法院可以进行调解的范围,只限于附带民事诉讼案件和部分自诉案件。

附带民事诉讼适用调解的原理等同于民事诉讼调解。因为附带民事诉讼的性质其实属于民事诉讼,只不过其与刑事案件的关系,为方便审理而将其与刑事诉讼连带进行。法院审理附带民事诉讼案件,可以根据自愿、合法的原则进行调解。经调解达成协议的,应当制作调解书。调解书经双方当事人签收后即具有法律效力。调解未达成协议或者调解书签收前当事人反悔的,附带民事诉讼应当同刑事诉讼

① 薛刚凌、杨欣:《论我国行政诉讼构造:“主观诉讼”抑或“客观诉讼”?》,载《行政法学研究》2013 年第 4 期。

② 谷骞:《论行政诉讼调解的适用范围》,载《行政法学研究》2021 年第 3 期。

一并判决。

法院对自诉案件,可以进行调解;自诉人在宣告判决前,可以同被告人自行和解或者撤回自诉。被害人有证据证明对被告人侵犯自己人身、财产权利的行为应当依法追究刑事责任,而公安机关或者人民检察院不予追究被告人刑事责任的案件,不适用调解。法院调解自诉案件,应当在查明事实、分清是非的基础上,根据自愿、合法的原则进行调解。调解达成协议的,应当制作刑事调解书,由审判人员、法官助理、书记员署名,并加盖法院印章。调解书经双方当事人签收后,即具有法律效力。调解没有达成协议,或者调解书签收前当事人反悔的,应当及时作出判决。

但是,在刑事司法新理念——恢复性司法(restorative justice)的传入和影响之下,刑事司法中协商解决纠纷的范围进一步扩大。

1. 恢复性司法理念

恢复性司法是指以犯罪对人们的伤害为出发点,通过司法修复犯罪对被害人、社区以及犯罪人本人造成的伤害,是一种与特定犯罪有利害关系的各方共同参与犯罪处理活动的司法模式。通过犯罪人与被害人之间的协商,并经过以专业人员或社区志愿者充当的中立第三方的调解,促进当事人的沟通与交流,并确定犯罪发生后的解决方案。恢复性结果是指通过道歉、赔偿、社区服务、生活帮助等补偿被害人因犯罪所造成的物质精神损失,使被害人受犯罪影响的生活恢复常态,同时,也使犯罪人通过积极、负责任的行为重新取得被害人及其家庭和社区成员的谅解,从而重新融入社区。

“恢复”是恢复性司法的核心概念,即对犯罪所造成的损害的恢复。首先,犯罪对被害人造成的身体、财产以及生命上的损害需要被恢复;在被害人死亡的情况下,被害人亲属遭受的精神和心理上的损害也需要被恢复。其次,犯罪所造成的对社区的损害需要被恢复,主要包括对社区财产、社区秩序以及社区人际关系的损害等。最后,犯罪行为对犯罪人的损害亦需要恢复,其内容包括使犯罪人恢复守法生活,使犯罪人恢复正常的社会生活状态等。[①]

① 在此应当强调的是,使犯罪人恢复正常的社会生活状态并不意味着消除对犯罪人的不利评价,遗忘犯罪人之前的所作所为,而是对犯罪人和社会的双向引导,使犯罪人能够融入社会正常的生活秩序,最大限度地避免其再犯罪。

"恢复"一词的含义,不能机械地理解为使事态恢复到犯罪发生前的状态,事实上犯罪所造成的某些损害是根本无法恢复原状的;而且,在人际关系方面,犯罪前的状态也并不是一种理想的状态,因为这种状态中包含了导致犯罪发生的人际冲突。恢复性司法的目标,是要通过被害人,犯罪人与社区成员之间的交流与对话,使社区人际关系升华到一种更和谐、人与人之间的纽带更牢固的境界。①

在恢复性司法中,遭受犯罪行为损害的各方当事人参与程序,表达自己的观点,通过彼此之间的沟通协商填补自身损害的方案,呈现个人参与性。同时,恢复性司法强调发挥社会的作用,呈现社会性。一方面,对犯罪行为的处理需要发挥社会的作用。通过负面评价、社区矫正以及心理疏导等机制,使犯罪人认识到自身行为的错误并真诚地悔过。另一方面,对犯罪行为的预防同样需要发挥社会的作用。通过引导犯罪人回归社会,使犯过罪的人不再犯罪;通过在全社会营造守法的氛围,使潜在的犯罪人放弃犯罪。

恢复性司法缓和与犯罪人的对抗性,使司法机关对犯罪人的动机、心理等与实施犯罪相关的因素形成更为深入的了解,从而以更充分的资料分析犯罪发生的原因,从根源上预防犯罪的发生,强调对将来犯罪的预防。相较于刑事追诉的模式而言,恢复性司法显然更具有灵活性。法定刑罚对犯罪人的财产、自由甚至生命的剥夺,使被害人及其亲属得到心理上的安慰,这仅是对被害人及其亲属意愿的一种推定。恢复性司法通过搭建犯罪人与被害人之间沟通的桥梁,使被害人及其亲属的真实意愿得以表达,并有很大可能性获得实现。

2. 刑事和解

随着恢复性司法理念的实践发展,2012 年《刑事诉讼法》的修改把当事人协商解决纠纷的范围扩展至部分公诉案件中。在该法第五编"特别程序"中增设第二章"当事人和解的公诉案件诉讼程序",采用了三个条文对刑事和解进行详细规定。

可以进行刑事和解的公诉案件范围,包括:

(1)因民间纠纷引起,涉嫌刑法分则第四章、第五章规定的犯罪案件,可能判处三年有期徒刑以下刑罚的。首先,此类纠纷属于民间纠纷,是指"公民之间有关人身、财产权益和其他日常生活中发生的纠纷"。《公安机关办理刑事案件程序规定》

① 刘东根:《恢复性司法及其借鉴意义》,载《环球法律评论》2006 年第 2 期。

第334条规定了不属于民间纠纷引起的犯罪案件:雇凶伤害他人的;涉及黑社会性质组织犯罪的;涉及寻衅滋事的;涉及聚众斗殴的;多次故意伤害他人身体的;其他不宜和解的。其次,此类案件属于刑法分则第四章、第五章规定的犯罪案件,即侵犯公民人身权利、民主权利罪以及侵犯财产罪。最后,此类案件属于可能判处三年有期徒刑以下刑罚,应当注意此处的三年为宣告刑而非法定刑。

(2)除渎职犯罪以外的可能判处7年有期徒刑以下刑罚的过失犯罪案件。但是,犯罪嫌疑人、被告人在5年以内曾经故意犯罪的,不能适用。一方面,此类案件属于过失犯罪而非故意犯罪。相较于故意犯罪而言,过失犯罪的行为人主观恶性较小,更易获得被害人及其家属的谅解。适用调解制度,有利于人际关系的恢复,也有利于对犯罪嫌疑人的教育改造。另一方面,渎职罪犯罪客体较为特殊,是国家公共利益和管理秩序,不应当适用调解。犯罪嫌疑人在犯罪前5年内曾经故意犯罪的,不适用刑事和解程序。

在这些公诉案件中,犯罪嫌疑人、被告人真诚悔罪,通过向被害人赔偿损失、赔礼道歉等方式获得被害人谅解,被害人自愿和解的,双方可以和解。公检法机关应当听取当事人和其他有关人员的意见,对和解的自愿性、合法性进行审查,并主持制作和解协议书。和解协议书应当包括以下内容:①被告人承认自己所犯罪行,对犯罪事实没有异议,并真诚悔罪;②被告人通过向被害人赔礼道歉、赔偿损失等方式获得被害人谅解;涉及赔偿损失的,应当写明赔偿的数额、方式等;提起附带民事诉讼的,由附带民事诉讼原告人撤回起诉;③被害人自愿和解,请求或者同意对被告人依法从宽处罚。和解协议书应当由双方当事人和审判人员签名,但不加盖法院印章。和解协议书一式三份,双方当事人各持一份,另一份交法院附卷备查。对和解协议中的赔偿损失内容,双方当事人要求保密的,法院应当准许,并采取相应的保密措施。

刑事和解中需要公检法主持制作和解协议书,在实践中公检法的相关人员也会积极参与进来,和解与调解实际上差异不大。因此,完全可以更广泛地借鉴民事司法调解的改革做法,引入中立、专业的调解员,在刑事和解的过程中进行引导和规范,提高和解的成功率和规范度。2016年,最高人民法院《关于人民法院进一步深化多元化纠纷解决机制改革的意见》也指出完善刑事诉讼中的和解、调解制度。对于符合刑事诉讼法规定可以和解或者调解的公诉案件、自诉案件、刑事附带民事案件,法院应当与公安机关、检察机关建立刑事和解、刑事诉讼中的调解对接工作机制,可以邀请基层组织、特邀调解组织、特邀调解员,以及当事人所在单位或者同事、亲友等参与调解,促成双方当事人达成和解或者调解协议。

第二节 商事仲裁

我国商事仲裁的发展总体上是一个逐渐去除行政性,回归民间性的过程。商事仲裁的前身是经济合同仲裁,具有比较强的行政属性,其主管部门是行政机关,之前是经济委员会,后改为工商行政管理局。曾经设立了多级仲裁体制,仲裁和诉讼的关系被定义为"先裁后审"的关系,仲裁成为诉讼的必经程序。1994 年《仲裁法》的颁布,标志着较为完备的现代仲裁制度已经形成,包括国际商事仲裁在内的仲裁事业进入快速发展的历史阶段。

一、仲裁独立原则

《仲裁法》第 8 条规定:"仲裁依法独立进行,不受行政机关、社会团体和个人的干涉。"第 14 条规定:"仲裁委员会独立于行政机关,与行政机关没有隶属关系。仲裁委员会之间也没有隶属关系。"这两条文明确了仲裁独立原则的三层含义。

1. 仲裁与行政脱钩

长期以来,仲裁机构主要隶属于行政机关。大量仲裁委员会办事机构领导由行政官员兼任,严重影响仲裁机构独立开展工作。仲裁委员会与其办事机构是同一个主体,两者功能存在差异,前者是决策监督机构,负责决策与监督后者的执行,后者执行前者的决定并对前者负责。[①] 仲裁委员会的领导和仲裁员由行政人员担任,被赋予一种行政管理权,使得仲裁手段、职能都带有鲜明的行政特点。仲裁实际上是一种行政裁断,仲裁靠强制,会破坏仲裁机构的信誉,不利于仲裁的发展。仲裁机构具有强烈的行政色彩,也并非真正意义上的仲裁机构。

商事仲裁早期的"行政化"特点有着特定的历史背景。1978 年改革开放后,我

---

① 王红松:《仲裁行政化的危害及应对之策》,载《北京仲裁》2007 年第 2 期。

国开始实行体制转型，深受计划经济体制的影响，行政管理作为计划经济体制实施的关键，也在各种具体制度的建立以及改革中发挥着重要作用。1994 年之前的国内仲裁属于行政仲裁，在行政仲裁中，当事人履行经济合同发生纠纷，只能通过仲裁解决，法院无管辖权；当事人不服的，可以向上一级行政机关申请复审，具有极强的行政化特征。

《仲裁法》确立仲裁独立于行政的原则，将"垄断性""强制性"的行政仲裁变为当事人自愿选择的民间性仲裁，将作为行政机关或隶属于行政机关的仲裁机构变为独立自主、自负盈亏的民间性、中介性服务组织。仲裁机构不再附属于行政机关，不再以行政权代替仲裁权，明确规定了仲裁机构与行政机构脱钩，对于消除我国长期以来仲裁具有的浓厚的行政色彩，恢复其民间属性，具有积极作用。仲裁机构的民间化程度越高，独立性越强，会有更多的商事主体信赖仲裁员和仲裁委员会的公正性，越有利于仲裁的发展。

2. 仲裁委员会之间没有隶属关系

仲裁活动主要由仲裁机构完成，仲裁机构作为仲裁制度的重要组成部分，指依法成立的有权根据仲裁协议受理、裁决仲裁案件并管理仲裁程序的机构。我国现行商事仲裁机构被称为仲裁委员会。仲裁机构的性质是社会民间机构而非国家权力机构，其设立通常是由某行业协会或商会设立并发展而来，具有民间自律性、自治性，仲裁权由国家法律赋予，其仲裁活动除依据国家的有关法律外，实际操作时是依据自行制定的仲裁规则、自主断案。民间性是仲裁区别于诉讼的最根本特征。每个仲裁机构具有独立性，没有高低之分，也没有上下级之别。

3. 仲裁庭独立裁决案件

仲裁庭对仲裁事项的处理非常类似于审判，采取裁决的形式。因此，作出仲裁裁决的第三方——仲裁庭或仲裁员的独立性对于仲裁的公平性非常关键。《仲裁法》第 7 条规定："仲裁应当根据事实，符合法律规定，公平合理地解决纠纷。"《仲裁法》对仲裁员资格作出了严格的规定与限制，要求公道正派、具有一定仲裁或律师工作经验，以此保证仲裁员的独立与公正。《仲裁法》第 34 条规定了仲裁员的回避制度。仲裁员有下列情形之一的，必须回避，当事人也有权提出回避申请：是本案当事人或者当事人、代理人的近亲属；与本案有利害关系；与本案当事人、代理人有其他关系，可能影响公正仲裁的；私自会见当事人、代理人，或者接受当事人、代理人的请客送礼的。

二、仲裁自愿原则

自愿原则贯穿于仲裁程序的始终,体现于《仲裁法》第4条、第6条、第16条、第18条、第31条、第39条、第40条、第44条、第54条等。当事人在仲裁权和仲裁程序启动阶段享有的高强度的自治权,是整个仲裁制度的基础和前提,也派生了仲裁程序刚柔相济的特性和仲裁结果的效力。我国仲裁法的自愿原则与国际上通行的意思自治原则相一致,不但尊重当事人的真实意愿,而且有利于纠纷的迅速解决,体现了仲裁制度的灵活性的特点。

当事人合意决定是否选择仲裁作为解决纠纷的手段。当事人采用仲裁方式解决纠纷,应当双方自愿,达成仲裁协议。没有仲裁协议,一方申请仲裁的,仲裁委员会不予受理。当事人对仲裁委员会、仲裁庭的组成和仲裁员也具有合意选择权。仲裁委员会应当由当事人协议选定。当事人约定由三名仲裁员组成仲裁庭的,应当各自选定或者各自委托仲裁委员会主任指定一名仲裁员,第三名仲裁员由当事人共同选定或者共同委托仲裁委员会主任指定。第三名仲裁员是首席仲裁员。当事人约定由一名仲裁员成立仲裁庭的,应当由当事人共同选定或者共同委托仲裁委员会主任指定。

当事人对于提交仲裁的争议事项具有合意选择权。仲裁协议包括合同中订立的仲裁条款和以其他书面方式在纠纷发生前或者纠纷发生后达成的请求仲裁的协议。仲裁协议应当具有下列内容:请求仲裁的意思表示;仲裁事项;选定的仲裁委员会。仲裁协议对仲裁事项或者仲裁委员会没有约定或者约定不明确的,当事人可以补充协议;达不成补充协议的,仲裁协议无效。

对仲裁的审理方式、开庭形式等程序性事项,当事人也有合意选择权。仲裁应当开庭进行。当事人协议不开庭的,仲裁庭可以根据仲裁申请书、答辩书以及其他材料作出裁决。仲裁不公开进行。当事人协议公开的,可以公开进行,但涉及国家秘密的除外。仲裁庭对专门性问题认为需要鉴定的,可以交由当事人约定的鉴定部门鉴定,也可以由仲裁庭指定的鉴定部门鉴定。仲裁裁决书应当写明仲裁请求、争议事实、裁决理由、裁决结果、仲裁费用的负担和裁决日期。当事人协议不愿写明争议事实和裁决理由的,可以不写。

三、仲裁协议的独立性

仲裁协议是当事人之间达成的,将已经发生或者将来可能发生的特定法律关系的争议提交仲裁裁决的书面协议。仲裁协议是仲裁制度的灵魂,协议仲裁是仲裁的根本制度。依据《仲裁法》第4条,当事人采用仲裁方式解决纠纷,应当双方自愿,达成仲裁协议;没有仲裁协议,一方申请仲裁的,仲裁委员会不予受理。

有效的仲裁协议是仲裁庭对当事人提交的争议行使管辖权的基石,当事人没有达成仲裁协议或者仲裁协议无效都将使仲裁管辖权成为空中楼阁。[①] 仲裁协议的生效要件包括主体要件、形式要件和实质要件。仲裁协议的当事人必须具备完全民事行为能力,无民事行为能力人或者限制民事行为能力人订立的仲裁协议无效。仲裁协议必须以书面形式订立。仲裁协议的内容能够充分体现当事人的仲裁意愿,如当事人是否通过仲裁解决纠纷,提交仲裁解决的争议事项的范围,提交哪个仲裁机构进行仲裁等。有下列情形之一的,仲裁协议无效:约定的仲裁事项超出法律规定的仲裁范围的;无民事行为能力人或者限制民事行为能力人订立的仲裁协议;一方采取胁迫手段,迫使对方订立仲裁协议的。

仲裁协议的独立性,又称为仲裁协议的可分性、自治性,是指仲裁协议,尤其是合同中的仲裁条款虽然依附于主合同,但与主合同的其他条款相互分离,其效力不受主合同效力的影响。传统观点认为,仲裁条款是与主合同不可分离的一部分,主合同无效,合同中的仲裁条款也随之无效。所谓“皮之不存,毛将焉附”。这是因为,作为主合同组成部分的仲裁条款是针对合同的法律关系而起作用的。当事人如对主合同的有效性问题提出异议,当事人首先应由法院对合同的效力和仲裁条款的效力作出决定,如果有效的话,才能采取仲裁解决。

随着仲裁的选择倾向性加强,这种传统观点受到越来越强烈的批评。如果合同当事人一方在他方提请仲裁时主张主合同无效,仲裁庭就不得不先让当事人取得法院对合同有效的判决才能开始仲裁程序,那么整个仲裁制度就失去了存在的基础。因此,仲裁协议独立性的理论得以提出。仲裁协议的独立性理论也经历从

---

① 覃华平:《我国仲裁裁决撤销制度探析及立法完善之建议》,载《中国政法大学学报》2017年第2期。

相对到绝对,从有条件到无条件的过程。[①] 一开始,仲裁条款只有在原合同有效而被解除或终止时才会被认定有效。如果主合同自始无效,仲裁条款就不能被认为有效。现在普遍接受的观点是,主合同自始无效也不影响仲裁条款的效力。

仲裁协议的独立性已为各国法律和国际条约普遍承认。例如,《仲裁示范法》第16条第1款规定,构成合同的一部分的仲裁条款应视为独立于其他合同条款以外的一项协议。仲裁庭作出关于合同无效的决定,不应在法律上导致仲裁条款的无效。虽然仲裁协议因主合同法律关系而生,且常常以主合同条款的形式存在,但仲裁协议的效力是独立的。当事人签订包含仲裁条款的合同时,其间形成的不是一个而是两个合同关系。

仲裁协议的独立性是对意思自治原则的运用和发展。当事人在仲裁协议中约定将与主合同有关的争议提交仲裁解决,表明了当事人排除法院诉讼管辖的真实意思,体现了当事人的意思自治。如果使仲裁条款的效力依附于主合同的效力,仲裁条款因主合同的无效而无效,从而否定仲裁机构的管辖权,则违背了当事人的真实意思,构成对意思自治原则的否定。

并且,仲裁协议与主合同在性质上具有差异性,仲裁协议或条款规定的不是一方当事人对另一方当事人的义务,它是双方当事人的协议,即如果产生了有关一方当事人对另一方当事人承担义务的争议,这些争议将由仲裁庭解决。只有坚持仲裁协议的独立性,才能使仲裁机构获得对仲裁事项的处理的管辖权。

如果否定仲裁协议的独立性,仲裁协议的效力必须受主合同效力的影响,就会导致仲裁机构的管辖权经常处于不确定状态,产生一种逻辑悖论:如果在仲裁过程中主合同被确认为无效,仲裁协议则无效,导致仲裁机构无管辖权;无管辖权的仲裁机构对主合同效力所作的裁决,其效力本身又存在疑问;结果是,虽然经过了仲裁,但主合同效力依然未定,仲裁机构的管辖权未定。此时,只有一种途径,当事人在提起仲裁之前向法院提起确认主合同效力的确认之诉,在主合同被确认有效后再提起仲裁;但是,这种情况显然就否定了仲裁协议具有排除诉讼管辖的效力。

因此,合同本身的效力争议并不使仲裁协议无效,仲裁机构仍然可以根据当事人签订的仲裁协议取得管辖权,体现了对当事人意愿的尊重,使仲裁机构获得确定

---

① 沈伟、陈治东:《商事仲裁法:国际视野和中国实践》(上卷),上海交通大学出版社2020年版,第210页。

的管辖权。《仲裁法》第19条第1款规定:“仲裁协议独立存在,合同的变更、解除、终止或者无效,不影响仲裁协议的效力。”最高人民法院《关于适用〈中华人民共和国仲裁法〉若干问题的解释》(以下简称《仲裁法解释》)第10条进一步补充规定:“合同成立后未生效或者被撤销的,仲裁协议效力的认定适用仲裁法第十九条第一款的规定。当事人在订立合同时就争议达成仲裁协议的,合同未成立不影响仲裁协议的效力。”

四、自裁管辖权

一方当事人依仲裁协议将争议提交仲裁后,另一方当事人对仲裁协议的效力提出异议、对仲裁庭的管辖权提出抗辩时,仲裁庭是否具有权限对仲裁协议的效力及其自身的管辖权作出决定。仲裁协议的独立性是权限问题的前提,权限问题是仲裁协议的独立性的必然后果。如果仲裁协议不具备独立性,则仲裁庭对一切争议的事项的管辖权无从谈起,仲裁庭的管辖权首先得依赖法院对仲裁协议是否有效作出认定后才能确定。反之,解决了仲裁协议的独立性问题,仲裁庭则理所当然有权对自身的管辖权和仲裁协议的效力作出认定,此即自裁管辖原则(the principle of competence-competence)。

《仲裁示范法》第16条规定:“(1)仲裁庭可以对其管辖权,包括对关于仲裁协议的存在或效力的任何异议作出裁定。为此目的,构成合同一部分的仲裁条款应当视为独立于合同其他条款的一项协议。仲裁庭作出关于合同无效的决定,在法律上不导致仲裁条款无效。(2)有关仲裁庭无管辖权的抗辩不得在提出答辩书之后提出。一方当事人指定或参与指定仲裁员的事实,不妨碍其提出此种抗辩。有关仲裁庭超越其权限范围的抗辩,应当在仲裁程序中出现被指称的越权事项时立即提出。在其中任何一种情况下,仲裁庭如认为迟延有正当理由的,可准许推迟提出抗辩。(3)仲裁庭可以根据案情将本条第2款所指抗辩作为一个初步问题裁定或在实体裁决中裁定。仲裁庭作为一个初步问题裁定其拥有管辖权的,任何一方当事人可在收到裁定通知后30日内请求第6条规定的法院对此事项作出决定,该决定不得上诉;在对该请求未决期间,仲裁庭可以继续进行仲裁程序和作出裁决。”

我国《仲裁法》第20条规定:“当事人对仲裁协议的效力有异议的,可以请求仲裁委员会作出决定或者请求人民法院作出裁定。一方请求仲裁委员会作出决定,另一方请求人民法院作出裁定的,由人民法院裁定。当事人对仲裁协议的效力有异议,应当在仲裁庭首次开庭前提出。”与《仲裁示范法》不同,我国法律规定仲裁机构取代仲裁庭对仲裁管辖权作出决定,而且法院对仲裁管辖权有最终决定权。仲裁员不能对他们是否具有管辖权作出最终决定权,其实违背了自裁管辖原则。仲裁机构作为行政管理主体,并不适宜对管辖权异议作出决定。

《中国国际经济贸易仲裁委员会仲裁规则(2015 年版)》(以下简称中国贸仲《仲裁规则》)第 6 条“对仲裁协议及/或管辖权的异议”中对自裁管辖权作了一定的修正。依据该条规定,仲裁委员会有权对仲裁协议的存在、效力以及仲裁案件的管辖权作出决定。如有必要,仲裁委员会也可以授权仲裁庭作出管辖权决定。仲裁委员会依表面证据认为存在有效仲裁协议的,可根据表面证据作出仲裁委员会有管辖权的决定,仲裁程序继续进行。仲裁委员会依表面证据作出的管辖权决定并不妨碍其根据仲裁庭在审理过程中发现的与表面证据不一致的事实及/或证据重新作出管辖权决定。仲裁庭依据仲裁委员会的授权作出管辖权决定时,可以在仲裁程序进行中单独作出,也可以在裁决书中一并作出。当事人对仲裁协议及/或仲裁案件管辖权的异议,应当在仲裁庭首次开庭前书面提出;书面审理的案件,应当在第一次实体答辩前提出。对仲裁协议及/或仲裁案件管辖权提出异议不影响仲裁程序的继续进行。仲裁委员会或经仲裁委员会授权的仲裁庭作出无管辖权决定的,应当作出撤销案件的决定。撤案决定在仲裁庭组成前由仲裁委员会仲裁院院长作出,在仲裁庭组成后,由仲裁庭作出。

在当事人同时向法院和仲裁机构提出仲裁管辖权异议时,如果仲裁机构已经接受申请并做出了裁决,则法院不得受理该异议。如果仲裁机构还没有作出决定,则法院可以接受案件并通知仲裁机构暂停仲裁程序。而且,依据《仲裁法解释》第 13 条,仲裁机构对仲裁协议的效力作出决定后,当事人向法院申请确认仲裁协议效力或者申请撤销仲裁机构的决定的,法院不予受理。

五、或裁或审与一裁终局

或裁或审是指当事人对已经发生或者可能发生的争议,有权选择仲裁解决或通过诉讼解决。或裁或审是对仲裁与诉讼两种方式之间关系的确定原则,同时确立仲裁具有排斥诉讼管辖权的效力。我国尊重当事人对争议解决方式的选择,但规定当事人只能在仲裁与诉讼中择其一,否则仲裁协议无效。"或裁或审"制包括着使仲裁相对独立,同时建立法院对仲裁机构的必要监督机制的双重意义。它较好地处理了仲裁与审判之间的关系,克服了"只裁不审"制和"又裁又审"制的弊端。[①] 或裁或审,是仲裁作为独立纠纷解决方式的标志。《仲裁法》第 5 条规定:"当事人达成仲裁协议,一方向法院起诉的,法院不予受理,但仲裁协议无效的除外。"《仲裁法解释》第 7 条规定:"当事人约定争议可以向仲裁机构申请仲裁也可以向人民法院起诉的,仲裁协议无效。但一方向仲裁机构申请仲裁,另一方未在仲裁法第二十条第二款规定期间内提出异议的除外。"

一裁终局,是指当事人之间的纠纷,一经仲裁庭审理和裁决即告终结,该裁决具有终局法律效力,即使当事人对裁决结果不服,也不能就同一纠纷再次向仲裁机构申请仲裁或者向法院起诉或上诉。《仲裁法》第 9 条第 1 款规定:"仲裁实行一裁终局的制度。裁决作出后,当事人就同一纠纷再申请仲裁或者向人民法院起诉的,仲裁委员会或者人民法院不予受理。"一裁终局使得仲裁裁决具有强制法律效力,可直接成为向人民法院申请强制执行的执行依据。而且,依据《仲裁法》第 62 条,一方当事人不履行仲裁裁决的,另一方当事人可以依照《民事诉讼法》的有关规定向人民法院申请执行,受申请的人民法院应当执行。

一裁终局是当事人的选择,亦是当事人的要求。商事仲裁的一裁终局制度与其民间性、独立性和自愿性密切相关。与作为国家权力的审判权不同,仲裁权来自于法律规定和双方当事人的授权,当事人选择商事仲裁,即自愿放弃了上诉的权利。在或裁或审制度下,当事人选择仲裁,是因为与诉讼相比,仲裁具有速度快、花费低、保密性强等优势,而且,一裁终局避免纠纷问题继续上诉至法院,符合当事人尽快了结纠纷,避免烦琐的诉讼程序的要求。一裁终局反映了仲裁对效率的追求。商事主体追求效率,促进资金和商品的快速流通,与此相应,高效的裁决程序对于商事纠纷的各方当事人而言极为重要,快速处理纠纷与追求公平正义具有同等价值,否则可能会对当事人造成经济损失。一裁终局简化了解决争议的烦琐程序,缩短案件审理的期间,促进商事纠纷的快速解决。仲裁对程序公正的强调体现在仲

---

① 焦洪涛:《从"又裁又审"到"或裁或审"——浅论我国经济合同立法的重大改革》,载《华中理工大学学报(社会科学版)》1995 年第 1 期。

裁员的选任、仲裁规则和仲裁机构的选择等方面,尊重当事人的自主选择,体现对公平正义的追求。

六、仲裁司法审查的双轨制

仲裁权是一种权力,也存在被滥用、误用的危险的可能。特别是在市场经济大潮中,仲裁权充满诱惑,拥有仲裁权的仲裁员容易成为当事人重点腐蚀的对象。故对仲裁进行监督很有必要。仲裁监督,包括仲裁机构内部监督、行业监督、司法监督、社会监督等。法院对仲裁的司法监督是重要一环,以权力制约权力,通过监督及时匡正仲裁权行使中的偏差和错误,维护仲裁裁决的正当性和公信力。公正也是当事人选择仲裁的重要价值之一。司法审查的存在对当事人是非常大的心理支持,他们知道极端或紧急的情况有司法救济途径就会更信任仲裁。因此,司法审查为仲裁注入了公信力,是仲裁公信力的重要来源。①

《仲裁法》与《民事诉讼法》确立了仲裁司法审查的双轨制:撤销仲裁裁决和不予执行仲裁裁决。撤销仲裁裁决是把仲裁裁决的全部效力予以取消,使纠纷解决状态回归至仲裁开始前的状态,从而全方面保护权益受侵害一方的利益。不予执行仲裁裁决主要是阻却仲裁裁决的执行效力,发生于执行程序中,由被执行人(通常为仲裁裁决的败诉方)提出。

(一)撤销仲裁裁决

撤销仲裁裁决,是指仲裁裁决作出和生效后,当事人或利害关系人在具备法律规定的条件和事由之时向法院提起诉讼请求撤销该仲裁裁决。撤销仲裁裁决具有救济和监督两层意义:一方面,申请撤销仲裁裁决权是法律赋予当事人、利害关系人的一项重要诉讼权利,撤销仲裁裁决为当事人、利害关系人提供了纠正错误仲裁裁决的重要司法手段。另一方面,撤销仲裁裁决也是法院对仲裁实施司法监督和司法控制的一种重要措施,和法院裁决仲裁协议的效力、裁定不予执行仲裁裁决等司法监督方式一起,共同构成对仲裁制度有效性的保障,也是实现仲裁公正性的保证。

---

① 石现明:《国际商事仲裁错误裁决司法审查救济制度的缺陷与克服》,载《南京师大学报(社会科学版)》2011 年第 1 期。

《仲裁示范法》第34条将申请撤销作为不服仲裁裁决的唯一追诉,并详细规定了申请撤销的事由,包括:(1)提出申请的当事人提出证据,证明有下列任何情况:①第7条所指仲裁协议的当事人有某种无行为能力情形;或者根据各方当事人所同意遵守的法律或在未指明法律的情况下根据本国法律,该协议是无效的;或②未向提出申请的当事人发出指定仲裁员的适当通知或仲裁程序的适当通知,或因他故致使其不能陈述案情;或③裁决处理的争议不是提交仲裁意图裁定的事项或不在提交仲裁的范围之列,或者裁决书中内含对提交仲裁的范围以外事项的决定;如果对提交仲裁的事项所作的决定可以与对未提交仲裁的事项所作的决定互为划分,仅可以撤销含有对未提交仲裁的事项所作的决定的那部分裁决;或④仲裁庭的组成或仲裁程序与当事人的约定不一致,除非此种约定与当事人不得背离的本法规定相抵触;无此种约定时,与本法不符;或(2)法院认定有下列任何情形:①根据本国的法律,争议事项不能通过仲裁解决;或②该裁决与本国的公共政策相抵触。(3)当事人在收到裁决书之日起3个月后不得申请撤销裁决;已根据第33条提出请求的,从该请求被仲裁庭处理完毕之日起3个月后不得申请撤销。(4)向法院申请撤销裁决时,如果适当而且一方当事人也提出请求,则法院可以在其确定的一段时间内暂时停止进行撤销程序,以便仲裁庭有机会重新进行仲裁程序或采取仲裁庭认为能够消除撤销裁决理由的其他行动。

我国《仲裁法》制定之时借鉴了《仲裁示范法》的上述条文,在第五章专章规定了"申请撤销裁决"的具体操作。根据《仲裁法》第58条的规定,当事人申请撤销仲裁裁决的,由仲裁委员会所在地的中级法院管辖。有下列六种情形之一的,可以申请撤销仲裁裁决的:(1)没有仲裁协议;(2)裁决的事项不属于仲裁协议的范围或者仲裁委员会无权仲裁;(3)仲裁庭的组成或者仲裁的程序违反法定程序;(4)裁决所根据的证据是伪造的;(5)对方当事人隐瞒了足以影响公正裁决的证据;(6)仲裁员在仲裁该案时有索贿受贿,徇私舞弊,枉法裁决行为。法院组成合议庭审理,并询问当事人,如确实具备上述撤销事由或者违背社会公共利益的,法院应当依法裁定撤销仲裁裁决。仲裁裁决一经撤销,法院对仲裁裁决的执行程序便失去执行依据。如果已进入执行程序,法院裁定终结执行。当事人申请撤销裁决的,应当自收到裁决书之日起6个月内提出。法院应当在受理撤销裁决申请之日起2个月内作出撤销裁决或者驳回申请的裁定。法院受理撤销裁决的申请后,认为可以由仲裁庭重新仲裁的,通知仲裁庭在一定期限内重新仲裁,并裁定中止撤销程序。仲裁庭拒绝重新仲裁的,法院应当裁定恢复撤销程序。

(二)不予执行仲裁裁决

不予执行仲裁裁决,是指法院在对仲裁裁决的申请执行书进行审查或执行的过程中,因出现法定原因裁定停止执行并结束执行程序的行为。依据《民事诉讼法》第244条规定,对依法设立的仲裁机构的裁决,一方当事人不履行的,对方当事人可以向有管辖权的法院申请执行。受申请的法院应当执行。被申请人提出证据证明仲裁裁决有下列情形之一的,经法院组成合议庭审查核实,裁定不予执行:(1)当事人在合同中没有订有仲裁条款或者事后没有达成书面仲裁协议的;(2)裁决的事项不属于仲裁协议的范围或者仲裁机构无权仲裁的;(3)仲裁庭的组成或者仲裁的程序违反法定程序的;(4)裁决所根据的证据是伪造的;(5)对方当事人向仲裁机构隐瞒了足以影响公正裁决的证据的;(6)仲裁员在仲裁该案时有贪污受贿,徇私舞弊,枉法裁决行为的。法院认定执行该裁决违背社会公共利益的,裁定不予执行。不予执行的申请事由与撤销的事由相同。仲裁裁决被法院裁定不予执行的,当事人可以根据双方达成的书面仲裁协议重新申请仲裁,也可以向法院起诉。

不予执行仲裁裁决和撤销仲裁裁决都是法院对仲裁行使司法监督权的体现,都是在法定情形下对仲裁裁决作出的否定性评价。但两者存在诸多不同之处(见表4-1)。

表4-1　撤销仲裁裁决和不予执行仲裁裁决的区别

区别	撤销仲裁裁决	不予执行仲裁裁决
提出请求的当事人	当事人和利害关系人	被执行人
提出请求的期限	自收到仲裁裁决书之日起6个月内	在一方当事人申请执行仲裁裁决且进入执行程序后
管辖法院	仲裁委员会所在地的中级法院	申请执行人提出执行申请的法院
审查主体	法院的民事审判庭	法院的执行局
是否重新仲裁	可以通知仲裁庭在一定期限内重新仲裁	不可要求仲裁庭重新仲裁
裁定的法律效果	裁决自始不发生法律效力	裁决只是丧失了强制执行力

裁定撤销仲裁裁决后,就不存在仲裁裁决的执行问题;而裁定不予执行仲裁裁决后,仍然存在仲裁裁决的撤销问题,在法定的除斥期间内仍然可以申请撤销仲裁裁决。

根据《仲裁法解释》第26条至第28条的规定,当事人申请不予执行仲裁裁决存在三种限制情形。

当事人向法院申请撤销仲裁裁决被驳回后,又在执行程序中以相同理由提出不予执行抗辩的,法院不予支持。实践中,当事人往往以相同的理由先申请撤销后申请不予执行仲裁裁决,如果允许两次司法审查的存在,则不仅浪费司法机关的资源,而且可能得出矛盾的两种结论,有损仲裁裁决的稳定性和司法机关的权威。故有必要限制,防止当事人滥用撤销申请权和不予执行申请权。

当事人在仲裁庭首次开庭(答辩期满后法院组织的第一次开庭审理)未对仲裁协议的效力提出异议,在仲裁裁决作出后以仲裁协议无效为由主张撤销仲裁裁决或者提出不予执行抗辩的,法院不予支持。对于仲裁协议的效力理论上采取默示有效原则,当事人未依法律的规定主张既存的仲裁协议无效的,视为当事人已经认可了仲裁协议的效力。但是,当事人在仲裁程序中对仲裁协议的效力提出异议,在仲裁裁决作出后又以此为由主张撤销仲裁裁决或者提出不予执行抗辩,经审查符合《仲裁法》第58条或者《民事诉讼法》第213条、第258条规定的,法院应予支持。

当事人请求不予执行仲裁调解书或者根据当事人之间的和解协议作出的仲裁裁决书的,法院不予支持。仲裁庭尊重当事人的主体性和自治性,并将意思自治之下调解或和解的结果以仲裁调解书或仲裁裁决书的形式固定下来,赋予相应的法律效力。而且,已经给予当事人在意思表示失真的情况下予以补救的机会。对于仲裁调解书,当事人在签收前可以反悔,如反悔,仲裁庭应当及时作出裁决;对于仲裁过程中达成的和解协议,允许当事人申请撤回仲裁申请,并可以反悔,反悔后还可以根据仲裁协议申请仲裁。在仲裁裁决的执行过程中,当事人事后向法院请求不予执行仲裁调解书或者根据当事人之间的和解协议作出的仲裁裁决书,有悖于诚信原则,也缺乏法律依据,故有必要进行限制。

七、仲裁的改革

我国仲裁从1995年开始历经了两次创业时期,第一次为1995年至2004年,第二次为 2005 年至 2014 年，自 2014 年进入“案件受理多样化，纠纷解决多样化”的“两化”发展时期。①

国外的仲裁制度有很强的原发性，先有市场经济后有仲裁制度，仲裁制度的形成是市场经济发展的结果而不是市场经济发展的原因。而在我国，仲裁制度是植入性、移植性的，几乎是随着市场经济建设同步进行。它不是市场经济自然发展的结果，不具有原发性，而是具有很强的融入性问题。② 西方体系将个体权利作为出发点，作为“私下”(private)解决纠纷方式的仲裁，当事人意思自治贯穿于整个仲裁程序。中国体系是以国家作为权利的保护者出发，以仲裁的质量监督着眼，将仲裁视为解决纠纷的“公共”方式。这种“自上而下”(国家控制)理念，与西方仲裁“自下而上”(契约属性)形成鲜明对比，并对中国仲裁的发生产生深远影响。③

《仲裁法》实施后，对我国商事仲裁的统一和发展起到了积极的推动作用。随着社会主义市场经济深入发展和对外开放进一步扩大，仲裁工作面临“全国仲裁发展极不平衡”和“仲裁的作用还没有充分体现”的问题。④ 具体而言，仲裁委员会内部治理结构不完善、仲裁发展秩序不规范、仲裁国际竞争力不强、监督制约机制不健全、支持保障不到位等新情况新问题，影响了仲裁公信力，制约了仲裁事业的健康快速发展。

2014 年《中共中央关于全面推进依法治国若干重大问题的决定》明确提出“健全社会矛盾纠纷预防化解机制，完善调解、仲裁、行政裁决、行政复议、诉讼等有机衔接、相互协调的多元化纠纷解决机制。……完善仲裁制度，提高仲裁公信力”的改革任务。2018 年，中共中央办公厅和国务院办公厅共同印发的《关于完善仲裁制度提高仲裁公信力的若干意见》明确提出：改革完善仲裁委员会内部治理结构；加快推进仲裁制度改革创新；提高仲裁服务国家全面开放和发展战略的能力；加大对仲裁工作的支持与监督力度。

仲裁机构的发展依然面临一个去行政化和强化民间性的难题。仲裁机构还是在民间性和行政化两者之间徘徊不定：一部分具有明显的民间组织特点，实行自负

① 湖北省法学会仲裁法研究会：《中国仲裁史稿》，法律出版社 2018 年版，第 450 ~ 451 页。

② 湖北省法学会仲裁法研究会：《中国仲裁史稿》，法律出版社 2018 年版，第 543 ~ 544 页。

③ 樊堃：《仲裁在中国：法律与文化分析》，法律出版社 2017 年版，第 191 页。

④ 湖北省法学会仲裁法研究会：《中国仲裁史稿》，法律出版社 2018 年版，第 551 页。

盈亏的经营模式和行业自律管理;一部分定位于事业单位,运作主要依靠行政拨款和采取收支两条线的方式;还有一部分介于两者之间。仲裁机构法律属性的确定关系仲裁机构治理、改革方向选择与仲裁制度的优化。

《关于完善仲裁制度提高仲裁公信力的若干意见》中提出:负责组建的政府要在坚持仲裁公益性、确保资产不流失的前提下,研究探索适应仲裁工作特点、有利于提高仲裁公信力和增进仲裁工作活力的内部管理机制改革,赋予仲裁委员会在人事、财务、薪酬制度等方面相应自主权。仲裁委员会可以根据自身发展实际情况,选择具体财务管理方式;选择行政事业收费管理的,执行事业单位财务规则;选择仲裁收费转为经营服务性收费管理的,比照企业财务通则执行。①

上述意见中的改革做法正体现了学者们提及的“市场竞争机制下的内部治理”改革方案。仲裁的根本制约力量是基于当事人的自由选择权而形成的市场竞争机制,以及由此推动的仲裁机构内部治理。当事人自由选择仲裁机构和仲裁员的权利构成了对仲裁的“人口控制”和对当事人权利的根本保障,并在远期意义上形成对仲裁机构生存和发展的强大控制力。②

2021 年 7 月 30 日,司法部公布《中华人民共和国仲裁法(修订)(征求意见稿)》,向社会公开征求意见。③ 该征求意见稿亮点颇多,体现在:统一规范境内外仲裁机构登记管理;尊重当事人对仲裁员的选择权,明确仲裁员名册为“推荐”名册;删除仲裁条款需要约定明确的仲裁机构的硬性要求,增加关于“仲裁地”的规定;体现司法对仲裁的支持态度,增加行为保全和紧急仲裁员制度,明确仲裁庭有权决定临时措施;增加关于“涉外商事纠纷”可以进行“临时仲裁”的制度等。

---

① 2021 年 8 月 21 日,由 15 名委员组成的上海仲裁委员会第七届委员会召开了第一次委员会全体会议,委员会作为决策机构和决策主体,正式开始履行决策职责。上海仲裁委员会退出事业单位序列,成为由市政府依法组建、市司法局登记管理的常设性仲裁机构,作为非营利法人独立运作,实行以委员会为核心的法人治理结构,建立决策权、执行权、监督权相互分离、有效制衡的治理机制。新一届委员包括 3 位专长于不同领域的法学教授和 1 位专长于信息化的工科教授、2 位法律专业行业协会会长、3 位商界领袖、3 位分别来自美洲、欧洲和亚洲的境外资深仲裁员和 3 位具有丰富仲裁机构管理经验的专职驻会领导。张维:《去年全国仲裁机构受案 41.5 万余件》,载《法治日报》2022 年 3 月 23 日,第 2 版。

② 江伟、肖建国主编:《仲裁法》(第 3 版),中国人民大学出版社 2016 年版,第 4 页。

③ 《司法部关于〈中华人民共和国仲裁法(修订)(征求意见稿)〉公开征求意见的通知》,载司法部网 2021 年 7 月 30 日,http://www.moj.gov.cn/pub/sfbgw/lfyjzj/lflfyjzj/202107/t20210730_432967.html。

仲裁法修订是仲裁界的大事，对促进仲裁制度的长远发展、提升仲裁的竞争力和吸引力都有着重要而深远的意义。2021 年，全国 270 家仲裁机构受理案件共计 415, 889 件，标的额达 8593 亿余元，标的额再创新高。[①] 在仲裁事业蓬勃发展之际，如何修改仲裁法，完善符合中国国情、适应新时代发展要求的中国特色社会主义仲裁制度，是当前我国仲裁发展所面临的重要问题。

第三节　信　　访

一、信访的概念与功能

信访，拆开而言，信是指信件，访是指走访；合起来而言，就是人民群众来信、来访。人民群众发出信件和走访的对象是谁呢？可能是行政机关，也可能是党组织、人民代表大会、司法机关、人民团体等。群众信访的目的是什么呢？可能是自己的合法权益受到侵害，也可能是自己发现某些不正之风，故通过信件和走访的方式向对象主体反映情况，提出建议、意见或者投诉请求。

在传统意义上，信访是一种反映民情民意的方式，主要功能是信息的反馈，权利救济功能居于次要地位；信访的主体具有广泛性，所有关心公共事务的公民均可以就其知晓的事实向有关机关反映情况、提出意见。这种广义上的信访观念包罗万象，针对性不强，因而需要精简，突出权利救济的功用，形成更贴合现实的信访观念。信访逐渐成为人们在遇到纠纷之时，特别是与国家权力主体之间发生纠纷时，进行自身权利救济的一种重要申诉途径。

信访制度具有多重功能：

1. 信息反馈

在复杂的国家权力系统中，上级国家机关真正了解基层情况和民意存在诸多障碍，而信访制度的存在为上级国家机关绕过基层政府直接了解基层的情况提供了信息来源。这种直接的民意表达途径也确保了信息的真实性、充分性，上级国家

---

① 张维：《去年全国仲裁机构受案 41.5 万余件》，载《法治日报》2022 年 3 月 23 日，第 2 版。

机关能够真正了解基层存在的问题,并据此提出相应的解决方案和政策措施。

2. 法律监督

信访人检举、揭发国家机关工作人员的违法失职行为、不正之风或其他问题,提供追查线索,从而推动自上而下的监督机制的启动。上级国家机关在监督基层机关权力行使时缺乏时效性,而基层群众对于基层机关的权力运行程序和模式最为熟悉,基层群众通过信访制度监督基层机关的权力行使,能够真实反映问题,具有直接性。在社会转型时期,因经济制度变化、各种规则的缺失而导致基层行政违法行为频发,通过信访来规制行政违法行为,监督基层权力行使,也是保障公民权利的重要途径。

3. 权利救济

无救济既无权利,信访作为公民实现权利救济的一种补充性途径,当公民权利受到国家权力机关的侵害时,而又无法通过诉讼、行政复议、仲裁等法定途径解决时,通过信访程序公民可以向上一级国家机关反映问题,上一级国家机关责成下一级机关处理问题或提出相应的解决方案。信访机构通过提供咨询解释、处理,协调处理或转送其他机关处理等方式,实现对当事人权益的救济和解决纠纷。

4. 公民参与治理

信访制度的正当性源于《宪法》赋予公民的批评建议权和申诉权。民众通过信访向政府及相关机构提出意见和建议,反映情况,使其可以及时深入了解社会状况、政策执行情况、民众诉求、舆论反映等最直接的信息。对国家治理而言,上级国家机关由于各方面的原因,想要深入了解民意还是有困难的。而信访是通过公民直接向国家机关反映情况,绕过了基层政府,确保了信息的含金量和真实性,能够充分地表达民意,让上级机关真正地了解实践中存在的一些问题。因此,信访是公民参与社会治理的重要方式,也是我国治理体系的重要环节。①

二、信访的发展

信访制度诞生于新中国的政法传统中,是中国特色的民主实现和权益救济制

---

① 陈红梅:《解读信访制度》,载《学术界》2005 年第 6 期。

度。信访制度所依托的政治文化、意识形态以及信访制度的设计、运作、功能颇具有中国特色。新中国成立后,从中共中央办公厅到政务院,都建立了接待和处理人民群众来信来访的工作制度。1951年,毛泽东作"必须重视人民的通信"的批示,同年政务院专门颁布了《关于处理人民来信和接见人民工作的决定》,为信访工作的规范开展提供了制度支撑。

在诉讼制度尚未规范化发展的期间,信访对于疏解人民群众诉求,起到非常重要的积极作用。信访的发展进程与我国法治建设、司法改革息息相关,总体可概括为七个时期。①

从新中国成立到现代法治建设事业启动,可分为三个时期:创建时期(1949～1957年)、探索调整期(1957～1976年)、恢复重塑期(1976～1982年)。

1951年《关于处理人民来信和接见人民工作的决定》是我国信访工作制度化的初步尝试,是第一部规范信访行为和信访工作的行政法规。全国各地随后陆续制定了一系列有关信访工作的指示、办法等规章。1957年,召开了第一次全国信访工作会议,通过了《中国共产党各级党委机关处理人民来信、接待群众来访工作暂行办法》以及国务院《关于加强处理人民来信和接待人民来访工作的指示》两个文件,第一次把人民群众通过向政府机关写信和要求见面接谈看作是人民的一种民主权利,是人民监督政府工作的一种方法。

信访工作的一些基本原则被确立。具体而言,信访制度的性质是"密切联系群众";信访工作的地位是"各级国家机关一项经常的重要政治任务";对待人民信访的态度是"热情接待,负责处理";对信访人事机构的设置是"指定专人""设立问事处或接待室";处理信访工作是部门领导人负责制,"必须有一个领导人亲自掌管机关的处理人民来信和接待人民来访工作";正式提出了"归口交办"的原则,"对于群众提出的大量的各种各样的问题,则必须分别归口交办"。②

从20世纪80年代开始,信访的发展进入法制规范化时期。具体分为四个时期:

---

① 李晓瑜:《当代中国信访法治化进程的回顾与展望》,载《领导科学》2020年第4期。

② 于水、杨溶溶:《中国信访制度的历史变迁与特征:基于政策文本的分析》,载《公共管理与政策评论》2017年第6期。

(一)法制起步期(1982~1995年)

改革开放以后,随着国家政治、经济形势向好,各项政策稳步落实,信访的内容也发生了很大的变化,信访制度也有了促进经济建设和改革开放的新定位。

1982年,第三次全国信访工作会议通过《党政机关信访工作暂行条例(草案)》,并审议修改《当前信访工作形势和今后的任务》,在领导机构、工作原则、部门协同、工作人员职责等方面进一步作出了明确规定。1986年,中共中央办公厅和国务院办公厅的信访局正式合并,组成中共中央办公厅国务院办公厅信访局。

1995年,信访法制化进程中的一个具有里程碑性意义的行政法规得以颁布——《信访条例》,1996年1月1日正式施行。该条例终结了信访工作长期以来依政策而不依法的历史,明确了信访活动的职能定位是"保持党和各级政府同人民群众的密切联系",确立了"分级负责、归口办理"的工作原则、信访两级终结制度、回避制度等,奠定了信访法规规章的基本框架,开创了信访法制建设的新局面。

(二)功能转型期(1996~2005年)

在世纪之交,由于社会转型、体制改革和政策调整,利益冲突日益复杂、频发,加上腐败和权利滥用问题严重,地方政府权威下降,司法和其他正常的解纷机制不能满足社会需求,信访的作用过分被放大。

21世纪初,面临着信访激增的严峻局面,信访内容反映的问题相对集中、政策性、群体性问题突出,信访诉求形势日趋激烈。信访总量连续11年上升,在2003年形成信访洪峰,并呈现倒金字塔形;信访集中于向中央和国家机关的越级信访。

信访制度应当如何改革?是保留还是取消?其存亡成为讨论的焦点,形成两种针锋相对的观点:信访加强论和信访削弱取消论。信访加强论,认为应"以群众工作统揽信访工作",强化信访部门职权,使其具有解决实体纠纷的权力。信访削弱取消论,则认为信访是"人治",应取消信访制度,通过立法救济、行政监督和司法裁判等法治化途径解决社会纠纷。

信访在我国多元化纠纷解决机制中有其不容忽视的功能和作用。当民众通过诉讼、仲裁、行政复议等法定途径无法实现权利救济时,只能寻求信访程序化解。民众不相信法律,在这种情况下只能寻求"人治"。但随着我国法治建设的不断推进,司法救济应该成为公民救济的主要途径。因此,信访的功能需要回归其原有设计的轨道。

2000年,中办国办信访局更名为国家信访局,成为专门负责全国信访工作的副部级行政机构。大部分县建立了基层信访工作机构,一些县设有专职或者兼职的干部负责信访工作,之后各地信访机构陆续实现党政合设,信访工作网络基本形成。

2005年,国务院修订《信访条例》,对1995年旧条例的修改幅度高达90%。立法部门所持的观点是,决策者既不弱化信访制度,也不强化信访制度,而是在现有的条件下"规范信访制度"。[①] 2005年《信访条例》提出一系列规范化措施,如赋予信访机构提出行政处分建议权、改进工作建议权和完善政策建议权三项全新职权,增设疑难信访听证制度,变信访两级终结制为三级终结制,分离涉法涉讼信访与普通信访等。新《信访条例》具有较强的针对性和可操作性,体现了民主与法治的精神,是渐进改革信访制度迈出的重要一步。

之后,国家信访局制定了具体的工作规则,包括处理群众来信、接待群众来访、督查督办等方面。全国30个省级信访地方性法规陆续出台,加之配套的工作办法、细则,较为完整的信访法规制度体系初具形态。

(三)创新加速期(2006~2012年)

随着改革的深入和利益格局的改变,信访工作中也出现了一些新问题、新矛盾、新难点。中共十六届六中全会赋予了信访工作新的职责,提出了更高的要求。2007年,中共中央、国务院《关于进一步加强新时期信访工作的意见》提出,构建统一领导、部门协调,统筹兼顾、标本兼治,各负其责、齐抓共管的信访工作新格局,建立畅通、有序、务实、高效的信访工作新秩序,形成与构建社会主义和谐社会目标任务相适应的信访工作新机制,推进信访工作的制度化、规范化和法制化。2008年,为有效预防和惩处信访工作中的违法行为,监察部、人力资源和社会保障部、国家信访局联合发布了《关于违反信访工作纪律处分暂行规定》,随后中纪委发布了《关于违反信访工作纪律适用〈中国共产党纪律处分条例〉若干问题的解释》,对信访工作的追责作出规定,有利于规范信访工作人员的行为、保护信访人的合法权益。

---

① 吴超:《新中国六十年信访制度的历史考察》,载《中共党史研究》2009年第11期。

信访工作的法制化进程迅速迈进,形成了以《关于进一步加强新时期信访工作的意见》为纲领,以《信访条例》为主体,以《关于违反信访工作纪律处分暂行规定》等规范性文件和领导干部定期接访、机关干部下访,矛盾纠纷排查化解等制度文件为重要补充,以地方法规、部门规章和制度为衔接配套的较为完备的信访工作制度体系。①

信息化时代的到来使网上信访成为一种有效的畅通信访渠道,得到大力推广。国家信访局在全国29个省100个单位进行网上信访试点的基础上,于2007年1月正式开通全国信访信息系统,逐渐与46个中央机关和各省市县实现互联互通。

(四)法治完善期(2013年至今)

2012年中共十八大强调,依法治国是党的基本方略,法治是治国理政的基本方式,全面落实依法治国的基本方略,建设法治政府是全面建成小康社会的目标之一,依法治国的重要性进一步凸显。中共十八大报告明确把"完善信访制度"列入加强和创新社会管理体制中,依法信访也是全面推进依法治国的必然要求。

从2013年到2015年,中共十八届三中全会、四中全会和五中全会分别强调要将信访纳入全面深化改革的总目标。《中共中央关于全面推进依法治国若干重大问题的决定》明确提出,把信访纳入法治化轨道,保障合理合法诉求,依照法律规定和程序就能得到合理合法的结果。党的十八大以来,信访制度开始改革和创新,改革涉诉涉法信访工作机制,信访开始回归到法治轨道。

三、信访的程序

2022年,中共中央、国务院发布《信访工作条例》,自同年5月1日起施行。条例适用于各级党的机关、人大机关、行政机关、政协机关、监察机关、审判机关、检察机关以及群团组织、国有企事业单位等开展信访工作。条例明确了新时代信访工作的"三个重要"定位,即信访工作是党的群众工作的重要组成部分,是党和政府了解民情、集中民智、维护民利、凝聚民心的一项重要工作,是各级机关、单位及其领

① 吴超:《信访制度的阶段性特征》,载《重庆社会科学》2015年第10期。

导干部、工作人员接受群众监督、改进工作作风的重要途径。

条例共6章50条,围绕做好新时代信访工作的总体要求、信访工作体制和工作格局、信访事项处理程序、信访工作监督体系等方面进行了顶层设计。明确健全党领导信访工作的体制机制,构建党委统一领导、政府组织落实、信访工作联席会议协调、信访部门推动、各方齐抓共管的信访工作格局。

条例的第三章和第四章是关于信访程序的规定,包括信访事项的提出和受理、信访事项的办理。信访的基本流程包括:从受理,到登记,再到办理(分为自办、交办和转办三种方式),然后到反馈、办结和归档(见图4-1)。

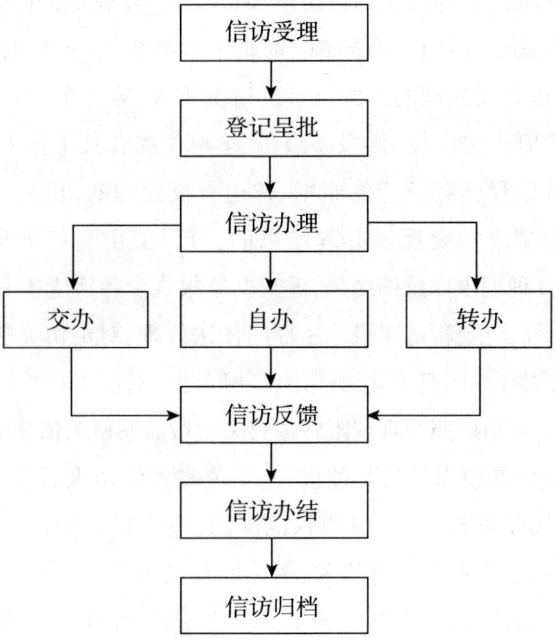

图4-1　信访的程序流程

(一)信访事项的提出和受理

公民、法人或者其他组织(称为"信访人")可以采用信息网络、书信、电话、传真、走访等形式,向各级机关、单位反映情况,提出建议、意见或者投诉请求。信访人一般应当采用书面形式提出信访事项,并载明其姓名(名称)、住址和请求、事实、理由。对采用口头形式提出的信访事项,有关机关、单位应当如实记录。信访人提出信访事项,应当客观真实,对其所提供材料内容的真实性负责,不得捏造、歪曲事实,不得诬告、陷害他人。

信访人采用走访形式提出信访事项的,应当到有权处理的本级或者上一级机关、单位设立或者指定的接待场所提出。信访人采用走访形式提出涉及诉讼权利救济的信访事项,应当按照法律法规规定的程序向有关政法部门提出。多人采用走访形式提出共同的信访事项的,应当推选代表,代表人数不得超过 5 人。信访事项已经受理或者正在办理的,信访人在规定期限内向受理或办理机关、单位的上级机关、单位又提出同一信访事项的,上级机关、单位不予受理。

各级党委和政府信访部门收到信访事项,应当予以登记,并区分情况,在 15 日内分别按照下列方式处理:(1)对依照职责属于本级机关、单位或者其工作部门处理决定的,应当转送有权处理的机关、单位;情况重大、紧急的,应当及时提出建议,报请本级党委和政府决定。(2)涉及下级机关、单位或者其工作人员的,按照“属地管理、分级负责,谁主管、谁负责”的原则,转送有权处理的机关、单位。(3)对转送信访事项中的重要情况需要反馈办理结果的,可以交由有权处理的机关、单位办理,要求其在指定办理期限内反馈结果,提交办结报告。各级党委和政府信访部门对收到的涉法涉诉信件,应当转送同级政法部门依法处理;对走访反映涉诉问题的信访人,应当释法明理,引导其向有关政法部门反映问题。对属于纪检监察机关受理的检举控告类信访事项,应当按照管理权限转送有关纪检监察机关依规依纪依法处理。

党委和政府信访部门以外的其他机关、单位收到信访人直接提出的信访事项,应当予以登记;对属于本机关、单位职权范围的,应当告知信访人接收情况以及处理途径和程序;对属于本系统下级机关、单位职权范围的,应当转送、交办有权处理的机关、单位,并告知信访人转送、交办去向;对不属于本机关、单位或者本系统职权范围的,应当告知信访人向有权处理的机关、单位提出。

对信访人直接提出的信访事项,有关机关、单位能够当场告知的,应当当场书面告知;不能当场告知的,应当自收到信访事项之日起 15 日内书面告知信访人,但信访人的姓名(名称)、住址不清的除外。

对党委和政府信访部门或者本系统上级机关、单位转送、交办的信访事项,属于本机关、单位职权范围的,有关机关、单位应当自收到之日起 15 日内书面告知信访人接收情况以及处理途径和程序;不属于本机关、单位或者本系统职权范围的,有关机关、单位应当自收到之日起5个工作日内提出异议,并详细说明理由,经转送、交办的信访部门或者上级机关、单位核实同意后,交还相关材料。

政法部门处理涉及诉讼权利救济事项、纪检监察机关处理检举控告事项的告知按照有关规定执行。涉及两个或者两个以上机关、单位的信访事项,由所涉及的机关、单位协商受理;受理有争议的,由其共同的上一级机关、单位决定受理机关;受理有争议且没有共同的上一级机关、单位的,由共同的信访工作联席会议协调处理。应当对信访事项作出处理的机关、单位分立、合并、撤销的,由继续行使其职权的机关、单位受理;职责不清的,由本级党委和政府或者其指定的机关、单位受理。

各级机关、单位对可能造成社会影响的重大、紧急信访事项和信访信息,应当及时报告本级党委和政府,通报相关主管部门和本级信访工作联席会议办公室,在职责范围内依法及时采取措施,防止不良影响的产生、扩大。地方各级党委和政府信访部门接到重大、紧急信访事项和信访信息,应当向上一级信访部门报告,同时报告国家信访局。

(二)信访事项的办理

各级机关、单位及其工作人员应当根据各自职责和有关规定,按照诉求合理的解决问题到位、诉求无理的思想教育到位、生活困难的帮扶救助到位、行为违法的依法处理的要求,依法按政策及时就地解决群众的合法合理诉求,维护正常信访秩序。办理信访事项,应当恪尽职守、秉公办事,查明事实、分清责任,加强教育疏导,及时妥善处理,不得推诿、敷衍、拖延。应当按照诉讼与信访分离制度要求,将涉及民事、行政、刑事等诉讼权利救济的信访事项从普通信访体制中分离出来,由有关政法部门依法处理。与信访事项或者信访人有直接利害关系的,应当回避。

对信访人提出的申诉求决类事项,有权处理的机关、单位应当区分情况,分别按照下列方式办理:(1)应当通过审判机关诉讼程序或者复议程序、检察机关刑事立案程序或者法律监督程序、公安机关法律程序处理的,涉法涉诉信访事项未依法终结的,按照法律法规规定的程序处理。(2)应当通过仲裁解决的,导入相应程序处理。(3)可以通过党员申诉、申请复审等解决的,导入相应程序处理。(4)可以通过行政复议、行政裁决、行政确认、行政许可、行政处罚等行政程序解决的,导入相应程序处理。(5)属于申请查处违法行为、履行保护人身权或者财产权等合法权益职责的,依法履行或者答复。(6)不属于以上情形的,应当听取信访人陈述事实和理由,并调查核实,出具信访处理意见书。对重大、复杂、疑难的信访事项,可以举行听证。

信访处理意见书应当载明信访人投诉请求、事实和理由、处理意见及其法律法规依据:(1)请求事实清楚,符合法律、法规、规章或者其他有关规定的,予以支持;(2)请求事由合理但缺乏法律依据的,应当作出解释说明;(3)请求缺乏事实根据或者不符合法律、法规、规章或者其他有关规定的,不予支持。

有权处理的机关、单位作出支持信访请求意见的,应当督促有关机关、单位执行;不予支持的,应当做好信访人的疏导教育工作。各级机关、单位在处理申诉求决类事项过程中,可以在不违反政策法规强制性规定的情况下,在裁量权范围内,经争议双方当事人同意进行调解;可以引导争议双方当事人自愿和解。经调解、和解达成一致意见的,应当制作调解协议书或者和解协议书。

需要出具信访处理意见书的信访事项,应当自受理之日起60日内办结;情况复杂的,经本机关、单位负责人批准,可以适当延长办理期限,但延长期限不得超过30日,并告知信访人延期理由。信访人对信访处理意见不服的,可以自收到书面答复之日起30日内请求原办理机关、单位的上一级机关、单位复查。收到复查请求的机关、单位应当自收到复查请求之日起30日内提出复查意见,并予以书面答复。信访人对复查意见不服的,可以自收到书面答复之日起30日内向复查机关、单位的上一级机关、单位请求复核。收到复核请求的机关、单位应当自收到复核请求之日起30日内提出复核意见。复核机关、单位可以按照规定举行听证,经过听证的复核意见可以依法向社会公示。听证所需时间不计算在前款规定的期限内。信访人对复核意见不服,仍然以同一事实和理由提出投诉请求的,各级党委和政府信访部门和其他机关、单位不再受理。

信访的程序具有非正式性的特点,程序上比较灵活、便利,没有固定的程序规制。信访人提出信访事项时,不需要缴纳任何费用,可以随时提出信访投诉意见。当事人启动信访权利救济程序几乎不需要其他实体性限制条件,对于信访人提出的信访事项,信访机关必须登记、明确答复,信访人启动信访程序的门槛较低。

信访的程序还具有补充性的特点。信访部门处理的信访事项内容广泛,涉及生活的方方面面,当事人不能依法通过诉讼、仲裁、行政复议等主要救济手段解决时，则选择通过信访程序寻求救济。信访程序在一定程度上具有拾遗补缺的补充性。信访属于一种行政申诉、协调、救济机制，其在多元化纠纷解决机制中拥有兜底的保障作用。

四、"信访法"制定的必要性

信访领域是公权力与私权利矛盾最集中的地方之一，在全面推进依法治国的今天，必须以法律形式调节社会利益关系，规范公共权力行为，保障公民合法权益。随着全面深化改革的进一步推进，我国各阶层出现格局变动或利益调整，一些深层次的矛盾开始涌现，各个群体、各个地区、各个行业的矛盾出现复杂化、多样化的特征。信访领域是公民直接表达诉求的领域，最能体现公民对于公权力运行的意见、建议或不满，因此以法律的形式规定信访制度，让规制公权力在信访领域有法可依，是依法信访最直接的体现，是信访制度改革的基本方向，也是"依法治国"在信访领域的具体体现。

把信访提升到法律层面，既可以增强国家机关工作人员处理信访事项的法治意识和法律责任，也可以增强公民依法信访的规则意识和自律责任。按照"法无授权不可为、法定职责必须为"的原则，进一步明确信访工作的职能定位，明晰信访部门与职能部门的权责清单，着重解决信访地统一立法与其他相关法律法规的衔接问题，明确信访工作机构的组织、管辖、职权、程序，规范信访秩序，健全及时解决群众合理诉求的机制。

《信访条例》的法律位阶低、权威性不够，且只能规范行政信访，对事关党委、人大、政府、司法机关以及社会组织的信访问题难以起到作用。《信访条例》缺乏刚性罚则，对上访人的行为缺乏具体罚则，对信访责任不落实、失职渎职、侵害群众合法权益等行为如何处理、由谁来进行责任追究，以及法律依据等，都没有明确规定。《信访条例》是关于信访人、信访工作机构和有关行政机关权利和义务的规定，需要通过法律后果和责任追究予以落实，也需要强制力作为后盾，但《信访条例》缺乏关于法律后果的规定，也缺少责任追究机制。《信访条例》使用了大量的模糊语言，在适用时扩大了自由裁量空间的同时，也增加了实际操作的难度。例如，尚未明确"造成严重后果"的范围，这种仅为原则性的立法语言缺少明确、具体的说明，在实践中很难把握操作的限度。《信访条例》创设了一些信访制度，但规定的条款过于宽泛、粗陋,仅作了纲领性或原则性说明,缺少具有操作流程规定,因此制度难以有效落实。目前的信访法规、规章尚未形成一个独立的体系,制约了法治信访的良性发展。因此,制定"信访法",不仅非常必要,而且非常紧迫。[①]

2017年,信访法已经列入全国人大常委会立法工作计划的研究论证项目。"信访法"的讨论制定,是当前信访制度发展的重要内容。

第四节　专门纠纷的非诉讼纠纷解决程序

一、劳动争议

(一)劳动争议的概念和特征

劳动争议是指因劳动雇佣关系引起的纠纷,主要是劳动者和用人单位之间因劳动报酬、劳动条件、雇用与解雇、工伤赔偿、就业歧视和竞业禁止,以及其他问题引起的纠纷。

劳动争议具有以下特征:(1)劳动关系主体的特定性,即劳动争议发生在存在劳动关系的用人单位和劳动者之间。没有劳动关系的其他主体之间因劳动问题而引发的争议不属于劳动争议。(2)劳动争议是建立在劳动法律关系的基础上的。劳动法律关系的存在是劳动争议发生的前提。(3)劳动争议的内容具有限定性。只有涉及劳动关系双方当事人之间的权利和义务的争议才是劳动争议,包括劳动报酬、劳动条件、雇用与解雇、工伤赔偿、就业歧视和竞业禁止等方面。(4)劳动争议双方主体关系具有双重属性。用人单位和劳动者在签订劳动合同的过程中,双方法律地位平等,表现出双方平等性的特点;但在劳动者的工作过程中,又要受到用人单位的管理,体现出双方不平等的特点,因此具有平等性与不平等性的双重属性。[②]

---

① 李申学:《应尽快制定〈中华人民共和国信访法〉》,载人民政协网2016年8月23日,http://www.rmzxb.com.cn/c/2016-08-23/993500.shtml。

② 罗燕主编:《劳动争议处理》,中国劳动社会保障出版社2005年版,第5页。

(二)劳动争议处理中的 ADR

劳动关系兼有人身关系和财产关系的特性,是一种基础的社会关系,对于维持社会的稳定具有十分重要的意义。虽然劳动关系具有一定的流动性,但实现劳动关系稳定性与长期性仍是法律制度设计的目标。因此,建立一个能够使双方及时化解矛盾并能够维持继续合作的劳动纠纷解决机制也是各国处理劳动争议的重要目标。现代 ADR 的最初规模化适用,便是产生于集体劳动纠纷中。在我国,受长期形成的单位社会的影响,劳动争议一直有重视协商、调解、仲裁等 ADR 程序的习惯性做法。

劳动争议处理制度在我国的发展,可分为四个阶段。

1. 初创时期(1949 ~ 1956 年)

1949 年,中华全国总工会公布了《关于劳动争议解决程序的暂行规定》,提出了劳动争议应采取协商、仲裁、法院审理三种方式处理。1950 年,中央劳动部发布了《市劳动争议仲裁委员会组织及工作规章》及《关于劳动争议解决程序的规定》,标志着劳动争议处理制度初步建立。劳动争议处理机关为各级政府的劳动行政机关。

2. 中断时期(1956 ~ 1980 年)

社会主义公有制改造已基本完成,企业所有制及劳动关系呈现单一化,劳动争议案件逐年减少,并逐渐撤销了各级处理劳动争议的机构。处理劳动争议不再通过仲裁或诉讼的方式,而是通过群众信访制度来处理。

3. 恢复时期(1980 ~ 1993 年)

1980 年国务院《中外合资经营企业劳动管理规定》和 1986 年《国营企业实行劳动合同制暂行规定》规定了处理劳动争议的三种程序:协商、仲裁和法院审理。《国营企业实行劳动合同制暂行规定》第 31 条规定:劳动合同双方发生争议时,应当协商解决;协商无效的,可以向当地劳动争议仲裁委员会申诉,由劳动争议仲裁委员会仲裁;对仲裁不服的,可以向当地法院起诉。此时的仲裁由政府的劳动管理部门负责。

1987 年《国营企业劳动争议处理暂行规定》规定,县、市、市辖区设立劳动争议仲裁委员会,实行强制仲裁和一裁两审制度。劳动争议处理的范围包括因履行劳动合同发生争议和因开除、除名、辞退违纪员工而引发的争议。因履行劳动合同发生的争议,当事人可以向企业劳动争议调解委员会申请调解,也可以直接向当地劳动争议仲裁委员会申请仲裁。因开除、除名、辞退违纪职工发生的劳动争议,当事人应当直接向当地仲裁委员会申请仲裁。当事人一方或者双方对仲裁不服的,可以在收到仲裁决定书之日起 15 日内向法院起诉;一方当事人期满不起诉又不执行的,另一方当事人可以申请法院强制执行。

4. 发展完善时期(1993 年至今)

1993 年,《国营企业劳动争议处理暂行规定》升级为《企业劳动争议处理条例》,扩大了仲裁的范围,确立了我国境内各种企业的劳动争议处理制度,规定劳动争议的处理程序有自行协商、企业调解、劳动仲裁和诉讼。

1994 年,《中华人民共和国劳动法》得以颁布,第十章"劳动争议"确立了"一调一裁两审"的劳动争议处理程序,即在发生劳动争议时,要先调解、后仲裁,再经过两次审判。调解原则同时适用于仲裁和诉讼程序,但协商和调解不是劳动争议处理的必须环节。仲裁是诉讼程序的前置环节,一方当事人应当自劳动争议发生之日起 60 日内向劳动争议仲裁委员会提出书面申请;仲裁裁决一般应在收到仲裁申请的 60 日内作出;当事人对仲裁裁决不服的,可以自收到仲裁裁决书之日起 15 日内向法院提起诉讼。

2001 年,我国成立了第一家专门处理劳动争议的仲裁机构,即深圳市劳动争议仲裁院。通过成立独立的劳动争议仲裁机构,更加突出了仲裁机构的独立性、中立性及准司法性,去除了之前其所承担的行政职责,提高了劳动争议案件的办案效率。各地开始仲裁机构实体化试点和全面推进工作,独立的劳动争议仲裁机构处理案件更加专业化。

2007 年,《劳动争议调解仲裁法》得以颁布,总共 4 章,包括:总则;调解;仲裁;附则。该法中明确解决劳动争议的原则,即应当根据事实,遵循合法、公正、及时、着重调解的原则。同时,再次明确"一调一裁两审"的劳动争议处理机制。发生劳动争议,劳动者可以与用人单位协商,也可以请工会或者第三方共同与用人单位协商,达成和解协议。当事人不愿协商、协商不成或者达成和解协议后不履行的,可以向调解组织申请调解;不愿调解、调解不成或者达成调解协议后不履行的,可以向劳动争议仲裁委员会申请仲裁;对仲裁裁决不服的,除本法另有规定的外,可以向法院提起诉讼。

劳动争议调解组织的范围,从企业劳动争议调解委员会扩展至依法设立的基层人民调解组织,以及在乡镇、街道设立的具有劳动争议调解职能的组织。申请劳动仲裁的时效期间延长至1年,从当事人知道或者应当知道其权利被侵害之日起计算。

劳动仲裁中存在"一裁终局"的特别程序,适用于追索劳动报酬、工伤医疗费、经济补偿或者赔偿金,不超过当地月最低工资标准12个月金额的争议,以及因执行国家的劳动标准在工作时间、休息休假、社会保险等方面发生的争议。不过,用人单位有证据证明仲裁裁决有下列情形之一,可以自收到仲裁裁决书之日起30日内向劳动争议仲裁委员会所在地的中级法院申请撤销裁决:适用法律、法规确有错误的;劳动争议仲裁委员会无管辖权的;违反法定程序的;裁决所根据的证据是伪造的;对方当事人隐瞒了足以影响公正裁决的证据的;仲裁员在仲裁该案时有索贿受贿、徇私舞弊、枉法裁决行为的。仲裁裁决被法院裁定撤销的,当事人可以自收到裁定书之日起15日内就该劳动争议事项向法院提起诉讼。

2009年,人力资源和社会保障部、司法部、中华全国总工会、中国企业联合会、中国企业家协会共同发布的《关于加强劳动人事争议调解工作的意见》强调,逐步建立和完善企事业单位调解、乡镇街道调解、行业调解、人民调解、行政调解等多渠道的争议调解体系,推动和促进具有调解职能的其他社会组织及律师、专家学者开展调解工作,形成开放式的社会化调解网络,最大限度地将争议通过调解快捷、平稳地化解,维护劳动人事关系和谐和社会稳定。

2022年,人力资源和社会保障部与中央政法委、最高人民法院、工业和信息化部、司法部、财政部、中华全国总工会、中华全国工商业联合会、中国企业联合会/中国企业家协会联合印发《关于进一步加强劳动人事争议协商调解工作的意见》,指出:强调加强源头治理,强化争议预防指导,健全风险监测预警机制;强化协商和解,指导用人单位建立内部争议协商机制,强化和解协议履行和效力;做实多元调解,推进调解组织建设,加强调解工作规范化建设;①加强工作联动,健全劳动人事

---

① 《关于进一步加强劳动人事争议协商调解工作的意见》提出了四条要求:一是推进基层劳动人事争议调解组织建设。推动大中型企业普遍建立劳动争议调解委员会,建立健全以乡镇(街道)、工会、行业商(协)会、区域性等调解组织为支撑、调解员(信息员)为落点的小微型企业劳动争议协商调解机制。二是建设市、县级劳动人事争议仲裁院调解中心和工会法律服务工作站。推动在有条件的市、县级劳动人事争议仲裁院内设调解中心和工会法律服务工作站,开展协商、调解和法律服务工作,建立常态化调裁、调诉对接机制。三是加强调解工作规范化建设。要求调解组织进一步落实调解组织和调解员名册制度,建立健全内部管理制度。四是加大调解服务供给。要求乡镇(街道)等调解组织发挥自身优势积极化解劳动人事争议,引导和规范社会力量积极有序参与调解。

争议调解与人民调解、行政调解、司法调解联动工作体系，强化调解与仲裁、诉讼衔接；[①]提升服务能力，加强队伍建设，加大保障力度。

二、家事纠纷

(一) 家事纠纷的概念和特征

家事纠纷，是指涉及婚姻家庭关系的纠纷，包括由婚约、离婚、家庭成员关系、赡养、监护、抚养、继承等人身关系和财产关系引起的纠纷。

家事纠纷具有私密性和公益性的特点。常言道“清官难断家务事”，家事纠纷中所涉及的个人利益与社会利益存在千丝万缕的联系，稍有不慎就会由简单的家庭个体矛盾，激化引发社会群体性争议。家事纠纷的当事人之间存在某种特定身份关系，或是血缘或是婚姻关系，涉及感情、亲情和道德，权利义务关系比较复杂，很难简单判断是与非。因此其解纷的目标应当是促成当事人的心理治疗、情感恢复、消除对立、实现和解。家事纠纷虽然是“私事”，但又有公益性，家庭关系的稳定关系到整个社会的和谐稳定，如果处理不好，家事纠纷可能上升为暴力事件或刑事案件。家事纠纷中涉及的妇女、儿童、老年人的权益保护，也是整个社会弱势群体保护所关注的重点。

(二) 家事纠纷处理中的 ADR

我国有着注重“家和万事兴”的文化传统，在家事纠纷中历来非常注重调解。家事纠纷解决机制经历了从新中国成立后形成的“着重调解”、以司法为最终裁决的多元纠纷解决机制，到 20 世纪 80 年代一元的司法主导局面，再到近期衔接诉讼

---

① 《关于进一步加强劳动人事争议协商调解工作的意见》在总结地方经验的基础上，主要从三个方面作出规定：一是健全劳动人事争议调解与人民调解、行政调解、司法调解联动工作体系，主要是在党委政法委统筹协调下，加强人社部门与法院、司法行政等部门的工作沟通，强化各类调解资源整合，形成矛盾联调、力量联动、信息联通的工作格局。二是参与社会矛盾纠纷调处中心建设。要求相关部门主动融入地方党委、政府主导的社会矛盾纠纷多元预防调处化解综合机制，发挥职能优势。三是强化调解与仲裁、诉讼衔接。建立健全仲裁员分片联系调解组织、调解协议申请仲裁审查或者司法确认等制度。推进劳动人事争议“总对总”在线诉调对接，依法落实支付令制度。

与非诉讼解决方式、重建多元纠纷解决模式的过程。①

1980 年《中华人民共和国婚姻法》第 25 条规定,男女一方要求离婚的,可由有关部门进行调解;法院审理离婚案件,应当进行调解。1985 年《中华人民共和国继承法》第 15 条规定,继承人应当本着互谅互让、和睦团结的精神,协商处理继承问题;遗产分割的时间、办法和份额,由继承人协商确定;协商不成的,可以由人民调解委员会调解或者向法院起诉。

法院一直努力开展家事审判程序的改革试点,建立独立的家事审判程序。2016 年最高人民法院发布《关于在部分法院开展家事审判方式和工作机制改革试点工作的通知》。全国 100 余家法院结合各地区特点,改变以往"一判了之"的办案方式,开创多元化家事审判模式,大力发展家事调解制度,化解矛盾解决争端。

2018 年,最高人民法院《关于进一步深化家事审判方式和工作机制改革的意见(试行)》中,对改革经验进行总结,提出:加强与相关职能部门和单位的协调配合,动员和激励社会各界力量共同参与,推动建立司法、行政和社会相结合的多元化纠纷解决机制,共同打造共建共治共享的社会治理格局。并且,强调法院审理家事案件,应当增强调解意识,拓展调解方式,创新调解机制,提高调解能力,将调解贯穿案件审判全过程。依法成立的人民调解、行政调解、商事调解、行业调解及其他具有调解职能的组织,可以申请加入家事调解委员会特邀调解组织名册。品行良好、公道正派、热心调解工作并具有较强沟通协调能力的个人可以申请加入家事调解委员会特邀调解员名册。法院可以邀请人大代表、政协委员、人民陪审员、专家学者、律师、基层法律服务工作者、仲裁员、退休法律工作者、基层工作者以及其他具有社会、人文、法律、教育、心理、婚姻家庭等方面专业知识的个人加入家事调解委员会特邀调解员名册。少数民族聚居地区可邀请熟悉当地语言、风俗习惯、宗教信仰等情形的个人加入家事调解委员会特邀调解员名册。

家事调解中还非常注重各类专业人士的配合。法院还组建了家事调查员、家事调解员、心理疏导员(俗称"三员")队伍。家事调查员利用自身熟悉社情民意、易于沟通的优势,通过实地走访的方式对家事案件中特定事项的有关事实进行调查,

① 巫若枝:《30 年来我国家事纠纷解决机制的变迁及其启示——基于广东省某县与福建省厦门市五显镇实践的分析》,载《法商研究》2010 年第 2 期。

收集家事案件事实的相关信息和资料。心理疏导员则是对当事人或者未成年人进行心理疏导,缓解家庭纠纷中的情绪矛盾。两者都是为调解和审判做好铺垫,缓和当事人之间的矛盾,促使当事人在纠纷解决后依然保持和睦关系。

目前,我国的民间调解机构类型尚没有统一的规定,居委会、村委会、妇联在一定程度上都参与到家事纠纷的调解中。但这些组织并不是专门的调解机构,既不能集中精力组织调解,也不能提供专门化的服务。因此,建立专门的家事纠纷调解委员会确有必要。[①] 此外,家事纠纷的处理过程是一个融合情理法的典型过程。如何使情理法取得最佳的平衡点,是家事纠纷处理机制中努力完善和改进所追寻的目标。

三、消费纠纷

(一)消费纠纷的概念和特征

消费纠纷是指消费者与经营者之间发生的与消费者权益有关的争议。消费纠纷的形式多样,涉及多种法律关系:从产品责任、服务质量、价格、消费者知情权、反垄断到格式合同;从侵权责任到违约责任;从过错责任到严格责任;从事后处理、救济到事先预防、召回;从消费者与个别生产者或消费者之间的争议到消费者群体及其组织与行业协会、商会之间的利益平衡;从个别消费者的权益主张到大规模的群体性纠纷和集团诉讼等。

消费纠纷的当事人具有力量对比不平等的特点。一方是为了满足生活需要而购买产品、服务的消费者个体,另一方是商家和企业,有较高的组织专业化程度。虽然双方表面上是平等的民事主体,但存在实质地位的不平等。当消费纠纷发生时,无论是双方的经济实力还是信息获取能力,消费者都处于弱势地位。若不对消

① 一些地方已经开展设立家事纠纷人民调解委员会的工作。例如,南京市司法局、市妇联通力协作,在全市建成家事调解社区工作室 512 个,其中省级标准化家事调解工作室 13 个,组建一千余人的家事调解员队伍。预计到 2023 年年底,家事调解社区工作室将在全市 1200 多个村居实现全覆盖。2021 年度,全市累计调解家事纠纷案件 1.2 万余件,2022 年上半年调解 6300 余件,充分发挥了人民调解在家事矛盾纠纷多元化解机制中的基础性作用。2021 年,市人民调解员协会成立家事调解专业委员会,联合高校专家,编写《家事纠纷人民调解手册》,探索了家事纠纷多元化解的南京路径。《坚持创新发展新时代“枫桥经验” 南京市发布〈家事纠纷人民调解手册〉》,载澎湃网 2022 年 7 月 11 日,https://m.thepaper.cn/baijiahao_18961664。

费者加以特殊保护,就会造成实质的不平等。

消费纠纷具有经常性、多发性和复杂性的特点。消费发生于日常生活中的方方面面,消费纠纷可能随时发生。消费纠纷发生在生活中各个领域,从一般的买卖、产品质量、产品服务、售后服务等产品质量纠纷,到保险纠纷、医疗纠纷等。消费纠纷可能涉及财产侵害,也可能涉及人身侵害,也可能是二者兼有。消费纠纷涉及的法律也具有复杂性,既可能是侵权法律,也可能是合同法律;企业或经营者既可能违反民法,也可能违反刑法、经济法或行政法。随着互联网的发展,出现新型的消费方式,消费纠纷也出现许多新的类型。

消费纠纷的处理与市场经济的良性循环机制的正常运行密切相关。消费纠纷涉及每个消费者权益的保护,如果处理不好,就会造成消费者对企业和消费市场丧失信心,导致市场经济恶化。对企业而言,企业的产品、服务得到消费者的认可才能在竞争中获得优势,促进商品、服务的质量进一步提高。消费纠纷得到及时、有效的解决对于维护企业、经营者的信誉有重要作用,只有经营者的良性竞争才能促进市场经济的良性发展。

(二)消费纠纷处理中的 ADR

改革开放以来,随着企业性质的改变和商品经济的发展,各种消费品的数量不断增加,新消费形式不断出现,从而引发的消费纠纷也越来越多,消费者开始产生维权意识。1983 年,河北省成立了我国第一个消费者组织。1984 年,中国消费者协会成立。

1993 年,国家颁布了《中华人民共和国消费者权益保护法》,于 1994 年 1 月 1 日起正式实施。该法规范了消费者协会的职能,明确了消费者的权利和义务,并规定了五种消费者的权利救济途径。消费者和经营者发生消费者权益争议的,可以通过下列途径解决:与经营者协商和解;请求消费者协会或者依法成立的其他调解组织调解;向有关行政部门投诉;根据与经营者达成的仲裁协议提请仲裁机构仲裁;向法院提起诉讼。前四种均为 ADR 程序。

1. 协商和解

经营者自身应当重视协商和解途径的使用,因为这是一种最便捷、成本最低,也是最有效防止纠纷扩大,保障自身经营活动正常进行的有效方法。协商和解的事项必须是双方当事人有权利处分的事项。当涉及犯罪行为、国家利益、公共利益或第三人利益时,当事人不能进行和解。协商和解必须遵循自愿原则。当事人是否协商和解,按怎样的方式协商和解及按怎样的条件和解都由当事人自己决定。

2. 调解

消费纠纷的调解主体存在一个比较特殊的组织,即消费者协会(以下简称消协)。消协和其他消费者组织是依法成立的对商品和服务进行社会监督的保护消费者合法权益的社会组织。消协的公益性职责中包括:受理消费者的投诉,并对投诉事项进行调查、调解。消协的调解是众多调解机制中最规范、最有效的一种形式。消协作为一种受国家主管行政机关支持和指导的半官方组织,具有较严密的组织形式,较强的经济力量和权威地位,能够给予弱势消费者有力支持。

3. 行政投诉

消费者认为合法权益受到侵害时,可以向行政机关请求保护和救济。市场监督管理局(以下简称市监局)是处理消费纠纷行政投诉的主要部门。2019 年,国家市监总局公布《市场监督管理投诉举报处理暂行办法》,明确"投诉"是指消费者为生活消费需要购买、使用商品或者接受服务,与经营者发生消费者权益争议,请求市监局解决该争议的行为。投诉由被投诉人实际经营地或者住所地县级市监局处理;对电子商务平台经营者以及通过自建网站、其他网络服务销售商品或者提供服务的电子商务经营者的投诉,由其住所地县级市监局处理;对平台内经营者的投诉,由其实际经营地或者平台经营者住所地县级市监局处理。在投诉处理的过程中,市监局经投诉人和被投诉人同意,可以采用调解的方式处理投诉;也可以鼓励投诉人和被投诉人平等协商,自行和解。

4. 仲裁

目前,我国没有设立专门针对消费纠纷的仲裁程序,而适用普通仲裁规则很不利于对消费者权利的保护。例如,在 ofo 退还押金事件中,ofo 公司在格式合同的争议解决条款中设定了仲裁条款,约定"凡因本协议引起的或与本协议有关的任何争议,均应提交中国国际经济贸易仲裁委员会"。根据中国贸仲《仲裁规则》,争议金额在 1000 元以下,仲裁费用最低不少于 6100 元(案件受理费最低不少于 100 元,案件处理费最低不少于 6000 元)。若单个消费者提起仲裁,其仲裁费用最低不少于 6100 元,而且该消费者即使在仲裁中胜诉,其垫付的仲裁费用最终能否获得足额赔偿,以及能否及时获得赔偿,本身也是个问题。因此,消费仲裁在实践中利用率不高,反而被经营者滥用成为阻却消费者寻求权益保护的障碍。

为实现保护消费者权益的目的,消费纠纷的仲裁制度从规则上有必要限制经营者的仲裁意思自治,减免消费者的仲裁费用,采取更灵活的程序,选择性地公开消费仲裁结果。消费仲裁的改革应成为当前我国消费纠纷解决机制发展的一个重点。

四、医疗纠纷

(一)医疗纠纷的概念和特征

医疗纠纷又称医患纠纷,是指医生或医疗单位在医疗过程中,由事故或其他失职行为导致的与患者之间的纠纷。

医疗纠纷包括下列特征:

1. 当事人地位非常不平等

虽然法律上赋予了患者和医疗机构平等的法律地位,但二者在医疗纠纷中存在事实上的不平等。患者一方并不能参与到医疗活动中,只能被动地接受医疗机构的服务。医疗机构的服务又有很强的专业性,患者和家属不能选择和参与医疗过程。当患者和家属在纠纷发生时,想要追究医疗机构的责任时,很难找到充分的理由和切入点。患者和医疗机构所掌握的信息是不对等的。患者往往对于医疗行为所产生的后果、医疗过程中存在的问题、医疗纠纷的性质及后果与医疗行为之间的关系是不知情的。

2. 医疗行为具有很高的专业性

医疗纠纷涉及的医疗科学本身就具有极高的专业性、技术性,这对医疗行为的性质、损害程度、医疗行为与损害后果之间的因果关系的认定造成了诸多困难,往往需要专业鉴定机构加以鉴定辅助认定。仅凭借法官或者调解员的法律知识处理医疗纠纷,很难得到一个医患双方都认可的结果。

3. 医患纠纷涉及的客体是患者的人身权利

医疗纠纷的产生往往是因为患者认为自己的生命权、健康权因医疗机构的医疗行为而受到了损害,产生了严重的不良后果。因医疗行为而产生的不良后果,可能是由于疾病本身发展的原因,有可能是医疗行为不当产生的。对于不良后果产生的原因认识不一致,是医患双方产生纠纷的关键。

4. 医疗纠纷处理不当易造成矛盾激化

医疗纠纷中产生的不良后果即身体或健康的损坏,本身就会对患者本人或家属造成精神痛苦。在维权过程中,由于双方信息的不对等,患者一方难以掌握、理解与医疗纠纷性质、医疗行为和不良后果的因果关系等有关的信息,在纠纷处理中对医疗机构不信任,进而采取不理智的维权方式,甚至激化为暴力事件。

从某种意义上言,医疗纠纷可被视为一种消费纠纷,患者作为消费者前往医院寻求治病的服务,在服务过程中产生的纠纷。但是,医疗服务和一般服务又有着不同的特点,其专业性很强,判断服务质量的标准也很复杂,消费者难以简单作出判断,而必须借助于专业人士的介入。这使医疗纠纷的处理变得比较复杂。医院与一般的经营者也存在不同,多数医院属于公有性质,其正常运行关系到社会的正常秩序。因此,我国一直非常关注构建医疗纠纷的多元化处理机制。

(二) 医疗纠纷处理中的 ADR

20 世纪 50 ~ 60 年代,诉讼一直是我国处理医疗纠纷的主要方式,法院在处理医疗纠纷时,会请医务人员作为人民陪审员。1966 ~ 1976 年,医疗纠纷处理机制处于停滞发展时期。直到 1976 年以后,医疗纠纷处理机制才恢复发展。

国务院于 1987 年发布《医疗事故处理办法》,规定了行政调解和诉讼两种方式,医疗纠纷的 ADR 机制开始建立。2002 年又发布《医疗事故处理条例》,取代《医疗事故处理办法》,规定处理医疗纠纷的方式主要有三种:诉讼、协商和解、行政调解。行政调解由卫生行政部门负责。发生医疗事故争议,当事人申请卫生行政部门处理的,由医疗机构所在地的县级人民政府卫生行政部门受理。医疗机构所在地是直辖市的,由医疗机构所在地的区、县人民政府卫生行政部门受理。当事人自知道或者应当知道其身体健康受到损害之日起 1 年内,可以向卫生行政部门提出医疗事故争议处理申请。

2018 年,《医疗事故处理条例》升级为《医疗纠纷预防和处理条例》,强调从预防和处理两个层面着手。该条例将医疗纠纷的预防放在首要位置,详细规定了医疗机构及其医务人员的职业道德规范、安全管理制度、患者知情同意和医疗告知制度、病历管理制度、患者资料查询制度、医患沟通制度、投诉接待制度等措施。关于医疗纠纷的处理，该条例规定医疗纠纷的医患双方可以通过下列途径解决：双方自愿协商；申请人民调解；申请行政调解；向法院起诉；法律、法规规定的其他途径。由此，形成了从当事人自愿协商、人民调解、行政调解到诉讼及其他救济途径的多元机制，当事人可以根据医疗纠纷的具体情况选择不同的救济程序。

申请人民调解的，由医患双方共同向医疗纠纷人民调解委员会（以下简称医调委）提出申请。医调委是由政府财政支持的专门化社会调解组织，以公益服务为定位，依照医疗规律和协商精神解决医疗纠纷。医调委根据具体情况聘任一定数量的具有医学、法学等专业知识且热心调解工作的人员担任专（兼）职医疗纠纷人民调解员。医调委调解医疗纠纷，不得收取费用。医调委的调解工作所需经费按照国务院财政、司法行政部门的有关规定执行。截至 2018 年 9 月，全国建立了 3565 个医调委。①

医患双方也可以选择向医疗纠纷发生地县级人民政府卫生主管部门申请行政调解。卫生主管部门应当自收到当事人的申请之日起 5 个工作日内作出是否受理的决定。当事人已经向法院提起诉讼并且已被受理，或者已经申请医调委调解并且已被受理的，卫生主管部门不予受理；已经受理的，终止调解。卫生主管部门应当自受理之日起 30 个工作日内完成调解。需要鉴定的，鉴定时间不计入调解期限。超过调解期限未达成调解协议的，视为调解不成。医患双方经卫生主管部门调解达成一致的，应当签署调解协议书。人民调解和行政调解之间并无隶属或审级关系，医疗纠纷案件的调解也不是诉讼的前置程序，行政调解协议的效力和人民调解协议效力并无区别。

很多国家已经建立了强制性医疗责任保险制度。医疗单位通常必须加入保险，以转移风险，应对医疗纠纷数量的增长。医疗责任保险是指，投保医疗机构和医疗人员在保险期内，因医疗责任引发经济赔偿或法律费用，保险公司将依照事先约定承担赔偿责任。目前，我国许多省市推行的医疗责任险是保险公司开发的保险产品，但这种商业保险产品对医疗机构而言经济效益不大。因此，医疗责任保险

① 《全国超六成医疗纠纷采用人民调解 调解成功率达 85%》，载新华网 2019 年 2 月 15 日，http://www.xinhuanet.com/politics/2019-02/15/c_1124116833.htm。

更适合作为社会保险，由社会保障部门组织运行、强制推广，并规定每个职业医生有参与责任保险的义务，由医院和医生分担保费。[①] 2019 年，《基本医疗卫生与健康促进法》得以颁布，第 47 条规定："国家完善医疗风险分担机制，鼓励医疗机构参加医疗责任保险或者建立医疗风险基金，鼓励患者参加医疗意外保险。"因此，医疗强制保险的引入，也是辅助医疗纠纷处理的重要措施。

五、交通事故

(一) 交通事故的概念和特征

交通事故是指车辆在道路上因过错或者意外造成人身伤亡或者财产损失的事件。交通事故的构成应具备下列要素：(1) 必须是车辆造成的。车辆包括机动车和非机动车，没有车辆就不能构成交通事故，如行人与行人在行进中发生碰撞的就不构成交通事故。(2) 是在道路上发生的。道路是指公路、城市道路和虽在单位管辖范围内但允许社会机动车通行的地方，包括广场、公共停车场等用于公众通行的场所。(3) 在运动中发生。车辆在行驶或停放过程中发生事件。若车辆处于完全停止状态，行人主动去碰撞车辆或乘车人上下车的过程中发生的挤、摔、伤亡的事故，则不属于交通事故。(4) 有事态发生。事态是指碰撞、碾压、刮擦、翻车、坠车、爆炸、失火等其中的一种现象。(5) 必须有损害后果的发生。损害后果仅指直接的损害后果，且是物质损失，包括人身伤亡和财产损失。

交通事故的发生频率非常高，随着我国行驶车辆的急剧增加，交通事故的发生率愈发提升。据统计，2017 年，交通事故总计 203, 049 起，其中机动车交通事故总计 182, 343 起；2021 年，交通事故总计 273, 098 起，其中机动车交通事故总计 233, 729 起。[②]

交通事故的发生呈现三个特征：(1) 后果的严重性。一旦发生交通事故，轻则损物受伤，重则残废、家破人亡，甚至数十人一起遭殃，会对亲人带来撕心裂肺的痛苦，造成永远无法弥补的损失，故有交通事故猛于虎、一场没有硝烟的战争之说。(2) 行为的违法性。交通事故绝大多数都是由当事人的违法行为造成的，诸如疲劳

---

① 方鹏骞、孙杨：《中国转型期医疗纠纷非诉讼解决机制研究》，科学出版社 2011 年版，第 151 页。

② 数据源于国家统计局网，https://data.stats.gov.cn/easyquery.htm?cn = C01，2023 年 5 月 26 日访问。

驾驶、酒后驾驶、超速驾驶、超载、超限、超员行驶、违法超车。还有,不按规定会车、避让、占道、抢道等都是发生交通事故的罪魁祸首。(3)事发的突然性。道路交通事故往往发生在一刹那间,在极短的1秒钟甚至0.1秒钟内发生,在事主认为不会发生的时候发生了,让人猝不及防。

(二)交通事故处理中的ADR

在《中华人民共和国民法通则》(以下简称《民法通则》,已失效)实施之前,交通事故引发的赔偿问题完全依靠行政手段来解决,即由交警部门认定具体的交通事故责任在哪一方,承担多大责任以及赔偿的范围和数额。此处理结果为最终处理结果,当事人如果对处理结果不服也没有其他的救济方式。

《民法通则》第123条规定,从事高速运输工具作业属于对周围环境有高度危险的作业,确立了交通事故赔偿的无过错责任原则。该条成为交警部门对交通事故进行调解的基本法律依据,也是法院裁判的重要依据。

1991年,国务院制定了《道路交通事故处理办法》。这是我国第一部处理道路交通事故的专门性法规。该法规既规定了对违法者的行政处罚条款,也规定了损害赔偿的具体处理规范。各省市在本法规的基础上,又出台了一些地方性法规和地方政府规章,成为各地处理交通事故纠纷的主要依据。

2003年,我国颁布了《中华人民共和国道路交通安全法》(以下简称《道路交通安全法》),后经2007年、2011年和2021年三次修改。第五章为"交通事故处理",规定了协商、调解和诉讼三种方法。

1. 协商

在交通事故高发态势下,如果每个事故都需要交警部门处理,那么交警部门会面临很大的压力,因此简单、轻微的事故就可以通过当事人协商和解的方式处理。这种方式不但可以提高交通事故处理的效率,消除当事人因交通事故带来的各种不便,也可以缓解交警部门的压力。《道路交通安全法》第70条规定:在道路上发生交通事故,未造成人身伤亡,当事人对事实及成因无争议的,可以即行撤离现场,恢复交通,自行协商处理损害赔偿事宜;仅造成轻微财产损失,并且基本事实清楚的,当事人应当先撤离现场再进行协商处理。

根据此处理方式,各地制定了具体的实施细则和简易程序。例如,北京市自

2005 年实施《北京市道路交通事故简易程序处理规定》,2007 年实施《机动车交通事故快速处理办法(试行)》,并印制表格化的"机动车交通事故快速处理协议书",最近还推出了专门用于快速处理的手机 App 软件。在处理程序中,还强化了交强险和保险公司的作用。当事人在填写完"机动车交通事故快速处理协议书"之后,就可到保险公司办理定损。2019 年,北京银保监局和北京交管局推出交通事故"互碰快赔"机制,大力推动当事人快速协商解决纠纷。

2. 调解

交警部门作为交通事故责任认定的主体,在调解方面具有自然形成的优势。因此,《道路交通安全法》第 74 条规定,对交通事故损害赔偿的争议,当事人可以请求公安机关交通管理部门(以下简称公安交管部门)调解。经公安交管部门调解,当事人未达成协议或者调解书生效后不履行的,当事人可以向法院提起民事诉讼。

《中华人民共和国道路交通安全法实施条例》第 94 ~ 96 条,对当事人申请交通管理部门调解的程序作出了具体规定。当事人对交通事故损害赔偿有争议,各方当事人一致请求公安交管部门调解的,应当在收到交通事故认定书之日起 10 日内提出书面调解申请。对交通事故致死的,调解从办理丧葬事宜结束之日起开始;对交通事故致伤的,调解从治疗终结或者定残之日起开始;对交通事故造成财产损失的,调解从确定损失之日起开始。公安交管部门调解交通事故损害赔偿争议的期限为 10 日。调解达成协议的,公安交管部门应当制作调解书送交各方当事人,调解书经各方当事人共同签字后生效;调解未达成协议的,公安交管部门应当制作调解终结书送交各方当事人。交通事故损害赔偿项目和标准依照有关法律的规定执行。对交通事故损害赔偿的争议,当事人向法院提起民事诉讼的,公安交管部门不再受理调解申请。公安交管部门调解期间,当事人向法院提起民事诉讼的,调解终止。

3. 诉讼

双方在损伤赔偿问题上无法达成协议,或不履行调解协议,可以到法院起诉。法院审理道路交通案件适用《道路交通安全法》和《民法典》侵权责任编的归责原则和赔偿标准。

在交通事故处理中,交通强制保险(以下简称交强险)与道路交通事故社会救助基金(以下简称事故救助基金)起着重要作用。交强险是指当被保险机动车发生道路交通事故,对本车人员和被保险人员以外的受害人造成人身伤亡和财产损失时,由保险公司在责任限额内予以赔偿的一种具有强制性质的责任保险。交强险的保障对象是被保险车辆致害的交通事故受害人,保障内容是受害人的人身伤亡和财产损失。事故救助基金是指依法筹集用于垫付机动车道路交通事故中受害人人身伤亡的丧葬费用、部分或者全部抢救费用的社会专项基金。这项制度作为交强险制度的补充,旨在保证道路交通事故受害人不能依据交强险制度得到赔偿时,可以通过救助基金的救助,获得及时的抢救和适当补偿。

依据《道路交通安全法》第90条规定,国家实行机动车第三者责任强制保险制度,设立道路交通事故社会救助基金。医疗机构对交通事故中的受伤人员应当及时抢救,不得因抢救费用未及时支付而拖延救治。肇事车辆参加机动车第三者责任强制保险的,由保险公司在责任限额范围内支付抢救费用;抢救费用超过责任限额的,未参加机动车第三者责任强制保险或者肇事后逃逸的,由事故救助基金先行垫付部分或者全部抢救费用,之后有权向交通事故责任人追偿。机动车发生交通事故造成人身伤亡、财产损失的,由保险公司在机动车第三者责任强制保险责任限额范围内予以赔偿。有了交强险和事故救助基金的保障,交通事故的快速处理机制才能得以广泛应用。

各地正在推出新的交通事故处理方法,即采取一站式服务机制,形成交警责任认定、社会化专业调解、保险理赔和司法程序多方联动的模式。保险公司根据调解协议进行理赔,调解机构委托人民调解员、退休法官、交警进行专门化调解,法院确认调解协议,加强与诉讼、执行程序的衔接。

同时,随着信息科技的发展,一些地区开始试点与互联网结合的新模式。比如,杭州市余杭区人民法院建立了“互联网+交通事故纠纷处理”的模式,采取保险行业调解前置,专门设立了余杭区保险行业人民调解委员会,具体负责道路交通案件保险行业调解前置工作的组织规划。道路交通纠纷案件进入诉讼程序前,必须经过保险行业人民调解委员会先行调解,明确调解的期限,鉴定程序前置。经保险行业诉前调解流程达成的调解协议,可以通过一体化案件管理平台在线上申请司法确认。法院的线上案件管理平台与保险公司的理赔系统对接,由保险公司根据生效裁判文书和当事人线上申请,在线上快速实现理赔。[①] 这一模式更有利于实现道路交通纠纷的快速处理、快速理赔,具有专业、便捷、高效的特点。

思 考 题

1. 你如何看待我国的大调解格局? 在大调解格局中,人民调解、行政调解与司法调解的联系与区别是什么? 三者的关系是什么?

2.《人民调解法》的立法修改方向是什么? 是否应当修改为一部综合性调解法?

3. 调解是否需要在行政诉讼法与刑事诉讼法中继续扩展? 如何扩展?

4. 在诉讼程序中的调解以及在行政程序中的调解,是否应当避免"调审合一"以及"调裁合一"的做法? 如何避免?

5. 仲裁的"一裁终局"是否应当修改? 是否需要增加仲裁的上诉或复议制度?

6. 如何理解仲裁协议的独立性与自裁管辖原则? 两者的联系是什么? 我国的现行规定是否应当修改? 如何修改?

7. 是否应当保留仲裁司法审查的双轨制,即撤销仲裁裁决和不予执行仲裁裁决? 两者的联系与区别是什么?

8. 信访与诉讼的边界是什么? 如何避免信访的泛滥对司法权威构成弱化或侵蚀?

9. 如何构建消费纠纷的仲裁制度? 它与《仲裁法》中仲裁制度的联系与区别是什么?

10. 我国还有哪些特定纠纷的解决积极引入 ADR,并开创了具有特色的多元化纠纷解决模式?

---

① 杭州市余杭区人民法院课题组:《保险行业调解机制的市政探索——以余杭法院道路交通事故纠纷"网上数据一体化处理"综合改革为例》,载《中国应用法学》2017 年第 2 期。

延伸阅读

1.《交易习惯在钻石买卖纠纷审裁中的实践运用》[①]

【案情简介】

申请人A公司是一家在上海钻石交易所开展钻石交易的外商投资企业,被申请人B公司是一家从事珠宝首饰贸易的中国企业。双方当事人在2013年6月至7月分别签订了5份钻石买卖合同,由B公司向A公司购买钻石。此后双方因合同履行发生纠纷,A公司向上海国际仲裁中心提起仲裁。

A公司称:A公司已按照合同的约定向B公司交付了总价值为人民币953,674.97元的钻石,但B公司仅向A公司支付了人民币200,000元货款,尚欠货款人民币753,674.97元;B公司则称A公司提供的钻石签收文件未经其盖章,A公司缺乏真实合法有效的证据来证明合同项下的全部货物已交付B公司。

【仲裁庭意见】

根据双方当事人的意见,仲裁庭归纳本案争议焦点为涉争合同项下的钻石是否已实际交付,但仲裁庭注意到双方当事人均未能就这一事实提供十分完备的证据以证明自己的主张。在此情况下,仲裁庭认为本案所涉钻石买卖的交易惯例可以成为仲裁庭判断是非曲直时的重要参考。

仲裁庭首先根据其专业知识对钻石交易惯例进行了说明:

第一,钻石交易通常由买卖双方经过看货、询价、握手成交、买家当场取走所选定的钻石并按约定于规定的时间内支付相应的货款得以完成,交易双方通常无须签订书面的交易合同,但由于中国市场消费的钻石基本均来自进口,我国制定了在内地交易钻石的特殊报关及税收政策,故中国钻石交易在继续保留传统的行业内"握手成交"的交易惯例同时,还增加了订立书面合同用以办理增值税抵扣手续。

第二,为规范与促进中国钻石的合法交易,对涉及钻石交易所保税钻石进入中

---

① 《交易习惯在钻石买卖纠纷审裁中的实践运用》,载上海国际经济贸易仲裁委员会/上海国际仲裁中心网,https://www.cietac-sh.org/pc/SHIAC?moduleCode=cases&securityId=wkiiI1fN8nems1UI5uD-pQ,2023年5月26日访问。

国关境内展示留购的，交易商均需在上海钻石交易所海关办理出所保证金手续，同时还需办理钻石出所展示核准单，标明交易商的名称、钻石出所的日期、数量、单价及总金额；钻石出所展示后返回钻石交易所时，上海钻石交易所海关需核对相应的交易商名称、确认返所的时间、返所以及留购钻石的数量及金额，然后出具相应的钻石进所核准单，并在交易商已支付的出所保证金的范围内，将留购钻石所需要交纳的关税予以扣除。

第三，凡出所展示期间于境内留购的钻石，其数量必须小于或等于经核准出所展示的钻石数量，否则即属于违法，有关海关部门将依法予以处罚。

仲裁庭认为，作为经营珠宝的商人，双方当事人对自身所处行业的这些基本特点与交易惯例应是充分知晓的，而从钻石交易"握手成交"的惯例看，在先交货后付款的交易条件下，钻石商不会将价值昂贵的钻石交付给非买家；同时，仲裁庭注意到本案涉及的钻石交易属出所展示性质的保税钻石交易，因此A公司要履行合同义务，须经过海关出所核准、出所保证金、保税钻石展示结束后返所核准等诸多环节，而A公司提供的海关单据中的相关数据可以与系争合同约定的内容一一对应。在此基础上，仲裁庭认定案涉合同项下的钻石是B公司先选定后按所选钻石的规格、数量及单价与A公司形成合同文本，并在签约当天由B公司的经办人员签收取走，A公司已经履行了涉案合同项下的交货义务，B公司未能按约支付货款构成违约，应当承担支付货款和逾期利息的违约责任。

【案例评析】

交易惯例(trade usage)尽管不构成真正的法律，但是在国际商事交易中，它们的存在有效地节约了商人之间的交易成本，促进了交易效率，因此越来越得到重视，被视为现代版商人法(lex mercatoria)的主要表现形式之一。

在同样以商人间意思自治为基础的商事仲裁中，交易惯例具有非常丰富的适用空间。仲裁庭不仅可以依当事人约定而以商事交易惯例作为确定当事人权利义务关系的准据法，而且也可以依案情参照当事人所涉交易领域中的交易惯例，对案件事实进行辅助查明。本案中，就钻石是否实际交付这一法律事实，在双方当事人均未能提供传统买卖合同货物交付凭证的情况下，仲裁庭以我国钻石交易中"握手成交"和"保税交易"的行业惯例为切入，结合证据材料对此进行了厘定，达到了非常好的审裁效果。

本案同样鲜活地反映了“专家断案”这一仲裁制度的特点。在商事仲裁中，行业内的专家可以依据当事人选定和仲裁机构指定成为定分止争的裁判者。对于特定行业而言，其好处在于裁判者能基于对行业惯例的了解和熟悉，作出更尊重合同和商业诚信的裁判。

2. 缺失父爱重归位　耐心调解护成长（节选）①

【案情简介】

张先生与王女士在女儿小雨3岁多的时候协议离婚。法院判决女儿小雨由王女士抚养，张先生每月给付孩子抚养费500元。孩子上中学后各项费用明显上涨，王女士提出增加孩子的抚养费要求，张先生拒绝，理由是他长年见不到女儿。王女士则表示是女儿不想见张先生。两人无法达成一致意见，王女士就增加抚养费一事起诉到了法院。

【调解经过及结果】

法院将案件委派给本院常驻特邀人民调解员进行调解。调解员采取了“三步走”的方式开展调解工作。

第一步：了解案情，寻找症结。调解员详细查看了原告提供的证据材料及起诉书，了解到王女士主要收入来源是开出租车，加之要照顾年幼的女儿日常起居，花销较大，前夫每月给付的抚养费对孩子来说很重要。调解员决定帮小雨多争取一些抚养费，也希望通过努力让张先生与王女士能够正视他们现在的关系，彻底解决好孩子的抚养、教育问题。

第二步：对症下药，逐个化解。初访被告张先生了解到其已再婚，再婚后生育的女儿已经上小学，张先生经营的企业也不景气，生活压力很大。但同时调解员也感受到他对大女儿小雨的牵挂。第一次见面调解员给张先生留了个作业：如果你是小雨，会怎么看待和对待你这个父亲？今后你和前妻如何相处？

在与王女士沟通的过程中，调解员发现她还没有从之前的婚姻里完全走出来，情绪很激动，对前夫很不满。调解员耐心倾听王女士的不满和委屈，引导她理性面对现状：一是和张先生的关系。张先生和其不再有法律上的任何关系，现在只是小雨的爸爸。二是诉讼目的。这次诉讼增加抚养费的最终目的是让女儿得到更好的

---

① 《北京发布多元调解“十大典型案例”　近七成民事纠纷快速化解》，载澎湃网2021年1月13日，https://www.thepaper.cn/newsDetail_forward_10770336。

抚养、关注、呵护。三是女儿是否真的不需要爸爸。在女儿的成长过程中需要爸爸的陪伴，不应让孩子因为父母的关系而缺失父爱。在调解员的劝说下王女士慢慢平静下来，同意耐心等待配合调解员工作，并在适当的机会安排父女见面。

调解员向张先生进一步释法明理：虽然不再能给孩子一个完整的家，但是可以给孩子一份完整的爱。法院判决增加抚养费和签订调解书增加抚养费给女儿带来的感受是不一样的，调解书表明爸爸是自愿给孩子抚养费的，让女儿感受到爸爸是爱她的。经过调解员的细致工作，张先生向调解员交了"作业"：他意识到自己亏欠大女儿的太多，今后应该多给大女儿一些关爱。在抚养费上不仅同意每月给女儿1000元，还表示经济好转会再增加。

第三步：跟踪回访，及时指导。王女士的女儿和张先生见面了，王女士看见父女俩紧紧拥抱在一起久久不松开的时候，才知道女儿之前说不想见爸爸只是安慰自己。张先生给女儿买了很多东西，父女聊了很久。王女士觉得肩上的担子也轻了很多。王女士和张先生约好以后一切以孩子为重，有话一定好好说。调解员叮嘱王女士要处理好和张先生的关系，尽量不要在女儿面前评判前夫张先生的对与错，父母共同用心呵护女儿的身心健康，让她顺利度过青春期，快乐长大。

【调解员体会】

近年来，随着离婚案件的增加，离婚子女的抚养问题日渐凸显，往往离婚后父母双方还沉浸在法庭的硝烟中，制订着后续的"对抗"计划，却忽视了角落中的孩子。面对这类纠纷，调解员应当从保护孩子们健康成长角度出发，从物质和精神两个层面为孩子们争取权益，避免因情感疏导不到位，反复多次起诉。调解过程中，调解员耐心倾听离异父母的诉求和难处，引导父母放下芥蒂回归理性，让当事人自觉自愿地承担责任、履行承诺，担负起离异父母在孩子成长中应当承担的抚养职责。调解完成后，更要多做一步跟踪回访工作，对当事人今后关系的处理进行指导，为离异家庭子女的健康成长提供保障。

【典型意义】

在离异家庭中，由于孩子长期跟随父母一方生活，容易出现另一方因各种原因拖欠抚养费的情形。此类追索抚养费的家事纠纷，如果化解工作不到位，极有可能反复多次发生，也会影响离异家庭孩子的健康成长。本案追索抚养费的家事纠纷中，调解员通过耐心细致的调解工作，不仅解决了抚养费问题，在心理层面也修复了父女关系，使长期缺失的父爱重新归位，促进孩子身心健康发展。

第五章

国际商事争端中的非诉讼纠纷解决程序

本章概要

经济全球化加速了人员、货物、资金和服务的跨国流动，国际商事争端数量逐年递增，并呈现多样化和复杂化的发展趋势。国际商事诉讼、仲裁与调解已然形成国际商事争端解决机制中的“三驾马车”。诸多国家专门设立了国际商事法庭，通过改善程序规则、提供多语种服务、聘请国际专家参与审理，致力于提供适合于国际商事案件的高质高效诉讼服务。但是，囿于国际商事诉讼受制于各国司法主权的约束，裁判的全球流通机制至今尚未形成规模化。《纽约公约》由于吸纳全球大多数国家的加入，成功推动国际商事仲裁裁决的全球流通，俨然成为国际商事争端解决机制的中流砥柱。国际商事调解虽是一种古老的争端解决手段，但在迟缓的调解法制化背景之下，《新加坡调解公约》的出台非常晚。不过，趋于国际商事调解的悠久历史文化与特殊价值优势，《新加坡调解公约》必将成为推动国际商事调解协议全球流通机制形成的重要动力。

关键词

国际商事争端；国际商事诉讼；国际商事法庭；国际商事仲

裁;《纽约公约》;国际商事调解;《新加坡调解公约》;“一带一路”国际商事争端解决机制

第一节 国际商事争端解决机制的沿革与现状

“全球化”(globalization)是一个以经济全球化为核心,包括各国、各民族、各地区在诸多领域的相互联系、相互影响、相互制约的多元概念。经济全球化(Economic Globalization)则是指世界经济活动超越国界,通过对外贸易、资本流动、技术转移、提供服务,相互依存、相互联系而形成的全球范围的有机经济整体的过程。

经济全球化已经历从1.0时代至2.0时代的跨越。20世纪初直至“二战”前是1.0时代,主要由老牌帝国主义国家的跨国公司先行,其足迹遍布亚非拉各大洲的殖民地国家;“二战”之后是2.0时代,全世界的民族解放运动使原先的殖民地国家先后获得了独立的主权地位,后起之秀——美国取代老牌欧洲强国而成为全球经济霸主。自20世纪90年代以来,经济全球化迎来3.0时代。以信息技术革命为中心的高新技术迅猛发展,不仅冲破了国界,而且缩小了各国和各地区的距离,使世界经济越来越融为整体。

在经济全球化的背景下,人员、货物、资金和服务的跨国流动日益频繁,国际商事争端数量日渐增多,并呈现更加多样化和复杂化的趋势,因而有必要建立和健全各种国际商事争端解决机制。国际商事诉讼、仲裁与调解已然形成国际商事争端解决机制中的“三驾马车”。

一、国际商事争端解决机制在全球的兴起和发展

(一)国际商事争端的概念

国际商事争端是指国际私法主体之间在跨国商事交往中发生的涉及人身关系

和财产关系的权利与义务纠纷。[①]

“国际”就是指超越一国国境,具有跨国性。在国际私法上对“国际”如何界定,做法不尽一致。《联合国国际货物销售合同公约》第1条第1款规定,本公约适用于营业地在不同国家的当事人之间所订立的货物销售合同:如果这些国家是缔约国;或者,如果国际私法规则导致适用某一缔约国的法律。《仲裁示范法》第1条第3款规定,有下列情形之一的,仲裁为国际仲裁:仲裁协议的各方当事人在缔结协议时,其营业地点位于不同的国家;仲裁协议中确定的或根据仲裁协议而确定的仲裁地点、履行商事关系的大部分义务的任何地点或与争议事项关系最密切的地点,位于各方当事人营业地点所在国以外;各方当事人明确同意,仲裁协议的标的与一个以上的国家有关。《调解示范法》第1条第4款规定,调解如有下列情形即为国际调解:订立调解协议时,调解协议各方当事人的营业地处于不同的国家;或者各方当事人营业地所在国并非履行商业关系中大部分义务的所在国、与纠纷标的事项关系最密切的国家。

“商事”在国际私法上并未与民事进行严格区分,通常采取广义的解释。联合国贸法委在制定《仲裁示范法》《调解示范法》时认为,“商事”涵盖由于商业性质的所有各种关系而发生的事项,无论这种关系是否属于合同关系。商业性质的关系包括但不限于下述交易:供应或交换货物或服务的任何贸易交易;分销协议;商业代表或代理;保理;租赁;工程建造;咨询;工程;许可证交易;投资;融资;银行;保险;开发协议或特许权;合营企业和其他形式的工业或商业合作;航空、海路、铁路或公路客货运载。

根据争端的涉及主体,国际商事争端分为个人(自然人、法人和社团组织)之间的争端、国家与政府间国际组织和个人之间的争端、国家之间的争端、国际组织之间的争端、国家与国际组织之间的争端。第一类争端较为普遍,后四种比较少。国际商事争端的主体都是平等的,但为了维护国家主权或者为了保障国际组织顺利实现宗旨和目的,国家及国际组织参与国际商事交往时,依据国际法享有必要的豁免权。

---

① 黄进主编:《国际商事争议解决机制研究》,武汉大学出版社2010年版,第4页。

(二)国际商事争端解决机制的含义

国际商事争端解决机制,是指国际社会用于解决国际商事争端的各种方式组成的动态系统,既包括国内机制,也包括国际机制。

人类社会的秩序状态是多层次的。相对于宝塔形的国内秩序而言,国际秩序是“平行式”或平面形,国际争端的解决通常以主权者“平等协作”为条件,要取得国际法主体自身的同意。国际私法规范的国际商事秩序,相对于国际公法调整的国际秩序而言,更多表现为国内商事关系的延伸,只是加入了涉外因素而已,还没有完全上升为国家之间的关系。因此,国际商事争端虽是国际性的,但其解决多依赖于国内的解纷方法,如诉讼、仲裁、协商、和解、调解等,在有管辖权的国内法院提起诉讼常常是当事人寻求的最后救济。而在外国进行的诉讼和仲裁,其结果——外国法院判决或外国仲裁裁决,均受制于国内法院的承认与执行。国际商事争端的解决更多依靠国内机制的事实表明,比较于国际公法在调整国际关系中呈现的二元性,国际商事关系的国际性更倾向于一元性。各国早期并不重视国际商事秩序,一般不干涉商事领域的国际关系。

“二战”之后,在全球化发展趋势之下,私人之间的跨国交往对一国经济、政治、社会、文化等方面的影响开始引人注目。完全依赖国内机制调整国际商事关系,逐渐暴露出局限性,如缺乏公正的普遍标准,规则不统一,导致较高的交易成本,当事人之间的争议事实上在很多时候得不到有效救济等。在国际商事这个类目下,由于灵活性和经济性等特征随着经济全球化的发展越来越凸显,纠纷需要便捷、经济、平和、迅速地解决,扩大法律的作用和方式。于是,一些超越国别或国家相互间承担公正解决义务的国际机制开始崭露头角,国际商事争端解决机制呈现多元化发展趋势。

国际商事争端解决中的国内机制与国际机制,两者之间相辅相成、互相不可取代。一个国家只要还想发展,就不可能自绝于世界,就不能不在重视国内机制的同时还重视国际机制,就像一个健康的人需要双手或双脚一样。[①] 在解决国际商事争端的国内机制中,诉讼是龙头,仲裁已广为接受,其他解决方式也越来越多地得到

① 黄进主编:《国际商事争议解决机制研究》,武汉大学出版社 2010 年版,第 10 页。

应用。在解决国际商事争端的国际机制中，国际商事仲裁的国际性明显强于国际商事诉讼，国际商事调解处于发展的腾飞阶段。

(三)国际商事争端解决机制的"三驾马车"

国际商事争端不完全是国内商事关系加上涉外因素之后的外延，其背后往往涉及国与国之间的争端。在国际社会发展的大背景之下，即便是强权国家，在国际商事往来中也不能每次都利用强权"压迫性"地适用本国法去解决国际私法纠纷。为了适应大背景且维护本国利益，国与国之间通过双边或多边协议约定解决国际商事争端的机制应运而生。

1. 国际商事诉讼的发展

国际社会上已经产生和通过了诸多有关国际民事诉讼规范的多边条约，如 1928 年《布斯塔曼特法典》(第 4 卷即国际民事诉讼法)；1954 年海牙《民事诉讼程序公约》；1965 年海牙《协议选择法院公约》和《关于向国外送达民事或商事司法文书和司法外文书公约》；1968 年布鲁塞尔《关于民商事案件管辖权及判决执行公约》(以下简称《布鲁塞尔公约》)；1970 年海牙《民商事件国外调取证据公约》；1980 年海牙《国际司法救助公约》；2005 年海牙《选择法院协议公约》；2019 年海牙《承认与执行外国民商事判决公约》(以下简称《判决公约》)等。

《布斯塔曼特法典》是 1928 年第 6 届泛美会议于古巴首都哈瓦那通过的国际私法法典，因哈瓦那大学国际私法教授布斯塔曼特领导起草而得名。该法典第 4 卷第 2 篇对国际民商事管辖权规定了一般规则和例外条款：首先确立允许当事人通过明示或默示的方式合意选择管辖法院的原则；同时规定，关于财产的诉讼由财产所在地法院管辖，有关遗嘱继承和法定继承的案件由死者最后住所地法院管辖，破产案件一般由债务人住所地法院管辖。

1968 年《布鲁塞尔公约》是欧盟国际私法统一化的杰出成就，是国际社会在国际民商事管辖方面规定得最详尽、适用范围最广的一个地区性公约，为欧洲民事诉讼法的统一奠定了基础。该公约第 2 章规定了成员国法院的直接管辖权规则：把被告的住所作为确定管辖权的基本依据；对有关不动产权利或租赁、在公设登记簿上的登记是否有效等诉讼，确立专属管辖权；凡在缔约国境内无住所者，缔约国的国际民商事管辖权规则对之适用。2000 年，欧盟理事会通过了《关于民商事案件管辖权及判决的承认与执行的第44/2001号条例》(以下简称《布鲁塞尔条例》),对《布鲁塞尔公约》的某些管辖权规则进行了修订和删除。随着2007年《欧洲共同体和丹麦王国之间有关民商事案件管辖权及判决的承认与执行的协定》生效,在丹麦和欧盟其他成员国之间统一适用《布鲁塞尔条例》,《布鲁塞尔公约》彻底退出了历史舞台。

2005年海牙《选择法院协议公约》的通过,标志着国际私法在国际统一化进程中迈出了一大步。贯穿该公约主线的是选择法院协议,该协议原则上具有排他性,除非当事人另有明示约定,故称为“排他性选择法院协议”。此协议是指双方或者多方当事人签订的、符合第3项要求(以书面形式;或者以其他任何联系方式,且该方式能提供可获取的信息,使其日后可予使用)、为解决与某一特定法律关系有关的已经或者可能发生的争议,而指定某个缔约国的法院,或者某个缔约国的一个或多个特定法院,并排除任何其他法院管辖的协议。

被选择的法院取得排他性管辖权,除非根据该国法律此协议是无效的,而且被选择的法院不应以该争议应由另一国家的法院审理为由拒绝行使管辖权。未被选择的法院具有中止或者放弃排他性选择法院协议适用的诉讼程序的义务,除非:根据被选择的法院所在地国家的法律,该协议是无效的;根据受理案件的法院所在地国家的法律,一方当事人缺乏缔结该协议的能力;承认该协议有效将导致明显的不公正或者明显违背受理案件法院所在地国家的公共政策;基于当事人不可控制的例外原因,该协议不能合理得到履行;被选择的法院已决定不审理该案。排他性选择法院协议指定的缔约国法院作出的判决,应当根据公约在其他缔约国得到承认和执行。对判决承认或者执行的拒绝,仅可根据该公约第9条规定的理由实施。

2019年海牙《判决公约》可视为《选择法院协议公约》的升级版。《判决公约》在前言中写明:“本公约缔约国希望通过司法合作,有效提升全面的司法救济,促进以规则为基础的多边贸易和投资,以及人员流动,相信通过在外国民商事判决承认与执行方面制定一套统一的核心规则,能够加强此种合作,从而促进判决的有效承认和执行,确认加强此种司法合作,特别需要一项国际法律机制,为判决的全球流通提供更大的可预见性和确定性,并与2005年6月30日所订立的《选择法院协议公约》相互补充。”《判决公约》适用于民商事判决的承认与执行,不适用于税收、关税或行政事项;适用于一缔约国对另一缔约国法院所作判决的承认与执行。

诉讼具有完备的程序和组织体系，由国家公信力为其背书，所以被认为是最具权威性、严格性和公平性的正统纠纷解决机制。虽然诉讼方面的条约如此之多，但是因为诉讼涉及各国的司法主权，在相互承认和执行方面存在诸多限制，加之其性质必然带来流程严肃以及时间拖沓，故尚未能实现大范围的裁判跨境执行流通机制。

2. 国际商事仲裁的主导

国际商事争端的主体已不再局限于包括国家或跨国企业在内的“大”主体，大量的商事“小微”主体，诸如小企业、自然人等都有可能介入其中。在面对这些“小微主体”时，传统的商事争端解决机制就显得力不从心，“大材小用”了。为了向下兼容国际商事主体的范围，目前的趋势是国际商事争端解决方法向多元化方向发展，越来越多的当事人愿意选择 ADR 追求快速、便捷、轻简的解决结果。

国际商事仲裁已成为解决国际商事争端最有效、最制度化并被广泛使用的方法。国际商事仲裁的中流砥柱地位应当归功于 1958 年通过的《纽约公约》，目前已有 172 个国家和地区签署，成功奠定了国际商事仲裁裁决的跨境执行流通机制的全球框架。

商事仲裁从国内兴起后，经历曲折过程才得到国际社会的认同，并走向立法统一化趋势。统一化趋势不仅体现在实体法、程序法上，还体现在各国对仲裁结果的认可和执行上。其中，起着引领和推动作用的商事仲裁统一立法包括但不限于《仲裁示范法》《仲裁规则》及《纽约公约》等。尤其是，《仲裁示范法》的公布对各国的仲裁立法产生了巨大影响。该示范法的宗旨就是希望各国在制定仲裁法时以其为指导方向，实现仲裁标准的统一化。许多国家或地区在制定或者修订本国或本区域的仲裁法时都参考或者移植了《仲裁示范法》的规定。

3. 国际商事调解的腾飞

虽然比较于国际商事诉讼，国际商事仲裁在灵活性和经济性方面能够胜出一筹，但是国际商事仲裁仍然具有极强的专业性，需要有专业的律师参与其中予以协助，法律论证也依旧是仲裁程序的核心。商业活动的核心是利益的最大化。在纠纷解决机制的更新换代中，由于诉讼阻碍了解决争端的效率影响商人获取最大利益从而被抛弃。当仲裁的专业性过盛成为商业发展的主要障碍时，商人同样会考虑采取更经济的手段解决纠纷,尽快恢复商事关系,提高商事活动的产出效益。[①]仲裁程序相较于诉讼程序的比较优势在日益消减,商人需要新的商事争端解决新机制。

调解是一种非常高效的方式,所花时间非常少。在实践中,调解程序一般只需要几天至几个星期的时间即可完成,即便是最为复杂的商事争端解决过程在数月之内也可以完成调解程序。诉讼和仲裁都具有对抗性的特点,因此其结果是只有一方单赢。国际商事调解中注重互动性,强调的关键点在于协商,希望实现利益的再平衡,调解效果产生的往往是“双赢”的局面。商事争端各方本身是利益共同体,发生矛盾也一般都是利益分配不均衡导致的,没有什么原则性、根本性的冲突,其核心点在于利益。解决纠纷的关键就是要处理利益再平衡的问题。采用调解机制解决商事争端,就是通过协商对话机制解决争端各方的利益再平衡,最终实现时间成本、商业停滞成本、信用成本、感情成本等方面的“双赢”局面,甚至是利益共同体的共赢。这才是商事争端各方真正想要的结果。

国际商事调解正在成为一种新的发展趋势。2018 年联合国大会通过的《新加坡调解公约》,被誉为“调解领域的纽约公约”,意图强势推动国际商事调解协议的跨境执行流通机制,从而使国际商事调解成为国际商事争端解决机制中的另一顶梁支柱。

(四)各国国际商事法庭的组建

在国际商事争端的诉讼救济机制方面,一些国家新近建立了专门的国际商事法庭。[②] 这是考虑到:一方面,无论根据哪一套冲突法规则,任何一宗国际商事案件的管辖必然且唯一地归属于某一法域的某一层级法院,意味着国际商事案件的审理工作需要适用乃至适应受案法院成熟(甚至僵化)的法庭规则。另一方面,国际商事案件本身的国际化特性,意味着单一地区的法庭规则难以像极富弹性的商事

---

① 根据各国际仲裁机构的收费标准和实践经验,一件标的 1000 万美元的仲裁案件,由 3 名仲裁员组庭审理,每一方当事人的仲裁费用预估情况如下:国际商会国际仲裁院约为 95 万美元;伦敦国际仲裁院约为 86.63 万英镑;美国争议解决国际中心约为 99 万美元,需时 11 个月,新加坡国际仲裁中心约为 99.2 万新加坡元(73.16 万美元)。王丽编著:《“一带一路”国际商事调解》,北京大学出版社 2020 年版,第 265 页。

② 张新庆:《中国国际商事法庭建设发展路径探析》,载《法律适用》2021 年第 3 期。

仲裁规则一般，满足国际商事案件在审理过程中对法庭规则的个性化需求，而对于规则的实际需求在当事人拟定管辖方案之初即会产生实质影响。[①]

2006年，阿拉伯联合酋长国设立迪拜国际金融中心法院(Dubai International Financial Center Courts, DIFC Courts)，效仿英格兰及威尔士法律模式，以英国商事法院为参考标准、以英语为官方语言而建立的两级法院体系，由一审法院与上诉法院组成。设一名首席大法官负责管理行政事务，负责设立巡回法院和分庭，自行决定设立和管理法院的审判庭以及任命审判庭成员。该法院对迪拜国际金融中心(Dubai International Financial Center, DIFC)内所有民商事纠纷以及对在DIFC注册的机构、公司有关的民商事纠纷具有专属管辖权，还可以基于双方当事人同意取得审理其他司法管辖区的国际商事案件的管辖权。法院的法官们由5名本国籍法官和8名外国籍法官组成，外国籍法官主要来自英国、澳大利亚、马来西亚。法院的初审法院可由独任法官审案。独任法官可以任命一名至数名独立的专家顾问协助审理有争议的法律程序，法官在很大程度上基于专家建议作出判决。

2009年，卡塔尔国际法院和争端解决中心(Qatar International Court and Dispute Resolution Center, QICDRC)成立，旨在解决因在卡塔尔金融中心(Qatar Financial Center, QFC)或从该中心发生的交易、合同、安排或事件，或在该中心设立的实体之间发生的事件而引起的民商事纠纷。QICDRC共有15名来自普通法系国家和地区的法官，还会根据需要吸收专家以"法官"身份参与审理。QICDRC规定英语是国际商事案件的审判语言，但允许当事人合意选择阿拉伯语作为审判语言。

2015年，新加坡国际商事法庭(Singapore International Chamber of Commerce, SICC)启动，隶属于新加坡最高法院的高等法庭，是经过立法特别授权建立的专门审理国际商事纠纷的特别法庭。法庭将双方当事人及纠纷均不涉及新加坡的离岸案件也纳入管辖范围。诉讼程序规则很灵活，如当事人可以通过书面形式放弃、限制或变更其对SICC判决的上诉权；有条件地允许外国律师代理制度，仅允许完全注册的律师以律师身份参与"离岸案件"的诉讼程序。法官的来源及背景十分多样。截至2021年2月，SICC共有41名法官，其中新加坡籍法官25名，国际法官

① 周汉民：《国际商事法庭在中国的实践、创新和未来展望》，载最高人民法院国际商事法庭网2022年9月21日，https://cicc.court.gov.cn/html/1/218/62/164/2245.html。

16 名。

2017 年,英国将伦敦商事法院与商业法院等专门审理商事案件的法院(庭),统称为英格兰及威尔士商事与财产法院(Business and Property Courts of England and Wales),审理伦敦、英格兰及威尔士各地的商事案件及涉外民商事案件。法官更加专业化,为商事、金融领域的专业法官。商事法院赋予法官更大的程序灵活性,并在诉讼过程中注重发挥调解、仲裁等 ADR 机制的作用。注重发挥当事人及其律师的专业能动性,倡导当事人配合法院共同推进案件审理流程。伦敦商事法院处理的国际性案件比例高达 70% 以上,占据国际市场的较大份额。

同年 12 月,哈萨克斯坦共和国的阿斯塔纳国际金融中心法院(the Astana International Financial Center,AIFC Court)投入运行,其定位是"一个按照最高国际标准运行的独立普通法法院",独立于本国的司法系统,是首个在中亚地区建设的基于英国法律规范和原则的普通法法院体系。所有法官均来自英格兰及威尔士;5 名法官曾为英格兰及威尔士法院法官,另有 5 名为英格兰及威尔士律师;首任庭长是英格兰和威尔士首席大法官伍尔夫勋爵。

2018 年,巴黎上诉法院成立了巴黎国际商事法庭(the International Commercial Chamber at the Paris Court of Appeal,ICCP-CA)。为提升国际竞争力和吸引力,巴黎国际商事法庭积极推进诉讼使用英文的改革。除了证据材料不需要提供翻译件外,还允许外国当事人、证人、专家在法庭审理过程中的举证、辩论和其他环节直接使用英文。外国律师也可以出庭辩护,以英语发言。巴黎国际商事法庭的判决书虽为法文,但同时附英文翻译件。为保证在诉讼中使用英语,巴黎商事法庭法官由 10 名讲英语、具有公司高管专业背景的非职业法官和 3 名熟练运用英语、对普通法知识储备丰富的法官组成。

同年 4 月,德国联邦众议院发布了《引入国际商事审判庭的立法草案》,要求在州中级法院设立国际商事法庭。当事人可以通过在纠纷发生之前或之后的书面约定,选择将英语作为诉讼语言。但是,当事人在纠纷发生之前约定用英文进行诉讼的,只对商人和一些公法法人有效。这是考虑到,在纠纷发生前,如果是自然人约定的话,容易忽略使用英文进行诉讼会给自己带来很大的负担,故立法者对其进行了特别保护。

2019 年,荷兰国际商事法庭(Netherlands Commercial Court,NCC)正式成立并

运营,分两级设立,包括阿姆斯特丹上诉法院商事法庭和阿姆斯特丹地区法院商事法庭及简易程序法庭。采取英语作为一审程序的诉讼语言。双方当事人应就英语的适用和议事规则的适用以书面形式进行约定,目的是避免诉讼能力较弱的当事人(如小企业),可能会不情愿地发现自己陷入了一场用一种无法理解的外语进行的昂贵审判中。向荷兰最高法院提起上诉,仅限于法律问题,最高法院的诉讼程序和判决书采取荷兰语。

各国设立的国际商事法庭明显区别于国内法庭,在诉讼程序方面具有快捷、费用低、专业化、灵活等特点。纵观已经设立的国际商事法庭的诉讼规则,可以总结出两大规律:一是部分国际商事法庭的程序规则和实体规则受普通法系的实践影响较深;二是国际商事法庭的规则创新很大一部分借鉴了国际商事仲裁的规则实践。[①] 国际商事法庭的组建明确彰显了各国在全球商事争端解决中努力增强自身市场竞争力的决心和行动力。[②]

二、国际商事争端解决机制在我国的发展

我国自 2010 年以来成为世界上第二大国际贸易国。依据世界贸易组织(World Trade Organization, WTO)的 2022 年《世界贸易统计数据》,中国的商品贸易出口在 2021 年位居首位,占 15.1%,金额约 33,640 亿美元;美国为第二位,占 8%;德国占第三位,占 7%。[③] 中国的商品贸易进口排第二位,占 11.9%,金额约 26,890 亿美元;美国为首位,占 13%;德国占第三位,占 6.3%。自 2010 年到 2021 年,我国的商品贸易进出口都处于增长趋势,贸易出口在 2010 年至 2020 年维持在 5.6% 的增长率,2020 年受疫情影响有所回降(仅 2.8%),2021 年又升至 17.4%;商品贸易进口在 2010 年至 2020 年维持在 5.0% 的增长率,2020 年稍微有所回降(4.9%),2021 年升到 7.7%。自 2013 年"一带一路"倡议提出以来,我国的国际贸易和国际投资数量逐年提升。截至 2022 年 6 月底,我国与"一带一路"沿线国家的货物贸易

---

① 周汉民:《国际商事法庭在中国的实践、创新和未来展望》,载最高人民法院国际商事法庭网 2022 年 9 月 21 日,https://cicc.court.gov.cn/html/1/218/62/164/2245.html。

② 有关国际商事法院/法庭的具体内容,参见何其生主编:《国际商事法院研究》,法律出版社 2019 年版。

③ World Trade Statistical Review 2022, WTO website, https://www.wto.org/english/res_e/publications_e/wtsr_2022_e.htm, 26-05-2023 last visited.

额累计约12万亿美元,对沿线国家的直接投资额超过1400亿美元。① 截至2022年12月6日,我国已与150个国家、32个国际组织签署了200余份共建"一带一路"合作文件。②

国际商事争端随着世界经济的发展日益复杂和增多,为了能够专业、便捷、公正地解决商事纠纷,营造公平、透明、可预期的营商环境,只纯粹改变传统的诉讼制度并不符合中国实际和中国理念,我国强调博采众长。因而,在原有的调解、仲裁、诉讼机制的基础上完善健全国际商事争端解决机制的需求应运而生,我国国际商事争端多元解决机制的创新举措层出不穷。

我国一直努力增强自身的国际竞争力,以积极促进"一带一路"的国际合作,平等保护中外当事人的合法权益,营造公平公正的营商环境。2018年,首个针对国际商事争端解决机制和机构改革创新的中央文件得以发布,即《关于建立"一带一路"国际商事争端解决机制和机构的意见》(以下简称《"一带一路"争端意见》),为我国的国际商事争端解决机制确定了核心理念,并设计了基本模型,努力促成便利、快捷、低成本的"一站式"国际争端解决中心的形成。

(一)最高人民法院国际商事法庭的设立与国际商事专家委员会的组建

根据《"一带一路"争端意见》提出的设立国际商事法庭构想,最高人民法院于2018年6月分别在深圳和西安揭牌成立第一国际商事法庭与第二国际商事法庭,审理跨境商事案件,由最高人民法院民事审判第四庭负责协调并指导两个国际商事法庭工作。之所以选择在深圳和西安设立国际商事法庭,是因为考虑到:深圳作为海上丝绸之路的重要经济支撑点,其独特的地理位置加上辐射粤港澳大湾区,使之接触的涉外案件较多;西安是古丝绸之路的起点之一,向中东欧辐射的经济活动日益增多,相关跨境纠纷也在不断增加。同时,最高人民法院发布《关于设立国际商事法庭若干问题的规定》,对国际商事法庭的工作作出详细规定。

最高人民法院国际商事法庭(China International Commercial Court,CICC)的设立具有如下特点:(1)实行一审终审制,作出的判决、裁定是发生法律效力的判决、

---

① 《共建"一带一路"九周年成绩单》,载中国"一带一路"网2022年10月1日,https://www.yidaiyilu.gov.cn/xwzx/gnxw/281310.htm。

② 《数说共建"一带一路"2022》,载中国"一带一路"网2022年12月31日,https://www.yidaiyilu.gov.cn/xwzx/gnxw/299772.htm。

裁定;(2)推动诉讼、调解、仲裁有机衔接、形成便利、快捷、低成本的"一站式"争端解决平台;(3)聘请精通国际法并熟练掌握本国法、具有丰富实务经验和较高国际声誉的中外法律专家组成国际商事专家委员会;(4)法官由最高人民法院在具有丰富审判工作经验,熟悉国际条约、国际惯例以及国际贸易投资实务,能够同时熟练运用中文和英文作为工作语言的资深法官中选任。

最高人民法院国际商事法庭的受案范围包括:当事人依照《民事诉讼法》协议选择最高人民法院管辖,且标的额为人民币 3 亿元以上的第一审国际商事案件;高级人民法院对其所管辖的第一审国际商事案件,认为需要由最高人民法院审理并获准许的;在全国有重大影响的第一审国际商事案件;依照最高人民法院《关于设立国际商事法庭若干问题的规定》第 14 条申请仲裁保全、申请撤销或者执行国际商事仲裁裁决的;最高人民法院认为应当由国际商事法庭审理的其他国际商事案件。具有下列情形之一的商事案件,可以认定为国际商事案件:当事人一方或者双方是外国人、无国籍人、外国企业或者组织的;当事人一方或者双方的经常居所地在中华人民共和国领域外的;标的物在中华人民共和国领域外的;产生、变更或者消灭商事关系的法律事实发生在中华人民共和国领域外的。

国际商事法庭的设立标志着我国国际商事争端解决机制建设进入新的发展阶段。在宏观角度上,国际商事法庭的应运而生,是中国向世界提交的关于建立新型国际商事纠纷解决的答卷,也体现了中国坚持"全球化"和积极参与国际竞争的态度;在微观角度上,国际商事法庭作为提供商事纠纷司法解决服务的公共产品,其建立是应对日益增多的国际商事纠纷的良策。[①] 国际商事法庭的产生,不仅借鉴了国外的国际商事法庭组建先进经验,还充分考虑了我国的国情和实际,规范化、专业化、国际化的运行机制已初步形成,司法裁判的国际影响力和公信力逐步提升,诉讼与调解、仲裁有机衔接的"一站式"国际商事纠纷多元解决机制也正稳步推进。[②] 根据世界银行的《营商环境报告》,2018 年中国名列第 78 位,2019 年提升至第 46 位,2020 年进一步提升至第 31 位。

---

① 姜丽丽:《国际商事法庭的未来抉择》,载《人民司法》2019 年第 10 期。

② 王淑梅:《加快推进国际商事法庭建设,打造国际法研究和运用的新高地》,载最高人民法院国际商事法庭网 2020 年 12 月 23 日,http://cicc.court.gov.cn/html/1/218/149/192/1944.html。

最高人民法院国际商事法庭还创造性地建立了国际商事专家委员会制度。专家委员们来自不同法系、不同国家和不同地区，目前包括来自20多个国家的61名国际商事专家委员，均是精通国际法与本国法且有深厚商事经验的中外法律专家，具有广泛的代表性。国籍的不同、法系背景的差异以及在商事方面的特殊要求，均体现了专家委员会的国际性、中立性以及专业性的特点。专家委员的职责包括：接受国际商事法庭的委托主持调解；就国际商事交易的规则进行解释；为域外法律的查明和适用提供专家咨询意见。国际商事专家委员会的组建充分体现了坚持共商共建共享原则，使"一带一路"国际商事争端解决机制凸显国际化特征。

我国国际商事法庭的建设仍处于探索阶段，许多方面亟须完善。有学者提出，在诉讼程序方面，可允许当事人合意选择英文作为案件审理语言，对特定案件应允许外籍律师以律师身份参与诉讼，还应分不同情况完善上诉机制；扩大国际商事法官选任范围，合理构建合议庭组成人员，扩大国际商事专家委员会的职能；在中国国际商事法庭判决在域外的承认与执行方面，可以更多地参与国际条约，明确互惠原则标准，加强交流，积极与"一带一路"沿线国家的最高法院订立合作谅解备忘录，采取综合措施助力中国国际商事法庭判决的承认与执行。①

（二）"一站式"国际商事纠纷多元化解决机制的确立

近年来，各国越来越倾向于建立集诉讼、仲裁、调解于一体的多元化国际商事争端解决中心。新建立的国际商事法庭不但继承和强化了早期国际商事法庭的两大重要特征，即"专业化"和"国际化"，还逐渐发展出一种新的特征——"融合化"。"融合化"是指国际商事法庭在发展过程中逐渐打破与仲裁、调解的边界，在诉讼程序的设计上吸收仲裁、调解程序的特点，使这三种争端解决方式呈现紧密融合的趋势。② 随着《海牙判决公约》的通过、《纽约公约》成员国的不断扩大和《新加坡调解公约》的签署批准，诉讼、仲裁和调解"三足鼎立"的多元化纠纷解决格局逐渐形成。

我国一直以来坚持博采众长的观点，更是大力支持国际商事争端的多元化纠

---

① 殷敏：《"一带一路"实践下中国国际商事法庭面临的挑战及应对》，载《国际商务研究》2022年第4期。

② 单文华、冯韵雅：《中国国际商事法庭：迈向国际商事争端"融解决"体系》，载最高人民法院国际商事法庭网2022年9月21日，https://cicc.court.gov.cn/html/1/218/62/164/2269.html。

纷解决机制的构建与完善。最高人民法院创设的“一站式”国际商事纠纷多元化解决机制，首次系统性地将诉讼、仲裁和调解整合在一个一体化的平台，推动建立诉讼与调解、仲裁有效衔接，形成便利、快捷、低成本的“一站式”争端解决中心。此举不仅有力对接了国际商事法庭发展的世界潮流，而且集中展示了中国司法的创新能力和体制优势。

2018年，最高人民法院办公厅发布《关于确定首批纳入“一站式”国际商事纠纷多元化解决机制的国际商事仲裁及调解机构的通知》，吸纳了5家国际仲裁机构和2家国际调解机构，包括中国国际经济贸易仲裁委员会、上海国际经济贸易仲裁委员会、深圳国际仲裁院、北京仲裁委员会、中国海事仲裁委员会、中国国际贸易促进委员会调解中心、上海经贸商事调解中心。2022年，最高人民法院办公厅又发布《关于确定第二批纳入“一站式”国际商事纠纷多元化解决机制的国际商事仲裁机构的通知》，再次吸纳5家国际仲裁机构，包括广州仲裁委员会、上海仲裁委员会、厦门仲裁委员会、海南国际仲裁院（海南仲裁委员会）、香港国际仲裁中心。

在“一站式”国际商事纠纷多元化解决机制中，当事人可以选择向国际商事法庭提起诉讼，也可以共同约定选择仲裁或调解。当选择国际商事法庭诉讼时，采取一裁终局。当选择调解时，由国际商事专家委员会或者委托的国际商事调解机构进行调解，达成的调解协议可以根据当事人的意愿让国际商事法庭制作调解书或判决书，一经送达即可生效。当选择仲裁时，可以要求国际商事法庭提供相应的证据保全、财产保全等措施。仲裁裁决作出后，当事人可以申请由国际商事法庭执行仲裁裁决；如认为违反有关法律规定的，则可以向国际商事法庭申请撤销仲裁裁决。

“一站式”国际商事纠纷解决机制在借鉴境外发展经验和充分利用国内多元化调解、仲裁和诉讼的历史沉淀基础上设立，具有明显的中国特色。在构建时，追求着多种融合：（1）价值理念的融合。三种纠纷解决方式均追求公平与效率的核心价值。通过“一站式”平台的设立，可充分取长补短并最大限度地进行优势互补，进一步达到公平与效率调和。（2）受案范围的融合。三种纠纷解决方式的受案范围均限制在国际商事争议范围内。（3）审理方式的融合。调解既是一种独立的纠纷解决方式，也可作为诉讼或仲裁的前置程序；仲裁亦可成为诉讼前置程序。（4）执行层面的融合。体现在法院对调解协议书或仲裁裁决的承认与执行，以及判决书、调解书、仲裁裁决之间的相互转化等方面。

我国的“一站式”国际商事纠纷解决机制在国际层面为跨境商事纠纷解决提供了一种新思路，也向国际社会输出了体现中国智慧的法律公共产品，即系统性地将诉讼、仲裁和调解整合在一个一体化的平台。过去的格局布置是诉讼、仲裁、调解三匹马各自在跑，尽管有一定的协调和配合，但是并没有集中统一在一体化的统帅平台。现在的一站式平台是真正把三者有机地融合到一个协调统一的机制里面去，让“三匹马”真正整合起来成为一台“三驾马车”。①

为适应互联网时代在线纠纷解决的需求，最高人民法院充分运用“智慧法院”成果，依托最高人民法院诉讼服务网、中国移动微法院、人民法院调解平台、最高人民法院办案系统等，建成“一站式”国际商事纠纷多元化解决平台，于 2021 年 7 月 21 日在国际商事法庭网站上线启动试运行（见图 5－1）。当事人可以通过电脑 PC

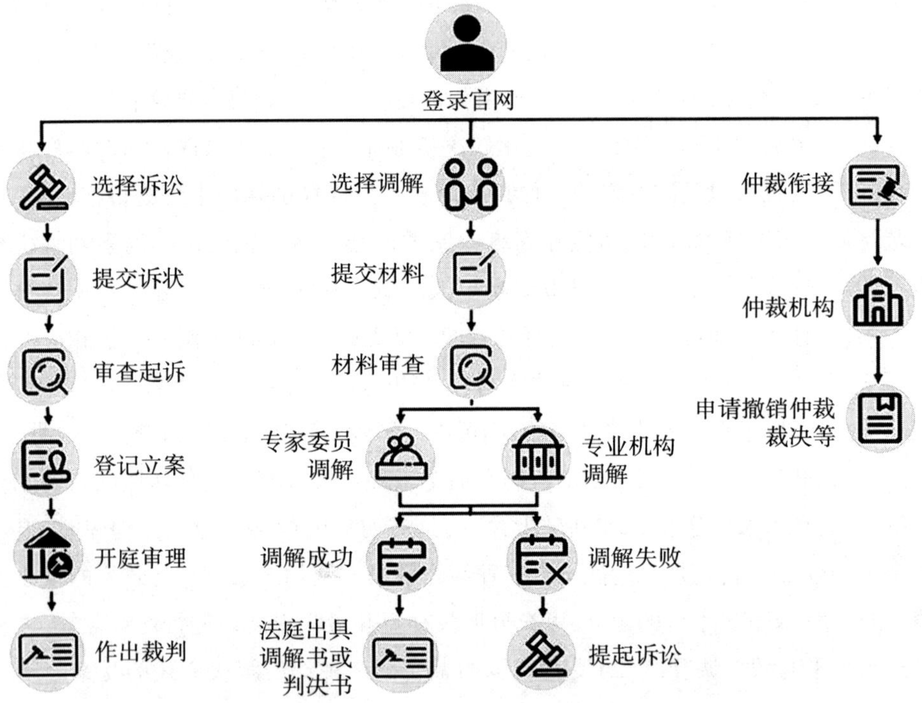

图 5－1　最高人民法院的“一站式”国际商事纠纷多元化解决平台

① 单文华、冯韵雅：《中国国际商事法庭：迈向国际商事争端“融解决”体系》，载最高人民法院国际商事法庭网 2022 年 9 月 21 日，https://cicc.court.gov.cn/html/1/218/62/164/2269.html。

端国际商事法庭网站和手机端"中国移动微法院"微信小程序两种渠道进行登录。平台提供中英文服务界面,方便外国当事人了解并使用平台各项功能。平台还融合了最高人民法院域外法查明统一平台的功能,方便当事人进行域外法查明。2019年,《人民法院第五个五年改革纲要(2019—2023)》再次强调"健全'一带一路'国际商事争端解决机制","完善调解、仲裁、诉讼相互衔接的'一站式'国际商事纠纷解决平台"。

(三)国际商事争端预防与解决组织的组建

2020年10月15日,由中国贸促会、中国国际商会等发起设立的国际商事争端预防与解决组织(International Commercial Dispute Prevention and Settlement Organization,ICDPASO)在北京宣布成立。ICDPASO是我国成立的第一个兼具国际与国内争端预防与解决功能的非政府间国际组织。这是第二届"一带一路"国际合作高峰论坛成果清单中的重要一项。

ICDPASO是一个非政府间、非营利性的国际组织,由中国贸促会、中国国际商会联合来自亚、欧、非、北美和南美洲20多个国家和地区的45家商协会、法律服务机构、高校智库等发起设立的。会员具有广泛的代表性、开放性和专业性。

ICDPASO的业务范围包括:风险预警与防范、法律查明、尽职调查、合规管理与建设、数据分析与应用等国际商事争端预防服务;商事调解、商事仲裁、投资争端等国际商事争端解决服务;国际法律人才培养、国际会议与高端论坛、国际交流与合作、政策研究与刊物编辑等其他服务。

ICDPASO独立运营,秉持"共商、共建、共享"的理念,致力于为国际商事主体提供从争端预防到争端解决的多元化、"一站式"、全链条的商事法律服务,为国际社会将提供争端预防与解决的新选项。2022年5月24日,正式发布与施行《商事调解规则》。《商事调解规则》博采众长且突显中国特色,与我国签署《新加坡调解公约》、坚持多元化国际争端解决路线相呼应。

国际商事争端多元化解决机制的基本框架在我国已经形成,在未来将如何发展,增强国际竞争力,是当前面临的重要难题。

第二节 国际商事仲裁

国际商事仲裁是指国际商事活动的当事人依照纠纷发生前或者发生后达成的仲裁协议或合同中的仲裁条款，自愿将具有国际因素的商事纠纷提交给某临时仲裁庭或常设仲裁机构进行审理，依据法律或公平原则作出对各方当事人具有拘束力的仲裁裁决的程序。

具有“国际因素”的商事纠纷，可能是当事人的国籍、住所或居所、法人注册地、公司管理地等实质性连结因素发生在不同国家，也可能是商事法律关系的产生、变更和履行发生在不同国家。随着经济的全球化进程，国际商事仲裁已成为现代国际经济活动的重要组成部分。

一、国际商事仲裁在全球的兴起和发展

(一)国际商事仲裁制度的建立

国际商事仲裁起源于欧洲中世纪的跨国商事贸易活动中。公元 11 世纪，商事活动在地中海沿岸、意大利各城邦之间发展迅速，产生专门调整跨国商事关系的商人习惯法和商事法院。商事法院包括市场法院、集市法院、商人行会法院和城市法院，性质上是非专业的社会共同体法院。法官由商人们从同行中选出，或由行会首领和成员组成。商事法院的程序具有迅速、简捷、非正式的特点，裁决依据是商人习惯法，在没有相应商人习惯法时依据良心和公平原则处理案件。这种商事法院实际是现代意义上的仲裁机构，而商人习惯法则为现代意义上的仲裁规则。[①] 14 世纪地中海沿岸各港口采用的《商事法典》提到以仲裁方式解决不同国家当事人之间的商事争议，即国际商事仲裁。

随着现代民族国家的广泛建立，各国立法开始将已颇具普遍意义的商人习惯法纳入到国内立法之中：1807 年法国颁布《商法典》；1861 年德国颁布《统一商法

① 邓瑞平、孙志煜：《论国际商事仲裁的历史演进》，载《暨南学报（哲学社会科学版）》2009 年第 6 期。

典》;同时期的英国进行了司法改革,于普通法之中纳入商人习惯法。由于各主权国家的国内法开始将商人习惯法作为国内法立法,故强化了其国内法的特点。商人习惯法在国际性的基础上,国内性也逐渐滋长。虽然在此之后的国际商事争议中,具有国际性特点的商人习惯法仍然是仲裁"无意识"的主要解决方式,但是适用国内法解决商人之间国际商事争议的方式逐渐形成了主流趋势。

16~18 世纪的殖民扩张推动了超越国界的世界市场的形成,仲裁越来越多地被用于解决跨国纠纷。仲裁由一国国内的民商事仲裁扩展到国际经济贸易仲裁、海事仲裁、解决国家间争端的仲裁。仲裁裁决的执行,起初只能单纯依靠当事人自动履行,后来由各国法律提供保障。仲裁的形式也从单纯的临时仲裁发展到机构仲裁和临时仲裁共存的阶段。机构仲裁中不仅限于国内仲裁机构,而且包括具有世界影响的国际仲裁中心。伦敦国际仲裁院(the London Court of International Arbitration,LCIA)于 1892 年成立,是世界上第一个常设仲裁机构。① 苏黎世商会仲裁院于 1911 年成立,是 1873 年成立的苏黎世商会(the Zurich Chamber of Commerce,ZCC)下设的常设仲裁机构。斯德哥尔摩商会仲裁院(the Arbitration Institute of the Stockholm Chamber of Commerce,SCC)于 1917 年成立,是瑞典最重要的常设仲裁机构。国际商会仲裁院于 1923 年成立,隶属于国际商会(International Chamber of Commerce,ICC),总部设在巴黎,依据法国法设立,但其独立于任何国家和组织。美国仲裁协会(AAA)于 1926 年成立,在性质上属于非营利性、非政府性、公益性的会员式公司,总部设在纽约。

(二)国际商事仲裁的里程碑公约:《纽约公约》

"二战"后,第三次科技创新革命使社会生产力获得了前所未有的发展,为国际经济的繁荣发展注入了强大的推动力。受主权国家观念的影响,一国法院的判决在另一国家申请执行时可能遭遇诸多问题。仲裁具有避开诉讼中隐含国家主权的影响,由中立专业的仲裁员以高效的方式作出裁决。仲裁的形式和内容灵活,充分尊重当事人的意思自治,并且进行严格的保密。通过仲裁解决国际商事争端成为商人们的首选,广为欢迎,成为解决争端的主要方法。

---

① 1892 年,其前身伦敦仲裁厅成立,1903 年改名为伦敦仲裁院。后在 1975 年与女王特许仲裁员协会合并之后,正式更名为"伦敦国际仲裁院"。

1923年,在国际联盟的主持下,多国在日内瓦签订了世界上第一个关于国际商事仲裁的国际公约,即《关于承认仲裁条款的日内瓦议定书》。该议定书要求各缔约国在当事人处于缔约国管辖权的情况下,承认在其中任何一个缔约国境内签认的仲裁协议或条款的有效性,并承担义务依其国内法执行在境内依据该仲裁协议作出的仲裁裁决。但是,议定书没有明确规定在其他缔约国领土内作出的仲裁裁决执行问题。1927年,上述国家又签订了《日内瓦公约》,于1929年7月25日生效。该公约规定各缔约国在一定条件下执行依据《关于承认仲裁条款的日内瓦议定书》签订的仲裁协议或仲裁条款所作出的仲裁裁决,即使当仲裁裁决是在执行裁决国家以外的国家作出时亦应如此。

前述议定书和公约被纳入1958年《纽约公约》。[①]《纽约公约》的适用范围明显宽于《日内瓦公约》,适用于在任何外国作出的裁决,无论该国是不是缔约国。在《纽约公约》起草阶段,有人提出《日内瓦公约》规定只执行在缔约国作出的裁决,如果维持这一措辞可能产生悖论,即当裁决所涉债权人和债务人都是缔约国国民时,却可能由于裁决作出地所在国非《纽约公约》缔约国而不能根据《纽约公约》执行裁决。为避免这种情况,《纽约公约》的起草者抛开了《日内瓦公约》的强制性互惠要求,而代之以选择性互惠保留。《纽约公约》在第1条中规定:

"1.由于自然人或法人间的争执而引起的仲裁裁决,在一个国家的领土内作成,而在另一个国家请求承认和执行时,适用本公约。在一个国家请求承认和执行这个国家不认为是本国裁决的仲裁裁决时,也适用本公约。

2.'仲裁裁决'不仅应包括为每一案件指定的仲裁员作出的裁决,还应包括当事人向其提出申请的常设仲裁机构作出的裁决。

3.任何缔约国在签署、批准或者加入本公约或者根据第10条通知推广适用的时候,可以在互惠的基础上声明,本国只对另一缔约国领土内所作成的仲裁裁决的承认和执行,适用本公约。它也可以声明,本国只对根据本国法律属于商事的法律关系,不论是不是合同关系,所引起的争执适用本公约。"

《纽约公约》于1959年6月7日正式生效,目前已有172个国家和地区加入,成

---

① 关于《纽约公约》的详细条文讲解,参见中国国际仲裁30人:《1958年〈承认与执行外国仲裁裁决公约〉(〈纽约公约〉)理论与适用》,法律出版社2020年版。

为国际贸易法领域最重要和最成功的联合国条约之一。《纽约公约》被普遍视为一部基础性的国际仲裁文书,要求缔约国法院在受理有关仲裁协议所涉事项的案件时落实仲裁协议,并在服从具体、有限的除外情形的情况下,承认和执行其他国家作出的裁决。《纽约公约》构筑的仲裁裁决全球执行体系已经成为支撑国际仲裁事业发展,推动国际争议解决的重要支柱。同时,它还推动了一系列区域性国际商事仲裁公约的产生,如 1961 年《国际商事仲裁欧洲公约》和 1975 年《美洲国家国际商事仲裁公约》。

为推动各国仲裁立法的统一,1985 年联合国贸法委主持制定了《仲裁示范法》。《仲裁示范法》旨在帮助各国对其有关仲裁程序的法律进行改革和现代化,以考虑到国际商事仲裁的特点和需要。其涵盖仲裁程序的所有阶段,包括仲裁协议、仲裁庭的组成和管辖权以及法院通过承认和执行仲裁裁决进行干预的程度。它反映了对于所有区域的国家和世界上各种不同的法律或经济制度所接受的国际仲裁做法的关键问题在世界范围达成的共识。《仲裁示范法》于 2006 年修订,意图消弭各国仲裁立法的巨大差异,实现世界范围内的国际商事仲裁领域的立法及实践的协调统一。《仲裁示范法》已被诸多国家或地区采纳为本国或本地区的法律。①

20 世纪后期,国际商事仲裁的作用愈发重要,案件数量呈几何级增长趋势。例如,国际商会仲裁院自 1987 年至 2000 年共受理各类案件 11,362 件,是建院以来 53 年总和的 5 倍。仲裁机构也随着世界经济体的发展,由传统欧洲型向亚太型转变,不再以欧洲为中心,开始转移至亚洲等新区域。亚太地区国家先后设立了自己的国际商事仲裁机构,如新西兰的仲裁调解机构、澳大利亚的国际商事仲裁中心、中国国际经济贸易仲裁委员会、中国香港国际仲裁中心、日本商事仲裁协会等。

(三)国际商事仲裁的新发展动向

1. 非内国化理论的兴起

传统的仲裁属地主义理论开始受到非内国化(denationalized arbitration)理论的冲击。仲裁属地主义理论基于古老格言“行为受行为地法支配”,认为仲裁的效力源于仲裁地国家的法律,强调仲裁地国法律对仲裁的强力控制,一直是国际商事仲

① 目前,87 个国家共在 120 个法域通过了以《仲裁示范法》为基础的立法,载联合国贸法委网,https://uncitral.un.org/zh/texts/arbitration/modellaw/commercial_arbitration/status,2023 年 5 月 26 日访问。

裁领域的普遍实践。仲裁非内国化理论是对传统的仲裁属地主义理论的突破，认为国际商事仲裁所适用的实体法与程序法均应基于当事人的意思自治，适用仲裁程序法应基于当事人之间的协议或仲裁庭所确立的程序规则，仲裁地法可被排除在外，仲裁程序可不受仲裁地程序法的约束，仲裁裁决的法律效力也不由仲裁地法所赋予。

20世纪中期开始，国家成为国际商事仲裁中一方当事人的案例频发，由于主权国家享有主权豁免和执行豁免，使仲裁无法进行下去，于是在国际商事仲裁实践中产生了脱离国内法而适用独立国际仲裁规则的做法。例如，在沙特阿拉伯诉阿拉伯美国公司（Saudi Arabia v. Aramco）一案中，1955年沙特阿拉伯与阿拉伯美国石油公司订立一份协议，阿拉伯美国石油公司获得开采石油的30年优先权；沙特阿拉伯又与其他公司订立了相同的协议。阿拉伯美国石油公司认为新协议与其优先权存在抵触，故将此争议交付临时仲裁庭在瑞士日内瓦进行仲裁。仲裁庭认为，鉴于沙特阿拉伯的主权豁免，仲裁庭在仲裁时不可能对一个国家强行适用不同于其本国的程序法，因此决定适用国际法。仲裁庭这种放弃仲裁地本国程序法而适用国际法的做法，被认为是"非内国化"理论的最初现实来源。[①]

瑞士与法国的国际仲裁立法中已经采纳非内国化理论。1987年通过的瑞士《联邦国际私法典》第十二篇"国际仲裁"第182条直接规定了当事人可对仲裁所适用的程序进行选择，如当事人未做出选择的，则由仲裁庭对仲裁程序的适用作出决定。法国《民事诉讼法典》第四卷第二编"国际仲裁"第1509条规定，国际仲裁协议可以直接适用或参照某仲裁规则或程序规则确定仲裁程序。在国际仲裁协议没有规定时，仲裁庭根据需要确定程序，或者直接适用、参照某仲裁规则或程序规则。

非内国化理论在客观上有利于推动和促进国际仲裁法的一致化和各国对仲裁法的放松化。[②] 但是，此理论也存在一些局限性，即过度强调当事人的意思自治，与国家的司法主权在事实上形成对立；排除仲裁地法的适用可能导致仲裁丧失必要的司法协助，使仲裁程序的进行难以为继；非内国仲裁裁决是否能得到承认及执行

① 陈燕红：《"非内国化"理论及其对国际商事仲裁一体化的影响》，对外经济贸易大学2014年博士学位论文，第17页。

② 毕莹：《国际商事仲裁"非内国化"之研究》，载《海南大学学报（人文社会科学版）》2005年第3期。

在世界上并无统一的标准,实践中充满变数等。目前世界大多数的国家在仲裁立法及实践中,对非内国化理论的态度还处于模棱两可中。

2. 仲裁透明度的加强

国际商事仲裁的保密原则也正面临着透明度价值取向提升的挑战。保密本是仲裁的重要优势和基本原则之一。但是,近年来由于跨国公司的腐败问题日益突显,公众利益受到了极大侵害,国际社会要求增加国际商事仲裁透明度的呼声愈加激烈。透明度在关注公共利益问题的过程中,可能会使一些原本在秘密仲裁下被保护的利益受到影响,诸如商业秘密、国家安全等保密信息被披露,非当事人的第三方介入会导致仲裁程序的效率降低,以及增加争议双方的负担及成本等。但是,仲裁透明度的增加可以增强国际商事仲裁的可预见性,使当事人更加信守此方式,增进社会公众对于仲裁的洞悉度。保密性的弱化与透明度的增强,存在于一体两面,具有辩证统一性。①

一些国家已经开始修改仲裁法,以彰显增进透明度的决心。英国、法国的仲裁法从承认默示保密规则到强调“保密需要明示”;澳大利亚、瑞典、美国的仲裁法初始就不承认默示保密规则的存在,认为保密性的来源是仲裁双方的合同约定;我国香港地区、新西兰的立法实践也表明,尽管保密原则客观存在,但例外日益增加。2009 年美国仲裁协会的《国际仲裁规则》明确规定,仲裁机构可以公开仲裁裁决。英国仲裁界在理论与实践中均认为,即便是因为仲裁的保密性,双方当事人选择进行仲裁,仲裁也并非绝对保密,保密性取决于仲裁过程中所适用的法律,尤其是仲裁机构的仲裁规则。国际商事仲裁的保密原则正呈现弱化趋势。

二、国际商事仲裁在我国的发展

(一)我国国际商事仲裁的建立

我国在新中国成立初期没有专门的涉外仲裁机构,有争议只能去国外。在当时的政治环境下非常困难,有的交易还因为外国公司坚持要在外国的仲裁机构解

---

① 杨荣宽:《如何应对国际商事仲裁透明度增强与保密性弱化》,载《中国商报》2018 年 4 月 19 日,A03 版。

决纠纷而影响成交。[①] 为此,中央人民政府政务院于 1954 年通过了《关于在中国国际贸易促进委员会内设立对外贸易仲裁委员会的决定》,国务院于 1958 年通过了《关于在中国国际贸易促进委员会内设立海事仲裁委员会的决定》。1956 年和 1959 年,对外贸易仲裁委员会、海事仲裁委员会先后成立。1980 年,中国国际贸易促进委员会对外贸易委员会更名为中国国际贸易促进委员会对外经济贸易仲裁委员会;1988 年,又改名为中国国际经济贸易仲裁委员会,简称中国贸仲(China International Economic and Trade Arbitration Commission,CIETAC)。海事仲裁委员会,也于 1988 年改名为中国海事仲裁委员会,简称中国海仲(China Maritime Arbitration Commission,CMAC)。这是我国两个最重要的涉外仲裁机构,为中国国际商事仲裁制度的发展奠定了坚实基础,提供了机构保障。

我国于 1986 年签署加入了《纽约公约》,1987 年该公约对我国正式生效。加入《纽约公约》,有力推动我国仲裁更好地融入国际仲裁,营造更加法治化、国际化的经商环境。[②] 1991 年《民事诉讼法》吸收了该公约的具体规定,对涉外仲裁制度予以规制:在管辖问题上,允许当事人提交非中国涉外仲裁机构仲裁;增加了与《纽约公约》相对应的裁定不予执行仲裁裁决情形;对双边司法协助进行规制,规定当事人可直接向有管辖权的外国法院申请承认和执行,我国法院依照中华人民共和国缔结、参加的国际条约或者按照互惠原则对外国仲裁机构作出的裁决审查后裁定承认与执行。立法者考虑到涉外仲裁和国内仲裁的差异性,保留了双轨制的做法,在 1994 年颁布的《仲裁法》中第七章单列"涉外仲裁的特别规定"。[③]

为了保障实现我国对《纽约公约》的承诺,避免国内法院通过各种借口妨碍涉

---

① 1953 年,中国畜产公司与英国油饼油籽公司以电报成交 29 吨绵羊毛,电报成交后,英国公司将印好的书面确认书寄给中国公司复查并签字。确认书约定该笔交易若发生争议,应提交英国的布兰福特沃尔协会仲裁。中国公司对在英国仲裁一事感到不安,然而又苦于国内没有专门的涉外仲裁机构。鉴于此,设立中国自己的涉外仲裁机构成为客观的需要。

② 万鄂湘:《纽约公约在中国的司法实践》,载《法律适用》2009 年第 3 期。

③ 全国人大宪法和法律委员会在向全国人大常委会作关于《中华人民共和国仲裁法(草案)》审议结果的报告时指出:"一些委员和有关部门提出,涉外仲裁有其特点,需要作出特别规定。建议增加'涉外仲裁的特别规定'一章,对涉外仲裁机构的组织设立、聘任外籍仲裁员、涉外仲裁中的财产保全、证据保全、涉外仲裁裁决不予执行的条件、对外国仲裁裁决的承认和执行等问题作出了规定。"全国人大常委会法制工作委员会民法室、中国国际贸易促进委员会秘书局编著:《中华人民共和国仲裁法全书》,法律出版社 1995 年版,第 153 页。

外与外国仲裁裁决的受理、承认与执行，1995 年最高人民法院《关于人民法院处理与涉外仲裁及外国仲裁事项有关问题的通知》对法院受理具有仲裁协议的涉外经济纠纷案、不予执行涉外仲裁裁决以及拒绝承认和执行外国仲裁裁决等问题建立报告制度。凡起诉到法院的涉外、涉港澳和涉台经济、海事海商纠纷案件，如果当事人在合同中订有仲裁条款或者事后达成仲裁协议，法院认为该仲裁条款或者仲裁协议无效、失效或者内容不明确无法执行的，在决定受理一方当事人起诉之前，必须报请本辖区所属高级人民法院进行审查；如果高级人民法院同意受理，应将其审查意见报最高人民法院。在最高人民法院未作答复前，可暂不予受理。凡一方当事人向法院申请执行我国涉外仲裁机构裁决，或者向法院申请承认和执行外国仲裁机构的裁决，如果法院认为我国涉外仲裁机构裁决具有《民事诉讼法》的法定不予执行事由的，或者申请承认和执行的外国仲裁裁决不符合我国参加的国际公约的规定或者不符合互惠原则的，在裁定不予执行或者拒绝承认和执行之前，必须报请本辖区所属高级人民法院进行审查；如果高级人民法院同意不予执行或者拒绝承认和执行，应将其审查意见报最高人民法院。待最高人民法院答复后，方可裁定不予执行或者拒绝承认和执行。①

《仲裁法》第 66 条第 1 款规定："涉外仲裁委员会可以由中国国际商会组织设立。"第 73 条规定："涉外仲裁规则可以由中国国际商会依照本法和民事诉讼法的有关规定制定。"法条中的"可以"此选择性词语给予各地在组建地方国际仲裁委员会一种可能性：除了中国国际商会组建的涉外仲裁委员会外，其他根据该《仲裁法》组建的仲裁委员会均有权受理涉外仲裁案件。1996 年 6 月 8 日国务院办公厅《关于贯彻实施〈中华人民共和国仲裁法〉需要明确的几个问题的通知》第 3 条规定："新组建的仲裁委员会的主要职责是受理国内仲裁案件；涉外仲裁案件的当事人自

---

① 依据 2017 年最高人民法院《关于仲裁司法审查案件报核问题的有关规定》，逐级报告制度从国际仲裁裁决扩展至国内仲裁裁决，不过两者存在一定的差异性。参见第 2 条："各中级人民法院或者专门人民法院办理涉外涉港澳台仲裁司法审查案件，经审查拟认定仲裁协议无效，不予执行或者撤销我国内地仲裁机构的仲裁裁决，不予认可和执行香港特别行政区、澳门特别行政区、台湾地区仲裁裁决，不予承认和执行外国仲裁裁决，应当向本辖区所属高级人民法院报核；高级人民法院经审查拟同意的，应当向最高人民法院报核。待最高人民法院审核后，方可依最高人民法院的审核意见作出裁定。各中级人民法院或者专门人民法院办理非涉外涉港澳台仲裁司法审查案件，经审查拟认定仲裁协议无效，不予执行或者撤销我国内地仲裁机构的仲裁裁决，应当向本辖区所属高级人民法院报核；待高级人民法院审核后，方可依高级人民法院的审核意见作出裁定。"

愿选择新组建的仲裁委员会仲裁的，新组建的仲裁委员会可以受理；新组建的仲裁委员会受理的涉外仲裁案件的仲裁收费与国内仲裁案件的仲裁收费应当采用同一标准。”上述通知为各地新组建的仲裁委员会受理涉外仲裁案件的依据作出了官方认可的诠释。

（二）我国国际商事仲裁的改革

一个国家的仲裁在世界仲裁界的地位，不仅关涉优化本国的投资贸易法律环境，而且是本国在国际层面综合竞争能力的展现。各国的国际商事仲裁机构都在全球范围内积极拓展仲裁业务，争取案源。伦敦、巴黎、新加坡、中国香港、日内瓦、纽约和斯德哥尔摩是全球的七大仲裁地。印度2019年实施《新德里国际仲裁中心法》，加入亚太国际仲裁中心的竞争。日本在大阪成立国际纷争解决中心。韩国在《仲裁法》之外出台《仲裁促进法》。阿联酋在迪拜和阿布扎比设立不同法系的仲裁中心。哈萨克斯坦在首都成立国际仲裁中心。

我国也在努力开创国际商事仲裁工作的新局面，营造国际商事仲裁中心的地位，积极促进仲裁活动的产业化发展。中国贸仲作为我国国际仲裁领域的龙头，已开始在境内外设立分中心，2012年设立贸仲香港仲裁中心，在温哥华设立贸仲北美仲裁中心，2017年在西安设立贸仲丝绸之路仲裁中心。① 其他仲裁机构，如上海国际仲裁中心、深圳国际仲裁院、北京仲裁委员会、海南国际仲裁院也在努力改革，迎头赶上。

我国国际商事仲裁呈现向现代化方向发展的态势。仲裁立法紧跟国际仲裁的发展，正在以修改《仲裁法》为契机，计划系统引入《仲裁示范法》，进一步促进我国国际商事仲裁与国际通用规则的接轨。国际商事仲裁范围也在不断扩展，以中国贸仲为例，涉及货物买卖、工程建设争议、房地产开发建设、股权转让、金融交易、租船、造船争议、粮食行业争议、资产并购、合资合作经营企业合同、著作权转让、物流、知识产权许可、特许经营、行纪、域名争议解决、服务融资租赁等。

---

① 根据《中国国际商事仲裁年度报告（2021—2022）》，中国贸仲2021年受理案件4071件，同比增长12.61%，受案量实现近3年连续增长。案件涉及93个国家和地区的涉外、涉我国港澳台地区案件共636件（包括双方均为境外当事人的国际案件61件），涉“一带一路”案件136件（涵盖36个“一带一路”国家和地区）。受理仲裁案件涉案标的额达1232.1亿元人民币，连续4年破千亿元大关，同比增长9.88%。上亿元标的额争议案件共计182件，其中10亿元标的额以上案件16件。

我国仲裁机构的仲裁规则和仲裁员也日益国际化。国内200多家仲裁机构都各自制定了仲裁规则,而且不断修订完善,最大限度地尊重当事人意思自治,与国际上主要仲裁机构的仲裁规则基本相同。仲裁员的国际化特征明显加强,以中国海仲为例,2021年5月1日启用的仲裁员名册中有826名仲裁员,来自36个国家和地区。其中,中国境内仲裁员704名,覆盖全国35个城市,地域分布更加合理;境外仲裁员122名,国别分布更为广泛。[①] 国际商事仲裁的司法监督日益宽松,裁决执行也更有保障。司法部一直在规划部署积极打造中国仲裁国际品牌,努力建设面向全球的国际仲裁新目的地。在2021年5月英国伦敦玛丽女王大学和美国伟凯律师事务所共同发布的《2021年国际仲裁调查报告》中,北京和上海入选全球最受欢迎的十大仲裁地。中国贸仲被评为全球最受欢迎的五大仲裁机构之一,这是中国仲裁机构首次在全球权威仲裁机构调研报告中跻身前五,彰显了中国仲裁的影响力。[②]

"一带一路"倡议的推进要求进一步深化多元化纠纷解决机制,对接国际商事争议解决规则,提高商事仲裁的国际化程度。2015年最高人民法院《关于人民法院为"一带一路"建设提供司法服务和保障的若干意见》提出,依法加强涉沿线国家当事人的仲裁裁决司法审查工作,促进国际商事海事仲裁在"一带一路"建设中发挥重要作用;要正确理解和适用《纽约公约》,依法及时承认和执行与"一带一路"建设相关的外国商事海事仲裁裁决。2018年《"一带一路"争端意见》指出,支持具备条件、在国际上享有良好声誉的国内仲裁机构,开展涉"一带一路"国际商事仲裁;鼓励国内仲裁机构与"一带一路"建设参与国仲裁机构,合作建立联合仲裁机制;吸引更多海内外优秀仲裁员,为"一带一路"建设参与国当事人,提供优质仲裁法律服务;"一带一路"国际商事仲裁机构解决涉"一带一路"建设跨境商事纠纷,我国法院依法提供财产保全、证据保全等方面的司法支持,并在便利、快捷司法审查的基础上,积极执行仲裁裁决。

由于我国大部分仲裁机构都实行"收支两条线"财务管理制度,收取的仲裁费被强制上缴财政专户,支付仲裁员报酬及仲裁机构的人员工资、行政管理费用等均

---

① 《加强仲裁公信力建设,优化仲裁员队伍——中国海仲新一届仲裁员名册启用》,载中国海仲网2021年4月22日,https://cmac.org.cn/index.php?id=77。

② 张维:《去年全国仲裁机构受案41.5万余件》,载《法治日报》2022年3月23日,第2版。

需由财政预算拨付。这导致支付仲裁员的报酬过低,无法吸引高素质仲裁员。经费限制导致仲裁机构的业务拓展和对外交流合作等都会受到一定程度的影响,缺乏资金去开拓市场、拓展案源。2012 年,深圳国际仲裁院开创法定机构管理模式和以国际化理事会为核心的法人治理机制。2019 年,上海《关于完善仲裁惯例机制、提高仲裁公信力、加快打造面向全球的亚太仲裁中心的实施意见》提出推进体制机制改革,要求仲裁机构与行政机关脱钩,原本由政府组建的仲裁机构在三年内完成脱钩改制,担任或兼任仲裁机构的决策机构组成人员的公务员三年内全部退出,由仲裁机构自主决定人事制度,仲裁机构经费不再纳入财政预算,实行经费自理、自收自支。《仲裁法》的修订也在探讨对仲裁组织的体制进行改革。

此外,由于我国《仲裁法》规定仲裁委员会作为仲裁协议生效的必备条件之一,临时仲裁并没有正式得到我国法律上的承认。临时仲裁凭借其自主自由、方便快捷、灵活高效的特点,是世界诸多国家和地区广泛承认和欢迎的国际商事仲裁方式。《纽约公约》中涉及的仲裁同时包括机构仲裁与临时仲裁。我国作为《纽约公约》的缔约国,也作为时下推动“一带一路”倡议的大国,临时仲裁相关法律的缺失将会造成许多仲裁方面的窘境。

如果我国当事人与外国当事人选定在适用《纽约条约》的国家作为仲裁地以临时仲裁方式解决争议,我国作为缔约国,法院是有义务承认和执行相关的临时仲裁裁决的。若是我国当事人与外国当事人选定我国作为仲裁地就相同的争议提请临时仲裁,会因为临时仲裁协议违反相关法律规定而无法进行。我国《仲裁法》没有赋予境内临时仲裁以合法的地位,可能会将大量的临时仲裁案件阻挡在国门之外。正是认识到此缺陷,在实践中已开始引入临时仲裁,如 2017 年珠海仲裁委员会施行的《横琴自由贸易试验区临时仲裁规则》。2021 年 7 月司法部公布的《仲裁法(修订)(征求意见稿)》中,增设了在涉外商事纠纷中允许选择临时仲裁的制度。

第三节 国际商事调解

国际商事调解是指当事人为寻求友好协商解决争议,同意按照某一调解规则提交调解机构或调解员,妥善解决国际商事争议的纠纷解决机制。国际商事调解其实是一种远比国际商事仲裁与诉讼更古老的手段,只不过其制度化的规范进程最晚。直到21世纪初,才进入一番调解立法的浪潮。2018年,第一个有关的国际条约《新加坡调解公约》在联合国大会通过。

一、国际商事调解在全球的法制化进程

(一)联合国贸法委的《调解规则》与《调解示范法》

在古希腊、古罗马时期,城市国家之间的贸易活动中就已经出现国际商事调解的雏形。国际商事调解虽起源早于国际商事仲裁,但在统一国家和市场经济体制建立之下现代化的进程中,国际商事调解的法制化进程远远落后于国际商事仲裁。

20世纪70年代,联合国贸法委开始认识到国际商事调解的功能和作用,讨论制定了《调解规则》,于1980年发布,总计20条。通过此规则的联合国大会1980年第35/52号决议言明:"大会认识到以调解作为友好解决国际商业关系上的争端的一种方法的价值;深信制定具有不同法律、社会和经济制度的国家都能接受的调解规则将大有助于建立和谐的国际经济关系",因此,建议"在国际商业关系上产生争端而当事各方寻求通过调解以友好解决争端时适用联合国国际贸易法委员会调解规则"。《调解规则》提供了一整套有关商事调解如何启动、进行、履行的程序规则,随后成为诸多国际仲裁机构制定自身调解规则的蓝本。例如,1988年国际商会以此为基础发布了《调解仲裁规则》。

21世纪初,国际商事调解受到更多的关注。2002年,联合国贸法委发布《调解示范法》,在更深入认识国际商事调解的价值与优势后,希望此示范法积极促进各国加强关于利用现代调解技巧的立法,以及在目前尚不存在此类立法的情况下制定相关立法。因此,建议各国考虑到统一关于纠纷解决程序的法律的可取性和国际商事调解实践的具体需要,对示范法的颁布给予应有的考虑。

在《调解示范法》的推动之下,诸多国家随后形成了一股调解立法的浪潮,推出了各自的单独调解法,如2003年,奥地利《民事调解法》;2005年,挪威《民事纠纷的调解和程序法》、列支敦士登《民事案件调解法》;2006年,罗马尼亚《调解和调解员职业组织法》;2008年,斯洛文尼亚《民商事调解法》;2010年,意大利《民事调解

法》、俄罗斯联邦《调解替代程序法》、中国《人民调解法》、希腊《民商事调解法》；2011年，芬兰《民事调解和普通法院和解确认法》、哈萨克斯坦《调解法》；2012年，德国《调解法》、西班牙《民商事调解法》、捷克《调解法》；2013年，葡萄牙《调解法》；2015年，巴西《调解法》；2017年，爱尔兰《调解法》、新加坡《调解法》等。[①] 各国调解法的颁布显著推动了调解在各国的现代化发展，其价值和意义的存在已经成为共识，发展也呈现规模化和制度化的趋向。

（二）国际商事调解的里程碑公约：《新加坡调解公约》

长期以来，调解的发展局限于国内法律的适用，调解协议在国际上如要跨境执行，只能转化为仲裁裁决或法院裁判，才能借助于《纽约公约》或其他司法协助的国际条约、双边协定，实现调解协议的跨境执行。这样的迂回操作容易使已达成的调解协议，还需耗费资源进行诉讼或仲裁，无谓拖延时间与增加权利救济成本。调解协议在国际层面缺乏执行机制，成为阻却当事人选择调解的重要原因。依据2016年新加坡法律研究院对500名商事法律专业人士的调查，71%选择仲裁，24%选择诉讼，仅5%选择调解；选择仲裁的第一因素便是执行力。[②]

2002年《调解示范法》第14条就已提及国际商事调解协议的可执行性，当时留给各国自行斟酌和裁量的范围。事隔12年后，美国向联合国贸法委第二工作组提出："拟订一部关于调解达成的国际商事和解协议的可执行性的多边公约，以便以与《纽约公约》促进更多地使用仲裁同样的方式，鼓励使用调解。"2015年，联合国贸法委开始探讨起草一部解决调解协议可执行性的公约，以使与《纽约公约》促进仲裁发展的同样方式鼓励调解的适用。

经过四年的多番讨论后，《新加坡调解公约》于2018年在联合国大会得以通过。我国于2019年8月7日成为首批签署国之一，尚处于等待批准中。目前《新加

---

① 33个国家共在46个法域通过了以《调解示范法》为基础或在其影响下形成的立法，载联合国贸法委网，https://uncitral.un.org/zh/texts/arbitration/modellaw/commercial_conciliation/status，2023年5月26日访问。

② Singapore Academy of Law, Study on Governing Law & Jurisdictional Choices in Cross-Border Transactions, http://www.ciarb.org.sg/wp-content/uploads/2016/02/SAL_Singapore_Law_Survey.pdf, 26－05－2023 last visited.

坡调解公约》的签署国达 56 个,其中批准生效的有 11 个。[①]《新加坡调解公约》成为继 1958 年《纽约公约》和 2005 年《选择法院协议公约》后的第三个重要界碑性国际公约。[②]

《新加坡调解公约》是一部便利国际贸易并促进将调解作为一种解决贸易争端的有效替代方法的文书,将为国际调解框架带来确定性和稳定性。该公约的序言写明:"深信就调解所产生的国际和解协议,确立一种可为法律、社会和经济制度不同的国家接受的框架,将有助于发展和谐的国际经济关系。"

第 3 条"一般原则"写明:"本公约每一当事方应按照本国程序规则并根据本公约规定的条件执行和解协议。如果就一方当事人声称已由和解协议解决的事项发生争议,公约当事方应允许该当事人按照本国程序规则,并根据本公约规定的条件援用和解协议,以证明该事项已得到解决。"由此,公约确立了关于援用国际商事调解协议的权利以及执行国际商事调解协议的统一法律框架。《新加坡调解公约》旨在为国际商事调解协议确立跨境执行的框架,消除当前国际商事调解适用的阻碍,使调解与仲裁、诉讼平行发展,成为全球流通的纠纷解决机制中的重要组成部分。

联合国贸法委在《调解示范法》的基础上,结合《新加坡调解公约》的条文,修改为《调解示范法》。2021 年,联合国贸法委还更新了《调解规则》,并编写了《调解安排说明》。

二、国际商事调解在我国的发展

(一)我国国际商事调解的建立

我国非常重视调解在国际商事争端中的运用。早在 1987 年,设立了北京调解中心,2000 年改名为中国国际贸易促进委员会/中国国际商会调解中心,旨在采取调解的方式独立、公正地帮助中外当事人解决商事、海事等争议。截至 2022 年 6

---

① 白俄罗斯、厄瓜多尔、斐济、格鲁吉亚、洪都拉斯、哈萨克斯坦、卡塔尔、沙特阿拉伯、新加坡、土耳其、乌拉圭已完成批准,载联合国贸法委网,https://uncitral.un.org/en/texts/mediation/conventions/international_settlement_agreements/status,2023 年 5 月 26 日访问。

② 上述三个公约,再加上 2019 年 7 月确认最终文本的《承认与执行外国民商事判决公约》,共同组成民商事纠纷解决的承认与执行领域中的四大基础性法律文件。刘潇:《〈新加坡调解公约〉与我国多元纠纷解决机制的衔接》,载《人民法院报》2020 年 2 月 21 日,第 6 版。

月,它已在全国各省、自治区、直辖市及一些重要城市设立分会调解中心共62家,形成了庞大的调解网络。各调解中心适用统一的调解规则,在业务上受总会调解中心的指导。截至2021年,已与意大利、美国、英国、加拿大、马来西亚、泰国、新加坡、韩国、日本、中国香港、中国澳门等多个国家和地区的21个相关机构签署了合作协议,建立了合作关系。①

我国是最早将调解文化带入国际商事仲裁的,并创造了仲裁与调解相结合的方式。中国贸仲最早的仲裁规则虽没有规定调解,但中国贸仲的实践从一开始就是仲裁与调解相结合,仲裁案件首先尽可能争取调解解决,调解不了才裁决。② 仲裁与调解相结合的理念也被《仲裁法》采纳。根据《仲裁法》第51条和第52条的规定,仲裁庭作出裁决前,可以先行调解;当事人自愿调解的,仲裁庭应当调解。调解达成协议的,仲裁庭应当制作调解书或者根据协议的结果制作裁决书。调解书与裁决书具有同等法律效力。调解书应当写明仲裁请求和当事人协议的结果。调解书由仲裁员签名、加盖仲裁委员会印章,送达双方当事人。调解书经双方当事人签收后,即发生法律效力。《仲裁法》的总体原则是鼓励调解,并且充分尊重当事人自主意愿,规定了较为灵活的调解与仲裁对接流程。在我国的努力下,国际商事仲裁界对调解的态度从反对到支持,仲裁与调解相结合成为国际商事仲裁中的一种重要方式。

国际商事调解在"一带一路"的建设与发展中愈加凸显其特点和优势。除了在节约时间、金钱成本和追求双赢结果方面的突出优势,国际商事调解在面对"一带一路"沿线国家的复杂法系局面之时,有利于搁置不同法系间的法律制度差异,灵活妥帖便利地解决争议。在"一带一路"沿线国家中,包括大陆法系、英美法系、伊斯兰法系、混合法系多种法系,法律体系不统一,由于各国政治、经济和文化方面的差异导致很多具体法律制度也存在差异。采用调解解决,可以搁置法律制度差异,而将目光和精力投向损失和风险的实际分担。在调解员的主持下,通过协商谈判寻求双方利益的最佳平衡点,不至于因法律制度差异引发更大交易风险。

---

① 《中心简介》,载中国国际贸易促进委员会/中国国际商会调解中心官网,https://adr.ccpit.org/articles/25,2023年5月26日访问。

② 宋连斌:《从仲裁与调解相结合到单独调解》,载《昆明理工大学学报(社会科学版)》2009年第11期。

《“一带一路”争端意见》也特别强调了国际商事调解的发展：支持具备条件、在国际上享有良好声誉的国内调解机构，开展涉“一带一路”国际商事调解；支持有条件的律师事务所参与国际商事调解，充分发挥律师在国际商事调解中的作用，畅通调解服务渠道；“一带一路”国际商事调解机构为解决“一带一路”建设参与国当事人之间的跨境商事纠纷出具的调解书，可以由有管辖权的法院司法确认后获得强制执行力。

近年来，我国商事调解取得较快发展，商事调解组织逐渐增多，并在国际商事调解中进一步发挥积极作用。例如，2014 年成立的东莞国际商事法律调解中心，2015 年成立的厦门国际商事调解中心，2016 年成立的“一带一路”国际商事调解中心、中国—阿拉伯商事调解中心。“一带一路”国际商事调解中心于 2017 年至 2019 年先后成立的成都调解室、东莞调解室、重庆调解室、杭州调解室，还在哈萨克斯坦成立调解室。这些国际商事调解组织的成立，不仅为解决涉外商事争议拓展新路径，也为我国商事调解的发展开启新模式、注入新动力。

（二）我国商事调解立法体系的递进式构建

我国目前没有专门的商事调解立法，有关规定零星散落于不同的法律法规、政策之中，没有形成系统化的法律框架。商事调解立法的缺失不仅导致各个地区的实践操作不一致，而且使商事调解制度本身失去权威性和公信力。商事调解的立法推进，关乎着国内与国际商事调解的发展，深刻影响着我国的国内外经贸环境。商事调解的发展路径首先必须要解决立法支持问题。只有这样，才能使调解具备替代仲裁、诉讼，真正成为解决国际商事争端解决机制的一种路径。因此，当前需要思考如何构建我国的商事调解立法。

商事调解与人民调解有着显著区别。商事调解所涉纠纷产生于商事关系中，因而具有自身的专属性和特殊性。商事关系是一种经营关系，由营利、营业、商人三大要素构成；其中，营利是商事关系的本质特征，也是商事活动中的特有属性。商事纠纷是指与人身关系不直接相关的财产关系，涵盖由契约性和非契约性商事法律关系引起的纠纷。商事纠纷的特殊性决定了商事调解员应当具有商事专业知识，熟悉商事营业活动的运作；决定了商事调解组织应当采取市场化运作方式，匹配商事活动的运作规律；决定了商事调解服务应当采取收费原则，与商事活动的营利性相吻合;决定了商事调解程序比较注重规范性,符合商事活动追求效率的目标。

早在《人民调解法》制定前后,商事调解实践发展的先行者和主要推动者——中国贸促会的领导就提出应当单独制定“商事调解法”助力商事调解摆脱立法困境。[①] 近期,学者也提出当前我国“商事调解立法滞后”,[②]《人民调解法》“难以有效约束和规范商事调解活动”,[③]主张从“多元化纠纷解决机制的整体发展战略”[④]出发制定单独的“商事调解法”。

“商事调解法”的单行立法模式确实是一个“短平快”的方法,不仅能在较短期间内完成制定和颁布,而且针对商事调解类型作出专属规定,有效弥补商事调解的立法空白。但是,在我国已有《人民调解法》这一单行法的前提下,且在该法实施后民间调解类型不断增加、范围不断拓展、方法不断创新的情形下,对商事调解单独立法只能是解决调解立法进程中若干缺漏中的一个而已。对于其他缺漏,如家事调解、医疗调解、知识产权调解、环境调解、在线调解等,是否也应当出台相应的单行调解法?若干个调解单行法的并存状态是否真的能在实践中满足各种调解类型的需求?它们之间是否会存在重复和冲突的规定?

在思考商事调解立法模式的选择时,我国应当着眼于更宽阔的视野,立足包括商事调解等新调解类型在内的调解“大类”的发展。调解立法中把各种调解类型的共同性规定整合在一部法律的总则中,再通过分则的方法详细规定各种调解类型。这种整合型调解立法模式更加符合《法治中国建设规划(2020—2025 年)》中提出的“建设法治中国,应当实现法律规范科学完备统一”的方针策略,有利于消除各种单行调解法之间的烦琐重复和冲突矛盾,促使调解立法中价值标准、合法性标准、科学性标准、融贯性标准和技术性标准的提升,促使调解立法之间以及与其他法律之间的内在和谐,妥善处理好调解立法的前瞻性与阶段性、可操作性,以及稳定性

① 赵爱玲、高潮:《中国贸促会法律部部长杨华中:商事调解是解决商事纠纷有效途径》,载《中国对外贸易》2007 年第 11 期;张维:《立法助力商事调解摆脱困境》,载《法制日报》2012 年 1 月 2 日,第 3 版。

② 胡仕浩:《中国特色多元共治解纷机制及其在商事调解中应用》,载《法律适用》2019 年第 19 期。

③ 黄良盛:《“一带一路”建设背景下我国商事调解的发展思考》,载《中国司法》2020 年第 4 期。

④ 范愉、李泽:《人民调解的中国道路——范愉教授学术访谈》,载《上海政法学院学报(法治论丛)》2018 年第 4 期。

和变动性之间的关系。而且，整合型调解立法模式更符合国际上综合性调解立法的发展趋势，商事调解法的单独制定仅为极少数。[①]

在整合型调解立法模式的实施中，从遵循科学立法原则出发，适宜选择在对《人民调解法》大动刀修改的基础上完成一部“统合各种类型民间社会性调解”[②]的综合“调解法”的制定。同时，考虑到立法整合修改期间比较长，时间上的拖延会不利于我国商事调解的体系化发展以及在《新加坡调解公约》生效后抢占国际商事调解市场的先机。

因此，建议我国商事调解立法体系的构建采取“三步走”递进式构建方案：第一步，近期目标是制定行政法规“商事调解暂行条例”；第二步，中期目标是完成《人民调解法》转化为综合“调解法”的整合修改，设立商事调解专章；第三步，远期目标则是就更长远的发展战略规划而言，在讨论制定“民事程序法典”的过程中，把“协商解决纠纷”作为单独一编，下设调解专章，整合前述“调解法”的全部条文。“调解法”中的商事调解专章自然也并入此部法典中，成为商事调解专节。[③]

“商事调解暂行条例”的章节结构可以比对于《人民调解法》的立法体系，设立六章，包括总则、商事调解组织、商事调解员、调解程序、调解协议、附则。在法规条文内容的具体拟定上，借鉴于《调解示范法》的内容，实现与当前商事调解国际规则的接轨。

第一章“总则”，规定立法目的、商事调解的定义和基本原则。商事调解的定义应注重构建“交涉型”功能，即商事纠纷的当事人在一名或多名商事调解员的协助下进行对话和协商，在平等自愿的基础上达成调解协议，友好解决商事纠纷的活动。随后，用单独条文分别确定商事调解的基本原则，包括自愿、保密、诚信、对等原则，且自愿原则作为首要原则，凸显调解的合意特征。

第二章“商事调解组织”，确立“建立市场化运作的独立第三方的商事调解组

---

① 例如，加拿大新斯科舍省、安大略省，美国俄亥俄州、伊利诺伊州和新泽西州的《商事调解法》。蒋丽萍：《加拿大〈商事调解法〉的制度创新》，载《人民法院报》2011 年 7 月 15 日，第 6 版。

② 范愉：《有关调解法制定的若干问题（下）》，载《中国司法》2005 年第 11 期。

③ 周建华：《商事调解立法体系的递进式构建研究》，载《北京理工大学学报（社会科学版）》2022 年第 5 期。

织”的路径。[①] 调解的市场化运作是调解自治化程度提高的重要机制，而商事调解因为“商事运营情境的成本与收益之间的利益衡量原则”，[②]应当成为调解市场化运作的先行改革者。只有走向市场化和营利性，才能供应更高质量的交涉性的专门服务，有助于构建良性有序运作的商事调解服务体系。商事调解组织采用多元化运作模式，包括公益性和营利性，实现“民办非企业”调解组织的公司化运作。[③]

第三章“商事调解员”，构建商事调解员的资格认证制度和权利义务体系。兼具商事领域经验和调解培训或实践经历的专业化、职业化商事调解员是商事调解市场化运作的重要支柱。对于商事调解员的资格认证，采取允许具备培训资格的纠纷解决机构向国家申请备案的方法，国家通过颁发统一培训和资格认证标准规范培训机构。明确商事调解员有收取调解费用报酬的权利，并确定比例式的浮动性收费标准。明确商事调解员有及时进行利益披露的义务，否则成为申请撤销调解协议和追偿商事调解员赔偿责任的法定事由。

第四章“调解程序”，确立调解程序的规范性要求。调解程序虽以灵活性著称，但应当遵循最低限度的程序要求。采用调解日程的建议性条文，鼓励在第一次调解会议中调解员引导当事人签订调解日程协议，并督促后者按照日程的时间节点和阶段性任务推动调解的进程。通过具体条文贯彻落实总则中调解基本原则的要求，如除当事人同意外调解应当不公开进行，调解员和当事人对调解信息不得披露以及不得在其他纠纷解决程序中援引，此为保密原则的体现；要求当事人在参与调解程序时必须委托具有和解权限的人员出席，此为诚信原则的体现；在“背靠背”调解中要求调解员保证给予各方当事人平等的对话沟通机会，此为对等原则的体现。结合当前“互联网＋智能调解”的发展，在最后一节规定在线调解的特殊条文。

第五章“调解协议”，规定调解协议的性质和法律效力强化方式。明确调解协议具有合同的属性。对于具有给付内容的调解协议，当事人可以申请公证机关出具公证债权文书。确立商事调解协议和法院的司法确认程序之间的衔接机制，当事人可以向商事调解组织所在地的基层人民法院申请司法确认。结合《新加坡调

---

① 龙飞：《论国家治理视角下我国多元化纠纷解决机制建设》，载《法律适用》2015年第7期。

② 杨力：《多元化纠纷解决机制中的商事调解及改革空间》，载《人民法院报》2016年7月10日，第2版。

③ 周建华：《论调解的市场化运作》，载《兰州学刊》2016年第4期。

解公约》的内容对国际商事调解协议的申请执行和执行审查作出规定。

第六章"附则",引入合同示范条款和确立条例生效日期。鼓励商事活动的当事人在商事合同中插入调解条款,即当事人在合同中可以约定"如果发生由于本合同所引起或与本合同有关的纠纷,双方当事人愿意先通过调解寻求纠纷的协商解决;调解不成,再选择仲裁(或诉讼)解决"。

在"商事调解暂行条例"公布后,最高人民法院应当承担起衔接"商事调解暂行条例"和《民事诉讼法》的工作,在已发布的包含商事调解的规范性文件的基础上,起草和发布最高人民法院"关于商事调解的若干规定",确立商事调解和诉讼程序的诉调对接机制,以及国内商事调解协议与司法确认程序、国际商事调解协议与执行程序的对接机制。

思　考　题

1. 如何理解国际商事争端解决机制中的"三驾马车",即国际商事诉讼、国际商事仲裁与国际商事调解三者之间的相互关系?

2. 在各国组建国际商事法庭的经验基础上,我国国际商事法庭的发展存在哪些需要改革的地方?如何增强我国国际商事法庭在国际商事诉讼领域的竞争力?

3. 什么是"一站式"国际商事纠纷多元化解决机制?为增强和充分发挥其解决商事纠纷的效果,还应当采取哪些改革措施?

4. 如何理解国际商事仲裁在当前的新发展方向?我国《仲裁法》的修改是否应当考虑这些新发展方向?应当如何吸纳?

5.《新加坡调解公约》与《纽约公约》的联系与区别是什么?它们在国际商事争端解决机制中各自发挥什么作用?

6. 我国商事调解立法应当采取哪种模式?是单行立法,还是合并于综合性调解法中?

7. 我国商事调解的市场化运作机制应当如何构建?商事调解员的职业化生长路径应当如何构建?

延伸阅读

1.《纽约公约》节选

第1条

1. 由于自然人或法人间的争执而引起的仲裁裁决，在一个国家的领土内作成，而在另一个国家请求承认和执行时，适用本公约。在一个国家请求承认和执行这个国家不认为是本国裁决的仲裁裁决时，也适用本公约。

2. "仲裁裁决"不仅应包括为每一案件指定的仲裁员作出的裁决，还应包括当事人向其提出申请的常设仲裁机构作出的裁决。

3. 任何缔约国在签署、批准或者加入本公约或者根据第10条通知推广适用的时候，可以在互惠的基础上声明，本国只对另一缔约国领土内所作成的仲裁裁决的承认和执行，适用本公约。它也可以声明，本国只对根据本国法律属于商事的法律关系，不论是不是合同关系，所引起的争执适用本公约。

第2条

1. 如果双方当事人书面协议把由于同某个可以通过仲裁方式解决的事项有关的特定的法律关系，不论是不是合同关系，所已产生或可能产生的全部或任何争执提交仲裁，每一个缔约国应该承认这种协议。

2. "书面协议"一语包括当事人所签署的或者来往书信、电报中所包含的合同中的仲裁条款和仲裁协议。

3. 如果缔约国的法院受理一个案件，而就这案件所涉及的事项，当事人已经达成本条意义内的协议时，除非该法院查明该项协议是无效的、不再适用的或不可能实行的，应该依一方当事人的请求，令当事人把案件提交仲裁。

第3条

在以下各条所规定的条件下，每一个缔约国应该承认仲裁裁决有约束力，并且依照裁决需其承认或执行的地方程序规则予以执行。对承认或执行本公约所适用的仲裁裁决，不应该比对承认或执行本国的仲裁裁决规定实质上较苛刻的条件或较高的费用。

第4条

1. 为了获得前条所提到的承认和执行，申请承认和执行裁决的当事人应该在申请的时候提供：

(a) 经正式认证的裁决正本或经正式证明的副本。

(b) 第2条第2款中所提到的协议正本或经正式证明的副本。

2. 如果上述裁决或协议不是用裁决需其承认或执行的国家的正式语言作成，申请承认和执行裁决的当事人应该提出这些文件的此种译文。译文应该由一官方的或宣过誓的译员或一外交或领事代理人证明。

第5条

1. 被请求承认或执行裁决的管辖机关只有在作为裁决执行对象的当事人提出有关下列情况的证明的时候，才可以根据该当事人的要求，拒绝承认和执行该裁决：

(a) 第二条所述的协议的双方当事人，根据对他们适用的法律，当时是处于某种无行为能力的情况之下；或者根据双方当事人选定适用的法律，或在没有这种选定的时候，根据作出裁决的国家的法律，下述协议是无效的；或者

(b) 作为裁决执行对象的当事人，没有被给予指定仲裁员或者进行仲裁程序的适当通知，或者由于其他情况而不能对案件提出意见；或者

(c) 裁决涉及仲裁协议所没有提到的，或者不包括在仲裁协议规定之内的争执；或者裁决内含有对仲裁协议范围以外事项的决定；但是，对于仲裁协议范围以内的事项的决定，如果可以和对于仲裁协议范围以外的事项的决定分开，那么这一部分的决定仍然可予以承认和执行；或者

(d) 仲裁庭的组成或仲裁程序同当事人间的协议不符，或者当事人间没有这种协议时，同进行仲裁的国家的法律不符；或者

(e) 裁决对当事人还没有约束力，或者裁决已经由作出裁决的国家或据其法律作出裁决的国家的管辖机关撤销或停止执行。

2. 被请求承认和执行仲裁裁决的国家的管辖机关如果查明有下列情况，也可以拒绝承认和执行：

(a) 争执的事项，依照这个国家的法律，不可以用仲裁方式解决；或者

(b) 承认或执行该项裁决将和这个国家的公共政策相抵触。

第6条

如果已经向第5条第1款第(e)项所提到的管辖机关提出了撤销或停止执行仲裁裁决的申请,被请求承认或执行该项裁决的当局如果认为适当,可以延期作出关于执行裁决的决定,也可以依请求执行裁决的当事人的申请,命令对方当事人提供适当的担保。

第7条

1. 本公约的规定不影响缔约国参加的有关承认和执行仲裁裁决的多边或双边协定的效力,也不剥夺有关当事人在被请求承认或执行某一裁决的国家的法律或条约所许可的方式和范围内,可能具有的利用该仲裁裁决的任何权利。

2. 1923年关于仲裁条款的日内瓦议定书和1927年关于执行外国仲裁裁决的日内瓦公约,对本公约的缔约国,在它们开始受本公约约束的时候以及在它们受本公约约束的范围以内失效。

2.《新加坡调解公约》节选

第1条　适用范围

1. 本公约适用于调解所产生的、当事人为解决商事争议而以书面形式订立的协议("和解协议"),该协议在订立时由于以下原因而具有国际性:

(a)和解协议至少有两方当事人在不同国家设有营业地;或者

(b)和解协议各方当事人设有营业地的国家不是:

(一)和解协议所规定的相当一部分义务履行地所在国;或者

(二)与和解协议所涉事项关系最密切的国家。

2. 本公约不适用于以下和解协议:

(a)为解决其中一方当事人(消费者)为个人、家庭或者家居目的进行交易所产生的争议而订立的协议;

(b)与家庭法、继承法或者就业法有关的协议。

3. 本公约不适用于:

(a)以下和解协议:

(一)经由法院批准或者系在法院相关程序过程中订立的协议;和

(二)可在该法院所在国作为判决执行的协议;

(b)已记录在案并可作为仲裁裁决执行的协议。

第2条 定义

1. 在第1条第1款中:

(a)一方当事人有不止一个营业地的,相关营业地是与和解协议所解决的争议关系最密切的营业地,同时考虑到订立和解协议时已为各方当事人知道或者预期的情形;

(b)一方当事人无营业地的,以其惯常居住地为准。

2. 和解协议的内容以任何形式记录下来即为"书面形式"。电子通信所含信息可调取以备日后查用的,该电子通信即满足了和解协议的书面形式要求。

3. "调解"不论使用何种称谓或者进行过程以何为依据,指由一名或者几名第三人("调解员")协助,在其无权对争议当事人强加解决办法的情况下,当事人设法友好解决其争议的过程。

第3条 一般原则

1. 本公约每一当事方应按照本国程序规则并根据本公约规定的条件执行和解协议。

2. 如果就一方当事人声称已由和解协议解决的事项发生争议,公约当事方应允许该当事人按照本国程序规则并根据本公约规定的条件援用和解协议,以证明该事项已得到解决。

第4条 对依赖于和解协议的要求

1. 当事人根据本公约依赖于和解协议,应向寻求救济所在公约当事方主管机关出具:

(a)由各方当事人签署的和解协议;

(b)显示和解协议产生于调解的证据,例如:

(一)调解员在和解协议上的签名;

(二)调解员签署的表明进行了调解的文件;

(三)调解过程管理机构的证明;或者

(四)在没有第(一)目、第(二)目或者第(三)目的情况下,可为主管机关接受的其他任何证据。

2. 符合下列条件的,即为在电子通信方面满足了和解协议应由当事人签署或者在适用情况下应由调解员签署的要求:

(a)使用了一种方法来识别当事人或者调解员的身份并表明当事人或者调解员关于电子通信所含信息的意图;并且

(b)所使用的这种方法:

(一)从各种情况来看,包括根据任何相关的约定,对于生成或者传递电子通信所要达到的目的既是适当的,也是可靠的;或者

(二)其本身或者结合进一步证据,事实上被证明具备前述(a)项中所说明的功能。

3. 和解协议不是以寻求救济所在公约当事方正式语文拟订的,主管机关可请求提供此种语文的和解协议译本。

4. 主管机关可要求提供任何必要文件,以核实本公约的要求已得到遵守。

5. 主管机关审议救济请求应从速行事。

第5条　拒绝准予救济的理由

1. 根据第4条寻求救济所在公约当事方的主管机关可根据寻求救济所针对当事人的请求拒绝准予救济,唯需该当事人向主管机关提供以下证明:

(a)和解协议一方当事人处于某种无行为能力状况;

(b)所寻求依赖的和解协议:

(一)根据当事人有效约定的和解协议管辖法律,或者在没有就此指明任何法律的情况下,根据在第4条下寻求救济所在公约当事方主管机关认为应予适用的法律,无效、失效或者无法履行;

(二)根据和解协议条款,不具约束力或者不是终局的;或者

(三)随后被修改;

(c)和解协议中的义务:

(一)已经履行;或者

(二)不清楚或者无法理解;

(d)准予救济将有悖和解协议条款;

(e)调解员严重违反适用于调解员或者调解的准则,若非此种违反,该当事人本不会订立和解协议;或者

(f)调解员未向各方当事人披露可能对调解员公正性或者独立性产生正当怀疑的情形,并且此种未予披露对一方当事人有实质性影响或者不当影响,若非此种未予披露,该当事人本不会订立和解协议。

2. 根据第4条寻求救济所在公约当事方主管机关如果作出以下认定,也可拒绝准予救济:

(a) 准予救济将违反公约该当事方的公共政策;或者

(b) 根据公约该当事方的法律,争议事项无法以调解方式解决。

第6条　并行申请或者请求

如果已经向法院、仲裁庭或者其他任何主管机关提出了与一项和解协议有关的申请或者请求,而该申请或者请求可能影响到根据第4条正在寻求的救济,寻求此种救济所在公约当事方的主管机关可在其认为适当的情况下暂停作出决定,并可应一方当事人的请求下令另一方当事人适当具保。

第7条　其他法律或者条约

本公约不应剥夺任何利害关系人可依寻求依赖和解协议所在公约当事方的法律或者条约所许可的方式,在其许可限度内,援用该和解协议的任何权利。

第8条　保留

1. 公约当事方可声明:

(a) 对于其为一方当事人的和解协议,或者对于任何政府机构或者代表政府机构行事的任何人为一方当事人的和解协议,在声明规定的限度内,本公约不适用;

(b) 本公约适用,唯需和解协议当事人已同意适用本公约。

2. 除本条明确授权的保留外,不允许作出任何保留。

3. 公约当事方可随时作出保留。在签署时作出的保留,必须在批准、接受或者核准时加以确认。此类保留应在本公约对有关公约当事方生效时同时生效。批准、接受或者核准本公约或者加入本公约时作出的保留,或者在根据第13条作出声明时作出的保留,应在本公约对公约有关当事方生效时同时生效。保留书在公约对公约该当事方生效后交存的,于交存日后六个月生效。

4. 保留书及其确认书应交存保存人。

5. 根据本公约作出保留的公约任何当事方可随时撤回保留。此种撤回书应交存保存人,并应于交存后六个月生效。

第9条　对和解协议的效力

本公约以及任何保留或者保留的撤回仅适用于在本公约、保留或者保留的撤回对公约有关当事方生效之日后订立的和解协议。

第六章

互联网时代的在线纠纷解决程序

本章概要

在线纠纷解决(ODR)是电子商务的自然需求和信息化社会的必然产物。ODR独立于当事人的物理场所,通过互联网并依赖于远程信息通信技术,完成整个或主要解决纠纷过程,能够为各方提供一种更便利、经济、高效的解决途径,被普遍认为是信息通信技术与ADR相结合的产物。尽管ODR的产生与运用的历史不过只有几十年,但其解决范围已从线上纠纷发展到线下纠纷,从电子商务纠纷发展到政务办公纠纷,从双方当事人纠纷发展到多方当事人纠纷,未来发展潜力不可小觑。ODR已经成为互联网时代解决纠纷的有效实践。

关键词

在线纠纷解决;ODR;在线ADR;在线诉讼;在线调解;在线仲裁;司法ODR;互联网法院;智慧法院;一站式多元纠纷解决平台

第一节　在线纠纷解决程序在世界的发展

一、在线纠纷解决程序的概念和特征

（一）ODR 的概念

当今社会在互联网信息技术影响之下，创造与发展出网络虚拟世界，来自世界各地的人们可以超越时空的界限，更自由地进行商业往来。信息技术的广泛应用，不仅给人类社会带来高速发展，同时影响着社会的固有结构、模式，其对生活环境、社会环境产生的影响力在不断蔓延，使用网络越来越频繁，移动上网的常态化进一步加大了互联网对社会环境的渗透力度和对现实社会的嵌入深度。矛盾纠纷从线下往线上的延伸，由此产生了一种新型纠纷解决方式，即"在线纠纷解决"（Online Dispute Resolution，ODR）。ODR，成为继 ADR 之后，风靡全球的又一个纠纷解决"热词"。

ODR 作为一种新兴的纠纷解决机制，各国理论界和实务界从各自的利益和角度出发，对它的看法各异，导致认定标准很不同，从而影响着 ODR 在实践中的适用、程序及法律规则的制定等。ODR 依托的互联网技术本身就是一个不断发展变化的事物，因此，ODR 的概念也具有一定的历史性和发展性。

现阶段从理论上而言，学界大体持有两种说法：

1. 狭义说

狭义说认为 ODR 是 ADR 的一种在线方式，ODR 从传统的 ADR 演化而来，是 ADR 依托互联网信息技术后形成的新型解纷机制。所以，ODR 其实是 OADR，即 Online ADR。

这种说法具有一定合理性。首先，从历史发展角度而言，它充分观察考虑到了 ADR 在现代社会环境中的新发展。其次，从纠纷机制本身而言，ODR 与 ADR 起源的理念基本相似，发挥的功能和作用相同，且互相包容、互相补充。因此，ODR 相关问题的解决，可以借鉴 ADR 的经验。最后，从法律角度而言，将其定义为在线 ADR，更有利于将 ODR 纳入传统的规制 ADR 的法律轨道。一些 ODR 网站甚至明

确规定了有关 ADR 的法律是在解决争议时必须遵守的法律标准。这实际上也有利于 ODR 初期的推广和应用。

但狭义说在定义范围上存在过窄的漏洞。它没有将非 ADR 方式包含在内,如在线诉讼。ODR 运动的出现是因为所有离线争议解决机制面临因特网的挑战而做出的回应,它的基本理念是几乎所有的离线争议解决程序都有它们的在线形式。因此,没有理由将在线诉讼排除在 ODR 的研究范围之外。

2. 广义说

广义说是指 ODR 包含依托互联网信息技术实现权利救济的全部纠纷解决方式,因此,除了在线 ADR 之外,也包括在线诉讼。这种定义模式从非常广泛的意义上对 ODR 进行了界定,对狭义说中存在的不足进行了完善和补充。另外,技术的发展是非常迅速的,以技术为核心的 ODR 概念因此也必须具有一定的兼容性。不能只看到已有的 ODR 形式,而应采用更具有弹性、外延更大的表述来兼容 ODR 以后发展的可能。如果用词过于明确绝对,势必会制约 ODR 本身的发展。

(二) ODR 的特征

与传统的纠纷解决机制相比,ODR 具有下列鲜明特点:

1. 把纠纷解决与互联网信息技术相结合

ODR 中可能应用的技术包括:计算机编程技术,如编制的各种计算机程序与数据库;各种先进的网络通信技术,如电子邮件、社交媒体、网络视频会议等;各种保障信息安全的技术,如防火墙技术、数字签名技术、加密技术、不可复制的徽章等。伴随着人们对互联网和计算机的日益开发和利用,信息科技的发展将为纠纷解决的途径和形式提供更多可能性。

2. 以业界自律为基础的运行机制

ODR 最初广泛应用于电子商务平台。企业通过网站徽章、信任标记、商业行为规范等业界自律机制,自愿将自己与消费者之间的争议提交 ODR 服务者处理,并承诺执行 ODR 的处理结果。在此种情况下,当事人双方是否愿意承认 ODR 服务者提供的处理,是否愿意执行其处理,并不在于 ODR 服务者本身所具有的权威,而是基于企业是否愿意自觉规范其行为,并以此建立与消费者的信任关系,从而达到解决纠纷和发展电子商务的目的。ODR 通过这种企业与私人之间建立的自律机制,使电子商务纠纷以跨越国家司法权的形式解决处理，避免了传统诉讼方式所带来的重重阻碍与弊端，为企业及当事人提供了一条更便捷、迅速、公正、低成本的纠纷解决途径。

3. 全球化的解决方案和运行模式

ODR 以建立在国际互联网上为基本依托。当事人不管身在何处，只要有连接因特网的终端设备，都可以把自己的纠纷提交异国他乡的 ODR 服务提供者进行处理，充分地体现了互联网随时随地和全球开放的特性。随着 ODR 服务的逐步完善，大部分 ODR 网站为了提高当事人的使用体验，将程序规则、步骤、费用、预计耗费时间等公示于网站之上，以便自助免费查询。为克服文化和语言的障碍，一些 ODR 网站还开设了多语言的界面，在全球范围聘请中立第三方，并积极寻求海外的合作伙伴。在目前全球化的大背景下，ODR 基本可以排除物理距离上的困扰，大部分的处理过程和环节都可以完全通过互联网进行，形成纠纷解决的闭环，为当事人提供更好的服务体验。

二、在线纠纷解决程序的兴起

ODR 产生于 20 世纪 90 年代，正是网络开始快速发展的时期。电子商务等网络纠纷出现爆炸式增长，为弥补传统纠纷解决模式在解决网络纠纷时的困难与局限，人们开始尝试利用网络资源化解网络纠纷。随着互联网技术逐渐渗透至人们生活的各个领域，ODR 逐渐发展为中立第三方在虚拟场所运用电子邮件、社交网络等信息技术工具协助当事人解决纠纷，在线完成各种纠纷解决方式的总称。

（一）背景：四次信息革命

从 20 世纪 50 年代中期开始，人类社会随着科技的迅猛发展，历经农业时代和工业时代后进入信息时代，其代表性特征为“计算机”。在信息社会中，信息成为第一生产要素，信息技术也成为核心技术，重点在于创造和开发知识。20 世纪 90 年代以来，我们已经历经数次信息革命浪潮。每一轮科技浪潮的涌动都给人们的生活带来巨大改变，也给无数企业和行业带来机遇与挑战。

1. 第一次信息革命

1990 年至 2000 年，互联网已经兴起，个人电脑（personal computer，PC）的出现

使互联网的受众从企业机构扩展至居民,信息革命爆发。这一时期的互联网发展可分为两个阶段,分别为计算机行业形态重塑和互联网行业商业模式初步形成。

第一阶段以PC出现为起点,计算机行业逐渐开始由硬件、软件、服务一体化转向分工合作,专门的软件公司开始出现,Intel处理器以及微软的Windows系统得以形成垄断。兼容机的大量出现,使美国居民PC拥有率从1984年的8.2%攀升至2000年的51%,PC端得以快速被普及。最初互联网只向美国高校教授、学生以及政府部门开放的业态开始转变,个人用户得以大量接触互联网资源。

同时,互联网行业商业模式初步形成,最具代表性的是雅虎开创的免费、开放、盈利的商业模式。在这种模式下,雅虎作为人们与目标网站之间的中介,承担着分类、收集和查询的主要功能,人们在上网时先访问雅虎,再通过雅虎进入别的网站,门户网站概念由此诞生。经过这两个时期的发展,人们得以尝试通过PC端探索互联网。第一个ODR实践——虚拟裁判官(the virtual magistrate)[①]即是产生在此时期。

2. 第二次信息革命

2001年至2008年,互联网行业商业模式初具规模,人类社会进入信息爆炸时代。在这一时期,互联网行业沿着两条路径进一步发展。

一是延续发展传统PC端模式,进入Web 2.0。在Web 2.0时代,用户开始与网站进行双向互动,而非被动接受信息的一方,人们由互联网内容和服务的消费者转变为潜在的提供者。

---

① 虚拟裁判官项目起源于1995年10月25日由国家自动化信息研究中心(the National Center for Automated Information Research, NCAIR)和网络空间法律研究所(the Cyberspace Law Institute, CLI)主办的一次会议。会议中提到:网络系统的用户或第三方提请运营商注意其系统上出现的侵权通信指控时,运营商将面临一个艰难的选择。运营商根本不采取任何行动,似乎是不合理的;除了可能的替代责任问题外,大多数运营商对允许他们的系统用于非法或其他有害活动似乎不感兴趣。简单地删除所谓的侵权通信同样不能令人满意;当然,这一指控可能被证明是虚假的,删除通信不公平且不必要地影响了没有任何不当行为的第三方的通信。确定所涉通信是否侵权可能极其困难;对任何特定信息的检查可能(通常也不)清楚其是否包含侵权或诽谤材料。"虚拟裁判官"计划将为解决这一问题提供一种手段,建议召集一个中立的在线裁决小组,负责对索赔请求进行快速、实时地评估,为系统操作人员提供应采取的初步措施的指导。1995年11月,NCAIR承诺为试点项目提供75,000美元的资金。虚拟治安法官项目于1996年3月4日公开发布。

参见Robert Gellman, A Brief History of the Virtual Magistrate Project: The Early Months, https://www.umass.edu/dispute/ncair/gellman.htm, 26-05-2023 last visited.

二是随着通信领域2G、3G技术的应用，人们逐渐开始尝试移动互联网。移动通信领域取得了进步，迎来了智能手机的重要元年。2007年，乔布斯发布了第一代iPhone，堪称智能手机发展史上最具革命性的产品，成为了全球移动互联网时代最具标志性的事件。随后，智能手机产量持续缓慢增长，移动互联网得以萌芽。人与人之间的互联成为互联网发展的新动能和主题，网民成为了互联网的创造力和生产力源泉。

3.第三次信息革命

2009年至2018年，移动互联网与云计算兴起，两者都以不同的形式挑战着传统PC的地位。随着苹果公司推出iPhone 3G，智能手机迎来了发展的新时代，移动互联网开始影响整个市场。智能手机的飞速发展直接影响着移动网民的数量增长，同时撼动着PC端在互联网领域的霸主地位。PC端的上网时间受到移动端的挤压影响，开始自2013年呈现负增长趋势。移动端的日均上网时间则逐年提高，逐渐取代了PC端，成为人们的主要上网方式。

4.第四次信息革命

2019年至今，在5G引领下，进入智能革命时代或智联网时代。智联网是指“人工智能+物联网”，本质是在传统云平台的基础上叠加物联网、大数据、人工智能等新兴技术。智联网将实现多方面的进步提升，不仅能够实现即时信息搜集、信息处理、信息传输形成解决方案并执行，同时能够实现万物互联，万物和人互联，对重塑人类社会有着重要影响。

（二）ODR的产生

ODR在世界范围的适用，源于全球电子商务环境的发展。全球电子商务作为一种依托于互联网而运行的贸易方式，可以为消费者带来更多选择和便利，也可以为商户带来颇丰的经济效益，但其作为一种有别于传统技术和概念的新兴交易模式，对现行法律提出了挑战。尤其是针对于不同国家、地区间的全球电子商务法律法规，非常有必要建立一套国际统一的贸易规范与法律框架，包括对电子合同的认可、接受电子签名以及其他类似授权程序的规则，制定争端解决机制，制定权责明确的根本原则等。

1996年，联合国贸法委推出《电子商务示范法》，为各国政府及有关国际组织提供了一个很好的范例，明确了对于电子商务市场的参与者，包括消费者、企业、金融机构和网络服务提供者，都有必要建立起一套共同遵守的商业规则；规定了电子合同成立的时间、地点、合同的有效性、电子证据的有效性等。1999 年，欧盟提出建立一个旨在协调全球通信，特别是电子商务的国际宪章的提议。

在解决电子商务纠纷方面，以地域和国家主权概念为基础的司法机制，面临一系列复杂的法律、经济问题，如管辖、适用的实体规范、裁决的承认和执行，以及时间拖延、费用昂贵等。这些问题在发展 B2C 电子商务中尤为突出。为应对全球电子商务发展中不断涌出的纠纷，许多电子商务企业、商业组织、政府机构、国际组织都在积极提倡并推广 ODR，以保障电子商务交易安全，增进消费者和电子商务企业间的信任和信心。

1999 年，美国的 eBay 网站在客服服务网页上增加了在线解决纠纷的链接，可谓 ODR 的雏形。2010 年，eBay 建立了在线纠纷解决中心，保证了 90% 以上的纠纷可以通过买卖双方自动化协商方式解决。该中心奉行三个重要的设计理念：[①] (1)效率优先，兼顾公平。针对数额小、数量大的纠纷采用漏斗装置，由自动化的计算机程序主导解决大部分争议，只有解决不了的才通过人工介入帮助解决纠纷。(2)自主解决纠纷。格外强调纠纷解决主体的自治地位，重视纠纷解决过程中当事人的自主解决。(3)充分利用互联网技术，提供个性化纠纷解决方案。通过大量读取用户行为数据和产品描述数据，包括行为日志、信息数据和图像数据，建构不同的描述模型和预测模型，总结、归纳争议的类型、特征、存在问题以及可行的解决方案。

美国政府也积极推广 ODR。2000 年，美国联邦贸易委员会与商业部召开会议，联合政府部门、企业、消费者组织、研究部门等重要利益组织就 ODR 未来的推广、发展、教育等方面提出了大量建议和方案；美国也向美洲国家组织提交了《跨境电子商务消费者纠纷的电子解决草案(示范法/合作框架)》，旨在推动建立健全跨境电子商务 ODR 的国际统一规则。

欧盟也在积极倡导和推广 ODR 的使用。2000 年，欧盟《电子商务指令》要求，成员国的法律不应妨碍消费者通过各种法院外途径，包括电子方式解决纠纷；2000

① 赵蕾、黄鹏：《eBay 在线纠纷解决中心的设计理念与机制》，载《人民法院报》2017 年 10 月 13 日，第 8 版。

年，在布鲁塞尔召开会议对 ODR 在应用过程中产生的法律、商业、技术问题展开探讨；同年年底，与美国共同发表了“美国、欧盟关于建立电子商务环境下消费者的信心和 ADR 地位的声明”的文件。2013 年，欧盟《消费者 ODR 条例》通过对消费者权益更高标准的保护，促进内部市场的良好运行，特别是通过构建欧洲的 ODR 平台使得消费者和商家的纠纷得到独立、公正、透明、有效、快捷和公平的在线解决。此条例自 2016 年 1 月 9 日起在欧盟全境内施行。

2010 年，联合国贸法委认识到跨境网上交易猛增，需要与之相配套的争议解决机制，而网上争议解决机制就是其中之一的重要性；在 2016 年通过了《关于网上争议解决的技术指引》，协助各国特别是发展中国家和经济转型国家、网上争议解决管理人、网上争议解决平台、中立人和网上争议解决程序的当事人，发展和使用网上争议解决系统。此技术指引并无约束力，只是说明性的，体现了公正、独立、高效、实效、正当程序、公平、问责和透明原则。

三、在线纠纷解决程序的模式

（一）自助式 ODR

自助式 ODR 完全不依靠第三方主体的参与，而是争议双方各自向 ODR 网站提供报价和请求，再通过计算机程序进行自动化处理，观察双方是否能够就某一报价达成妥协。如果双方的报价差异过大，没有达成一致的可能性，ODR 网站会建议其将纠纷提交至其他方式解决。由于在程序进行中，双方的报价和请求对另一方都是不公开的，故又称为：不公开报价和请求的处理模式。

采用这种模式的 ODR 网站有：Clicknsettle. com 和 Cybersettle. com 等。例如，美国 Cybersettle 网站提供“盲目投标”服务。它的设计目标是，当纠纷解决只关注数额时，为加速协商进程，由双方当事人各自提交自己能接受的最高和最低的数字。这些数字不会泄露给对方，但是当双方的数字有重合部分时，协议就此达成，最终的数字是在重合部分取中间值。

自助式 ODR 主要适用的纠纷类型是双方当事人对价款有着较大争议，而对具体责任的分配承担无过多要求。该纠纷解决相对简单，只要双方当事人愿意退让和承担的价款范围有重合，即可在计算机程序的监控下视作达成共识。双方在交涉过程中,既不能看到对方的报价和请求,也不会暴露自己的报价和请求,为后续纠纷解决不成进入其他救济程序提供了安全保障。没有仲裁员和调解员的介入,程序相对简洁,能够最大限度发挥其方便高效的特点。

(二)交互式 ODR

交互式 ODR,也称在线 ADR 模式。这种模式实际上是运用现代的网络技术,如电子邮件、聊天室、网络会议、视频会议等,甚至是传统的电话、传真,把离线状态下 ADR 的服务运用到网络环境下,营造一个虚拟的纠纷解决场所。与自助式 ODR 不同,交互式 ODR 中存在现实的仲裁员和调解员等中立第三方引导纠纷的解决。在此模式下,当事人可以与中立第三方以及其他当事人进行交流,并对案件进行管理和追踪。

交互式 ODR 网站已广泛存在。例如,美国 JAMS 公司在 2017 年上线运营的在线 ODR 平台 Endispute。这是一个基于浏览器的视频和音频应用程序。当索赔的价值或复杂性与采用传统的面对面调解会议不相对应时,Endispute 平台为当事方提供一种有效的调解替代方案,非常适合于中低价值的索赔,可在两小时会议中解决。

2016 年,加拿大魁北克省消费者权益保护办公室正式上线了网上争端解决平台 PARLe。该平台主要解决因产品、服务未按合同约定交付、迟延交付或交付瑕疵等情况引发的消费者纠纷。平台提供电子表格界面,方便当事人迅速提交立案申请。当事人可自愿选择是否将纠纷提交 PARLe,且无须任何费用。PARLe 系统由蒙特利尔大学的网络司法研究室开发,经消费者权益保护办公室完善并应用。

荷兰在线离婚诉讼平台 Uitelkaar 由私人机构 Justice 42 创建。该机构与荷兰政府和多家行业组织均有合作,包括海牙法律创新研究所、司法与安全部、法律援助委员会等。该平台旨在帮助当事人达成离婚和子女抚养协议,并确保协议合法公平。离婚后扶养费与子女抚养费计算器是该平台较有特色的应用。在协商过程中,各方可随时邀请调解员、专家参与。协商结束后,平台特邀律师审查协议内容,并将其提交至法院,无须开庭,流程既灵活又方便,费用仅为 800 欧元(各方 400 欧元),不到传统调解程序费用的一半。低收入群体往往诉诸 Uitelkaar 平台,符合条件的大约能获 90% 的诉讼费减免,由法律援助委员会专项补贴。

（三）计算机辅助式 ODR

计算机辅助式 ODR 是把各方的争议分解成可量化的要素，然后通过一种专门设计的计算机程序，辅助争议的各方达成最大满意的综合解决方案。受益于信息技术的支持，该模式能够实现全天同步在线回应，并主要适用于多方主体和多个争议焦点的复杂纠纷。在整个过程中，既没有完全依靠双方当事人自行解决纠纷，也不存在传统意义上的第三方，而是由先进的信息技术所创造的计算机程序充当了中立第三方的角色。

例如，加拿大的 Smart Settle 网站作为一款提供智慧谈判的软件系统，其特点在于使用了最先进的技术和算法程序对各方争议进行分析和优化，并能够同步在线回应、处理争议，提供一个完全自动化、简单高效的纠纷解决程序。其根据使用场景及功能的不同，还分别提供了不同的版本。

一是 Smartsettle ONE 简易版本。此版本适用于用户进行简单数字争议的谈判，涉及的当事人一般为双方。它具备 ODR 系统的典型功能，如在线调解、邀请调解、异步调解等；还具备议程控制功能，若调解双方对谈判中的一个条件难以协商一致，则可以暂时搁置该争议，先进行下一个条件的协商，从而加快调解进程。任何一方当事人都可以宣布终止调解，系统会在终止前提示双方直接对话，以明确不能达成一致意见的原因。

二是 Smartsettle Infinity 无限版本。此版本适用于涉及多方、多轮次、多种利益关系或金额较大的复杂谈判，并且能为问题建模，管理使用者的偏好信息，对解决方案进行快速优化。根据用户各自向该系统提供的信息，帮助各方确定可行的策略以及替代方案。这些替代办法会逐步优化各用户的提案，促进协议的达成。如果不存在这种替代方案，该系统还可以帮助各方制定反策略，通过算法迭代，对每一方的输入数据，假设条件和偏好信息变化进行建议，帮助各方寻求彼此都能接受的优选条件，实现“超越双赢”。

Smartsettle 电子谈判系统的实践表明，通过算法技术构建的机器人，已经突破了以往仅能处理辅助性事务的限制，转而凭借大数据及算法优势成为了解决纠纷的“智慧容器”，在特定类型的纠纷解决过程中直接独立地完成了纠纷处理工作。

四、在线纠纷解决程序在司法中的应用

当前,ODR 不再仅限于司法系统之外的纠纷解决平台,而是一个能够与司法系统之内的在线法院相联通整合的平台。借助互联网融通和集成的天然特征,共享管理纠纷争议过程中产生的数据资料,协助司法机关与当事人在实行司法救济过程中进行无缝对接操作。越来越多的国家与地区的法院推行司法 ODR 项目,包括非诉与诉讼业务。在线诉讼业务是指各种民商事、行政甚至刑事诉讼通过在线方式进行;在线非诉业务是指申请支付令等通过网络系统进行。

1990 年,英国引进计算机技术协助法官审判案件。2000 年,英格兰和威尔士的法庭服务网站与其他政府部门合作设计"未来法庭"项目,作为新法庭技术的实验基地,提出使用远程可视会议设施、电子化文件传输技术及数字录音记录等提高审判效益的设想。2014 年,英国民事司法委员会成立 ODR 顾问小组,尝试利用 ODR 解决 25,000 英镑以下的小额纠纷。经过一年的探索,英国最高法院建议英国法院和审裁处服务中心设立英国在线法院(HMOC),通过在线方式处理数额在 5 万英镑以下的案件。2018 年,英格兰和威尔士法院服务机构(HM Courts & Tribunals Service)开始提供民事金钱在线索赔程序(Online Civil Money Claims,OCMC),已经处理 33 万件请求,当事人的满意度高达 95%,2021 年在指派调解的 7984 件案件中和解率达到 53%,和解期间平均为 24 日。①

1993 年,美国弗吉尼亚州的威廉和玛丽学院与州法院联合推出一项利用信息技术改革法院的"21 世纪法庭"项目,探讨虚拟法庭的建立。2001 年,密歇根电子法院以"21 世纪法庭"项目为蓝本,实现了整个法院庭审过程在互联网上进行,并于 2004 年正式开通并受理诉讼,实施法院内设 ODR 机制。在庭审准备阶段,当事人必须与法院签订一个承诺遵守虚拟法庭有关电子安全的协议,获得"已授权的电子参与人"身份;而后将司法文书通过电子形式进行传输送达,如意见、动议、证据等;在庭审进行过程中,法庭程序全部通过音频、视频或网络会议的形式进行,保证异

① Fact sheet: Online Civil Money Claims, HM Courts & Tribunals Service website, https://www.gov.uk/government/publications/hmcts-reform-civil-fact-sheets/fact-sheet-online-civil-money-claims, 26 – 05 – 2023 last visited.

地当事人、律师或证人的出庭；在庭审结束后，法官将判决及相关资料以电子形式在网站上公开，公众可以在网站上进行查询和阅读。俄亥俄州富兰克林郡法院的小额诉讼平台是美国第一个由法院建设的在线纠纷解决平台，于 2016 年 10 月试点启动，主要用于受理哥伦布市税务局案件。自 2018 年起，该院所有类型的民事案件均可在当事人自愿选择的情况下在线解决。

2000 年，新加坡初级法庭推出“多元电子纠纷中心”，采用电子调解员的方式提供免费法院在线调解服务。解决争议类型的范围非常广泛，不仅处理因电子商务产生的纠纷争议，也提供给愿意利用互联网解决非电子商务纠纷的当事人使用。申请人进入中心网站，提出调解申请及被申请人联系方式；调解员联络被申请人并询问是否愿意参与调解工作，若同意，则正式启动网上调解程序；当事人无需当面协商，以电邮的方式交流，达成的调解协议电子送达给当事人后即生效。根据性质及复杂程度的不同，纠纷会被安排至不同的法庭进行调解，如小额索赔法庭、多元电子纠纷中心或国际调解电子法庭等。多元电子纠纷中心的网上调解是免费的，但若是由小额索赔法庭调解纠纷，则需要支付适当的费用，但只是象征性的数额。

2001 年，澳大利亚联邦法院开通电子法庭，是该国第一个能在网上作出法庭指令的法院。电子法庭是一个虚拟法庭，帮助法庭发布命令或举行听证，解决一些独立、临时的程序性问题，或者用来进行法庭听证之前的特殊信息、意见与证据的提交。澳大利亚法律改革委员会还指出，联邦法院在考虑更多地使用信息与交流技术来对现行 ADR 程序进行补充。当前，在联邦法院网站主页上，提供给当事人并行的两种选择，一是前往线下的法院，二是选择在线服务（online services）。而在第二种选择中，当事人可以通过互联网方式完成诸多诉讼行为的操作，如文件的传输与查阅、及时收发法院通知、诉讼日程的推进、庭审的举行等。①

加拿大不列颠哥伦比亚省民事解决法庭于 2016 年启动在线解纷平台。这是加拿大第一个由政府批准的在线解纷平台，全天候提供争端解决服务。该平台主要解决建筑物区分所有权纠纷、标的额 5000 美元以下的小额诉讼以及标的额 5 万美

---

① Online Services，Federal Court of Australia website，https://www.fedcourt.gov.au/online-services，26 – 05 – 2023 last visited.

元以下的交通事故。当事人如果想通过线下方式参与诉讼或需要纸质诉讼材料的,需额外支付25加币的文件归档费。超过95%的参与者选择在线方式参与诉讼。

随着ODR理念与方式的不断普及,更多的人会认识到ODR对化解和预防纠纷的价值,以及科技对于接近正义、实现正义的重要性。所谓技术是工具,效率是手段,正义才是根本。[①] ODR借助于网络技术,有效提高了审判效率,为当事人提供更加亲民且便捷的纠纷解决服务,尽最大可能让当事人接近正义,让司法机关实现正义。随着科技与ODR的不断深度融合,ODR将始终是一种面向未来、不断发展变化的纠纷解决机制,区块链、AI等新技术不仅可以持续衍生出用以解决或者预防纠纷产生的新工具、新方法与新思维,而且还将极大地促进ODR向自动化与智能化方向发展。未来ODR的发展态势不可小觑,而如何制定相应的技术标准以及国际程序规则是未来发展的重点。

第二节　在线纠纷解决程序在我国的适用

互联网在我国的发展虽稍晚于欧美国家,但发展势头迅猛。1989年,我国开始建设互联网。1994年,获准加入全球互联网,并完成全部联网工作。1995年,老百姓开始进入互联网。1997年10月,我国上网用户数还只不过62万;但10年之后,2007年6月,网民总人数达到1.62亿,仅次于美国2.11亿的网民规模,位居世界第二。截至2022年12月,我国网民规模为10.67亿,互联网普及率达75.6%(见表6-1)。

表6-1　我国网民规模和互联网普及率的发展趋势

年份	2011	2012	2013	2014	2015	2016
网民规模	51,310	56,400	61,758	64,875	68,826	73,125
互联网普及率/%	38.3	42.1	45.8	47.9	50.3	53.2

① 龙飞:《中国在线纠纷解决机制的发展现状及未来前景》,载《法律适用》2016年第10期。

续表

年份	2017	2018	2020.03[1]	2020.12	2021	2022
网民规模	77,198	82,851	90,359	98,899	103,195	106,744
互联网普及率/%	55.8	59.6	64.5	70.4	73.0	75.6

资料来源:第51次《中国互联网络发展状况统计报告》,载中国互联网网络信息中心网2023年3月2日,https://www.cnnic.net.cn/n4/2023/0303/c88-10757.html;历年《中国互联网络发展状况统计报告》,载中国互联网网络信息中心网,https://www.cnnic.net.cn/6/86/88/index.html,2023年5月26日访问。

[1]受新冠肺炎疫情影响,2019年度的统计数据截至于2020年3月15日。

借助于迅猛发展的互联网信息技术,ODR在我国的发展起步虽晚,但发展迅速,从电子商务平台的自创ODR到ADR在线转化,再到在司法系统的广泛铺开。

一、电子商务平台的在线纠纷解决程序

互联网快速发展之际,电子商务经济也快速兴起和发展。2021年,我国电子商务不断加快数字产业化和产业数字化步伐。全国电子商务交易额达42.3万亿元,网上零售额达13.1万亿元,实物商品网上零售额10.8万亿元,跨境电商进出口额达1.92万亿元;我国已连续9年保持全球最大网络零售市场地位。截至2021年12月,我国网络购物用户规模达8.42亿人,占网民整体的81.6%。①

(一)平台内设ODR

在急剧增长的电子商务经济中,ODR率先被各大电子商务平台应用于自己的纠纷解决系统中。例如,淘宝网面对数量庞大的购物纠纷率先建立了自身的ODR系统。《淘宝平台服务协议》在"4.3 交易争议处理"一节中约定:用户均有权选择以下途径解决:与争议相对方自主协商;使用淘宝平台提供的争议调处服务;请求消费者协会或者其他依法成立的调解组织调解;向有关行政部门投诉;提请仲裁;向法院起诉。其中,"使用淘宝平台提供的争议调处服务"便是淘宝自身的ODR系统。

① 《中国电子商务报告(2021)》,载商务部网,http://images.mofcom.gov.cn/dzsws/202211/20221118180137127.pdf,2023年5月26日访问。

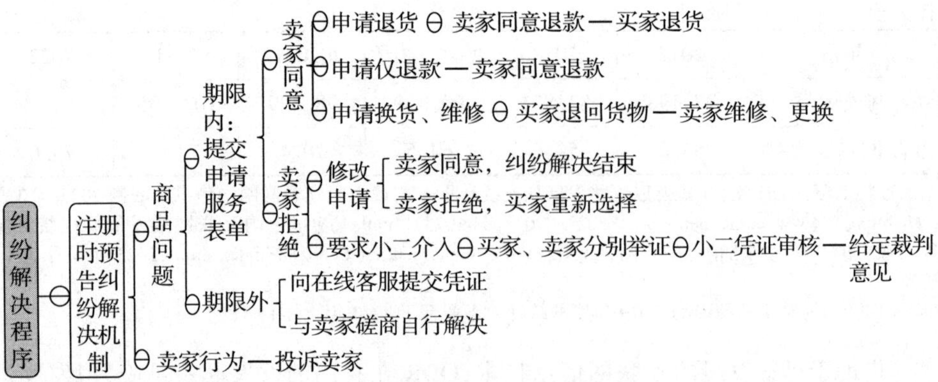

图 6－1　淘宝网的纠纷解决在线流程①

在淘宝购物中发生纠纷后，淘宝系统首先提供给买卖双方一个自行协商的机制。买家对购物不满意时，可以通过淘宝系统提交退款、退货、换货申请，并附上证据。卖家收到后，若同意，纠纷程序结束；如拒绝，则需提供物流单号、商品质检合格报告等证据，予以反驳。此阶段是一个开放的自由争辩环节，无第三方参与。在这种状态下，如双方当事人清楚纠纷事实和诉求，可能自主达成一个双方都较为满意的结果。

在协商无果时，淘宝客服（俗称小二）将介入，根据了解到的争议事实，依据淘宝平台规则作出调处决定，包括调整相关订单的交易状态、判定将争议款项的全部或部分支付给交易一方或双方等。淘宝小二会努力促成和解，承担着一个调解员的角色。介入后，小二通过致电或旺旺联系买家，了解维权诉求；也向卖家询问纠纷始末，希望其积极、主动与买家沟通化解纠纷。这正是背靠背的调解模式在 ODR 中的实践。淘宝小二分别听取双方当事人的不满和诉求，使双方对抗性大大减弱，当事人可以安心、理性地提出自己的想法。双方达成和解的空间在某种程度上得到了扩展。淘宝小二作为调解员可以充分发挥说服、引导和评价的作用，使得双方当事人最终的诉求和让步可以统一。

2013 年，淘宝网又推出一种新型 ODR 方式——大众评审员。从用户中随意抽取一定人数，组成一个评审团，对买卖双方争执的事实听取意见，通过会员投票得

---

① 周翔：《描述与解释：淘宝纠纷解决机制——ODR 的中国经验观察》，载《上海交通大学学报（哲学社会科学版）》2021 年第 4 期。

出结果。评审通过随机派送任务、匿名投票等程序设计,保证评议者的中立和评议过程的公正,同时要求至少 16 人参与评议结果才能生效。买卖双方可以相对公平地申请成为大众评审团成员。目前评审员已达数百万人,成功处理纠纷数量也达上千万件。淘宝网专门出台了《淘宝网大众评审公约》,详细规范了大众评审员的招募、回避、激励、冻结和评审程序。

阿里巴巴集团旗下的闲置物品交易平台——"闲鱼"网站也开辟了类似的"众包式 ODR"纠纷处理方式,称为"闲鱼小法庭"。"众包式 ODR",是指"把本来由专职人员执行的任务转交给非特定的大众自愿完成"。[①] 非特定的大众从各种途径获取有关信息,以互联网为媒介实现纠纷的解决。这是"众包"与"ODR"的有机结合,既可以集合多方立场和智慧作出相对公平的裁决,也可以充分利用互联网互通即时的优越性,最大限度保护双方当事人的利益。《闲鱼社区交易争议处理规范》第 3 条写明:"买卖双方协商无果时,任何一方向闲鱼投诉处理的,闲鱼将根据本规范的内容对争议处理。部分买卖双方的争议,闲鱼视争议内容交由闲鱼小法庭作为独立的第三方进行判断,之后根据闲鱼小法庭的判断结果对争议处理。"具体操作是,邀请评审员用户 17 人对买卖双方的言辞和证据进行评估,之后采用投票制,率先获得过半数(9 票)支持者胜诉。随后系统便会自动把钱款打给获胜方。基本争议处理的时间不到 24 小时。

闲鱼平台对评审员的招入条件是:闲鱼等级达到 4 级,同时芝麻信用分达到 650 分。此条件仅仅是平台内部对用户的评判标准,并没有考虑到其作为一个自然人是否具有民事行为能力。这种选择机制不能确保每一个被随机选中的用户都为完全民事行为能力人,忽略了不同用户年龄、智力精神状态和现实生活经历等客观条件。如此,不能确保用户可以作为一般情况下通情达理的第三人参与到评审过程中,可能存在着恶意刷分、刷评论等恶意误导评审员的行为。另外,受到现有技术水平的制约,双方的辩论权在这一过程中不能保障被完全充分地实现。

(二)外设独立 ODR

科学有效的 ODR 程序应当具有独立性、方便而易于接纳的使用程序、合理的

---

① 方旭辉:《ODR——多元化解决电子商务版权纠纷新机制》,载《法学论坛》2017 年第 4 期。

费用、流程的速度性、安全与保密性、约束力及可执行性。除了在平台内部构建专属的ODR，以"电诉宝"（原"电子商务消费纠纷调解平台"）、"众信中心"（全称"深圳市众信电子商务交易保障促进中心"）为代表的一大批独立型ODR也逐渐兴起。

全国"12315"互联网平台于2017年3月15日正式上线。这是推进"互联网+政务服务"的重大举措，标志着我国消费维权工作跨入"互联网+时代"。"12315"平台网站的主页提供投诉、举报与咨询三项选择。消费者选择投诉点击进入后，网页出现《投诉须知》。依据第7条，投诉对象在ODR企业名录内的，投诉人选择处理单位时，平台会自动显示"绿色通道企业"勾选项；投诉人勾选后，即表示投诉人同意与被投诉人进入和解程序，直接通过平台ODR投诉，适用平台ODR解决的有关规定；被投诉人将在10个工作日内与投诉人进行协商和解；投诉人和被投诉人双方和解的时间不计入市场监管部门的处理时限；和解不成的，投诉人还可以向市场监管部门进行投诉。

2021年，全国"12315"平台共受理网购投诉举报483.4万件，同比增长25.8%，占平台受理总量的38.8%。8.7万家ODR企业入驻12315平台，直接与消费者在线协商纠纷158万件；消费者满意度4.1分（满分5分）。与传统调解方式相比，和解成功率高出16个百分点，平均处理时长缩短7天；ODR城市覆盖率达94.1%，ODR机制运行质量明显提高。[①] 2022年1月1日，全国"12315"移动工作平台正式上线，提供高效安全的移动办公平台，实现了"12315"办理向移动端延伸。

独立型ODR作为真正的中立第三方加入纠纷解决的过程中，使各方当事人可以更加直接规避不平等带来的风险。当事人可以依据纠纷的不同种类选择不同的板块，由专业的中立第三方作出判断，甚至寻求专门的法律服务。独立型ODR具有更明显的社会化特征，拥有更强大的数据库资源，综合服务体系能够打破传统电商的信息壁垒，整合社会资源，形成一般的标准型规则，使当事人对结果更符合心理预期。

二、非诉讼纠纷解决程序的在线化

（一）在线ADR平台的优势

我国的一些仲裁组织与调解组织开始通过线上交互的方式，引导纠纷当事人

---

① 《2021年消费者投诉举报呈现七大特点》，国家市场监督管理总局网2022年3月16日，https://www.samr.gov.cn/xw/zj/202203/t20220316_340521.html。

通过谈判、调解、仲裁方式在线解决争议。早在2002年,中国贸仲开通网上仲裁,建立单独网站,设立域名争议解决中心,2005年同时启用"网上争议解决中心"名称。2009年,中国贸仲发布了《网上仲裁规则》,2014年修订,为当事人提供快捷高效的网上仲裁服务。依据第1条,本规则适用于解决电子商务争议,也可适用于解决当事人约定的其他经济贸易争议。2021年,870件案件采取网上立案,占立案总数的21.37%;灵活运用网上开庭434次,62个案件中有来自美国、英国、德国等19个国家和地区的当事人通过线上方式参加庭审。

2018年《关于完善仲裁制度提高仲裁公信力的若干意见》提出要积极发展互联网仲裁。各地仲裁委员会纷纷设立了在线仲裁平台。2019年7月,杭州仲裁委员会成立杭州互联网仲裁院,宁波仲裁委员会建立全国首个互联网仲裁电子证据平台;同年8月,青岛仲裁委员会发布《互联网仲裁规则》,并上线全省首个互联网仲裁平台。各地仲裁委通过在线仲裁平台,实现案件的申请、受理、送达、调解、举证、质证、结案等环节在线批量完成,建立和完善互联网仲裁机制,承办国内外涉互联网争议案件的任务。

纠纷解决组织的在线ADR平台专业性强、规范性强,实行更高的准入标准,成员以法律、经济贸易领域的专家为主,拥有深厚的人文精神、专业素养和对法律精神的深刻理解,在决策中能够始终坚持独立、公正的价值取向。以PC端、小程序等为载体,当事人通过平台一键申请立案,方便快捷。在线ADR平台通过互联网系统将案件批量化、办案流程一体化。办案系统集在线立案、在线缴费、在线送达、在线应诉、视频庭审、证据交换、在线裁决、生成裁决书为一体,案件归档后还可查阅案件信息。

我国的在线ADR平台积极与国际平台接轨。亚太经济合作组织(Asia-Pacific Economic Cooperation,APEC)通过《APEC跨境商事纠纷网上争议解决合作框架》及其《示范程序规则》,倡导使用包括谈判、调解和仲裁在内的ODR程序,为企业间(Business-to-Business,B2B)跨境小额商事争议提供快捷、低成本的ODR服务,以增强跨境商业互信,推动亚太地区营商环境的健康发展。中国贸仲成为APEC合作框架下的三家ODR服务机构之一。

(二)"一站式"多元化纠纷解决平台

我国仲裁组织尝试把在线谈判、在线调解与在线仲裁三种方式相结合运用,建成一站式多元化纠纷解决平台。下面以广州仲裁委员会的《一站式多元化纠纷解决平台程序指引(试行)》为例予以说明。[①]

ODR 平台是利用标准化流程，主要通过线上交互的方式，引导纠纷当事人通过谈判、调解、仲裁方式解决争议的网络平台。基本流程遵循先谈判，再调解，最后仲裁的顺序，但谈判、调解、仲裁三个阶段均为非必要程序。谈判、调解阶段，当事人无需缴纳费用；进入仲裁阶段后，当事人应按仲裁规则规定预交仲裁费。

在线谈判的启动，可以由申请人在仲裁委员会的专门网络平台提出。经被申请人答复，双方决定是否进入谈判程序。如果同意，在被申请人通知申请人后开始谈判阶段。谈判时间受到期限规则的限制，一般为 10 日。被申请人可以提出反请求申请，平台决定受理的，通知双方当事人，谈判期限可以中止计算。

谈判期间，当事人可根据实际情况利用 ODR 平台提供的技术或方式进行友好磋商。如果达成和解，应对记录在平台的和解协议内容进行确认，程序自动终止。当事人可根据和解协议请求仲裁委员会出具调解书或裁决书。

谈判期间届满后，争议仍然没有得到解决，则进入在线调解阶段。仲裁委员会按照规则指定授权的调解机构或指定委员会调解名册中的一名调解员进行调解。当事人有权知晓调解员的信息和调解阶段的期限。调解员接受指定后，应当在 ODR 平台上签署声明书，保证调解过程的公正、独立、保密。当事人在谈判阶段生成的信息在正常情况下将全部自动提供给调解员，但如果当事人提出反对，信息将对调解员保密。

只要不违反确定性规则，可按照最适当的方式组织调解，努力促成达成和解协议。调解期间，达成和解的，应对记录在 ODR 平台的和解协议内容进行确认，程序自动终止。当事人可根据和解协议请求仲裁委员会出具调解书或者裁决书。在一些专门的调解平台，经调解成功所达成的调解协议可通过平台内部按键点击跳转法院平台进行司法确认，取得强制执行效力。

在规定期间内未能通过调解解决争议的，争议应立即进入仲裁阶段。进入仲裁程序的前提是当事人要达成仲裁协议。对于当事人之间未约定由仲裁委员会解决纠纷的案件，ODR 平台将向当事人发送仲裁邀请通知及仲裁规则。若当事人在

---

① 《广州仲裁委员会一站式多元化纠纷解决平台程序指引(试行)》，载广州仲裁委员会网，https://newodr.gzac.org/introduce/knowledgeRule/，2023 年 5 月 26 日访问。

收到仲裁邀请通知之日起3日内一致同意接受仲裁管辖的,应在线达成仲裁协议,争议进入仲裁程序,按照仲裁规则进行仲裁。未达成仲裁协议的,案件终结。在谈判、调解阶段中的任一时刻,当事人也可在线达成仲裁协议,当事人一方或者双方要求进入仲裁阶段的,争议进入仲裁程序。

当事人未能在调解阶段达成调解协议而进入仲裁阶段的,调解员不得担任仲裁阶段的代理人,原则上亦不得担任该案的仲裁员,双方当事人同意的除外。自仲裁庭组成之日起3日内,任何一方当事人均可提出反对仲裁委员会将双方当事人在谈判阶段和调解阶段生成的信息提供给仲裁庭;逾期未提出的,仲裁委员会应将ODR平台上的全部信息传达给仲裁庭。

三、在线纠纷解决程序在司法中的应用

我国已广泛将互联网信息技术融入司法职能的实施中,努力构建司法系统内外互通互联、互动互补的ODR程序治理体系。

(一)电子商务网上法庭向互联网法院的转化

2015年,浙江杭州中院和三家基层法院试点设立电子商务网上法庭,受理网购合同和产品责任、网络小额借贷和著作权等领域的案件。2017年,杭州设立全国首家互联网法院,专门受理杭州地区基层法院有管辖权的涉网六类案件,包括:互联网购物、服务、小额金融借款等合同纠纷;互联网著作权权属、侵权纠纷;利用互联网侵害他人人格权纠纷;互联网购物产品责任侵权纠纷;互联网域名纠纷;因互联网行政管理引发的行政纠纷。2018年,北京、广州两地增设互联网法院,深化互联网法院试点探索,健全完善互联网案件审判格局。

最高人民法院发布《关于互联网法院审理案件若干问题的规定》,贯彻"网上案件网上审"的审理思维。互联网院管辖的第一审案件主要包括:在互联网上完成的购物合同纠纷、网络服务合同纠纷、金融借款合同纠纷、小额借款合同的纠纷;在互联网上著作权或者邻接权权属和侵害纠纷;互联网域名权属、侵权及合同纠纷;检察机关提起的互联网公益诉讼案件;行政机关作出互联网信息服务管理、互联网商品交易及有关服务管理等行政行为而产生的行政纠纷等。

互联网法院具有三个特点:(1)诉讼流程的网络化。互联网法院始终秉持全程

在线审理原则,在整个诉讼过程中利用互联网技术,案件当事人可以在足不出户的情况下完成诉讼,实现从线下到线上的转变。(2)纠纷领域更具有互联网化。互联网法院管辖的案件着重体现了案件与互联网的相关性,如对互联网合同类案件强调"签订、履行行为均在互联网上",对互联网民事侵权类案件强调"在互联网上发生",对侵犯网络著作权案件强调相关作品应当是"在线发表"或者"在线传播"等。(3)办案的智能化和专业化。互联网法院积极研发各类智能化辅助办案系统,实现了智能化立案、庭审语音自动识别、电子卷宗随案同步生成、裁判文书自动生成、诉讼文书一键电子送达等功能。

互联网法院的创设在当今世界尚属首次,是我国司法诉讼制度的重要创新,也意味着 ODR 程序正式纳入我国法律业务与公共管理的政治体系,是我国走向"智慧法治"的新起点。推进互联网法院建设是顺应信息化的时代要求,对我国司法制度的融合与创新发展具有重大意义,创新互联网诉讼的程序规则,建立全类型案件标准化、智能化审理模式,为维护网络安全、化解涉网纠纷、促进互联网和经济深度融合发展等提供司法保障。

(二)智慧法院建设从局部试点到全面铺开

2016 年,《国家信息化发展战略纲要》明确对司法领域信息化的要求:建设"智慧法院",提高案件受理、审判、执行、监督等各环节的信息化水平。同年年底,全国 3520 个法院、9238 个人民法庭和 39 个海事派出法庭全部接入法院专网。信息化是智慧法院建设的核心,借助现代信息技术助推司法改革。

智慧法院的信息化建设,要求各级法院建设先进的信息化系统,全方位开展网上立案服务、在线智慧办理服务,充分利用先进信息化系统,支持办案全流程依法公开,实现为人民服务的公开透明司法运行模式。法院信息化体系实现网络化、智能化,利用先进信息技术提高各级法院的科学管理水平,构建综合司法网络体系,做到统一规划案件分流,积极推进司法程序、融合共享数据资料、高效智能的案件审理。推进法院内部工作上下联动、内外贯通,打破数据壁垒,实现法院内部与外部数据有效对接,法院电子诉讼平台与当地公安、工商、三大通信运营商、电子商务平台等进行数据对接,形成司法工作整体有序的布局,创新司法领域的多元纠纷解决制度。

为应对 2020 年暴发的新冠肺炎疫情,智慧法院建设进程提速,普及范围进一步扩张。同年2月14日，最高人民法院印发《关于新冠肺炎疫情防控期间加强和规范在线诉讼工作的通知》，提出要将深入推进在线诉讼作为坚决打赢疫情防控的人民战争、总体战、阻击战的重要举措，积极依托各种在线诉讼平台，全面开展在线诉讼活动，有效满足疫情防控期间人民群众的司法需求，确保法院审判工作平稳有序运行。

2021年，全国法院在线立案1143.9万件，在线开庭127.5万场。全国法院将跨域立案服务主体从中级法院、基层法院、海事法院拓展到四级法院，实现立案登记范畴内的案件类型全覆盖。覆盖城乡的跨域立案网点超过1.3万个，累计提供跨越立案服务14万件，90%的申请在30分钟内响应。以法院在线服务平台为总入口，集成在线调解、电子送达、委托鉴定等10个平台，实现在线服务四级法院全覆盖，群众打官司比原来的耗时费力变为全流程“掌上办理”。全国法院在2021年在线调解纠纷突破1000万件，平均每分钟51件成功化解在诉前，诉前调解案件平均办理时长17天，比诉讼期间少39天。①

互联网司法模式继续完善，北京、杭州、广州的互联网法院运用先发优势，推动技术创新、规则确立、网络治理。浙江省法院推进“全域数字法院”，福建法院融入“数字福建”，重庆法院探索“全渝数智法院”。2021年至2022年，最高人民法院发布《人民法院在线诉讼规则》《人民法院在线调解规则》《人民法院在线运行规则》，以人民为中心的互联网司法规则体系逐步建立。我国互联网司法从技术领先迈向规则引领，为经济社会数字化转型提供司法保障，为世界互联网法治发展贡献中国智慧中国方案。

（三）“一站式”ODR的推行

“一站式”ODR是ODR的进一步集约化、高效化发展，运用互联网技术，将和解、调解、行政裁决、行政复议、仲裁、诉讼等多元纠纷解决方式，组合形成一个完整有机的体系，促使纠纷得到一次性的顺畅解决。

2016年，最高人民法院《关于人民法院进一步深化多元化纠纷解决机制改革的意见》提出创新在线纠纷解决方式，即根据“互联网＋”战略要求，推广现代信息技

① 周强：《最高人民法院工作报告——2022年3月8日在第十三届全国人民代表大会第五次会议上》，载最高人民法院公报网，http://gongbao.court.gov.cn/Details/2c16327a4bc6cc0a26a9caa5450d2a.html，2023年5月26日访问。

术在多元化纠纷解决机制中的运用，推动建立在线调解、在线立案、在线司法确认、在线审判、电子督促程序、电子送达等为一体的信息平台，实现纠纷解决的案件预判、信息共享、资源整合、数据分析等功能，促进多元化纠纷解决机制的信息化发展。

同年 10 月，最高人民法院正式启动统一的在线调解平台，推动覆盖纠纷受理、分流、调解、反馈等流程，实现在线办理当事人诉前调解、诉中和解和司法确认等事项。截至 2022 年年底，有 3504 家法院入驻此平台，在线汇集 9.6 万个专业调解组织和 37 万余名专业调解员，共调解案件超 3793 万件。

2019 年，最高人民法院《关于建设一站式多元解纷机制、一站式诉讼服务中心的意见》提出，聚焦突出矛盾问题，满足多元司法需求，推动形成分层递进、繁简结合、衔接配套的一站式多元解纷机制，加快建设立体化集约化信息化的一站式诉讼服务中心，增强多元解纷和诉讼服务的精准性、协同性、实效性。为充分发挥信息化效能，专门建设“一平台”和“四立”。“一平台”是指诉讼服务指导中心信息平台，是两个“一站式”的重要资源库。打通数据壁垒，建立质效评估体系，实现对全国法院诉讼服务工作的可视化和可量化管理。“四立”是案件“当场立、自助立、网上立、就近立”相结合的便民立案模式。各地区法院设立具有特色的线上解纷平台，提供线上立案指导，提供在线调解、网上立案、诉讼咨询、远程庭审、法治宣传等“一站式”诉讼服务。

传统法院以法庭为载体，法庭犹如剧场，两个“一站式”将剧场化的司法改写成了广场化的司法，法院建立一站式诉讼服务大厅和一站式纠纷解决中心。当事人需要办理的各种诉讼事项，都可以在窗口找到解决问题的部门和人员，实现一站式诉讼服务，搭上一站式的快车道。广场化的司法服务和司法审判，拉近了司法与民众之间的距离。多层级、官僚型的审判变成了一站式、扁平型的审判，法院成为透明的法院，司法也真正成了人民的司法。

我国已经建成覆盖全国四级法院，涵盖智慧服务、智慧审判、智慧执行、智慧管理的智慧法院，实现全业务网上办理、全流程依法公开、全方位智能服务。智慧审判系统为法官减轻事务性工作达 30% 以上，提高庭审效率超过 20%。法院大数据管理和服务平台汇聚 2.9 亿多件案件信息，形成司法大数据专题分析报告 1200 余份，司法区块链平台完成 28.5 亿条数据上链存证固证。[①]

---

① 《新时代十年人民法院 10 大“成绩单”》，转载中国法院网 2023 年 1 月 9 日，https://www.chinacourt.org/article/detail/2023/01/id/7093541.shtml。

ODR 在我国的发展势头非常强劲，目前在很多方面已超越欧美等国。但在发展中，也需要认识到存在一些制约因素。例如，ODR 的推广与宣传还不够；舆情监测缺乏对社情民意的重视；缺乏 ODR 工作人员的职业规范和管理制度；缺乏 ODR 程序规则最低限度原则的统一等。接下来，需要从这些方面去着手完善，推动 ODR 的制度化和规范化发展。

思 考 题

1. ODR 兴起的背景与原因是什么？与线下纠纷解决程序相比较，ODR 的优势与劣势是什么？

2. 在现有的三种 ODR 模式中，如何根据纠纷类型与具体情况选择自助式、交互式或计算机辅助式 ODR？这三种模式的特征是什么？

3. 根据信息技术的未来发展，ODR 的三种模式可能发生什么变化？它们可能呈现出哪些新特征？

4. 司法 ODR 与其他 ODR 类型的联系与区别是什么？ODR 的引入给传统司法理念与制度带来什么影响与变化？

5. 我国 ODR 的发展与国际上 ODR 存在什么联系与区别？

6. 我国 ODR 的发展目前遭遇哪些问题？未来发展中，如何克服这些问题？

延伸阅读

1.《美国律师协会（ABA）关于 ADR 和 ODR 的指南 B－8》（节选）①

“从业者应向客户推荐并参与 ADR 和 ODR 流程，以满足客户利益或法律要求。当 ADR 和 ODR 资源不适合于客户或案件时，从业者应反对要求以这种方式解决案件。各组织应积极参与有关 ADR 和 ODR 的地方管辖权的讨论和决定中，特别

① Guideline B – 8 on Alternative Dispute Resolution and Online Dispute Resolution, https://www.americanbar.org/groups/legal_aid_indigent_defense/resource_center_for_access_to_justice/standards-and-policy/updated-standards-for-the-provision-of-civil-legal-aid/appendix/guideline-b-8-on-alternative-dispute-resolution-and-online-dispu/, 26 – 05 – 2023 last visited.

是当ADR和ODR被授权或设计为‘选择退出制’时，以确保客户的权利得到保护。”

【ODR形式】

ODR的使用与参与存在诸多情形，每种情形都有独特的优点和缺点。以下是对可能产生影响的几个因素的简要讨论：

政府与当事人：在这种类型的案件中，个人可以通过ODR与法院和政府（如警察、检察官办公室等）解决纠纷，如交通罚单、未决逮捕令或诉讼理由令的解决等。

有代理人的当事人与无代理人的当事人：这通常是房东/租户纠纷或债务催收案件，房东的代理人或债务催收员与无代理人的租户或债务人之间试图解决纠纷。在可能没有真正中间立场的情况下，或在法律问题（通常是辩护）可能对案件具有决定性的情况下（在这种情况下，和解对无代理人的一方不利），这些都是令人担忧的。

当事人与已知/关联的当事人（与代理人无关）：这些通常是家事法律问题，其中和解通常被视为比司法判决更好的结果。一方或双方是否有代理人，或是否存在权力动态或家庭暴力等因素，都可能使ODR对一方当事人不利。

当事人的代理：一方或双方是否有代理人都会影响ODR的效果，以及达成和解协议的可能性。

调解与未调解：一些ODR系统鼓励、允许或要求当事人在引入中立第三方进行调解，或允许当事人请求调解之前自行解决纠纷。其他ODR系统则在一开始就引入中立的第三方，帮助双方解决纠纷。调解员的使用增加了和解的可能性，可以提高程序的公平性，也需要资助ODR的法院提供更多资源。

在诉讼中与在诉讼前、在诉讼外：一些ODR系统仅在法律案件启动后才起作用，其他ODR系统则提供在诉讼前或在诉讼外解决法律分歧。在诉讼中的ODR也可能发生在诉讼早期，或于其他方式失败后发生在后期阶段。案件的阶段将决定记录协议的书面形式。

选择加入与选择退出ODR：有些系统会自动将某些案件类型的诉讼当事人登记到ODR中，并要求他们申请选择退出才能退出ODR系统。其他系统提供ODR，并鼓励诉讼当事人选择这些服务。这些因素影响参与率、达成协议的成功率和用户对流程的满意度。

【ODR 适用时的考虑】

除上述考虑因素外，从业人员还必须评估：客户是否具备参与 ODR 的技术工具和技能；在没有调解员的情况下解决争议的利弊；案件是否涉及潜在的决定性法律问题，从而使谈判和解不可能或不明智；以及 ODR 是否导致不公平的结果。任何 ODR，尤其是选择加入系统，对没有可靠互联网接入的诉讼当事人来说都是不可能的，并为这些诉讼当事人创造了接入障碍。由于本标准以外所讨论的各种原因，对缺乏参与 ODR 能力的人来说，也存在类似但可能不太明显的障碍。与传统的 ADR 不同，ODR 是法院资助的纠纷解决模式中唯一认可的可以不包括中立第三方。在没有任何纠纷解决或相关法律培训的情况下，当事人试图解决法律争议可能存在缺陷，但在达成创造性解决方案和不利用法院资源解决争议方面存在潜在的好处。与 ADR 类似，ODR 对不可能妥协或妥协不可行的情况是一个糟糕的选择，包括存在法律问题时，如由法官决定将导致非妥协的解决方案，如债权人拥有的不合法债务之催收案件，法律保护被驱逐租户的驱逐案件（如报复性驱逐），或家事案件中亲权法律问题（将导致一方无权抚养子女或监护权，也无义务支付赡养费）。

2. 线上多方联动协同创新多元解纷模式——湖南省证券业协会在线调解 E 公司虚假陈述纠纷案（节选）①

【纠纷基本情况】

E 公司是一家在深圳证券交易所创业板上市的公司。2018 年 6 月，E 公司收到湖南证监局《行政处罚决定书》，因公司 2015 年、2016 年年报存在虚假记载，上市公司及相关责任人被处以行政处罚。

本次调解的 45 个案件是 45 名投资者陆续向长沙市中级法院提起民事诉讼，要求 E 公司就信息披露违法行为承担民事赔偿责任，总体呈现如下特点：一是案由相同，都是针对 E 公司虚假陈述提起的民事诉讼；二是时间集中，提起和受理诉讼时间大部分集中在 2021 年 8 月；三是分布广泛，投资者分布在全国各地，45 人中 3 人为 E 公司所在地投资者，其余 42 人分布在吉林、辽宁、内蒙古、山东、广东、云南等

① 《人民法院“总对总”在线多元调解案例》，载中国法院网 2022 年 2 月 24 日，https://www.chinacourt.org/article/detail/2022/02/id/6543868.shtml。

15 个省、自治区；四是金额不大，大部分投资者的索赔金额不高，其中索赔金额 5 万元以内的有 31 人，5 万 ~50 万元的 12 人，50 万元以上的 2 人。

长沙市中级人民法院收到投资者起诉状后，先期一一沟通是否有调解意向，登记有调解意向投资者的诉求，将相关情况提前与证券期货调解组织湖南省证券业协会沟通。2021 年 11 月 12 日，中国投资者网在线调解平台完成优化升级，证券期货纠纷在线诉调对接系统全面开通。长沙市中级人民法院立即通过该系统将调解案件委派至湖南省证券业协会。

【调解过程和结果】

在委派调解前，湖南证监局与长沙市中级人民法院就 E 公司行政处罚中涉及的证券专业事项进行多次沟通，为虚假陈述实施日的确定提供专业意见建议。湖南证监局安排湖南省证券业协会派员观摩庭审现场，了解庭审调解步骤，参与诉中调解笔录制作。通过深入参与 E 公司庭审过程，有效夯实案件调解基础准备。

本次 45 个案件通过人民法院调解平台与中国投资者网证券期货纠纷在线调解平台对接的方式，由长沙市中级人民法院委派至湖南省证券业协会后，协会当天即回复确认接受，并通知 E 公司参照先期示范判决提出和解方案，根据中国证券登记结算公司的交易数据逐一核算投资差额损失并与和解方案核对。通过在线视频、语音等方式组织 E 公司代理律师与 45 名投资者及其代理律师分别沟通方案内容，针对投资者及其代理律师对证券虚假陈述行为的“三日一价”以及损失计算等核心要素的争议，结合此前观摩庭审经验，有礼有力有节地加以阐述，消除投资者疑虑，最终纠纷双方达成一致意见：一是按照双方协商一致的和解金额进行赔付；二是付款方式由投资者根据个人需要确定，E 公司原则上认可；三是双方确认直接根据调解笔录执行，无须另行出具调解书和司法确认。

最终，协会将 45 份经双方签字认可的调解记录上传至中国投资者网在线调解平台，由投资者网在线调解平台回传至人民法院调解平台，长沙市中级人民法院根据调解结果予以结案。截至 2021 年 12 月 23 日，45 名投资者的赔付款均已到账。

【经验做法】

在本次案件调解过程中，调解组织秉承便捷、低成本、高效率的原则，依托便捷的在线调解平台高效进行调解服务，15 天实现从接收委派到完成调解全过程，41 天实现投资者赔偿款项全部到账。45 名投资者足不出户，成功达成调解，实现纠纷

“一站式接收、一揽子调处、全链条解决”,在缓解法院办案压力的同时,形成了“社会调解在先,法院诉讼在后”的线上证券期货多元纠纷化解新格局。

一是建立“多方联动协同”的体制机制。2016 年,湖南证监局与湖南省高级人民法院联合印发《关于推进诉调对接工作的意见》,明确建立诉调对接线下接收平台,确立诉调对接委托、委派、纠纷无争议事实记载、调解协议司法确认等工作机制,落地线下纠纷调解对接。2021 年 11 月,湖南证监局与长沙市中级人民法院等单位签署在线诉调对接机制合作备忘录,将线下诉调对接扩展至线上,明确在线委托委派、在线视频调解、在线申请司法确认等操作流程,并从诉源治理、案件受理、调解流程、文书制作、理论研究等多个维度进行深度合作,构建高效便民的纠纷多元化解新格局。

二是坚定“为群众办实事”的初心使命。从长沙市中级人民法院受理第一起投资者起诉 E 公司虚假陈述案开始,湖南证监局即密切关注案件审理过程,提供专业意见,指导辖区调解组织旁听法院审理,全面了解示范案例的内在逻辑。

三是坚守“细节决定成败”的工作态度。从和解方案的提出、支付方式的修改到直接使用调解笔录作为执行依据,每个环节都兼顾纠纷双方的利益,反复梳理交流案情焦点,理清调解脉络,释明调解依据,让结果“水到渠成”。

四是坚持“科技提升效率”的赋能方法。充分利用投资者网线上调解平台优势,在线移交案件信息和证据材料,简化案件委派流程,通过视频、电话、电子邮件等线上方式与分布在全国各地的 45 名投资者反复沟通,高效便捷达成调解协议。面对 45 名投资者上千条交易记录,湖南证监局指导调解组织引入自主研发的投资差额损失计算软件进行测算,测算结果与纠纷双方及法院计算结果完全一致,有力提升了调解效率。

第七章

非诉讼纠纷解决程序的未来展望

本章概要

ADR在每个发展阶段都会融入新的特征和因素。随着正当性的提高、应用范围和功能的扩大、发展格局和形式的多元化程度提升,以及互联网信息技术的影响和渗透,ADR的发展正进入法治化、国际化与数智化并存的新时期。法治化是指相应立法的加强,使ADR纳入法制化轨道,提升规范化程度;国际化是指渗透至更广泛的国际领域,为全球性与区域性国际组织所认同和采用;数智化是指在数字技术更新迭代的基础上,融入人工智能、元宇宙等新高科技,再次改造纠纷解决的生态形式。

关键词

法治化;ADR法;多元化纠纷解决机制促进法;国际化;国际组织;数智化;人工智能;元宇宙

第一节　非诉讼纠纷解决程序的法治化

一、非诉讼纠纷解决程序在全球的法治化

ADR 于 20 世纪中期刚出现之时，它的某些特征如程序的灵活性与适用法律的宽松性，和现代法治国家的建设思路格格不入，招致不少人质疑。批评者提出，ADR 将导致脱离法律轨道；完全放任当事人在权利与利益问题上的交易，容易产生以强凌弱的结果；各种社会团体容易通过内部的规则，改变或抵制国家法律规范和司法权的介入；ADR 带来的结果只可能是一种廉价正义或次等正义。

随着 ADR 理念的拓展与深化，其与现代法治理念不再冲突，而是相融，重视法与社会的协调，尊重社会自治。在纠纷解决中，从对抗走向协商对话，从对立走向和谐，从单一化走向多元化，从胜负决斗走向争取双赢。在法律框架下的协商调解、互利双赢、当事人的选择与参与、尊重社会规范等基本理念，已经逐步成为一种新型的纠纷解决主流文化，并带来了促进社会主体纠纷解决行为的转变和相关制度程序的变革。[①] ADR 的正当性和法律地位不断提高，应用范围及功能不断扩大，发展格局和形式越发多样化，已经走在法治规范化的道路上。

各国基于自身的理念、文化和条件，建立了 ADR 法律体系。ADR 立法规范的途径，主要包括成文法、案例法、组织机构的流程规则、政府政策以及法院规则和政策。有学者提出，纵观各国的 ADR 立法状况，主要有三种模式，即 ADR 综合型立法、ADR 单行型立法以及 ADR 与诉讼体制融合型立法。[②] 其实，这三种模式在大多数国家都是融会贯通、共同并存的。

在美国，1998 年国会基于联邦法院对 ADR 的探索实验而通过了世界上第一部《ADR 法》，为 ADR 措施的开展发放了“绿卡”，此为一种综合性立法模式。《ADR 法》要求所有的美国联邦法院实施“当事人服务型”的 ADR 措施，并允许法院强制

① 范愉：《当代世界多元化纠纷解决机制的发展与启示》，载《中国应用法学》2017 年第 3 期。

② 龙飞：《替代性纠纷解决机制立法的域外比较与借鉴》，载《中国政法大学学报》2019 年第 1 期。

当事人参加 ADR 程序。该法对程序的建构没有作具体的规定,允许法院设计、采纳新的 ADR 程序。

依据《ADR 法》,所有美国联邦地区法院应根据通过的地方规则,授权在所有民事诉讼中使用 ADR 程序,包括破产程序以及法定情况下对仲裁程序的授权使用。所有美国联邦地区法院应根据地方规则,制定并实施其自己的 ADR 方案,以鼓励和促进在其地区使用 ADR。所有美国联邦地区法院应指定一名熟悉 ADR 实践和流程的员工或司法官员,以实施、管理、监督和评估法院的 ADR 方案。其还可能负责招聘、筛选和培训律师,在法院的 ADR 方案中担任中立第三方和仲裁员。联邦司法中心和美国法院行政办公室有权协助联邦地区法院建立和改进 ADR 方案,协助方法是确定成功方案中采用的具体做法,并在必要和适当时提供额外援助。

美国立法中也存在 ADR 单行立法模式。早在 1925 年就有了《联邦仲裁法》(Federal Arbitration Act),立法初衷在于通过将仲裁合同升格为普通合同地位而一改几百年来对仲裁合同的司法敌视状态。按照美国法院判例,除了国会明确规定只有法院才有管辖权之外,几乎所有民事纠纷均属于仲裁范围。2001 年,《统一调解法案》(Uniform Mediation Act)被起草并经全国统一州法委员会议批准通过,次年初获得美国律师协会的批准。由于影响调解的法律规则在 2500 多个现有州法规中有所规定,各州立法机构引入和通过《统一调解法案》需要时间,有的州已经完成向州法的转化,有的州则没有。

在日本,2007 年实施的《ADR 促进法》专门推动市场化民间 ADR 机制的适用,与民事调解、家事调解同时存在,并成立"ADR 促进法调查委员会"对实施情况进行实证研究。依据该法的第 1 条,鉴于国内外社会经济形势的变化,ADR(在公正的第三方参与下,采用非诉讼方式解决纠纷的程序)已成为基于第三方具备专业知识水平根据其实际情况迅速解决纠纷的重要手段。《ADR 促进法》的内容包括该法的基本概念以及明确政府和其他公共组织、社会团体的责任;建立认证制度,对中断、中止、无效等时效和其他事项制定专门规则,使 ADR 更易于公民使用,从而使争议各方能够选择最合适的方式解决问题,实现公民的合法权益。

日本《ADR 促进法》可以视为一种综合型立法模式,但在此之余,日本存在 ADR 单行立法模式,如日本《民事调解法》、日本《仲裁法》;也采取 ADR 与诉讼体制融合型立法,即在日本《民事诉讼法》中包含调解等 ADR 的条文。相似的情形也存在于德国,2012 年生效的《促进调解及其他诉讼外冲突解决程序法》,通过统筹立法的方式出台了德国《调解法》,并对德国《民事诉讼法》、德国《家事事件和非讼事件程序法》、德国《劳动法》等法律进行了修改。

ADR 是一个庞大复杂的纠纷解决体系,有些分支早已经以单行法律的形式存在于诸多国家,其中仲裁与调解的单行立法最为突出。诸多国家在吸纳《仲裁示范法》的基础上颁布了本国的仲裁法,立法和实践得到空前的协调和统一,这也是成功通过《纽约公约》广泛适用的国际法律基础。调解立法也在本世纪初经历了一番国际浪潮。特别是在欧盟层面,2008 年《欧盟调解指令》的颁布,要求大多数成员国根据指令已经完成任务要求,修改民商法、诉讼法中关于调解的规定或者制定、修改本国的调解法。

ADR 与诉讼体制的相融模式也广泛存在。英国在民事司法改革中制定民事诉讼法推行调解。2009 年葡萄牙修改了民事诉讼法,新增了调解导致诉讼时效的中断、调解协议的司法确认、调解保密义务以及在普通诉讼中适用调解等规定。同年,意大利也修改民事诉讼法,将调解作为纠纷解决的选择之一,完善了调解制度。2011 年,瑞士《联邦民事诉讼法》对民事程序中的调解制度予以统一规范,并鼓励各州积极使用调解方法解决民事纠纷。

此外,还存在第四种模式,就是把 ADR 融入至民事程序法典中。已经颁布民事诉讼法典的部分国家在其近期立法改革进程中,把调解等协商性纠纷解决方式纳入其中,使法典包含诉讼、仲裁和调解等多元化纠纷解决方式,从而使《民事诉讼法典》蜕变为《民事程序法典》。例如,法国《民事诉讼法典》于 2012 年在第四卷“仲裁”之后增设第五卷“协商解决纠纷”,包括协商调解和协商和解、参与程序、共同规定三编;加拿大《魁北克民事诉讼法典》于 2014 年在第一卷“民事诉讼程序的总体框架”增加第一编“适用于私法纠纷预防和解决程序的程序原则”,并增设第七卷“私法纠纷预防和解决程序”,包括调解和仲裁两编。

二、非诉讼纠纷解决程序在我国的法治化

(一)ADR 的法治建设

自 21 世纪初开始,ADR 的立法工作开始纳入我国的立法规划布局中。2001

年，第九届全国人大第四次会议通过的《全国人大常委会工作报告》指出："根据立法工作的实际需要，初步将中国特色社会主义法律体系划分为七个法律部门，即宪法及宪法相关法、民法商法、行政法、经济法、社会法、刑法、诉讼与非诉讼程序法。"而"非诉讼程序法是规范因非诉讼活动而产生的社会关系的法律"。报告首次提出"非诉讼程序法"的概念。[①]

随后，最高人民法院连续发布多个司法解释和相关政策性文件推动 ADR 的法治化工作（见表 7－1）。

表 7－1　最高人民法院发布的与 ADR 相关的司法解释和文件

年份	文件名称
2009 年	《关于建立健全诉讼与非诉讼相衔接的矛盾纠纷解决机制的若干意见》
2010 年	《关于进一步贯彻"调解优先、调判结合"工作原则的若干意见》
2011 年	《关于深入推进矛盾纠纷大调解工作的指导意见》 《关于人民调解协议司法确认程序的若干规定》
2012 年	《关于扩大诉讼与非诉讼相衔接的矛盾纠纷解决机制改革试点总体方案》 最高人民法院、中国保险监督管理委员会《关于在全国部分地区开展建立保险纠纷诉讼与调解对接机制试点工作的通知》
2014 年	《关于确定多元化纠纷解决机制改革示范法院的决定》
2015 年	《关于完善矛盾纠纷多元化解机制的意见》
2016 年	《关于人民法院进一步深化多元化纠纷解决机制改革的意见》 《关于进一步推进案件繁简分流优化司法资源配置的若干意见》 《关于人民法院特邀调解的规定》 最高人民法院、中国保险监督管理委员会《关于全面推进保险纠纷诉讼与调解对接机制建设的意见》 最高人民法院、中国证券监督管理委员会《关于在全国部分地区开展证券期货纠纷多元化解机制试点工作的通知》 《关于推进行业性专业性人民调解工作的指导意见》

① 2003 年，第十届全国人大常委会第二次会议上再次明确："中国特色社会主义法律体系，是由七个法律部门、三个不同层次的法律规范构成的。从横向上看，包括宪法及宪法相关法、民法商法、行政法、经济法、社会法、刑法、诉讼与非诉讼程序法。从纵向上看，有宪法和全国人大及其常委会制定的法律，国务院制定的行政法规，地方人大及其常委会制定的地方性法规、自治条例和单行条例三个层次。"

续表

年份	文件名称
2017 年	《关于民商事案件繁简分流和调解速裁操作规程(试行)》 《关于进一步加强劳动人事争议调解仲裁完善多元处理机制的意见》
2018 年	《关于在部分地区开展涉侨纠纷多元化解试点工作的意见》
2019 年	《关于全面推进金融纠纷多元化解机制建设的意见》 《关于授权最高人民法院在部分地区开展民事诉讼程序繁简分流改革试点工作的决定》 《关于建设一站式多元解纷机制一站式诉讼服务中心的意见》 《关于发挥商会调解优势推进民营经济领域矛盾纠纷多元化解机制建设的意见》
2020 年	《关于在部分地区开展劳动争议多元化解试点工作的意见》 《民事诉讼程序繁简分流改革试点实施办法》
2021 年	《关于深化人民法院一站式多元解纷机制建设推动矛盾纠纷源头化解的实施意见》 《关于进一步推进行政争议多元化解工作的意见》

2015 年,关于多元化纠纷解决机制的立法议案被首次提出;不过,直至目前,尚未纳入全国人大常委会的立法规划中;在地方层面,却是有多个相关的地方性法规和地方行政规章得以颁布。

2015 年,全国第一个相关的地方性法规由福建省厦门市人大常委会审议通过,即《厦门经济特区多元化纠纷解决机制促进条例》,共 7 章 76 条,内容涵盖"纠纷解决""程序衔接""组织建设""保障措施"与"考核监督"等方面。第 2 条明确"多元化纠纷解决机制"是指由诉讼和各种非诉讼方式共同构成的纠纷解决体系,其目标是合理配置社会资源,实现纠纷解决程序的合理衔接和相互协调,为纠纷当事人提供便捷和适宜的纠纷解决途径。之后,其他省市也颁布了类似的地方性条例(见表 7-2)。

表 7-2　多元纠纷解决的地方性条例

年份	条例名称
2015 年	《厦门经济特区多元化纠纷解决机制促进条例》
2016 年	《山东省多元化解纠纷促进条例》
2017 年	《黑龙江省社会矛盾纠纷多元化解条例》 《福建省多元化解纠纷条例》

续表

年份	条例名称
2018 年	《安徽省多元化解纠纷促进条例》(2022 年修正)
2019 年	《四川省纠纷多元化解条例》 《武汉市多元化解纠纷促进条例》
2020 年	《吉林省多元化解纠纷促进条例》 《海南省多元化解纠纷条例》 《辽宁省矛盾纠纷多元预防化解条例》 《河北省多元化解纠纷条例》 《云南省红河哈尼族彝族自治州多元化解矛盾纠纷促进条例》
2021 年	《江西省矛盾纠纷多元化解条例》 《上海市促进多元化解矛盾纠纷条例》 《云南省矛盾纠纷多元化解条例》 《湖州市预防和化解矛盾纠纷条例》 《汕头经济特区预防与化解纠纷促进条例》 《杭州市社会矛盾纠纷多元化解办法》
2022 年	《河南省矛盾纠纷多元预防化解条例》 《深圳经济特区矛盾纠纷多元化解条例》 《曲靖市多元化解纠纷促进条例》 《天津市矛盾纠纷多元化解条例》

(二)ADR 的未来立法

多元化纠纷解决机制是一项解决社会矛盾、维护社会秩序、协调利益关系的系统性工程,是法治国家、法治政府、法治社会三位一体法治大格局的基本要素。[①]《法治社会建设实施纲要(2020—2025 年)》将完善社会矛盾纠纷多元预防调处化解综合机制作为全面提升社会治理法治化水平的题中之义。《法治中国建设规划(2020—2025 年)》也提出,要完善调解、信访、仲裁、行政裁决、行政复议、诉讼等社会矛盾纠纷多元预防调处化解综合机制,整合基层矛盾纠纷化解资源和力量,充分发挥非诉纠纷解决机制作用。

在上述地方性立法先行的情况,需要及时将纠纷多元化解的全国性立法提上

① 廖永安、王聪:《我国多元化纠纷解决机制立法论纲——基于地方立法的观察与思考》,载《法治现代化研究》2021 年第 4 期。

日程。一方面,让成熟的改革经验及时上升为法律制度,落实完善预防性法律制度的顶层设计;另一方面,也为地方立法提供上位法依据和法律保障。通过法律规定明确纠纷多元化解中各主体的地位和职责,规范其在纠纷解决中的行为,并提供监督和保障,让纠纷多元化解在法治的轨道上高效运行。

多元化纠纷解决机制立法是非诉讼程序与诉讼程序的衔接关系的综合性法律,涵盖了公力救济、民间社会和私力救济交错融合的领域,也是准入性与授权性规范相结合的法律形式。①

在立法模式的选择方面,是选择"促进型"立法模式还是"管理型"立法模式。相比而言,"促进型"立法是一种新模式,主要针对那些社会关系尚未得到良好培育、市场规模并未形成而急需鼓励的领域,解决供给问题,具有积极的促进导向,对社会的发展具有引导意义。多元化纠纷解决机制建设立法是授权性规范,法律后果也多是授益性的,采用"促进型"立法模式更为合适,能够形成在政府主导下的全社会、各个机构组织的参与和协调沟通,加强社会力量参与的格局。②

有学者提出应当制定一部"多元化纠纷解决机制促进法",并对这部法律的详细条文提出了建议稿,总共 7 章 90 条。包括:总则;纠纷化解职能部门的职责分工;纠纷解决途径及引导;非诉纠纷解决机制的组织建设;纠纷解决机制的程序衔接;纠纷解决机制的责任落实及考核监督;附则。③ 一部有关多元化纠纷解决机制的综合性国家立法的颁布,可以从国家层面去确定 ADR 机制的正当性,界定各个职能部门的职责分工,明确各类纠纷解决主体的任务,由国家提供必要的公共财政和人力资源等实际支持,能有效保障 ADR 机制在法治的框架下健康发展。

2022 年,习近平总书记在中国共产党第二十次全国代表大会上的报告中指出,在完善以宪法为核心的中国特色社会主义法律体系中,以良法促进发展、保障善治。推进科学立法、民主立法、依法立法,统筹立改废释纂,增强立法系统性、整体性、协同性、时效性。同时指出,加快建设法治社会。法治社会是构筑法治国家的基础。弘扬社会主义法治精神,传承中华优秀传统法律文化,引导全体人民做社会

---

① 范愉、李浩:《纠纷解决——理论、制度与技能》,清华大学出版社 2010 年版,第 127 ~ 128 页。

② 龙飞:《多元化纠纷解决机制立法的定位与路径思考——以四个地方条例的比较为视角》,载《华东政法大学学报》2018 年第 3 期。

③ 龙飞:《多元化纠纷解决机制促进法研究》,中国人民大学出版社 2020 年版,第 283 ~ 297 页。

主义法治的忠实崇尚者、自觉遵守者、坚定捍卫者。建设覆盖城乡的现代公共法律服务体系,深入开展法治宣传教育,增强全民法治观念。推进多层次多领域依法治理,提升社会治理法治化水平。发挥领导干部示范带头作用,努力使尊法学法守法用法在全社会蔚然成风。

非诉讼纠纷解决程序作为中国特色社会主义法律体系中的重要分支,如何实现其立法的系统性、整体性、协同性、时效性,使之成为法治社会中公共法律服务体系和治理体系的有机组成部分,是当前着重需要研讨的重要论题。

第二节　非诉讼纠纷解决程序的国际化

随着国际法治的发展,从各主权国家到区域经济贸易组织,再到联合国的各个专业组织与委员会,都在积极探索怎样更公平、更有效地解决国际社会中的矛盾与纠纷,不仅限于民商事纠纷,还包括国家地区间的冲突等。《联合国宪章》第 33 条规定:“任何争端之当事国,于争端之继续存在足以危及国际和平与安全之维持时,应尽先以谈判、调查、调停、和解、公断、司法解决、区域机关或区域办法之利用,或各该国自行选择之其他和平方法,求得解决。安全理事会认为必要时,应促请各当事国以此项方法,解决其争端。”ADR 广泛应用于国际组织中,凸显国际化的发展趋势。

2022 年,习近平总书记在中国共产党第二十次全国代表大会上的报告中指出,构建人类命运共同体是世界各国人民前途所在。万物并育而不相害,道并行而不相悖。世界各国弘扬和平、发展、公平、正义、民主、自由的全人类共同价值,促进各国人民相知相亲,尊重世界文明多样性,以文明交流超越文明隔阂、文明互鉴超越文明冲突、文明共存超越文明优越,共同应对各种全球性挑战。为此,中国坚持对话协商,推动建设一个持久和平的世界;坚持共建共享,推动建设一个普遍安全的世界;坚持合作共赢,推动建设一个共同繁荣的世界;坚持交流互鉴,推动建设一个开放包容的世界;坚持绿色低碳,推动建设一个清洁美丽的世界。

非诉讼纠纷解决程序的广泛应用,将有助于中国积极参与全球治理体系改革和建设,践行共商共建共享的全球治理观,坚持真正的多边主义,推进国际关系民主化,推动全球治理朝着更加公正合理的方向发展。

一、全球性国际组织的多元争端解决机制

(一)世界贸易组织

世界贸易组织(WTO)是一个独立于联合国的永久性国际组织。WTO 是当代最重要的国际经济组织之一,其成员之间的贸易额占世界的绝大多数,因此被称为"经济联合国"。2001 年,中国正式加入。目前 WTO 有 164 个成员。

WTO 是贸易体制的组织基础和法律基础,还是众多贸易协定的管理者、各成员贸易立法的监督者以及为贸易提供解决争端和进行谈判的场所。其宗旨是促进经济和贸易发展以提高生活水平、保证充分就业、保障实际收入和有效需求的增长;扩大货物和服务的生产和贸易;根据可持续发展的目标考虑对世界资源的最佳利用,寻求既保护和维护环境、又与各成员在不同经济发展水平的需要和关注相一致的方式;保证发展中国家,特别是最不发达国家在国际贸易增长中获得与其经济发展需要相当的份额。

争端解决是多边贸易体系的核心支柱,也是 WTO 对全球经济稳定的独特贡献。WTO 的争端解决机制依照《关于争端解决规则与程序的谅解》(Dispute Settlement Understanding, DSU)实施,创立了对专家组中期审查意见及上诉方答辩意见的自动同意规则,设立由 WTO 总理事会及各"一揽子"协议相应委员会授权的争端解决机构(Dispute Settlement Body, DSB),包括磋商、调解、专家小组裁决、上诉、执行等环节。DSB 有权设立"专家小组"审议案件,并接受或拒绝专家小组的调查结果或上诉结果。它监督裁决和建议的执行情况,并有权在一个国家不遵守裁决时授权进行报复。

基于 DSU 的争端解决程序的第一阶段是磋商,最多 60 日。在采取任何其他行动之前,有争议的国家必须相互交谈,看是否能够自行解决分歧。如果失败,可以要求 WTO 总干事进行调解或尝试以任何其他方式提供帮助。

第二阶段是由专家组介入。如果第一阶段的磋商失败,投诉国可以要求任命一个专家组。被告席上的国家可以阻止设立一次专家组,但当 DSB 第二次开会时,任命就不能再被阻止(除非达成一致反对任命专家组)。任命专家组的期限最长为

45 日。

专家组帮助 DSB 作出裁决或建议。但由于专家组的报告只能在 DSB 以协商一致的方式予以拒绝,因此其结论很难推翻。该小组的调查结果必须基于所引用的协议。专家组的最终报告通常应在 6 个月内提交争议各方。在紧急情况下,包括涉及易腐货物的情况下,期限缩短为 3 个月。

具体流程是:

1. 在第一次听证会之前。争端的每一方都以书面形式向专家组陈述其案情。

2. 第一次听证会。申诉国(一个或多个国家)、回应国以及宣布与争端有利害关系的国家,在专家组的第一次听证会上陈述其案件。

3. 反驳。有关国家在小组第二次会议上提交书面反驳和口头辩论。

4. 专家。如果一方提出科学或其他技术问题,专家组可咨询专家或任命专家审查组编写咨询报告。

5. 初稿。专家组向双方提交报告中的描述性(事实和论点)部分,给他们两周的时间发表意见。本报告不包括调查结果和结论。

6. 临时报告。小组随后向双方提交一份临时报告,包括调查结果和结论,给他们一周时间要求进行审查。

7. 审查。审查期不得超过两周。在此期间,专家组可能会与双方举行额外的会议。

8. 最终报告。向双方提交最终报告。三周后,将其分发给所有 WTO 成员。如果专家组认为有争议的贸易措施确实违反了 WTO 协议或义务,则建议该措施符合 WTO 规则。小组可能会建议如何做到这一点。

9. 该报告将成为裁决。除非达成一致意见,否则该报告将在 60 日内成为争端解决机构的裁决或建议。

10. 双方均可对该报告提出上诉。上诉必须基于法律观点,如法律解释;他们不能重新审查现有证据或审查新问题。

11. 上诉的审理。每一项上诉都由 DSB 设立的七名常任上诉机构的 3 名成员审理,该机构广泛代表 WTO 成员的范围。上诉机构成员任期 4 年。他们必须是在法律和国际贸易领域具有公认地位的个人,不隶属于任何政府。上诉可以维持、修改或推翻小组的法律调查结果和结论。上诉通常不应超过 60 日,最长为 90 日。

DSB 必须在 30 日内接受或拒绝上诉报告，只有协商一致才能拒绝。

（二）世界知识产权组织

世界知识产权组织（World Intellectual Property Organization，WIPO）是联合国的专门机构，宗旨是通过国家之间的合作，并在适当情况下与其他国际组织配合，促进世界范围内的知识产权保护，保证各知识产权联盟间的行政合作。目前有 193 个成员。中国于 1980 年加入了 WIPO。

1994 年，WIPO 成立仲裁与调解中心，作为一个中立的、国际性的和非营利的争议解决机构，提供多种经济高效的 ADR 服务，包括调解、仲裁、快速仲裁和专家裁决，让私人主体之间可以通过诉讼以外的方式有效地解决国内或跨境知识产权和技术争议。WIPO 仲裁与调解中心也是全球领先的提供由其倡导的 UDRP 域名争议解决服务的机构。

1. 调解

调解依据《世界知识产权组织调解规则》进行，基本流程如下：

（1）选择调解协议。当事人之间签订选择调解协议，同意将他们之间已经发生或可能发生的一切争议或某些争议交付调解，选择调解协议的形式可以是合同中的选择调解条款，也可以是单独的合同。

（2）调解的开始。选择调解协议的当事人希望开始调解的，应当向中心提交调解申请书，同时将调解申请书的副本发送给对方当事人。中心收到调解申请书，应当立即书面通知各方当事人，说明调解开始的日期。

（3）调解员的选择与指定。除非当事人已经另行约定调解员人选或指定调解员的其他程序，在当事人无法就调解员人员达成一致意见之时，中心拥有指定调解员的权力。

（4）调解的进行。调解按照当事人约定的方式进行。当事人无约定的，调解员应当依照规则决定调解应当采取的方式。当事人应当与调解员诚信合作，使调解可以尽可能迅速地进行。调解员可以与一方当事人进行单独会见和联络，但单独会见和联络中得到的信息不经提供信息的当事人明确授权，不得向另一方当事人披露。调解员在被指定后，应当尽快与当事人协商制定时间表，让当事人按期向调解员和对方当事人提交意见书，简要说明争议的背景、当事人与争议有关的利益和主张以及争议的现状,一并提交当事人认为进行调解所需的其他信息和资料,尤其是有助于找出争议问题的其他信息和资料。

(5)调解员的作用。调解员可以按照其认为适当的任何方式协助解决当事人之间的争议问题,但无权将解决办法强加给当事人。调解员认为当事人之间的任何争议问题难以通过调解解决时,可以根据争议的情形和当事人之间的任何商业关系,提出其认为最有利于以最高的效率、最低的费用和最好的结果解决这些问题的程序或办法,供当事人考虑。

(6)保密。当事人与调解员的会议不做任何记录。参加调解的任何人,尤其是调解员、当事人和当事人的代表与顾问、任何独立专家和参加当事人与调解员会议的其他任何人,应当为调解保密,除当事人和调解员另有约定外,不得使用或向外部披露与调解有关的或者在调解过程中取得的任何信息。上述人员在参加调解前应当签署适当的保密保证书。除非当事人另有约定,参加调解的任何人在调解终止时应当将一方当事人提供的任何意见书、文件或其他资料返还给该当事人,不得保留任何副本。有关当事人与调解员会议的任何笔记,在调解终止时应当销毁。除非当事人另有约定,调解员和当事人不得将下列各项在任何司法程序或仲裁程序中作为证据或以其他任何方式提出:当事人就争议的可能解决办法发表的任何意见或提出的任何建议;当事人在调解过程中所作的任何承认;调解员提出的任何建议或发表的任何意见;当事人表示或未表示愿意接受调解员或对方当事人提出的任何解决建议;当事人之间达成的任何和解协议,除非该提出对执行和解协议是必要的,或法律另有规定。

(7)调解的终止。有下列情形之一的,应当终止调解:当事人就他们之间的任何或全部争议问题签署和解协议;调解员认为进一步努力调解不可能解决争议时决定终止;或者一方当事人书面声明终止。调解终止后,调解员应当立即向中心发出调解终止的书面通知,说明调解终止的日期,通过调解是否已解决争议,已解决的,是部分解决还是全部解决。调解员应当将发给中心的调解终止通知抄送各方当事人。中心应当为调解员的调解终止通知保密,不经各方当事人书面授权,不得向任何人披露调解的存在或者调解的结果,除非该披露对执行和解协议是必要的,或法律另有规定。但是,中心可以在中心出版的有关其活动的任何综合统计数据中使用有关调解的信息,但使用的信息不得泄露当事人的身份或者使争议的具体案情可以被识别。除非法院要求或各方当事人书面授权,调解员不得在正在进行或者以后进行的与争议标的有关的任何司法程序、仲裁程序或其他程序中以调解员以外的任何身份行事。

2. 仲裁

仲裁依据《世界知识产权组织仲裁规则》与《世界知识产权组织快速仲裁规则》进行。在争议双方同意的情况下,能够把争议事项提交给一位或多位仲裁员,进行仲裁。

(1)普通仲裁。以一方当事人提请仲裁为开端,对方当事人需在30日内对仲裁请求进行回复。在仲裁员任命后的30日内,由提请仲裁一方进行陈述;陈述过后30日内,由答辩方进行陈述;双方陈述后30日内进一步进行书面与证人口头的陈述。完成后,仲裁庭进行听证,开始仲裁终结程序。从申请人陈述开始,至仲裁程序终结最长不得超过9个月。仲裁程序终结后,应在3个月内出具仲裁裁决。

(2)快速仲裁。快速仲裁是在程序更加简易的框架内以更少的成本进行仲裁的简易程序。独任仲裁员由WIPO仲裁与调解中心选任。快速仲裁的仲裁费用更低,采取固定仲裁费用,最高不超过1000万美元。除非另行约定,否则采用独任仲裁员的形式。除非特殊情况,仲裁员主持的听证会时长均不能超过3日。快速仲裁的时限均短于普通仲裁,应尽可能在3个月内结案。在提请仲裁并进行申请人陈述后20日内,答辩人进行回答并出具答辩意见,之后履行仲裁员的任命程序。从答辩之日起至仲裁庭开始听证,不得超过30日。答辩后3个月内终结仲裁程序。在程序终结后1个月内出具仲裁裁决。

3. 专家裁决

专家裁决依据《世界知识产权组织专家裁决规则》进行。

(1)专家裁决协议。专家裁决协议是指当事人同意将他们之间已经发生或可能发生的全部争议或部分争议提请专家裁决的协议。专家裁决协议可以采用合同中的专家裁决条款或单独的合同形式。

(2)专家裁决申请书。专家裁决协议的任何一方当事人希望开始专家裁决的,应向中心提交专家裁决申请书。同时须将该申请书的副本发送给对方当事人。专家裁决申请书亦可由专家裁决协议的当事人共同提交。

(3)专家的指定。除非各方当事人就指定专家达成一致,中心应当在收到对申请书的答复书时,或在提交此种答复书的期限失效后着手指定专家。如果专家裁决申请书由各方当事人共同提交,并且各方当事人就指定专家的人选未能达成一致时,中心应当在收到专家裁决申请书后着手指定专家。各方当事人就指定专家的人数未达成一致时,中心应当指定一名独任专家,除非中心在考虑到所有相关情形后,酌情决定指定一名以上的专家更为适宜。

(4)专家的职责。专家接受指定,即视为已保证安排充裕时间,以在合理期限内快速完成专家裁决。专家应秉持公正与独立。可能出任的专家在接受指定前,应向各方当事人以及中心披露任何可能引起对其公正性或独立性产生合理怀疑的情况,或者书面确认不存在此种情况。如果在专家裁决程序的任何阶段,出现可能引起对专家的公正性或独立性产生合理怀疑的新情况,专家应当立即向各方当事人和中心披露上述情况。除非法院要求或各方当事人书面授权,专家不得在待决或者以后进行的与提请专家裁决的事宜有关的任何司法、仲裁或其他程序中,以专家以外的任何身份行事。

(5)专家裁决的进行。在遵守规则的情况下,专家可以按照其认为适当的方式进行专家裁决。专家应当确保各方当事人受到平等对待,并给予每一方当事人陈述其认为与裁决相关的信息的适当机会。经由专家与各方当事人协商决定,当事人或代表其行事的任何人不得与专家单方沟通。专家应当保证专家裁决程序适当地快速进行。当事人应为实现这一目的与专家诚信合作。

(6)保密。参加专家裁决的任何人,尤其是各方当事人及其代理人和顾问、专家以及中心,应当对专家裁决保密,并且不得使用或向任何无关方披露裁决内容、与专家裁决相关的任何信息或纯属在专家裁决过程中获取的任何信息,包括是否提请专家裁决,但下述情形除外:各方当事人另有约定;或者该信息已进入公有领域;或者有必要对专家裁决涉及的相关法律程序进行披露;或者法律对披露另有规定。凡当事人对于在专家裁决程序中希望提交或被要求提交的任何信息主张保密的,应向专家提交该信息并说明其认为该信息属于保密信息的理由。专家认定该信息为保密信息的,应当决定对该保密信息进行全部或部分披露的条件与对象,并且应要求该保密信息的任何披露对象签署适当的保密承诺书。

(7)裁决。除当事人另有约定外,裁决应当以书面形式完成;包含一份关于提请专家裁决的事宜的说明;陈述裁决所依据的理由;注明作出裁决的日期;并且须由专家签字。裁决应当自中心发送给各方当事人之日起生效。专家职责应当自最终裁决生效之日起被视为履行完毕。除非各方当事人另有约定,裁决应对各方当事人均具有约束力。

(三)国际投资争端解决中心

国际投资争端解决中心(the International Center for Settlement of Investment Disputes,ICSID)是根据1966年10月正式生效的《关于解决国家和其他国家国民投资争端公约》(以下简称《华盛顿公约》)成立的国际组织。ICSID的宗旨在于专为外国投资者与东道国政府之间的投资争端提供国际解决途径,即在东道国国内司法程序之外,另设国际调解和国际仲裁程序。但ICSID本身并不直接承担调解仲裁工作,而只是为解决争端提供便利,为针对各项具体争端而分别组成的调解委员会或国际仲裁庭提供必要的条件,便于他们开展调解或仲裁工作。ICSID可以受理的争端仅限于一缔约国政府(东道国)与另一缔约国国民(外国投资者)直接因国际投资而引起的法律争端。对一些虽具有东道国国籍,但事实上却归外国投资者控制的法人,经争端双方同意,也可视同另一缔约国国民,享受"外国投资者"的同等待遇。目前ICSID有165个成员国。中国于1993年正式成为公约的缔约国。

1. 调解(conciliation)

《华盛顿公约》第三章"调解"(conciliation),第28条至第35条,包括三节:请求调解;调解委员会的组成;调解程序。ICSID制定了具体的《ICSID调解(conciliation)规则》。

希望交付调解程序的任何缔约国或缔约国的任何国民,应就此向秘书长提出书面请求,由秘书长将该项请求的副本送交另一方。该项请求应包括有关争端的事项、双方的身份以及他们同意依照交付调解和仲裁的程序规则进行调解等内容。

调解委员会应由双方同意任命的独任调解员或任何非偶数的调解员组成。如双方对调解员的人数和任命的方法不能达成协议,则委员会应由3名调解员组成,由每一方各任命调解员1名,第3名由双方协议任命,并担任委员会主席。

如果争端一方提出反对意见,认为该争端不属于中心的管辖范围,或因其他原因不属于委员会权限范围,则委员会应加以考虑,并决定是否将其作为先决问题处理,或与该争端的是非曲直一并处理。

任何调解程序应依照本节规定,以及除双方另有协议外,依照双方同意调解之日有效的调解规则进行,如发生任何本节或调解规则或双方同意的任何规则未作规定的程序问题,则该问题应由委员会决定。

委员会有责任澄清双方发生争端的问题,并努力使双方就共同可接受的条件达成协议。为此目的,委员会可以在程序进行的任何阶段,随时向双方建议解决的条件。双方应同委员会进行真诚的合作,以使委员会能履行其职责,并对委员会的建议给予最认真的考虑。

如果双方达成协议,委员会应起草一份报告。指出发生争端的问题,并载明双方已达成协议。如果在程序进行的任何阶段,委员会认为双方已不可能达成协议,则应结束此项程序,并起草一份报告,指出已将争端提交调解,并载明双方未能达成协议。如果一方未能出席或参加上述程序,委员会应结束此项程序并起草一份报告,指出该方未能出席或参加。

除争端双方另有协议外,参加调解程序的任何一方均无权在其他任何程序中,不论是在仲裁员面前或在法院或其他机构,援引或依仗参加调解程序的另一方所表示的任何意见或所作的声明或承认或提出的解决办法,也不得援引或依仗委员会提出的报告或任何建议。

2. 仲裁

《华盛顿公约》第四章"仲裁",第 36 条至第 55 条,包括六节:申请仲裁;仲裁庭的组成;仲裁庭的权力和职能;仲裁裁决;仲裁裁决的解释、修正和撤销;仲裁裁决的承认和执行。ICSID 制定了具体的《ICSID 仲裁规则》。

希望采取仲裁程序的任何缔约国或缔约国的任何国民,应就此向秘书长提出书面请求,由秘书长将该项请求的副本送交另一方。该项请求应包括有关争端事项、双方的身份以及他们同意依照交付调解和仲裁的程序规则提交仲裁等内容。

仲裁庭应由双方同意任命的独任仲裁员或任何非偶数的仲裁员组成。如双方对仲裁员的人数和任命的方法不能达成协议,仲裁庭应由 3 名仲裁员组成,由每一方各任命仲裁员 1 名,第三人由双方协议任命,并担任首席仲裁员。仲裁员的多数不得为争端一方的缔约国国民和其国民是争端一方的缔约国的国民;但独任仲裁员或仲裁庭的每一成员经双方协议任命,则不适用。

仲裁庭应依照双方可能同意的法律规则对争端作出裁决。如无此种协议,仲裁庭应适用作为争端一方的缔约国的法律(包括其冲突法规则)以及可能适用的国际法规则。仲裁庭不得借口法律无明文规定或含义不清而暂不作出裁决。仲裁庭在双方同意时可以按公允及善良原则对争端作出裁决的权力。

一方未出席或陈述其案情,不得视为接受另一方的主张。如果一方在程序的任何阶段未出席或陈述案情,另一方可以请求仲裁庭处理向其提出的问题并作出裁决。仲裁庭在作出裁决之前,应通知未出席或陈述案情的一方,并给以宽限日期,除非仲裁庭确信该方不愿意这么做。

仲裁庭应以其全体成员的多数票对问题作出决定。仲裁庭的裁决应以书面作成,并由仲裁庭投赞成票的成员签字。裁决应处理提交仲裁庭的每一个问题,并说明所根据的理由。仲裁庭的任何成员可以在裁决上附上他个人的意见(无论他是否同意多数人的意见),或陈述他的不同意见。中心未经双方的同意不得公布裁决。

裁决对双方具有约束力。不得进行任何上诉或采取除本公约规定外的任何其他补救办法。除依照本公约有关规定予以停止执行的情况外,每一方应遵守和履行裁决的规定。每一缔约国应承认依照本公约作出的裁决具有约束力,并在其领土内履行该裁决所加的财政义务,正如该裁决是该国法院的最后判决一样。具有联邦宪法的缔约国可以在联邦法院或通过该法院执行裁决,并可规定联邦法院应把该裁决视为组成联邦的某一邦的法院作出的最后判决。

仲裁裁决的执行机制相当有效,因裁决结果主要为金钱给付,缔约国兑现不困难。由于 ICSID 与世界银行的密切关系,仲裁裁决效力在缔约国之间普遍承认,裁决执行比较容易。没有常设的上诉机制,公约第 52 条的撤销裁决的程序适用范围非常有限。没有严格的案例法,后一个仲裁庭的裁决有可能与前面的截然不同,同案同裁难以得到保障。ICSID 平均每件仲裁案耗时 3 ~ 4 年,有的甚至长达十几年,摊到仲裁各方的仲裁费用平均 400 万美元至 500 万美元。[①]

3. 调解(mediation)

2022 年,ICSID 推出了专门针对投资相关纠纷的调解(mediation)规则。调解是一个自愿过程,在这个过程中,独立和公正的第三方协助争议各方友好地解决其

① 王丽编著:《“一带一路”国际商事调解》,北京大学出版社 2020 年版,第 264 ~ 265 页。

全部或部分争议。这是一个高效且成本效益高的过程,旨在确定双方都能接受的解决方案。调解(mediation)规则的范围具有两个明显特点:一是当事人没有国籍要求,因此ICSID调解可能涉及争端缔约国的投资者和国民;二是没有要求任何一方与ICSID公约成员国联系。调解(mediation)规则补充了ICSID现有的仲裁、调解(conciliation)和事实调查规则,可以独立于仲裁程序或与仲裁程序结合使用。具体规定在《ICSID调解(mediation)规则》中。

二、区域性国际组织的多元争端解决机制

(一)欧洲联盟

欧洲联盟,简称欧盟(European Union,EU),现拥有27个会员国,是当今最有影响力的区域性国际组织。它一直致力于推动ADR在欧盟及其成员国的应用。

1999年,欧盟理事会在芬兰坦佩雷召开会议,要求成员国建立诉讼外的ADR机制。21世纪,又发布了三份与ADR有关的重要文件:2008年,《欧盟调解指令》;2013年,《关于消费者争议替代性纠纷解决机制并修正第2006/2004号(欧盟)条例及第2009/22号指令的第2013/11号(欧盟)指令》(以下简称《消费者ADR指令》)与《关于消费者争议在线纠纷解决机制并修正第2006/2004号(欧盟)条例及第2009/22/EC号指令的第524/2013号条例》(以下简称《消费者ODR指令》)。

《欧盟调解指令》总计14条,包括:目的和范围;跨境纠纷;定义;确保调解质量;求助调解;调解达成的协议的执行性;调解的保密原则;调解对诉讼时效的影响;向公众提供的信息;管辖法院和权力机构的信息;审查;转化;生效;发送对象。该指令的目的是通过鼓励使用调解和确保调解与司法程序之间的平衡关系,促进获得替代争端解决方案,促进争端的友好解决。要求成员国(丹麦除外)应在2011年5月21日前使遵守本指令所需的法律、法规和行政规定生效。

欧盟成员国相继完成了《欧盟调解指令》向国内法的转化:比利时(2010年);保加利亚(2010年、2011年);捷克(2011年);德国(2010年);爱沙尼亚(2010年、2011年);冰岛(2010年、2011年);希腊(2010年、2011年);西班牙(2010年、2011年);法国(2010年、2011年);克罗地亚(2013年);意大利(2010年);塞浦路斯(2010年、2011年);拉脱维亚(2010年、2011年);立陶宛(2010年、2011年);卢森

堡(2011 年);匈牙利(2011 年);马耳他(2010 年、2011 年);荷兰(2010 年、2011 年);奥地利(2010 年、2011 年);波兰(2010 年、2011 年);葡萄牙(2010 年、2011 年);罗马尼亚(2010 年、2011 年);斯洛文尼亚(2011 年);斯洛伐克(2010 年、2011 年);芬兰(2011 年);瑞典(2010 年、2011 年);英国(2010 年、2011 年)。

欧盟还是 ODR 的积极倡导者和推动者。1998 年《欧盟电子商务指令》第 17 条要求,成员国的法律不应妨碍消费者通过各种法院外途径包括电子方式解决纠纷。2000 年,欧盟和美国发布了《美国、欧盟关于建立电子商务环境下消费者的信心和 ADR 地位的声明》,充分肯定促进和发展在线 ADR 的重要性,并主张企业、政府、消费者组织以及学术机构共同合作推动在线调解的发展。

《消费者 ODR 指令》的宗旨是为消费者提供更高程度的保护机制,以便建设良好运作的欧盟内部市场。通过设立 ODR 平台,协助消费者和商户获得独立的、公正的、透明的、有效的、高效的、平等的诉讼外在线纠纷解决方式。ODR 平台具备的功能有:消费者和商户在线提交纠纷表格;收到申请后通知对方;免费提供多种语言版本的在线案件管理工具,以便双方交换信息;为各方提供翻译服务,确保信息在平台的交换;提供一个反馈系统,确保当事人能够表达对平台功能和处理纠纷的 ADR 机构的反馈意见;确保 ADR 的相关信息是公开的。各成员国均应设立 ODR 联络点,并将联络方式报告欧盟委员会,每一个联络点至少提供两位 ADR 顾问。

2015 年,欧盟委员会宣布实施数字化单一市场战略,旨在进一步打破欧盟内部交易壁垒,统一欧盟在线交易市场。发布的具体措施第 14 项的主旨就是探寻多元化纠纷解决的可能性。

2016 年 1 月 9 日,欧盟委员会启动欧盟 ODR 平台,2 月 15 日面向所有消费者和商户开户使用。截至 2023 年 5 月 26 日,平台处理的纠纷 186,088 件,其中国内纠纷 51.57%,95,957 件,跨境纠纷 48.43%,90,131 件。国内纠纷中,数量最多的是德国,27,549 件;最少的是冰岛,仅有 5 件。跨境纠纷中,提起投诉最多的消费者和商户均来自德国,德国消费者提起 36,708 件,德国商户提起 39,145 件。最少的是列支敦士登,消费者提起 35 件,商户提起 43 件。按照涉及的商品品类,投诉数量占前十位的分别是:航空(18.56%);衣服和鞋子(9.49%);信息、通信和技术产品(6.57%);非通信技术类的电子产品(4.65%);酒店和假日设施(3.97%);家具(3.48%);文化类产品(体育设施、音乐器材等)(3.12%);汽车及其他私人交通工具的零件和配件(2.77%);大型家用电器(包括吸尘器和微波炉)(2.24%);移动电话设备(1.93%)。[①] 目前,有430家ADR机构在平台上处理当事人提出的投诉,这些机构经过了注册地成员国的审查。每一家ADR机构都依照各自的规则受理和处理投诉。各成员国的电子商务平台都在其官网上提供ODR平台的链接。

(二)北美自由贸易区

北美自由贸易区(North America Free Trade Agreement,NAFTA)由美国、加拿大和墨西哥三国组成,于1992年8月12日就《北美自由贸易协定》达成一致意见。1994年1月1日,协定正式生效,北美自由贸易区宣布成立。三个会员国遵守协定规定的原则和规则,如国民待遇、最惠国待遇及程序上的透明化等实现宗旨,藉以消除贸易障碍,实现自由贸易区内的国家货物可以互相流通并减免关税。

《北美自由贸易协定》第20章"机构安排和争端解决程序"中,第二节为"争端解决",第三节为"国内程序和私人商事争端解决",规定的争端解决手段包括:协商、贸易委员会的调停、调解或其他方法,发起小组诉讼等。解决的争端包括缔约国间的争端,也包括投资者或服务提供者与缔约国之间的争端。

NAFTA的争端解决机制主要由四个步骤组成:

1.磋商。磋商包含于一般争端解决机制、环境争端解决机制、劳工争端解决机制中,作为争端解决的前置程序,要求缔约国首先通过磋商这种兼具政治功能与法律功能的方式对双方争端进行谈判。当缔约方认为与其发生争议的相对方已经影响协定的运行,或有造成协定运行受到影响可能性的行为时,可以书面请求与相对方磋商,并将请求送达第三方与对该争端有管辖权的秘书处。除非协议另有规定或者缔约三方均对自由贸易委员会作出特别程序的授权,则第三方在认为该争端事项与其利益相关时,可以向秘书处及争端双方发送请求,并有权加入磋商。

2.斡旋、调解和调停。在磋商无法达成有效合意的情况下,参加磋商的任何一方均得以书面方式请求相应委员会召开会议,并将该请求送达争议相对方及相应秘书处。委员会应在收到请求的10日之内召开相应会议解决争端,并由自由贸易委员会、环境委员会及劳工委员会根据其职权及分工组成特定委员会对相应纠纷

---

① 参见欧盟ODR平台官网,https://ec.europa.eu/consumers/odr/main/?event=main.statistics.show,2023年5月26日访问。

进行调解。

3.专家组程序。专家组的功能是对争端事项进行调查、基于事实认定与法律适用形成相应报告,并提交争端解决组织进行处理。在一般争端、环境争端及劳工争端的解决机制中,专家组依争议一方的书面请求而设立。但在反不正当竞争与反垄断机制中,优先设立专家组,并由专家组对争端进行国内法审查;在投资者与国家争端解决机制中,专家组是在仲裁庭成立后,依需要而建立的对争端进行审查的组织。专家组由争端方从拟定名单中推选,通常为5人。在专家组成立后,应当至少召开一次听证会,保障争端方申诉、辩解的权利得以实现,与专家组审议有关的一切材料均应保密。在完成调查后,仲裁庭应当自成立之日起90日内向争端双方提出初步报告,双方在收到报告后14日内提交反馈;如未就报告内容达成一致,在初步报告提交后30日内,仲裁庭发布最终报告。

4.仲裁裁决及执行。在一般争端、环境争端及劳工争端的解决机制中,仲裁庭根据专家给出的最终报告提出相应建议,且双方应当遵循仲裁庭的建议,并通知秘书处其针对争端解决方案达成的合意。在反不正当竞争与反垄断机制中,为强化专家组报告的执行力,专门规定专家组审查保障制度,请求国有权依据专家组的决定请求违约国消除障碍并有权终止对违约国基于NAFTA项下义务的履行。但在投资者与国家争端解决机制中,仲裁庭主要依据国际仲裁庭的仲裁规则,最终执行也依据相应的仲裁规则。

(三)非洲联盟

非洲联盟,简称非盟(African Union,AU),是集政治、经济和军事于一体的全非洲性的政治实体,包括55个会员国。其主要目的是帮助发展及稳固非洲的民主、人权,以及能永续发展的经济,希望减少非洲内部的武装战乱及创造一个有效的共同市场,最终目标是建立“阿非利加合众国”。

在非盟之下,存在“东非及南非共同市场”(Common Market for Eastern and Southern Africa,COMESA)、“东非共同体”(East African Community,EAC)、“南部非洲发展共同体”(Southern African Development Community,SADC)等区域经济组织。非盟现存的国际协定框架下的争端解决体系,主要表现为区域经济组织中的争端解决机制。

在COMESA协定框架下,与争端解决相关的机构包括:管理局、理事会、法院、中央银行委员会、政府间委员会、科技委员会、秘书处及咨询委员会。最核心的机构是依照COMESA协定建立的法院,依照协定及法庭规则进行判决,该判决为公开的终审判决。在判决前,科技委员会与部长理事会发挥一定的调解作用。法院有权对COMESA协定相关的任何事项作出裁决。与条约相关的争端只能在条约提供的途径下进行解决。

EAC的执行机关为秘书长,其成员构建了由共同市场问题争端解决与关税同盟问题争端解决双轨并行的机制。依照东非共同市场机制的协定,在共同市场中,劳动力、商品、服务、资本自由流动,EAC理事会对共同市场实施监管。因该共同体中无特有的争议解决机构,因此EAC法庭基于成员国默认承担争议解决的职能。EAC法庭对与共同市场条约相关的任何事项均有管辖权,且该管辖权就同一事项排斥缔约国国内法院的管辖,判决具有强制执行力。EAC法庭对关税同盟问题也进行裁决,在法庭判决程序前可通过磋商机制寻求友好解决争议。若争议双方在一定期限内未开始磋商,争议双方有权要求贸易救济委员会就争议问题建立专家组,并由专家组经调查后出具相应报告。贸易救济委员会有权决定是否采纳报告。一旦采纳,通过自愿、双方共同或以仲裁裁决的形式加以执行。

SADC为争端解决设立特别法庭,成员在一定期间内指定。特别法庭对首脑会议或理事会就争议问题提出咨询意见,但最终决定是具有终局性和约束力。法庭被选定后具有在程序上的排他性,有特定的时间节点、多方申诉的程序、第三方参与的程序。主要包括政治考量的磋商阶段、两个由法庭进行裁决的阶段及最后的申诉阶段。

(四)东南亚国家联盟

东南亚国家联盟,简称东盟(Association of Southeast Asian Nations, ASEAN),现有10个成员国,包括文莱、柬埔寨、印度尼西亚、老挝、马来西亚、菲律宾、新加坡、泰国、缅甸、越南。

东盟的争端解决机制规范文件,起始于1996年的《争端解决机制议定书》,通过2004年《东盟促进争端解决机制议定书》和2010年《东盟宪章争端解决机制议定书》完善。以经济高官会议(Senior Economic Officials Meetings, SEOM)建立的专家组为终局性解决主体,争议双方在提交经济高官会议前均可由其他途径解决。经济高官会议有权设立专家组,采纳专家组及争议主体报告、授权搁置特许权及其他协定项下的义务。

《东盟宪章争端解决机制议定书》改善原有机制的缺陷,设置了磋商、斡旋、调解和调停、专家组和上诉机构等争议解决程序。当争端发生时,申诉方可优先选择磋商的方式协商处理双方争端,被申诉方在收到请求后 30 日内应当对申诉方的磋商请求作出回应,且应当在收到磋商请求后 60 日内达成初步的争端解决意向。磋商程序最长不超过 90 日,即收到磋商请求后 90 日内自动结束。通过磋商无法解决时,可以通过仲裁方式解决,仲裁具有终局性的效力。若被申诉方收到申诉方提请仲裁的要求后 15 日内未答复或拒绝仲裁,则申诉方可将争议提交东盟协调理事会(ASEAN Coordinating Council,ACC)通过斡旋、调解、调停、仲裁等方式解决。

东盟争端解决机制的斡旋、调解、调停、仲裁等具有法律上的约束力,争端各方有义务履行,由东盟秘书长负责监督执行情况,并在执行过程中协调各部门予以配合。但通过 ACC 的仲裁、斡旋等仍不能成功解决,或当事人不遵守协定及仲裁,需将争端提交东盟峰会。ACC 在东盟争端解决机制框架内,仍不具有终局性裁决的权能,职能主要是提供建议、提议等促进争端解决的辅助性工作,更偏重促进外交途径争议解决,而非在法律框架下解决。东盟峰会作为未决案件的最终裁判机关。

2002 年,中国和东盟 10 国领导人共同签署了《中华人民共和国与东南亚国家联盟全面经济合作框架协议》(以下简称《框架协议》),设立中国—东盟自贸区(China-ASEAN Free Trade Area,CAFTA)。在《框架协议》中约定了各缔约方应在本协议生效 1 年内,为实施本协议建立适当的正式的争端解决程序与机制。在争端解决程序与机制建立前,任何关于本协议的解释、实施和适用的争端,应通过磋商和/或仲裁以友好的方式加以解决。《中国—东盟全面经济合作框架协议争端解决机制协议》(以下简称《争端解决机制协议》)作为《框架协议》的重要组成部分。

CAFTA 在争端解决中更倾向于磋商、斡旋等政治手段,甚至将磋商作为一种强制性前置程序进行规定。《争端解决机制协议》第 4 条约定:如由于被诉方未能履行其在《框架协议》项下的义务,导致起诉方在《框架协议》项下直接或者间接获得的利益正在丧失或减损,或者《框架协议》任何目标的实现正受到阻碍,对起诉方就影响《框架协议》地执行或适用的任何事项提出的磋商请求,被诉方应当给予应有的考虑和充分的磋商机会。如磋商请求被提出,被诉方应在收到请求之日起7日内答复,并在收到该请求之日起不超过30日内真诚地进行磋商。如未按时答复或磋商,起诉方可以直接请求设立仲裁庭。争端当事方应尽最大努力通过磋商达成满意的解决方法。为此目的,当事人应当提供充分的信息,并对在磋商中提交并指定为保密的信息进行保密。

除磋商外,还有调解或调停以及仲裁的手段。第5条是关于调解或调停的规定。争端当事方可随时同意进行调解或调停,随时开始,随时终止。第6条至第9条是有关仲裁庭的设立、组成、职能、程序的规定。仲裁庭裁决为终局,对争端各当事方有约束力。

第三节　非诉讼纠纷解决程序的数智化

高科技革新造就了数智化时代,为纠纷解决程序的再次升级与变革带来了新机遇和新挑战。初级版本的信息化是指现实中的工作借助计算机网络实现流程标准化和线上化。数字化是在前者基础上实现信息数字化和处理集成化。而数智化是在前两者基础上,实现决策自优化和执行自动化,即借助人工智能、大数据、云计算、物联网、区块链、5G、元宇宙等技术,实现全周期、全领域、全时空的状态感知、数据搜集、同步分析、自我学习、自动决策、精准执行。[①] 数智化正从基础设施层面颠覆人类的生产生活方式,从基本架构层面改造社会合作和人际互动关系。目前,数智化技术主要体现为人工智能与元宇宙技术的发展,这些新技术也必将应用于纠纷解决程序中,推动后者的革新迭代。

当前,世界百年未有之大变局加速演进,新一轮科技革命和产业变革深入发展,国际力量对比深刻调整,我国发展面临新的战略机遇。2022年,习近平总书记在中国共产党第二十次全国代表大会上的报告中指出,建设现代化产业体系。坚持把发展经济的着力点放在实体经济上,推进新型工业化,加快建设制造强国、质量强国、航天强国、交通强国、网络强国、数字中国。实施产业基础再造工程和重大

① 齐延平:《数智化社会的法律调控》,载《中国法学》2022年第1期。

技术装备攻关工程,支持专精特新企业发展,推动制造业高端化、智能化、绿色化发展。巩固优势产业领先地位,在关系安全发展的领域加快补齐短板,提升战略性资源供应保障能力。推动战略性新兴产业融合集群发展,构建新一代信息技术、人工智能、生物技术、新能源、新材料、高端装备、绿色环保等一批新的增长引擎。构建优质高效的服务业新体系,推动现代服务业同先进制造业、现代农业深度融合。加快发展物联网,建设高效顺畅的流通体系,降低物流成本。加快发展数字经济,促进数字经济和实体经济深度融合,打造具有国际竞争力的数字产业集群。优化基础设施布局、结构、功能和系统集成,构建现代化基础设施体系。

因此,紧跟科学技术的迭代革新,探索非诉讼纠纷解决程序从在线化初级形态到数字化高级形态的跨越,将是新时代的重要论题。

一、人工智能的深入

(一)什么是人工智能

人工智能(Artificial Intelligence,AI)是研究、开发用于模拟、延伸和扩展人的智能的理论、方法、技术及应用系统的一门新技术科学。人工智能正式起源于20世纪50年代。美国计算机科学家约翰·麦卡锡及其同事在1956年的达特茅斯会议上提出,让机器达到这样的行为,即与人类做同样的行为。

随着数据的爆发式增长、计算能力的大幅提升以及深度学习算法的发展和成熟,人工智能已进入第三个浪潮期。与20世纪50~60年代和80年代的两次浪潮相比,第三次浪潮来得更“实在”,计算机视觉、语音识别、自然语言处理的准确率都已不再停留在“过家家”的水平,应用场景也不再只是一个新奇的“玩具”,而是在真实的商业世界中扮演起重要的支持角色。

人工智能涉及自然科学和社会科学的所有学科,其范围已远远超出了计算机科学的范畴。人工智能研究人类智能活动的规律,构造具有一定智能的人工系统,研究如何让计算机去完成以往需要人的智力才能胜任的工作,也就是研究如何应用计算机的软硬件来模拟人类智能行为的基本理论、方法和技术。

目前,人工智能包括四大技术分支:(1)模式识别,即对表征事物或者现象的各种形式信息进行处理分析,以及对事物或现象进行描述分析分类解释的过程;

(2)机器学习,即研究计算机怎样模拟或实现人类的学习行为,以获取新的知识或技能;(3)数据挖掘,即知识库的知识发现,通过算法搜索挖掘出有用的信息,应用于市场分析、科学探索、疾病预测等;(4)智能算法,即解决某类问题的一些特定模式算法。

人工智能的发展是逐级递进的,从低级到高级,可能具有三种形态:弱人工智能(Artificial Narrow Intelligence,ANI)、强人工智能(Artificial General Intelligence,AGI)和超人工智能(Artificial Super Intelligence,ASI)。

弱人工智能是人工智能的低级形态,只专注于完成某个特定的任务,发展程度并没有达到模拟人脑思维的程度,仍然属于"工具"的范畴,与传统的"产品"在本质上并无区别。例如,IBM 的 Watson 和谷歌的 AlphaGo 都属于"弱人工智能"。

强人工智能是人工智能的高级形态,能够进行思考、计划、解决问题、抽象思维、理解复杂理念、快速学习和从经验中学习等操作,在各方面都能和人类比肩,属于人类级别的人工智能,具备了"人格"的基本条件。

超人工智能是人工智能的最高级形态,几乎在所有领域都比最聪明的人类大脑聪明很多,包括科学创新、通识和社交技能。在超人工智能阶段,人工智能已经跨过"奇点",其计算和思维能力已经远超人脑。此时的人工智能已经不是人类可以理解和想象。人工智能将打破人脑受到的维度限制,其所观察和思考的内容,人脑已经无法理解,人工智能将形成一个新的社会。

目前,人工智能尽管有了长足进展,但毫无疑问还只是停留在弱人工智能的水平。但是,当对人工智能的研发没有限制之时,人工智能从弱人工智能往高级形态的发展,不无可能。此时,深入解析人类"自由意志"和"个性"的本质是实现强人工智能目标的必经之路。但如果这个目标能够实现,一旦机器具备自由意志,人类将不得不面临新的伦理与现实的问题。

已故著名物理学家史蒂芬·霍金在世时曾警告,在我的一生中,我见证了许多社会深刻的变化,其中最深刻的,同时也是对人类影响与日俱增的变化,就是人工智能的崛起。简单来说,强大的人工智能的崛起,要么是人类历史上最好的事,要么是最糟的。

各国在发展人工智能之余也开始从伦理等角度进行规范与限制。我国的《新一代人工智能发展规划》中提出,在推动人工智能与神经科学、认知科学、量子科学、心理学、数学、经济学、社会学等相关基础学科的交叉融合，加强引领人工智能算法、模型发展的数学基础理论研究之时，必须“重视人工智能法律伦理的基础理论问题研究”。美国《国家人工智能研究和发展战略计划》将“研究并解决人工智能的法律、伦理、社会经济等影响”列为主要的战略方向之一。欧盟的立法建议书认为人工智能需要伦理准则，并呼吁制定“机器人宪章”。联合国发布《机器人伦理初步报告草案》，认为机器人不仅需要尊重人类社会的伦理规范，而且需要将特定伦理准则嵌入机器人系统中。

（二）人工智能与法律行业的结合

人工智能与法律的结合，始于1987年在美国东北大学举办的首届国际人工智能与法律会议（International Conference on Artificial Intelligence and Law，ICAIL），并最终促成了国际人工智能与法律协会（International Association for Artificial Intelligence and Law，IAAIL）在1991年成立。该协会旨在推动人工智能与法律这一跨学科领域的研究和应用，包括十大主要议题：法律推理的形式模型；论证和决策的计算模型；证据推理的计算模型；多智能体系统中的法律推理；自动化的法律文本分类和概括；从法律数据库和文本中自动提取信息；针对电子取证和其他法律应用的机器学习和数据挖掘；概念上的或者基于模型的法律信息检索；自动化次要、重复性的法律任务的法律机器人；立法的可执行模型。

当前，法律科技（LawTech）正在持续兴起。在人工智能技术的加持下，法律更是有望给法律行业带来更深、更彻底的变革。全球法律科技上市公司的数量呈爆发式增长，从2009年的15家增长到了2016年的1164家，主要集中于在线法律服务、电子取证、从业管理软件、知识产权/商标软件服务、人工智能法律科技、诉讼金融、法律检索、律师推荐、公证力量九大领域。法律科技市场开始从“互联网＋法律”向“人工智能＋法律”转变，法律人工智能创业成为人工智能创业的重要组成部分。国际律所 Dentons 在2015年5月率先启动法律科技创新加速器项目 NextLawLabs，已经孵化了包括机器人 ROSS 在内的10多个法律科技项目。其他国际律所也开始研发、部署法律人工智能系统。

人工智能在法律行业中的应用和影响,将出现下列十大趋势:①

1. 智能化、自动化的法律检索将深刻影响进行法律研究(检索)的方式。比如,世界首个机器人律师的 ROSS 就是基于 IBM 的 Watson 系统的智能检索工具,利用强大的自然语言处理和机器学习技术向律师呈现最相关、最有价值的法律回答。

2. 人工智能将持续推动法律文件自动化。比如,德勤(Deloitte)借助机器学习合同分析系统 Kira Systems,只要 15 分钟就可以读完原本需要人类律师花费 12 个小时才能审阅完的合同。法律人使用法律格式的方式,正在从模板向法律格式文件自动生成转变,人工智能系统将可能起草大部分的交易文件和法律文件甚至起诉书、备忘录和判决书,律师的角色从起草者变成审校者。

3. 在线法律服务、机器人法律服务等替代性商业模式不断涌现,使法律服务的提供日益标准化、商品化、自动化、民主化。比如,面向终端消费者的法律机器人 DoNotPay 就可以协助用户自主完成对交通罚单的申诉材料的准备和提交工作。如今,在美国最知名的法律品牌是 LegalZoom 之类的在线法律服务提供商,在律所之外,满足其他未被满足的法律需求或者通过律所就会十分昂贵的法律需求。

4. 基于人工智能和大数据的案件预测将深刻影响当事人的诉讼行为和法律纠纷的解决。2016 年,研究人员利用欧洲人权法院公开的判决书训练算法系统,构建了预测案件判决结果模型,预测准确性达到了 79%。Lex Machina 公司提供的服务,通过对成千上万份判决书进行自然语言处理,预测案件处理结果。该软件可以确定:哪位法官倾向于支持原告;基于对方律师过去处理的案件形成相应的诉讼策略;针对某个特定法院或者法官形成最有效的法律论证等。案件预测的价值主要体现在帮助当事人形成最佳的诉讼策略,节约诉讼成本,以及帮助法官实现同案同判,大数据司法确保公平正义。

5. 在线法院以及人工智能法律援助促进司法可得性,帮助消除司法鸿沟。中国法院加强人工智能与司法为民相融合,加速推进在线诉讼服务,巩固拓展一站式多元纠纷解决和诉讼服务体系建设成果,健全阳光司法机制,加强互联网法院建设,出台在线诉讼、在线调解、在线运行"三大规则",为信息时代的诉讼制度机制变革贡献中国智慧。加强人工智能与审判执行工作相融合,大力推进全流程网上办

① 腾讯研究院:《人工智能》,中国人民大学出版社 2017 年版,第二十三章"法律人工智能十大趋势"。

案,研发各类智能化办案辅助平台,建立健全网络查控系统,实现辅助事务自动化办理、案件繁简自动甄别分流、语音识别转录、案件智能画像、证据自动核验、法条及类案精准推送等,不断提升司法质量效率。加强人工智能与大数据利用相融合,实现全国四级法院审判执行数据的常态化、自动化汇聚,依托司法大数据资源,建立司法指数体系,深化区块链技术应用,积极服务社会治理。①

6. 人工智能和机器人将成为法律系统的主要进入点。对于律师而言,未来的法律实践(如法律检索、案件管理、法律写作等)主要通过具有智能交互界面的法律机器人和人工智能系统完成。对于法院而言,司法审判的数字化和在线化,意味着类案检索、裁判文书写作、证据分析和推理等也将在法律人工智能的辅助下进行,甚至被其取代。对于终端用户而言,交互性的、基于互联网的问答系统可以以文本或者语音对话的形式同用户交流,并生成所需的法律信息,或者指导其完成基本的法律文件和格式。

7. 律师市场评价将使法律行业更加透明,可能带来"马太效应"。当前,律师推荐已经成为法律科技的核心领域之一,国内外都在持续涌现律师推荐和评价类的产品和服务。律师市场评价相当于将律师置于阳光之下,明星律师、普通律师和不合格律师等的区分将透明化,结果可能带来律师市场的"马太效应"。

8. 法律人工智能职业将作为法律行业的新兴职业而不断涌现。法律机器人和法律人工智能需要技术人员和法律专家之间的通力合作。当前,一些积极拥抱新技术的国际律所已经在加强法律 IT 能力建设,法律开发者、法律数据分析师、法律数据库管理者等正在加入律所、公司法务部门、法院、法律数据库公司等。

9. 法律教育与人工智能等前沿信息科学技术将日益密切结合起来。中国《新一代人工智能发展规划》提出打造"人工智能 + 法学"复合专业培养新模式。国外法学院注重对法科学生的科技与数字素养的培养,如乔治城大学法学院在 2012 年开始提供技术创新与法律实践的实践课程,墨尔本大学法学院在 2015 年开始提供如何开发法律应用的课程。

10. 计算法律(Computational Law)以及算法裁判或将成为法律的终极形态。在

---

① 周强:《加强人工智能司法应用　加快构建信息时代司法工作新模式》,载中国法院网 2022 年 8 月 18 日,https://www.chinacourt.org/article/detail/2022/08/id/6861301.shtml。

未来的成熟的信息社会,更普遍的计算法律将可能出现,届时系统将会自动执行法律,不需要律师,甚至也不需要法官,因为那时的法律已经完全自动化了。

(三)人工智能在纠纷解决中的应用

当前,人工智能在纠纷解决中的应用主要呈现为四个方面的智能:一是以语音理解、视觉识别为表征的感知智能;二是运用知识图谱和自然语言进行处理的认知智能;三是利用云计算提高数据应用水平的计算智能;四是将实务问题转化为数据模型,运用优化算法加以破解的决策智能。[①]

感知智能是指将物理世界的信息通过摄像头、麦克风或者其他传感器,借助语音识别、图像识别等技术,映射到数字世界,使得信息从物理介质转化到数字介质,以便进行后续处理、使用。感知智能能够辅助纠纷解决机制在线上进行,通过语音识别、图像识别等技术,能够将物理世界的录音、照片、笔录、文书等信息转化为数字世界的数据,从而能够在计算机上进行储存、识别、处理等操作。

认知智能依托于感知智能整理的数据,运用知识图谱和自然语言进行处理等技术,能够洞察信息间的关系,整理信息间的结构,从而辅助人类更好地从纷繁复杂的信息集中得出结论、作出决策。利用认知智能,能够对案件繁简自动甄别分流,缓解案多人少的矛盾,使不同案件获得不同的程序保障。

计算智能依托于大数据、云计算等技术,通过大数据技术能够在合理时间内达到收集、处理并形成可供参考的资料,云计算技术则为人工智能提供了强大的存储能力和计算能力。类案智能推送是计算智能在司法领域的重要应用。2018 年,最高人民法院“类案智能推送系统”正式投入使用。类案推送的原理是通过对文本词项的相似度对比确定目标类案与待决案件之间的相似度,从而向法官推送相似度较高的类案。法律规范推送系统能够向法官推送可能有助于裁判的法律规定,包括相关法律、法规、规章、司法解释等。

决策智能可以将实务问题转化为数据模型,运用优化算法加以破解。计算智能是通过运算得出与本案最为类似的案件提供给法官参考,而决策智能是通过总结审判规律、对同类型案件的判决结果进行分析,直接给法官提供预测判决结果。

---

① 崔亚东:《人工智能与司法现代化》,上海人民出版社 2019 年版,第 37~38 页。

量刑辅助系统是裁判预测系统中发展较快的一种。鉴于量刑裁判数据相当程度的可视性与归纳性特征,以及电脑技术的中立性与客观性优势,早至量刑规范化改革初期,部分地方法院和科研院所便前瞻性地展开辅助量刑系统的探索,已积累了宝贵的调研经验。[①]

人工智能在纠纷解决的应用,也会因为智能技术的局限性与不成熟等存在失准、出错等问题。例如,在类案推送中,通过对比文本词项的相似度向法官推送相似度较高的类案。而法律语言具有一定的专业性,因此在裁判文书的相似度对比领域,需要对裁判文书进行标注,并形成相应的要素标签,以作为对汉语分词工具普通词项库之补充。要素标签的不完整就容易导致在裁判文书的相似度对比过程中出现大量的库外词项。这些库外词项能否被识别,将直接影响类案推送的精准性。[②]

再如,在法律规范推送方面,也可能存在不匹配的情形。当法官面对疑难复杂案件或者新型案件时,查清案件基本事实之后,进入法律适用层面,可能会出现法律规范模糊或冲突,即针对案件基本事实法律规定模糊或者存在相互冲突的规定;可能会出现规定的缺失,即针对案件基本事实没有可以适用的法律规定;可能会出现规定悖反,即对于案件基本事实,法官的论证结果是排除法律规定相应规则的适用并创设新的例外规则。[③] 现有的法律规范数据库在没有收录相应的规范指引时,就无法解决法律规范智能推送方面的难题。

又如,类案同判不能完全保证个案公平。类案同判是对法律本身的尊重,防止司法权滥用的徇私枉法裁判,统一对法律的理解,从法律解释和方法上达到裁判对法律的一致性理解。但是,类案同判无法避免具体个案对公平正义的需求。类案同判只是个案公平的保证方式之一,个案公平才是类案同判的目的所在。[④] 法律的实现是在多主体参与下将法律和案件基本事实情况进行涵摄适用的过程,是以法官为主体,基于主体间性的关系从事法律解释的过程。“在解释法律的过程

---

① 崔仕绣:《智慧司法场域下量刑辅助系统之功能辨正》,载《新疆大学学报(哲学社会科学版)》2022 年第 4 期。

② 朱福勇、杨梦男:《论类案智能推送的优化路径》,载《科技与法律(中英文)》2022 年第 4 期。

③ 余军、林淡秋:《规则悖反案件的两种论证模式》,载《浙江学刊》2019 年第 1 期。

④ 刘康磊:《类案同判与个案公平:智慧司法的能与不能》,载《法治论坛》2022 年第 1 期。

中，法学方法不同于自然科学方法，后者乃是一种将相应数据或事实输入系统而保证得出结果的‘演算的制度’，即一组能够收集数据、将其程序化、形成假设、检验假设并记录实验结果的概念、推论与规范，而前者重在解释规定或将规范用于实践，并不是一个遵循清晰规则进行数学演算过程，说到底，它是一个权衡的问题。”①

2022 年，最高人民法院《关于规范和加强人工智能司法应用的意见》提出，人工智能在司法中的应用须遵循安全合法、公平公正、辅助审判、透明可信与公序良俗五项基本原则。具体而言，司法人工智能产品和服务必须依法研发、部署和运行，不得损害国家安全，不得侵犯合法权益。保证人工智能产品和服务无歧视、无偏见，不因技术介入、数据或模型偏差影响审判过程和结果的公正，实现智能化司法服务对各类用户的普适包容和机会均等。无论技术发展到何种水平，人工智能都不得代替法官裁判，人工智能辅助结果仅可作为审判工作或审判监督管理的参考，确保司法裁判始终由审判人员作出，裁判职权始终由审判组织行使，司法责任最终由裁判者承担。各类用户有权选择是否利用司法人工智能提供的辅助，有权随时退出与人工智能产品和服务的交互。坚持技术研发、产品应用、服务运行的透明性，保障人工智能系统中的司法数据采集管理模式、法律语义认知过程、辅助裁判推定逻辑、司法服务互动机制等各个环节能够以可解释、可测试、可验证的方式接受相关责任主体的审查、评估和备案。坚持将社会主义核心价值观融入司法人工智能技术研发、产品应用和服务运行全过程，保证人工智能的司法应用不违背公序良俗，不损害社会公共利益和秩序，不违背社会公共道德和伦理。

二、元宇宙的开拓

（一）什么是元宇宙

1. 元宇宙概念的产生

1992 年，美国作家尼尔·斯蒂芬森（Neal Stephenson）在其科幻小说《雪崩》

---

① 舒国滢：《奥利斯·阿尔尼奥的法律解释之证成理论》，载《语言与法律研究》2019 年第 1 期。

(Snow Crash)中描绘了一个恢弘的虚拟世界,人类通过个人虚拟现实终端设备,使用其数字化身在现实世界映射的三维空间中进行交互,用户可以如同在真实物理世界中一样工作和生活。书中首次提到"metaverse"(元宇宙)和"avatar"(化身)两个概念。2003年,美国的林登技术公司(Linden Lab)开发了一款名为"第二种生活"(Second Life)的游戏,让玩家能够创造一种数字替身在虚拟世界或元宇宙中过着一种与现实生活平行的"第二种生活"。

2020年,人类社会到达虚拟化的临界点,疫情加速了新技术的发展,加速了非接触式文化的形成。2021年被称为"元宇宙元年"。3月,沙盒游戏平台罗布乐思(Roblox)作为第一个将"元宇宙"概念写进招股书的公司,成功登陆纽约证券交易所,上市首日市场突破400亿美元,引爆科技和资本圈。7月22日,美国著名社交平台"脸书"(Facebook)的创始人扎克伯格宣布一个大胆的想法:将"脸书"改为"元宇宙",公司未来的业务重点是实现元宇宙的幻境,将"元宇宙"从空想变成现实。10月,"脸书"正式更名为"Meta",以反映拥抱元宇宙的决心。

从辞源上,"元宇宙"(metaverse)由"meta"(超越)①和"universe"(宇宙)构成,是指在超越客观的物质世界之外创造一个与之"孪生"的虚拟世界或数字世界。元宇宙是一个平行于现实世界、独立于现实世界的虚拟空间,是"人类运用数字技术构建的,由现实世界映射或超越现实世界,可与现实世界交互的虚拟世界"。② 元宇

① "meta-"可能最早见于亚里士多德的"形而上学"(metaphysics),本意是"物理学之后"的著述,是对他的"物理学"所遗留的基本问题进行进一步的追问,如果说"物理学"研究的是自然界的生灭之物,那么"形而上学"则研究描述运动的范畴或规则。因此,"meta-"在古希腊哲学中具有"范畴""原则"或"规制"等意义。现代哲学意义上的"元"(meta-)主要指维也纳学派在分析语言结构使用的范畴,意指在日常语言的背后或深处有一种通用的句法语言,也就是"元语言"(meta language)和"对象语言"(objective language)的界分,从此衍生出有关"元"的范畴体系,如"元分析""元方法"和"元哲学"等。与中华文化的"道器一体"和"知行合一"不同,西方文化不仅强调"主客二分",而且还有"普遍性"与"特殊性""观念"与"经验""理想世界"与"现实世界"等多重划分,这种二分法对西方的历史、宗教、科学、社会和学术及经济活动等都具有相当影响。按照这种分析,"meta-"主要指称西方二元文化中的"纯粹理性"先于"实践理性"、数理逻辑先于日常语言、理想模型先于实践活动等。安维复、杨广明:《元宇宙:范畴谱系、世界图像与未来昭示》,载《理论与改革》2022年第6期。

② 2022年9月,我国科学技术名词审定委员会邀请来自学界、产业界的各领域专家对元宇宙概念展开研讨后对"元宇宙"作出的释义。参见《元宇宙如何释义？一个热词引发专家研讨》,转载科学网2022年9月19日,https://news.sciencenet.cn/htmlnews/2022/9/486445.shtm。

宙是虚拟世界与真实世界的“视界融合”或“虚实共同体”。[①]

2. 元宇宙的特征

与当前的数字生态相比，元宇宙具有四个主要特征：[②]

(1)强化社交。元宇宙将应用于更多的社交场景，用户可以在元宇宙平台中进一步摆脱物理限制，将自己的想法直接转化为数据、设计和产品雏形。元宇宙的多数应用和商业模式均基于“强社交”概念，即通过用户群体的充分互动提升虚拟空间体验，通过该群体的交易和集体创新行为带来商业价值。

(2)“去中心化”。元宇宙不再依赖中心节点的企业、服务商或平台。用户将通过自主创新的方式，由下而上构建元宇宙的数字生态。区块链、数字建模平台等“去中心化”技术是元宇宙“去中心化”的技术架构基础。这些技术能够进一步增加用户的数字权利，减少少数科技巨头对接入、信息、个人数据和应用的限制。

(3)虚拟融合现实。基于大量提升用户数字体验的新信息技术，元宇宙可以让用户在现实世界和虚拟世界中无缝切换。元宇宙既将数字空间直接投射于现实世界，又将现实世界直接映射在虚拟空间。借助虚拟现实、增强现实等技术，元宇宙甚至可能创造出超越现实生活体验的“超体验”，从而让用户沉浸于元宇宙创造出的超自然时空。

(4)永久保存，随时调用。元宇宙在构建过程中将采用“语义网”技术，让多数用户创造的页面和数据可为机器所直接理解和调用。元宇宙采用区块链将数据和知识产权稳定确权，经过确权的信息、数据和资产在理论上可以永久保存，超越技术演变和人类寿命的周期。

3. 元宇宙的技术集群

元宇宙从科幻到科学的转变，依托于下列多种新技术集群的产生与应用(见图 7-1)。[③]

---

① 安维复、杨广明：《元宇宙：范畴谱系、世界图像与未来昭示》，载《理论与改革》2022 年第 6 期。

② 李峥：《元宇宙对国际政治的潜在影响》，转引自光明网 2022 年 5 月 12 日，https://m.gmw.cn/baijia/2022-05/12/35728748.html。

③ 黄欣荣、周光玲：《元宇宙的生成逻辑》，载《南昌大学学报(人文社会科学版)》2022 年第 6 期。

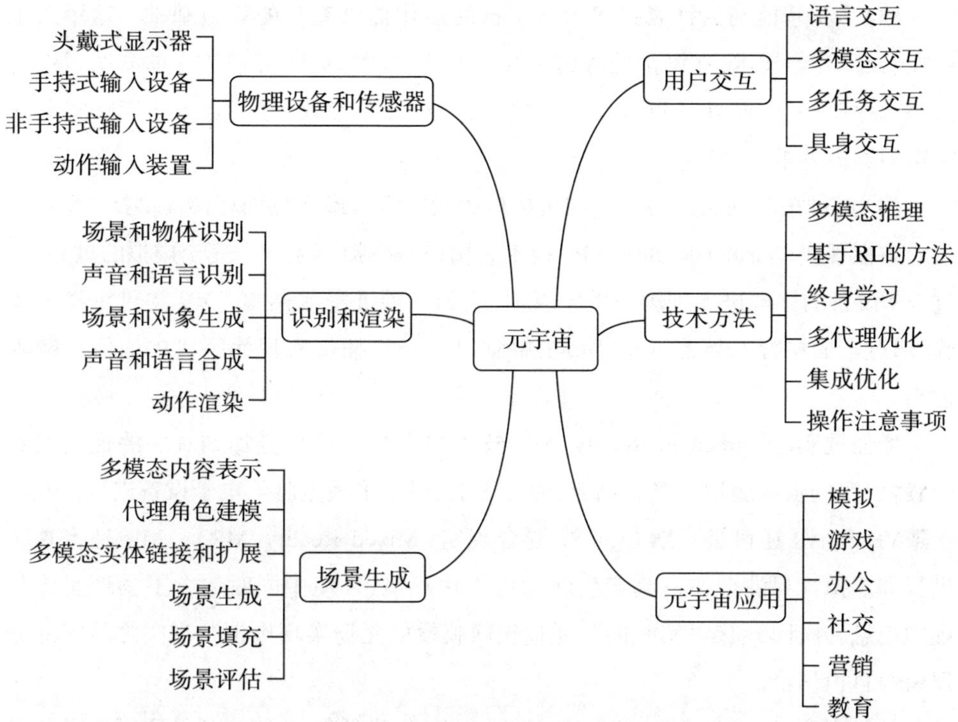

图 7－1　帕克和金的元宇宙分类

资料来源：[印尼]萨法里·卡西亚安托、[德]穆斯塔法·基林茨：《元宇宙的法律难题》，郑志峰、罗有成译，载《财经法学》2022 年第 6 期。

(1)数字孪生与智能感知技术为元宇宙的内容生产提供动能。数字孪生是在虚拟空间内建立真实事物的动态孪生体，借由传感器，本体的状态及其外部环境数据均可实时映射到孪生体上。元宇宙需要数字孪生建构细节极致丰富的真环境，营造出沉浸式的在场体验。智能感知是指数据由人工智能自动生产、生成，实现元宇宙的自发有机生长。智能驱动的虚拟数字人将元宇宙的内容有组织地呈现给用户。

(2)区块链与非同质化代币技术(NFT)为元宇宙的真实性和稀疏性提供认证机制。区块链是将数据存于不同的存储区块之中，通过相互牵制、相互制约，元宇宙空间的海量数据就能够保证其真实性。NFT 则通过独一无二、不可复制、不可拆分等特性保障艺术品、游戏道具等数字产品的价值。

(3)人工智能与云计算技术为元宇宙的运作提供充分的算力基础。运用人工智能、云计算等技术,在海量的数据中发现模式、寻找算法,实现类人的聪明、智慧。依靠云存储、云计算以及边缘计算等技术,通过分布参数、分工合作才能够实现元宇宙的算力要求。

(4)通过拓展现实、机器人、脑机接口为元宇宙的虚实界面切换提供技术基础。

虚拟现实(Virtual Reality,VR)技术利用设备模拟产生一个完全虚拟的世界,通过 VR 设备的佩戴进入到虚拟世界当中,达到一种沉浸式体验。VR 提供沉浸式体验,通过全面接管人类的视觉、听觉、触觉以及动作捕捉实现元宇宙中的信息输入输出。

增强现实(Augmented Reality,AR)技术将虚拟的信息叠加到真实的现实世界中,将现实场景和虚拟场景相结合,通过智能手机、平板电脑等电子设备进行体验。

VR 和 AR 还可进行融合,产生混合现实(Mixed Reality,MR)。MR 是将真实世界和虚拟世界混合在一起产生新的可视化环境,环境中同时包含了物理实体与虚拟信息,并且必须是"实时的",通过视网膜投射光场实现虚拟与现实之间的部分保留与自由切换。

扩展现实(Extended Reality,XR)作为一个新型概念,是指通过计算机技术和可穿戴设备产生的一个真实与虚拟组合的、可人机交互的环境。扩展现实包括 AR、VR 与 MR 等多种形式。XR 分为多个层次,从通过有限传感器输入的虚拟世界到完全沉浸式的虚拟世界,通过将 VR、AR、MR 三者的视觉交互技术相融合,为体验者带来虚拟世界与现实世界之间无缝转换的"沉浸感"。

机器人可以通过实体的仿真肉身成为连通元宇宙的另一种通道。脑机接口(brain-computer interface,BCI)技术则直接将人脑与数字宇宙相互链接,为元宇宙提供更好的认知用户接口。

(5)互联网、5G、星链技术等为元宇宙提供安全顺畅的网络环境。数字化就是把自然万物离散化、量子化为 0 和 1 的数字。无限多的数字几乎相互离散、相互独立而存储于云端。互联网是解决将离散数字关联起来的技术手段。5G 技术的出现,其信道和速度不断增强,时延和能耗不断降低,基本上可以满足建构元宇宙所需要的通信能力。

4. 各国发展元宇宙的战略政策

元宇宙已成为各国产业政策竞争的新疆域。① 2019 年,美国国会通过了政府虚拟现实技术法案,提议创建"联邦政府现实技术可用性咨询委员会",为政府发展 VR/AR/MR 技术提供政策咨询意见。2021 年美国《创新和竞争法案》将沉浸式技术确定为重点领域十大关键技术之一,提出要提升这一技术的全球竞争力。2022 年美国《芯片和科学法案》也将沉浸式技术作为重点支持领域之一。

欧盟致力于打造一个真正的单一数据市场,吸引全球数据积极流入欧盟,以使欧盟在数据领域跻身全球前列。2020 年,欧盟委员会发布《欧洲数据战略》,为数据权利、数据共享、数据保护等领域的发展制定了框架性的战略规划,开启了构建欧盟单一数据市场的进程。在此之后,欧盟委员会先后发布《数字市场法案》《数字服务法案》《人工智能法案》《数据治理法案》等多部法案。欧盟试图构建一个统一且完善的数据法律框架体系,将数据治理各方面囊括其中,以统一顶层立法的方式增强 27 个成员国之间的联合性,推动共同欧洲数据空间的建设。

2021 年 1 月,韩国政府公布《元宇宙新产业领先战略》,该战略是其数字新政(Digital New Deal)2. 0 计划的一部分,旨在应对颠覆性创新、新兴技术并为未来做好准备。5 月,韩国科学技术和信息通信部发起成立了"元宇宙联盟",包括现代集团、SK 集团、LG 集团等 500 多家韩国本土企业和组织,目标是打造国家级增强现实平台,并在未来向社会提供公共虚拟服务,以推动"元宇宙"技术和生态系统的发展。11 月,首尔市发布《元宇宙首尔五年计划》,将建成首个元宇宙城市。

2021 年 12 月,日本成立元宇宙的业界团体"一般社团法人日本元宇宙协会",启动市场构建,力争使日本成为元宇宙发达国家。2022 年 4 月,日本成立面向应用推进研究和规则完善的"元宇宙推进协议会"。

2022 年 1 月 12 日,我国国务院发布《"十四五"数字经济发展规划》,创新发展"云生活"服务,深化人工智能、虚拟现实、8K 高清视频等技术的融合,拓展社交、购物、娱乐、展览等领域的应用,促进生活消费品质升级。各地方政府对元宇宙的态度非常积极。到 2022 年 7 月,全国至少有 7 个省和 17 个地方政府(城市)出台了相应的元宇宙政策,包括上海、北京等。2022 年 7 月发布的《上海市数字经济发展"十

① 李勇坚:《元宇宙:各国产业政策竞争的新疆域》,载《科技中国》2022 年第 9 期。

四五”规划》明确提出,元宇宙及相关领域是上海市数字经济发展的重点之一。上海市还就元宇宙产业发展专门出台了《上海市培育“元宇宙”新赛道行动方案(2022—2025年)》。

5. 元宇宙时代之下的问题思考

“元宇宙”时代的到来已经处于现在进行时,有一系列新的问题需要思考。

传统的生命概念、时空概念、能量概念、族群概念、经济概念和价值观点都会被改变和颠覆,触及哲学,甚至伦理学。元宇宙导致人们重新思考基本的哲学概念:先验知识、存在和存在主义、经验主义、二元论、语言本质、超现实社会、单向度。

如何确定元宇宙的价值取向、制度选择和现实?元宇宙是一个全新的世界,它能否简单复制现实世界的价值观?在元宇宙的制度设计中如何坚持自由、主权、正义、平等之类的原则?怎样确定元宇宙的秩序和运行规则?

元宇宙场景的实现,需要巨大的人力和物力投入,同时又要实现超大规模的连接,因此元宇宙具有一种内在垄断基因。如何避免元宇宙被少数力量垄断?

如何预防元宇宙的霸权主义和元宇宙之间的冲突?在未来,元宇宙不是一个宇宙,而会形成多元化的元宇宙体系。元宇宙是开放的,任何一个元宇宙的居民都可以生活在不同的元宇宙中。元宇宙也存在进化,因此需要建立元宇宙之间和谐共存的规则。

如何维系现实世界和元宇宙之间的正面互动关系?人类借助于元宇宙可以同时栖息在真实与虚拟世界中,导致人的神经感知延伸,意识扩展。元宇宙的形成与发展,需要与现实世界互动,实现两个世界从理念、技术到文化层面的互补和平衡,形成新的文明生态。

(二)元宇宙中的法律挑战

元宇宙开拓的虚拟世界或新数字世界,以及它与现实世界的交融与交错,对传统法律规则的适用势必提出新问题和新挑战。

季卫东教授由此归纳出十二个基本法学命题:①(1)元宇宙的本质在于主体交互所产生的关系网络,理解数字化网络空间的基本尺度是各个节点(主体)之间的

① 季卫东:《元宇宙的互动关系与法律》,载《东方法学》2022年第4期。

关系距离与权力距离。(2)元宇宙必然出现各种小宇宙各自解读的事态,沟通最重要的关键词。为了加强沟通、相互理解以及与现实世界的法律秩序之间的对接,应该建构各种“走廊式制度”,也称之为“法律的接口革命”。(3)元宇宙构成世界结构大转型的虚拟试点,也构成不断对各种关系进行组合和重构的场域。(4)元宇宙可以摆脱现实世界的既成事实负荷以及法律规则束缚,为人类提供从零开始重新进行理性设计的机会结构。(5)元宇宙的内部秩序是以多重身份的网络人及其互动关系为前提的,表现为复数反复博弈所达成的均衡状态。(6)元宇宙的数字化网络空间注定了内部秩序以主体交互的关系为本位,这种关系秩序可以应用博弈理论来描述,可以借助社会网络分析的方法进行计算。(7)元宇宙的叙事呈现出纵横交错的“根茎结构”,在规则解释上可能出现正确解答的复数化倾向,增加法的选项和裁量余地。(8)元宇宙需要通过适当地嵌入自组织性的方法来缓和压抑感,还需要根据现实世界的道德、正义原则,以及普遍适用的法律进行外部监控。(9)在元宇宙中产生了万物代币化、所有权终结以及更具侵入性的个人数据收集等新常态,有必要把现实世界的人权、产权以及行为准则合理导入元宇宙。(10)元宇宙可以理解为“算法利维坦”,其权力运行基于信息计算逻辑,元宇宙的治理必须转动“贝叶斯手柄”,把逻辑与概率结合起来。(11)元宇宙通过区块链形成一种去中心化的自治组织,引起国家治理的范式革命。普遍主义指向的制度设计的关键是如何让现实世界的法律秩序与区块链上的关系秩序形成结构性耦合。(12)鉴于现实世界与虚拟世界的相互影响,也许需要重新认识制裁机制中增量与减量的组合方式。

这些新的法学命题表明,伴随着消费者主权和分布式自治组织的确立,元宇宙将带来秩序原理的大转型。从网络空间通往链下社会的走廊式制度,将以代码程序与智能合约作为两个主要支点或接口进行构建,并由此产生关系与法律的一系列不同组合方式。

人类必将在元宇宙中建立起新的社会,故需要一种新的规则——“元规则”。“元规则”的形成主要依靠群体共识,也需要充分考虑现实世界的规则。[①] 元宇宙与现实世界有着无法割断的联系,“元规则”也必然受到现实世界法律、道德等规则的影响。从物理世界转化成元宇宙、再由元宇宙映射物理世界,元宇宙造成的“虚实

① 黄小明:《元宇宙须厘清的法律要素》,载《检察风云》2022年第11期。

双重空间”范式转变将带来和衍生各种社会和经济问题，需要做好法律制度更新的准备工作。元宇宙中的行为虽被认为是在模仿现实世界的行为，但将现实世界的法律适用于元宇宙中存在很多局限性。我们需要思考：现实世界中的法律如何在元宇宙中适用？谁将颁布元宇宙独有的法律？谁将在元宇宙中执法？谁将保护元宇宙社会并维持其秩序？

元宇宙是一个纯粹的数字生态系统。用户创建数字化身（Avatar），以数字人或虚拟人身份在元宇宙进行生存、交互。相较于目前的互联网交互，元宇宙用户的数字化身可以在既定环境中形成用户的视觉形象、技能以及社会互动，数字化身将被定义为一种用户交互式的社会表征。数字人是元宇宙的基本单元。由于元宇宙不会对虚拟存在的数量进行限制，因此现实世界的人在元宇宙中往往会拥有多个对应的虚拟身份。由于元宇宙具有匿名化的特征，即使每个现实世界的人只拥有一个对应的虚拟存在，在元宇宙中也可以以多种身份活动。元宇宙中的组织既可能是现实世界组织的延伸，也可能是完全独立于现实世界的。

数字身份是元宇宙的特定角色和关键特征，成为用户访问元宇宙的“护照”。与物理世界不同，数字身份所依赖的是根基于密码（cryptographic）的信任，而不是根基于人本主义（humanistic）的信任。① 元宇宙中是否需要确定以及如何确定数字身份？数字身份又将如何与责任主体相关联？加强数字身份的认证和管理，根本在于确保虚拟化身背后存在真实主体，减少在线互动带来的欺诈和身份问题。要对元宇宙的行为进行规范，显然需要一套可靠互通的数字身份系统，完成对身份的确认和主体的确认，落实责任机制。目前的行业实践主要通过不同的区块链系统推动，以在全球范围内生成一个独特、不受侵犯和安全的身份。② 有学者提出，元宇宙可以定义一个“根化身”（Root Avatar），作为一个完整的身份集，合并所有数字身份。③ 还有学者提出，推动出台数字身份国家战略，通过数字身份专门立法建立统

---

① 陈吉栋：《超越元宇宙的法律想象：数字身份、NFT与多元规制》，载《法治研究》2022年第3期。

② 例如，区块链技术公司Cybertino Lab提出开发个人虚拟身份协议，新协议可以帮助每个用户在元宇宙中建立一个完整的虚拟身份系统，通过加密凭证强化虚拟身份与真实身份的连接点和可信映射，并成为用户在元宇宙中进行社交、游戏和生产内容的通行证。

③ 陈吉栋：《超越元宇宙的法律想象：数字身份、NFT与多元规制》，载《法治研究》2022年第3期。

一分层次的数字身份体系。①

元宇宙的运作依托于海量数据信息的集合,对数据隐私和数据使用的影响远远超出了现实和虚拟数据保护问题的聚合范围。个体隐私数据是维持元宇宙持续运转的"燃料"。元宇宙在不断更新和扩张过程中,不可避免地要对个人隐私构成一定的风险。如何保障数据的合规收集、储存、使用和销毁是一个摆在眼前的问题。元宇宙内的数据安全问题,更大程度上是技术问题,即如何在元宇宙内防止数据的泄露或遗失,在去中心化的元宇宙中数据是否存在恢复或重现的可能。

元宇宙离不开现实世界的硬件支持,国家与科技公司是提供硬件支持的最重要主体。我国《数据安全法》规定,任何组织、个人收集数据,应当采取合法、正当的方式,不得窃取或者以其他非法方式获取数据。无论是当下还是未来的元宇宙领域公司,都须遵守以上规定,合法合规地存储、利用数据。元宇宙领域公司如缺乏相应资质,在元宇宙中模拟、获取、披露、使用相应数据,则可能被认定为违法甚至犯罪。数据是元宇宙的基础元素,除政府等传统的监管主体外,元宇宙内也必须存在相应的监管主体。有学者提出,元宇宙的监管需要构建包含社会规范、法律、市场和架构在内的多元融合规制体系;②甚至可能需要发展出另一个新兴的法律学科——元宇宙空间监管法学。③

虚拟物品的财产属性与权利界定也是元宇宙的重要问题。元宇宙中的所有物品几乎都是新创的,同时也都是虚拟的。虚拟财产在现实世界的法律中,尚无更明确的规范。我国《民法典》仅在总则第 127 条设立了原则性条款:"法律对数据、网

---

① 从国外经验和相关行业实践来看,建议从以下三个层面构建我国可信数字身份法律体系:一是推动出台数字身份国家战略,构建一套包括专门立法、基础设施建设、技术标准规范和行业最佳实践等在内的数字身份战略体系。二是通过数字身份专门立法,建立统一的分层次的数字身份体系。数字身份体系包括身份层、验证层、应用层和数据层四个层次,身份层又可分为法定身份(基础身份)和商业身份(应用身份)。明确规定基于用户个人身份证号码建立起国家法定的、唯一的、权威的用户数字身份体系,商业机构等其他主体基于统一的法定的基础数字身份凭证,构建可信的商业数字身份,并基于基础身份凭证,实现可信数字身份在多个生态圈中的互联互通,打通法定身份和商业身份的互联互通,推动商业领域数字身份的跨平台登录和操作。三是推动国家数字身份基础设施建设,积极推进数字身份新技术研究,制定数字身份技术标准规范(国家标准、行业标准、团体标准、企业标准等),推动数字身份基本服务和商业模式创新的落地。丁道勤:《元宇宙的法律规制》,载《财经法学》2022 年第 5 期。

② 陈吉栋:《超越元宇宙的法律想象:数字身份、NFT 与多元规制》,载《法治研究》2022 年第 3 期。

③ 任文岱:《元宇宙备受关注　法律需做好哪些准备》,载《民主与法制时报》2021 年 12 月 1 日,第 3 版。

络虚拟财产的保护有规定的,依照其规定。"元宇宙中存在的部分物品可能是单纯算法重复的产物,即具有可复制性,并可以低成本重现,这一部分物品的财产性质具有一定的可讨论性。

元宇宙中的虚拟物品主要面对两大问题:一是虚拟财产的范围,即该以何种标准评价虚拟物品是否属于虚拟财产;二是虚拟物品的所有与占有关系问题,即如何在元宇宙中确定权属。虽然物权法制度可以用于解决无体物的使用问题,但不能解决权利使用的分配问题。因此,物权法基本无法适用于元宇宙。知识产权法可能更适合在元宇宙中适用,但由于元宇宙的行为跨越了不同司法管辖区并涉及不同国家的主体,法律管辖权、法律选择和执法权等问题就导致现有知识产权法在元宇宙中的适用具有不确定性。

不同的经济体在监管虚拟资产方面采取了不同的方法。相关的法规包括对加密货币交易要求获得政府许可的证券法、将加密资产视为大宗商品的大宗商品法。此外还有反洗钱法和了解客户规则,其要求虚拟财产交易所履行某些义务,如提交可疑交易报告。由于元宇宙仅将加密资产用于其交易,因此不同法律的适用可能导致元宇宙的发展变得复杂。

元宇宙本质上是一个计算机程序,通过计算机代码的使用而获得发展,也就必然鼓励智能合约的应用。严格来说,智能合约并非法律意义上的合同,只是意思表示的数字表达。但由于在区块链上,这种被转化为代码的意思表示会被软件自动执行,并不可逆转,实际上产生了合同的效果。在元宇宙中使用智能合约可以提升整个元宇宙运行的实用性、效率性和敏捷性,因此,没有必要将传统合同照搬适用于元宇宙中的每一个行为。

交易自由是市场的重要原则。这种自由包括了对意思表示的撤回、变更甚至作废。在智能合约追求交易信用的过程中,牺牲了一定的交易自由,尤其是部分丧失了反悔权,就使智能合约交易模式的建立与推广面临一定障碍。作为现实世界的延伸,元宇宙中的交易也可能是现实世界交易的一种新的形式。由于现实世界交易模式与元宇宙中交易模式存在明显差异,现实世界中的交易遵循的规则也与元宇宙中不同。元宇宙内交易现实化,可能会面对法律规则的选择与适用问题。

元宇宙目前处于初步探索阶段,其依托的基础性技术尚未成熟。仅作为概念使用的元宇宙,可能成为传销、集资诈骗等违法犯罪活动的工具。虚拟货币、NFT

等领域已频现洗钱、帮助信息网络犯罪活动等违法犯罪行为，作为依托于区块链、电子游戏等技术的元宇宙，同样面临着被违法犯罪分子利用进行违法犯罪活动的问题。元宇宙本身的去中心化、匿名性等特征，使得其容易成为滋生部分违法犯罪活动的温室。由于元宇宙具有跨时空性，不同法域对违法犯罪的界定存在一定差异，如何甄别元宇宙中的违法犯罪风险，以及如何处置和应对相应的司法案件，是未来法律界需要关注和解决的问题。

（三）元宇宙与纠纷解决

元宇宙具有不同于传统世界的新社会结构：在经济结构上，使用数字化的知识和信息作为关键生产要素、以现代信息网络作为重要载体；在社会组织结构上，主体之间交互的信任基础转入技术或算法信任，社会的构成形式由金字塔形层级化向扁平化过渡；在社会观上，人们在虚拟世界获得个性特征的社群认同，或在不同宇宙时空概念下被重赋，社会治理范式从等级治理走向联合自治。为此，需要结合元宇宙的新社会结构特点，建构合适的法律治理新范式，采取“动态的回应性治理”“技术标准治理”和“协商性治理”。[①] 回应性治理强调以风险为本的动态治理理念，侧重治理的适应性和能动性；技术标准治理是把价值规范倡导的秩序安排作为媒介传导至元宇宙的社会治理中；协商性治理强调包容式的监管和共治，充分汇集行业发展意见，调动行业自治力量，引入第三方加入法律治理。元宇宙的基本价值观即为“共创、共享、共治”。[②]

元宇宙与纠纷解决的关系，可以是元宇宙内部的纠纷解决方式探讨，也可以是元宇宙对外部纠纷解决的应用。在外部应用方面，元宇宙的出现将有利于解决当前纠纷解决形式在线化在沟通交流方面存在的弊端。元宇宙可能将现实的法律世界“平移”到虚拟的世界之中，实现与现实世界的完全对应和匹配。人们在进入纠纷解决程序之前可以通过元宇宙虚拟纠纷解决的过程，在元宇宙的空间找到纠纷解决的方案。元宇宙的“沉浸式”能使人们真切感受到纠纷解决的过程。

元宇宙内部的纠纷解决还将开拓一种新纠纷类型和新纠纷解决手段。传统纠纷解决手段上传到元宇宙中，将进行相应的适应性转变和升级。元宇宙的内部纠

---

① 李晓楠：《网络社会结构变迁视域下元宇宙的法律治理》，载《法治研究》2022 年第 2 期。

② 郭全中、魏滢欣、冷一鸣：《元宇宙发展综述》，载《传媒》2022 年第 14 期。

纷解决可能是“群体共识引导的全新模式”。[①] 由于元宇宙的根本特征是去中心化，群体共识是维系元宇宙存续的关键要素，元宇宙内部的纠纷解决也必须符合群体共识。元宇宙内部的纠纷在解决后，可以采用类似智能合约的模式自动执行。但当纠纷解决与现实世界相关时，由于元宇宙的匿名性、去中心化等特点，执行对象的确定便成为一项难题。同时，在现实世界中被执行的对象，是否仍要在元宇宙中被执行，也成为一个问题。

张卫平教授提出，构建一个元宇宙纠纷解决系统形成一个虚拟的纠纷解决空间，并将这一虚拟空间与现实连接起来，促成现实中纠纷的有效解决。[②] 元宇宙纠纷解决系统是一个囊括用户、网络以及各种终端的一个永续的、广覆盖的虚拟现实系统。系统的打造取决两个方面：一是技术方面，即如何将互联网、大数据、人工智能、区块链等一系列信息新技术整合起来以服务于纠纷解决；二是将现实世界中的纠纷解决的程序规则体系、实体权利规则体系、程序法和实体法的原则、精神、法理与元宇宙所包含的新技术进行结合，从而形成一个与现实法律世界平行的虚拟的真实法律世界，并通过其沉浸式特性发挥其引导作用影响现实中的纠纷解决。

元宇宙具有的虚拟性、交互性等特点使其于纠纷解决中有着巨大优势：交互性与沉浸性的特点使得当事人能够更加直观地了解纠纷解决过程，进而选择更加有利的纠纷解决方式；独立性也使元宇宙中当事人自治能够最大限度地发挥作用，更好地发挥多元纠纷解决机制的作用。

元宇宙与纠纷解决的结合，将有利于克服案多人少的资源局限。[③] 司法机关、仲裁机构、调解组织、公证机构等纠纷解决的现有实体，能够在元宇宙空间实现共同虚拟办公，消除现有平台之间的信息衔接障碍。当事人可以在元宇宙进行模拟式纠纷解决，提前预测纠纷发生的原因、两方的心理底线、诉求实现的概率，模拟纠纷可能的走向、不同解纷渠道的效果、当事人的利益得失，促使当事人在自愿合法的基础上由对抗走向合作。元宇宙可以提供纠纷化解的智能方案，配设智能推荐

---

① 黄小明：《元宇宙须厘清的法律要素》，载《检察风云》2022 年第 11 期。

② 张卫平：《元宇宙与纠纷解决：应用图景及规制想象》，载《政法论丛》2022 年第 2 期。

③ 曹建军：《“元宇宙”司法与纠纷解决的智能化》，载《政法论丛》2022 年第 2 期。

纠纷解决方式的程序模块,根据请求权类型、诉讼标的额、诉讼费用与成本、当事人诉讼能力与意志、事实与法律的争议焦点、类案胜诉与调解成功率等,对个案的纠纷解决方式、组合及其相应的前景进行合理的演算和评估。元宇宙奉行的用户中心主义理念与民事诉讼的当事人主义理念具有异曲同工之处,当事人在元宇宙构建的司法场景之下更加具有高度的自主性与参与性。

元宇宙与纠纷解决的结合,可以激发 ADR 机构的活力和提升 ADR 的地位。元宇宙基于区块链分布式账本技术实施去中心化的信息存储、认证和运行。区块链将按时间顺序产生的信息区块,以顺序相连的形式组合形成链式数据结构,以密码学的方式实现数据的可溯性、保真性,以智能合约的方式实现执行的自动化和稳定性。智能算法既可以向机构反馈当事人的实时需求,也可以向当事人进行个性化的信息分发与推送,加速不同纠纷解决方式形成自我特色和优势,帮助其设计和提供针对性的纠纷解决服务。其他纠纷解决机构与法院处于平等独立的地位,在元宇宙的加持之下能够具备更高程度的公开性、正式性。元宇宙提供专属的 NFT 作为交易媒介,纠纷解决机构可以根据内容创造、解纷质效等贡献程度,获得元宇宙经济系统的奖励,促进纠纷解决的市场化运营,不必再依赖法院办公经费或政府财政支出的无限输血。[1]

元宇宙尚处于发展阶段,相关技术很不完善。法院的智能化进程本身仍处于简单与初级的阶段,实现元宇宙治理更是需要经历长期的发展。各个纠纷解决部门纳入元宇宙系统亦需要一定时间,各个部门引入相应技术的程度也受到现实因素的影响。元宇宙内部规则需与现实世界的规则相互关联,一方面防止过分强调私权利进而产生更多的纠纷,另一方面也有助于现实世界的国家对元宇宙进行管理。

思　考　题

1. 如何理解 ADR 未来展望中的三大趋势?除这三大趋势之外,还可能存在什么新趋势?

---

① 曹建军:《"元宇宙"司法与纠纷解决的智能化》,载《政法论丛》2022 年第 2 期。

2. 如何理解 ADR 的法治化？ADR 的立法应采取什么模式？遵循什么原则？

3. 如何理解 ADR 的国际化？我国在新近参与的国际组织中如何构建多元争端解决机制？

4. 如何理解 ADR 的数智化？除人工智能、元宇宙外，还有哪些新科技可能会影响到纠纷解决的未来发展？

5. 人工智能技术的阶段性进取，即从弱人工智能到强人工智能，再到超人工智能，它们可能对纠纷解决的发展产生什么影响？

6. 元宇宙中的纠纷解决可能处于什么生态？它与现实世界的纠纷解决生态的联系与区别是什么？

延伸阅读

1.《中方将在香港特区设立国际调解院筹备办公室》①

2022 年 10 月 21 日，外交部与香港特区政府签署了《关于在香港特别行政区设立国际调解院筹备办公室的安排》，明确国际调解院筹备办公室落地香港特区的具体事宜。国际调解院筹备办公室是中方根据《关于建立国际调解院的联合声明》（以下简称《联合声明》）设立，负责就建立国际调解院的国际公约等事项组织开展政府间谈判。

近年来，国际社会对调解的需求日益增加，但目前国际上还没有专司调解的政府间国际组织。现有争端解决机构主要通过诉讼、仲裁等解决国际争端，一般仅将调解作为辅助或前置手段，未能满足国际社会日益增长的对调解的需求。为顺应国际调解发展态势和需求，中方与持相近理念的国家起草并达成了《联合声明》，决定共同发起建立国际调解院，专门提供调解服务，为各类国际争端提供友好、灵活、经济、便捷的解决方案。

国际调解院将是一个由各方共同协商建立的，以条约为基础的政府间国际组织，致力于以和平友好的方式解决争议、处理分歧，是对现有机构和争端解决方式

① 《中方将在香港特区设立国际调解院筹备办公室》，载外交部网 2022 年 11 月 1 日，https://www.mfa.gov.cn/wjbxw_new/202211/t20221101_10795358.shtml。

的有益补充,也将为和平解决国际争端提供一个新平台。国际调解院的成员将保持开放性和包容性。国际调解院筹备办公室预计自2023年起组织开展建立国际调解院的公约谈判。

国际调解院筹备办公室设在香港特区主要考虑到其优越的地理位置,便利的营商环境,特别是香港特区的法律体系成熟,在提供法律服务包括调解方面优势独特。筹备办公室设在香港特区将有助于国际调解院的筹备、未来运作及推广。

2.广州仲裁委员会打造元宇宙仲裁院,受理虚拟世界财产纠纷仲裁首案①

近日,广州仲裁委员会(以下简称广仲)创设的元宇宙仲裁院裁决了一宗发生在元宇宙的财产纠纷案件。据悉,这是虚拟世界的仲裁第一案。

【从受理到结案用时5天】

近日,一个基于元宇宙社区虚拟头像制作以及数字化藏品交易,在转移到线下将形象应用在服装制作过程中产生版权纠纷。

一家港资从事NFT公司认为数字化藏品使用者侵权,要求赔偿损失。这种缘起于元宇宙社区的虚拟财产纠纷在司法审判中并无先例,又兼有技术性、隐私性等属性,对传统解纷机制带来了新的挑战。

港资公司得知广仲设立了元宇宙仲裁院,专门提供虚拟仲裁法律服务。在法律顾问的指引下,该公司来到广仲下属分支机构——南沙国际仲裁中心咨询,经双方当事人同意达成仲裁协议,通过网上元宇宙立案将纠纷交由元宇宙仲裁院解决。

在元宇宙仲裁院线上庭审场景,仲裁员、双方当事人在专设的虚拟庭室里展示电子证据、进行诉辩交锋。

最后基于商业化利益的共同需要,在仲裁员的见证下,港资公司给予数字化形象持有者和使用者新授权,使用者适当进行收益分享。案件从受理到调解结案,仅用时5天。

“数字经济时代,此类纠纷往往具有紧迫性,不及时得到解决,会让经济损失迅

① 《广州仲裁委打造元宇宙仲裁院,受理虚拟世界财产纠纷仲裁首案》,载《南方都市报》2022年11月10日,转载自腾讯新闻网,https://view.inews.qq.com/a/20221110A088IU00。

速以数倍乃至数十倍的滚雪球增长。”本案仲裁员、数字纠纷领域专家黄民欣说。

他表示，交易主体在元宇宙的虚拟形象一方面是现实世界的投影和映射，另一方面会随着现实世界的增值而增值。

本案一方当事人在取得数字化形象后，将其应用于线下服装印制并计划发售，背后反映的是数字化藏品和虚拟形象在转入线下时的版权收益问题，此类纠纷因为缺少新型法律指导而频发易发。

在元宇宙场景产生的交易，发生纠纷后回归到元宇宙专门仲裁院审理。

据介绍，元宇宙仲裁院的庭审机制更加注重隐私保护，只有仲裁员和当事人知道房间的加密密码，确保了庭审过程不会意外被打断并且高度保密。

“我们将全息、虚拟介质等前沿技术嵌入元宇宙仲裁院，未来我们将继续探索推出类似 NPC(非玩家角色)的虚拟仲裁秘书辅助服务，将案件智能受理、证据区块链识别、观点陈述录入等程序性工作内容交给人工智能，赋能元宇宙仲裁。”广仲理论研究室研究员陈晨说。

【建设元宇宙仲裁院】

广仲元宇宙仲裁院庭审解决了实实在在发生在虚拟世界的交易，切实提升和完善虚拟世界的数字经济治理体系，拓展网络经济空间，促进互联网和经济社会融合发展。

“此次广仲设立元宇宙仲裁院并由本案开启虚拟世界仲裁解纷，抢抓虚拟世界赛道，实现‘互联网 + 法律’的深度融合，确保虚拟世界法律不能缺位。”广仲负责人表示。

今年 7 月，广仲建设了元宇宙仲裁院——Meta City 元邦仲裁院(以下简称元邦仲裁院)，开创元宇宙仲裁规治的先河，并在元宇宙城市 Meta City 元邦市政厅(Meta City Hall)主体建筑建构——天秤浮岛内进驻。

【上线虚拟仲裁员——“云小仲”】

创新无止境，为更好地服务广大当事人，广仲又配套推出智能新产品——“云小仲”机器人。

“云小仲”机器人具有科技含量高、不间断服务、操作界面简明、行动灵活便捷等优势，上线 1 个月时就已接受一千人次咨询，受理的仲裁申请最快在 1 个月内即作出裁决。

“广仲在全国首创‘云小仲’机器人，不仅能线上受理案件，极大提高了立案效率和在途时间，还能及时回应诉求，为当事人无障碍立案提供便利。”全国人大代表、香港中律协创会会长陈曼琪说。

在本次元宇宙案件审理中，“云小仲”升级上线了“虚拟仲裁员”功能。

审理案件的仲裁员使用语音、打字等即时交互手段，通过“虚拟仲裁员”可以获取有关法律条文、判例以及图表式的清晰对比，大大减轻工作量，并可快速应对庭审中遇到的新问题。

未来，广仲将继续探索和完善元邦仲裁院的“虚拟仲裁员”机制，并将其同步运用到现实世界的仲裁案件审理中，提供一条可以复制推广的新途径，引领多元纠纷解决机制在元宇宙时代的可持续创新发展。

结　语

纠纷解决是人类社会的永恒论题。

在人类文明尚未产生之前,人类的祖先从猿人到智人的进化,就从动物的本能中衍生出解决纠纷的奇思妙想。在人类文明产生之后,这些奇思妙想充斥人类社会的各个角落。

随着人类文明的发展而不断演变,呈现出从简单到复杂、从愚昧到文明、从血腥到平和、从权威到规则、从涣散到组织的历程,勾画出一部丰富的、五彩斑斓的纠纷解决进化史。

诉讼是人类文明发展到高级阶段的一种象征,其占据社会主导是晚近现象,即19世纪的事情。诉讼具有规模化产出的特点,适用统一的法律基准,且强调同案同判,适合于工业社会下的规模化经济模式,以及人口迁徙频繁所形成的陌生人社会结构。

到20世纪中期,诉讼的茂盛状态在某种程度上促成了相对单一化的纠纷解决生态系统。然而,这种单一化的生态系统无法有效消化急剧膨胀的矛盾纠纷。“久而不决”造成案件积压现象严重,“粗糙产出”又会反噬诉讼系统的价值与原则。

自20世纪后期,人类社会进入信息时代,离散化与扁平化的社会结构推动着多元化主体进入治理格局,海量知识资源的唾手可得不仅保障了人们获取资源的均等性,而且使人们在精神层面更加平等。纠纷解决的理念逐渐发生变化,更关注尊重、合意、平等价值。涵盖诉讼和非诉讼的多元化纠纷解决机制的构建,成为各国文明发展到新阶段的特征。

信息时代的科技发展也从工具层面极大改造了纠纷解决的

形态。互联网、大数据、区块链、人工智能与元宇宙对多元纠纷解决的发展提出新命题和新挑战，也有新机遇。面对当前的元宇宙热潮，《三体》的作者刘慈欣曾言，“人类的未来，要么是走向星际文明，要么就是常年沉迷在VR的虚拟世界中。如果人类在走向太空文明以前就实现了高度逼真的VR世界，这将是一场灾难。”

对浩瀚宇宙的探索，是人类一直从事的伟大事业。外星人是否存在，也是长期困扰人类的问题。随着宇航技术的发展，在未来的某一天，如果地球人真的与外星人相遇，势必会对人类地球文明带来颠覆性冲击与改变。那时，必将产生诸多前所未有的新矛盾与新纠纷，如何寻求矛盾纠纷的解决也将是新的世界论题，甚至宇宙论题。

文明何其源远流长、沧桑厚重、璀璨夺目，我们置身其中如同微尘，与之一起感受与探索纠纷解决的适宜之道。